SHANGHAI

ROBERT ZSOLNAY

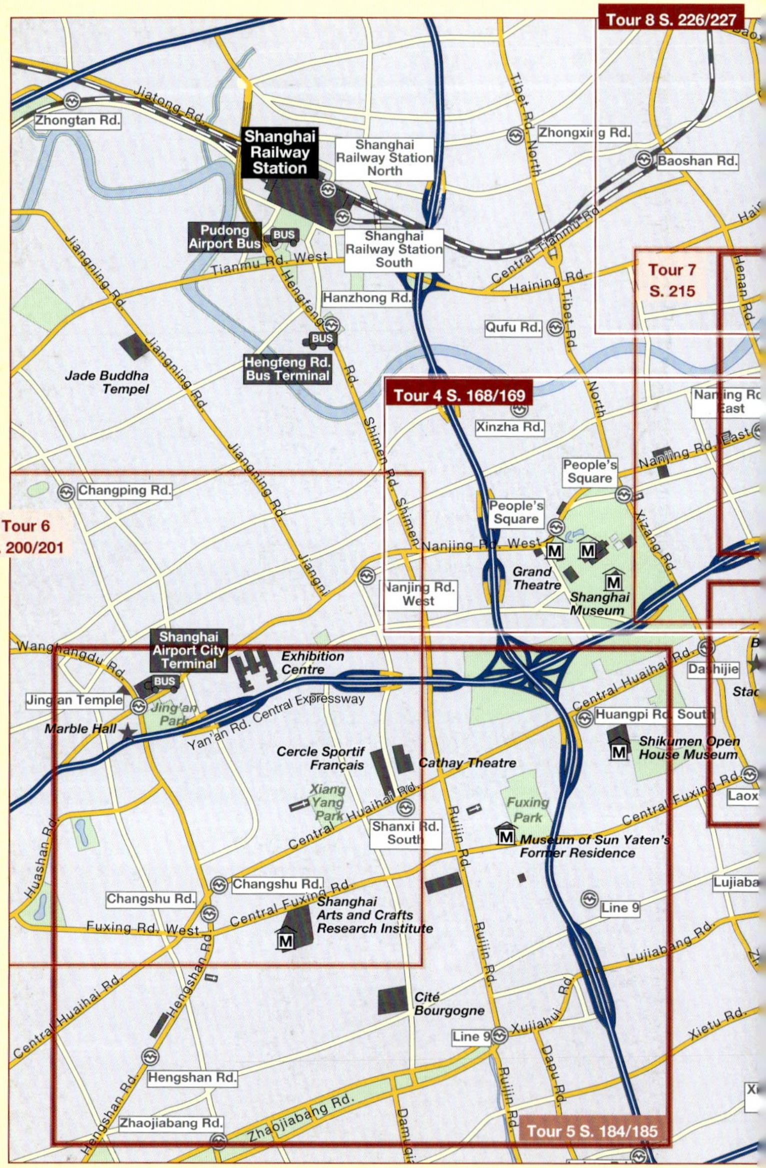

Tour 8 S. 226/227
Tour 7 S. 215
Tour 4 S. 168/169
Tour 6 S. 200/201
Tour 5 S. 184/185
Zhongtan Rd.
Jiatong Rd.
Shanghai Railway Station
Shanghai Railway Station North
Shanghai Railway Station South
Zhongxing Rd.
Baoshan Rd.
Tibet Rd. North
Central Tianmu Rd.
Pudong Airport Bus
BUS
Tianmu Rd. West
Haining Rd.
Hanzhong Rd.
Hengfeng Rd.
Qufu Rd.
Tibet Rd.
Henan Rd.
Jiangning Rd.
Jade Buddha Tempel
Hengfeng Rd. Bus Terminal
Xinzha Rd.
North
Nanjing Rd. East
Nanjing Rd. East
People's Square
People's Square
Shimen Rd.
Changping Rd.
Xizang Rd.
Nanjing Rd. West
Grand Theatre
Shanghai Museum
Nanjing Rd. West
Shanghai Airport City Terminal
Wanghangdu Rd.
Exhibition Centre
Central Huaihai Rd.
Dashijie
Jing'an Temple
Jing'an Park
Yan'an Rd. Central Expressway
Huangpi Rd. South
Marble Hall
Cercle Sportif Français
Cathay Theatre
Shikumen Open House Museum
Xiang Yang Park
Central Huaihai Rd.
Fuxing Park
Shanxi Rd. South
Central Fuxing Rd.
Laox
Huashan Rd.
Ruijin Rd.
Museum of Sun Yaten's Former Residence
Changshu Rd.
Changshu Rd.
Central Fuxing Rd.
Shanghai Arts and Crafts Research Institute
Line 9
Lujiabang Rd.
Fuxing Rd. West
Hengshan Rd.
Central Huaihai Rd.
Cité Bourgogne
Line 9
Xujiahui Rd.
Dapu Rd.
Xietu Rd.
Hengshan Rd.
Zhaojiabang Rd.
Zhaojiabang Rd.
Hengshan Rd.
Damuqiao Rd.

Tour 9 S. 241
Xiahai-Tempel
Huoshan Park
Dalian Rd.
Yangshupu Rd.
Yangshupu Rd.
Zhoujiazui Rd.
Daming Rd. East
Dalian Rd. Tunnel
Tour 1 S. 127
Huangpu-Park
Ocean Aquarium
Oriental Pearl Tower
Pudong Ave.
Pudong Ave.
Pudong Rd. South
Dongfang Rd.
Lujiazui
Lujiazui Rd. East
Century Ave.
Yan'an Rd. Tunnel
BUS
Jinmao Tower
World Financial Center
Dongchang Rd.
Century Ave.
Yi Pumin Rd.
Pudong Rd.
Zhongshan No. 2 Rd.
Zhonghua Rd.
Yuyuan Garten
Tempel der Stadtgötter
Zhangyang Rd.
Line 4
South
Fuxing Rd Tunnel
Zhongshan No. 2 Rd.
Line 9
Tour 2 S. 142/143
Dongjiadu Rd.
Rd. South
Lujiabang Rd.
Puyu Rd.
Nanpu Bridge
Tangqiao
BUS
Guohuo Rd.
Pudong
Nanpu Bridge
Tour 3 S. 154/155
Longyang
Expressway
Pudong Rd. South

Unterwegs mit Robert Zsolnay

Beim ersten Mal verschlägt es einem fast die Sprache – wow, was für eine Kulisse! Kolonialer Glanz und Stadtteile wie aus dem Sciencefiction, Häuser so hoch und extrem in ihrer Form, dass sie in Europa jedes Maß sprengen würden. Wer unterwegs ist in Shanghai, mit 18 Millionen Einwohnern eine der Mega-Cities des Globus, gerät ins Staunen ob all des Trubels zwischen Kolonialpalästen und Pagoden. London, New York, Tokio – keine dieser Städte kann Chinas Handelsmetropole in punkto Lebendigkeit das Wasser reichen. Klar wünsche ich mir jedes Mal schon bald ein wenig Ruhe, aber nach einer Verschnaufpause in einem Teehaus oder einer Tempelanlage zieht es mich wieder hinaus in den Strudel des quirligen und häufig lauten Shanghaier Lebens.

„Better city, better life" – mit diesem Slogan warb die Perle am Jangtse für die Weltausstellung 2010. Viele Shanghaier warten noch immer darauf, dass sich diese Worte für sie erfüllen: Es gibt Armut in Chinas reichster Stadt, es gibt Luftverschmutzung und um die Meinungsfreiheit steht es hier nicht besser als im Rest des Landes. Dennoch: Von Shanghai, mit seiner abwechslungsreichen Architektur, seinem Nachtleben und seinen kulinarischen Köstlichkeiten wird zu Recht behauptet, es sei das Schaufenster Chinas in den Westen – ein Schaufenster, das mich noch jedes Mal mit Neuem überrascht hat.

Impressum

Text und Recherche: Robert Zsolnay **Lektorat:** Horst Christoph **Redaktion und Layout:** Jana Dillner **Karten:** Judit Ladik, Markus Endres, Carlos Borell, Gábor Sztrecska, Torsten Böhm **Fotos:** Luisa Zsolnay (S. 16, 198, 242), alle anderen Robert Zsolnay **Covergestaltung:** Karl Serwotka **Covermotive:** unten: Skyline Pudongs am Morgen (Chris Spira), oben: Dach des Xiahai-Tempels (Robert Zsolnay)

2. KOMPLETT ÜBERARBEITETE UND AKTUALISIERTE AUFLAGE 2(

Inhalt

Shanghai – Hintergründe

Shanghai – Praktische Infos

Inhalt

Shanghai – Stadttouren und Ausflüge

Kartenverzeichnis

Zeichenerklärung für die Karten und Pläne

Autobahn	Bebaute Fläche	Synagoge
Hauptstraße	Fußgängerzone	Moschee
Sonstige Straße	Grünfläche	Denkmal
Fußweg	Gebäude	Sehenswürdigkeit
Eisenbahn	Gewässer	Museum
Fährlinie		Busbahnhof
		Metro
		Schiffsanlegestelle

Inhalt

Alles im Kasten

Mit dem grünen Blatt haben unsere Autoren Betriebe hervorgehoben, die sich bemühen, regionalen und nachhaltig erzeugten Produkten den Vorzug zu geben.

Was haben Sie entdeckt?

Haben Sie ein empfehlenswertes Restaurant oder ein gemütliches Teehaus entdeckt? Chinas größte Stadt birgt immer wieder neue Überraschungen. Wenn Sie Tipps, Anregungen oder Verbesserungsvorschläge haben, schreiben Sie uns:

Robert Zsolnay, Stichwort „Shanghai" | c/o Michael Müller Verlag GmbH | Gerberei 19, D – 91054 Erlangen | robert.zsolnay @michael-mueller-verlag.de

Vielen Dank!

Mein Dank für wertvolle Hinweise geht an die Leser: Cecilia Liu, Philipp Gegner, Jürgen Kintrup, Michael Waldegg, Ruedi Nöthiger, Thomas Fischnaller, Leonhard Schrenker, Marcus Kettler.

Beili Yang hat Orts- und Adressangaben mit großer Genauigkeit ins Chinesische übertragen. Ohne die Gastfreundschaft und die vielen Tipps von Jennifer und Janis gäbe es dieses Buch nicht in dieser Form. Xièxie!

Mönche im Jade-Buddha Kloster schreiten zu einer Zeremonie

Shanghai: Die Vorschau

Stadt der Kontraste

Die Mega-City am Huangpu-Fluss ist zwiespältig: Da raubt einem nachts die funkelnde Skyline ebenso den Atem, wie es tagsüber die bisweilen schlechte Luft macht. Da staunt man angesichts der Pracht alter Kolonialbauten ebenso wie über die bedenklichen sanitären Verhältnisse mancher alter Wohnquartiere. Rasende Dynamik, alte Pagoden und neue Wolkenkratzer gehören ebenso zu Chinas Handelsmetropole wie schier endlose Staus, lärmende Baustellen und im Abfall wühlende Bettler. Noch 1991 waren in Shanghai nur sechs Gebäude höher als 100 Meter, heute sind es tausende. An rasante Veränderungen ist die 18-Millionen-Einwohner-Stadt, gelegen an der Mündung von Chinas Lebensader Jangtse in den Pazifik, jedoch gewohnt. Einst ein ärmliches Fischerdorf, stieg Shanghai in der zweiten Hälfte des 19. Jahrhunderts zur ersten Metropole im Reich der Mitte auf – ein Rang, den die Stadt im 21. Jahrhundert wieder innehat. Noch immer gilt, was Aldous Huxley 1926 schrieb: „In keiner Stadt, im Westen wie im Osten, hatte ich jemals solch einen Eindruck von konzentriertem, üppigem, geballtem Leben."

Vom Tempel auf die Tanzfläche

Im Morgendunst des Huangpu-Flusses üben sich Frauen und Männer elegant im Tanz mit Schwertern und Fächern. Am gegenüber liegenden Ufer glänzen und schimmern die Fassaden gewagter Hochhaus-Architektur. Eine Magnetschwebebahn katapultiert Ankömmlinge mit 430 Kilometern pro Stunde vom Flughafen in die Stadt, deren zukunftstrunkene Bewohner in den Tem-

peln ehrfurchtsvoll Räucherstäbchen abbrennen, um Buddha, Konfuzius und andere gnädig zu stimmen. Nicht wenige, die in den Tempeln nach Spiritualität suchen, frönen Stunden später in lässigen Bars und Clubs den Vergnügungen der Nacht, andere gehen sommers nach Feierabend in ihren Wohnvierteln in Schlafanzügen einkaufen und erfreuen sich in den Parks an exotischen Leibesübungen wie dem Rückwärtsgehen.

Kulinarische Vielfalt

Man nehme die Knospen austreibender Sojasprossen, höhle sie aus, fülle sie jeweils mit einem Kaviarkügelchen und bereite daraus eine Suppe zu. Fertig ist eines jener Gerichte, das Shanghaier Starköche zaubern. Virtuos wird in den Küchen mit Farbe, Aroma, Form und Festigkeit gespielt. Am Huangpu können Feinschmecker alle Regionalküchen Chinas probieren, international essen oder experimentierfreudige Fusion-Küche erleben. Die Köche der Stadt gelten als Meister der Saucen. Ganz zu schweigen von einfacheren, aber ebenso leckeren Speisen wie den Jiaozi – gefüllte Teigtaschen, die in der Stadt über dem Meer fast an jeder Straßenecke angeboten werden.

Spaziergänge und Shopping

Shanghai bietet Gelegenheit, das neue China schlendernd zu entdecken. Die Stadt über dem Meer ist zwar die größte im Reich der Mitte, ihre interessantesten Ecken und Winkel aber kann man gut zu Fuß erkunden. Die Skyline der Häuser-Riesen am Ostufer des Huangpu mit dem Oriental Pearl Tower als Wahrzeichen ist längst zu einer

Ikone für Asiens neue Hauptstadt geworden. Gegenüber ducken sich bescheiden, aber nicht weniger prächtig die Kolonialbauten aus den Anfangsjahren des 20. Jahrhunderts, aus jener Zeit, als Shanghai bereits einmal die modernste und weltoffenste Metropole Asiens war. Der Yuyuan-Garten und das Huxinting-Teehaus in der alten Chinesenstadt aus dem 16. Jahrhundert sowie das mehr als 1000 Jahre alte Longhua-Kloster gewähren Einblicke in den alten Glanz der Kaiserzeiten. Wer durch die Straßen stromert, findet mit Luxusprodukten dekorierte Schaufenster und schlichtere Traditionsgeschäfte. Seide, Tee und Porzellan waren bereits vor Jahrhunderten chinesische Exportschlager und sind es noch heute. Das Shanghai der Gegenwart hat aber viel mehr zu bieten: Man kann durch die trendigen Boutiquen der ehemaligen Französischen Konzession spazieren und nach Designerkleidung stöbern. Damen können sich preiswert einen maßangefertigten Qipao – ein elegantes Seidenkleid – schneidern lassen, Männer Anzüge und Hemden.

Architektur und Kunst

Shanghai birgt viele Pretiosen der Baukunst. Am Bund, der früheren Kaimauer, paradieren Banken-, Versicherungs- und Handelspaläste der Kolonialzeit. Das einstige Cathay-Hotel schwelgt im Art déco, die Hongkong and Shanghai Bank im Klassizismus. Auch die Villen der früheren Französischen Konzession sind eine Augenweide. Wer sich für futuristische Architektur begeistert, schaut sich am People's Square oder in Pudongs Finanzviertel Lujiazui um, das anmutet wie eine Stadt des Übermorgen. Das

„Den Glanz aus Kaiserzeiten entdecken“

Shanghai Museum schließlich ist das wohl beste Museum des Landes für alte chinesische Kunst.

Artisten und Pandabären

Chinesen sind kinderfreundlich. Das spiegelt sich im Shanghaier Alltag wie in den Parks der Stadt, wo sich reichlich Spielgerät für den Nachwuchs findet. Auf kleine wie große Kinder wartet viel Interessantes, angefangen vom Aquarium über den Zoo bis hin zum Science and Technology Museum. Älteren Töchtern und Söhnen werden auch eine Hafenrundfahrt und ein Besuch in einer der Tempelanlagen in Erinnerung bleiben. Ganz zu schweigen von den schwindelerregenden Blicken, die schöne Aussichtspunkte auf das Hochhäuser-Meer gestatten.

Tischsitten und Umgangsformen

Mag die graue Zeit des Mao-Kommunismus die Stadt über dem Meer in eine Art Dornröschenschlaf versetzt haben, so ist sie daraus längst erwacht. Das Gros der europäischen China-Investitionen fließt in die Gegend des Jangtse-Deltas. Die Metropole am Huangpu ist nicht nur Ziel von Künstlern, Trendsettern und Träumern, sondern auch von Geschäftsleuten. Rund 200.000 Ausländer leben nach offiziellen Angaben im Großraum Shanghai. Auch zusehends mehr deutschsprachige Manager haben dort zu tun. Für sie bietet unser Buch den „Kleinen Shanghai-Knigge“ und nennt hilfreiche Anlaufstellen bei längeren Aufenthalten, beispielsweise für Sprachkurse.

Der Bund: einst Kaimauer, heute Flaniermeile mit Kolonialambiente

Hintergründe

Am Platz des Volkes ...

Stadtaufbau und Orientierung

Die größte Stadt des Reichs der Mitte – dieser Titel flößt Respekt ein. Dennoch kann man sich in Shanghai schnell zurechtfinden, der Aufbau der Stadt lässt sich bis in unsere Tage gut nachvollziehen: Bis zur Ankunft der ausländischen Mächte Mitte des 19. Jh., die für rund einhundert Jahre das Schicksal der Stadt bestimmen sollten, bestand Shanghai aus der **Altstadt**, die von einer Stadtmauer umgeben war, sowie umliegenden Streusiedlungen. Die britischen Kolonialherren ließen sich zunächst in gebührendem Abstand nördlich der Stadtmauer am **Huangpu-Ufer** nieder. Ihre ersten Gebäude errichteten sie direkt am Fluss, später erschlossen sie auch das Gebiet dahinter – der **Bund**, die einstige Kaimauer an der Westseite des Huangpu, sowie die angrenzenden Straßenzüge zeugen von dieser Phase der Stadtentwicklung.

Die Altstadt steht noch in Rudimenten, der Verlauf der großteils abgerissenen Stadtmauer entspricht der Ringstraße, die den alten Kern heute umschließt. Die US-Amerikaner besetzten das **Gebiet nördlich des Suzhou Creek**, eines Zuflusses des Huangpu. Wenig später angelten sich die Franzosen das Land unmittelbar vor dem nördlichen Stadttor und weiteten ihre Siedlungen westlich der sogenannten Alten Chinesenstadt aus.

Für Touristen sind vor allem die Reste der Alten Chinesenstadt, die Uferpromenade Bund, der neue Stadtteil **Pudong** sowie die ehemaligen **ausländischen Stadtviertel** interessant. Die Siedlungen der Ausländer werden der Geschichte getreu auch Konzessionen genannt – weil der Kaiser nach der Niederlage im Opiumkrieg (1840–1842) gezwungen war, den Imperialisten Siedlungsgebiete abzutreten.

Hilfreich für die Orientierung in der 18-Millionen-Metropole ist es, sich die chinesischen Wörter für die vier Himmelsrichtungen einzuprägen. Das beginnt schon bei der Anreise. Denn heutzutage nähert sich der Reisende der „Stadt über dem Meer“ („shang“ bedeutet „über“, „hai“ heißt „Meer“) in der Regel nicht mehr mit dem Schiff über

... tut sich ein Meer aus Wolkenkratzern auf

den Ozean und den Huangpu, sondern er landet auf dem **Flughafen Pudong**. Damit befindet er sich, wie der Name verrät, östlich des Flusses, denn „pu" heißt Fluss und „*dong*" steht für *Osten*. Über Brücken oder unterirdisch mit der Metro queren Ankömmlinge den Huangpu und gelangen nach **Puxi**, sprich in die Gegend „westlich des Flusses", denn „*xi*" heißt *Westen*.

Auch bei der Orientierung in Shanghais Straßen, von denen nicht wenige kilometerlang sind, hilft das Kompass-Vokabular. Nehmen wir die **Nanjing Lu**, eine der bekanntesten Straßen in Chinas größter Stadt. „Lu" heißt Straße und die Nanjing Lu als Ost-West-Achse teilt sich in eine *Nanjing Dong* Lu, also eine *östliche* Nanjing-Straße, sowie eine Nanjing *Xi Lu*, sprich einen *westlichen* Abschnitt.

Besonders lange Straßen tragen im *mittleren Teil* den Zusatz „*zhong*". Beispielsweise gibt es die **Huaihai Lu**, eine der beliebtesten Einkaufsstraßen Shanghais in dreifacher Ausführung, nämlich als Huaihai Dong Lu, Huaihai Zhong Lu sowie Huaihai Xi Lu, womit der östliche, der mittlere sowie der westliche Abschnitt ein und derselben Straße gemeint ist.

Bei Nord-Süd-Achsen wie der **Sichuan Lu** unterteilt sich das Asphaltband in eine Sichuan *Nan Lu*, einen *südlichen* Teil, sowie eine Sichuan *Bei Lu*, womit der *nördliche* Abschnitt bezeichnet wird.

Mit diesem kleinen Kurs in Sprache und Geografie sollten Sie in der Mega-City nicht verloren gehen, zumal alle Straßenschilder auch auf Englisch beschriftet sind. Mit diesem Buch, einer aktuellen Touristen-Straßenkarte, die es gratis am Flughafen gibt, und – besonders wichtig – einem freundlichen Lächeln werden Sie sich in der Stadt über dem Meer gut zurechtfinden – auch wenn es ab und an etwas knifflig werden kann.

Hilfe bieten auch www.smartshanghai.com und die Gratis-App HiShanghai. Ersteres ist ein englischsprachiges Gratis-Internetangebot mit brauchbaren Stadtplänen. Es verfügt über eine Funktion, die es erlaubt, Adressen in chinesischen Schriftzeichen auszudrucken, was für Fahrten mit dem Taxi nützlich sein kann. Die Smartphone-App bietet ebenfalls eine Taxifahrten-Funktion.

Der Huangpu

Auf dem Huangpu herrscht das ganze Jahr über ein Verkehr wie auf der Brenner-Autobahn zur Hauptreisezeit: Unablässig schleppen Binnenfrachter und Schubkähne Holz, Zement und andere Baumaterialien heran, bringen Containerschiffe Waren herbei. Obwohl der Fluss, der die Stadt in eine moderne *(Pudong)* und in eine alte Hälfte *(Puxi)* teilt, lediglich rund 100 Kilometer lang ist, hat er große wirtschaftliche Bedeutung: Rund ein Drittel aller Einfuhren Chinas kommen über ihn ins Land.

Zum regen Treiben auf dem Huangpu tragen auch viele Personenschiffe bei, von denen einige nachts als überdimensionale, schwimmende Werbetafeln übers Wasser gleiten und die Skyline Pudongs noch stärker funkeln lassen.

Als spektakulärste der vier innerstädtischen Brücken spannt sich die *Lupu-Brücke* über den Wasserlauf. Sie ist mit einer Länge von 3,9 Kilometern und einer Spannweite von 550 Metern die größte Bogenbrücke der Welt.

Der Huangpu entspringt am Dianshan-See und mündet in den Jangtse. Knapp 30 Kilometer sind es vom Bund bis zur Mündung. Es lohnt sich, diese Strecke auf einem Ausflugsschiff zu erfahren: Nicht nur der Kontrast zwischen dem alten Bund und dem modernen Pudong lässt sich dabei eindrucksvoll erleben, auf der gesamten Strecke wartet Sehenswertes: vom alten, festungsähnlichen *Yangshupu-Wasserwerk* über die großen *Werften* bis hin zur imposanten *Yangpu-Brücke*, deren Stahlseile sich in den Himmel spannen wie die Saiten einer gigantischen Harfe. Das Wasserwerk mit seinen markanten Zinnen steuert übrigens noch heute seinen – wenn auch bescheidenen Anteil – zur Versorgung der Mega-City bei.

Empfehlenswert ist die knapp dreistündige *große Huangpu-Fahrt*, weil sie wesentlich mehr bietet als die einstündige Alternative. Die 60 Kilometer lange große Tour führt vorbei an Werften, Kraftwerken und einer Raffinerie bis zu jener Stelle, an der sich Huangpu, Jangtse und Ostchinesisches Meer in spritzender Gischt majestätisch vereinen. Ein Leuchtturm markiert die Stelle, wo sich die Wasser mischen. Der Jangtse, längster Strom Asiens und Chinas große Lebensader, fließt auf rund 6300 Kilometern von seiner Quelle im Hochland Tibets bis nach Shanghai, wo er in den Pazifik mündet.

Kurz bevor die Ausflugsschiffe auf dem Huangpu die Mündung erreichen, passieren sie *Fort Wusong* – historisch bedeutsam, weil es den Chinesen im Juni 1842 an dieser Stelle nicht gelang, die Briten zu stoppen. Nach kurzer Schlacht konnten 16 britische Kriegsschiffe, die rund 4000 Soldaten trugen, den Huangpu hinaufstampfen und die Besatzung unweit der Stadtmauern der Altstadt an Land gehen. So begann Shanghais rund 100 Jahre währende Fremdherrschaft.

Die Ausflugsboote legen vom Shiliupu Dock ab, das rund 10 Min. Fußweg vom Signal Tower am südlichen Ende des historischen Bund entfernt ist (Karte S. 154/155). Es gibt verschiedene Anbieter, am besten man kauft die Tickets vor Ort. Schiffe für dreistündige Touren starten in der Regel um 14 Uhr. Schiffe für einstündige Touren fahren ab 9 Uhr in kurzen Abständen bis in den Abend – es gibt auch Dinner-Ausflüge, bei denen die Lichter Pudongs mit den Kerzen auf den Tischen um die Wette flackern. **Huangpu River Tours** bietet guten Service und saubere Boote; dreistündige Tour ca. 150 Y. ✆ 6374 4461. Shiliupu Dock 十六铺

Ⓜ 10 bis Yuyuan Garden, Ausgang 1, von dort ca. 5 Min. die Renmin Rd. Richtung Osten bis Shiliupu Dock.

Das Beste auf einen Blick

Diese Übersicht soll Reisenden helfen, die wenig Zeit haben, um die Stadt zu entdecken. Sie ist eine subjektive Auswahl, und die Reihenfolge entspringt keiner Wertung. Vielmehr soll die Liste den Leser unterstützen, seine eigenen Glanzlichter auszuwählen.

Der Bund

Einmal auf der Uferpromenade am Bund zu flanieren und die Parade der architektonischen Schönheiten abzunehmen, sollte sich niemand entgehen lassen. Vor allem der Prachtbau der Hongkong and Shanghai Banking Corporation mit seiner reich verzierten Eingangshalle zeugt vom alten Glanz der Stadt. S. 124.

Schöne Ausblicke

Der Blick über die Wolkenkratzer-Landschaft gehört zu jenen Momenten, in denen Shanghai einem die Sprache verschlägt. Daher seien einige der schönsten Aussichtspunkte aufgelistet.

››› **Mein Tipp:** Vue-Bar: Hoch über dem Fluss genießt man einen Rundumblick wie von einem Adlerhorst. Von hier offenbaren sich die Schönheiten der Stadt aus der Vogelperspektive. S. 86. ‹‹‹

Bar im Royal Meridien Hotel: Hinter der Glasfassade der 61. Etage kommt man sich vor wie ein Pilot im Landeanflug. Irgendwo hinter dem Häusermeer Pudongs muss die Landebahn liegen. S. 75.

World Financial Center: Aus knapp 500 Metern Höhe blickt man vom höchsten Wolkenkratzer Shanghais auf den wohl schönsten, den pagodenförmigen Jinmao Tower. S. 161.

Morriss Estate (Ruijin Guesthouse)

Das Anwesen eines britischen Verlegers aus der Kolonialzeit liegt wundervoll inmitten der früheren Französischen Konzession. Man sieht: Zumindest untereinander hatten die Imperialisten keine Berührungsängste. Besonders schön ist es, im Art-déco-Café, Gebäude Nr. 3, einen Tee zu trinken und auf das Grün des Gartens zu blicken. S. 191.

Shanghai Museum

Wer sich für alte chinesische Kunst und Kultur interessiert, für den ist dieses wohl beste Museum im Reich der Mitte ein Muss. Bronzen, Skulpturen, Tuschemalereien – Kunstwerke einer reichen Vergangenheit werden spannend und zeitgemäß präsentiert. S. 176–181.

Yuyuan-Garten

Der im 16. Jahrhundert von einem reichen Kaufmann angelegte Garten war einst Glanzstück der von einer Stadtmauer geschützten Altstadt. Vor dem Eingang des Gartens steht inmitten eines Teichs das alte Huxinting-Teehaus, erreichbar über eine Zickzack-Brücke, die östlichem Aberglauben zufolge für böse Geister unpassierbar ist. Wer früh kommt, genießt im Teehaus eine einmalige Atmosphäre. S. 149.

Magnetschwebebahn

Eine Fahrt im Transrapid versetzt den Passagier in einen Geschwindigkeitsrausch. Mit bis zu 430 Kilometern pro Stunde schwebt der weltweit einzige Transrapid im Alltagseinsatz vom Flughafen Pudong in Richtung Innenstadt. Kaum hat man sich an das Fahrgefühl gewöhnt, ist das knapp zehnminütige Erlebnis auch schon wieder zu Ende. S. 64.

Longhua-Kloster

››› **Mein Tipp:** Diese buddhistische Tempelanlage wurde im 3. Jahrhundert errichtet. Wenn die Mönche zur Mittagszeit Sutren summend von Halle zu Halle schreiten, macht sich eine besonders feierliche Atmosphäre breit. Die 40 Meter hohe Pagode steht heute außerhalb der Klostermauern, gehörte aber früher zur Anlage. S. 196. ‹‹‹

Moganshan-50-Kunstviertel

Galeristen und Künstler haben den alten Fabrik- und Lagerhallen neues Leben eingehaucht. Führende Gegenwartskünstler Chinas wie Pu Jie haben hier ihr Atelier. S. 91.

Museum of Contemporary Art

»› Mein Tipp: Die Lage inmitten des Volksparks am People's Square und interessante Wechselausstellungen zeitgenössischer Kunst machen einen Besuch reizvoll. S. 175. ‹«

Jinmao Tower

»› Mein Tipp: Der Wolkenkratzer zitiert die Form einer Pagode. Das Bauwerk ist besonders gelungen, weil es Elemente traditioneller chinesischer Baukunst mit westlicher Architektur kunstvoll vereint. S. 160. ‹«

Expo 2010: eine Meerjungfrau und kilometerweise Apfelstrudel

Hai Bao, der „Schatz aus dem Meer", wurde viel gescholten: Langweilig, zu brav, unauffällig sei das Expo-Maskottchen, unkten Kritiker. Doch immerhin konnte Hai Bao rund 73 Millionen Besucher begrüßen, darunter etwa 3,5 Millionen aus dem Ausland. Das Maskottchen der Weltausstellung Expo 2010 war dem chinesischen Schriftzeichen für „Volk" nachempfunden und hatte die Farbe Blau. Die sechsmonatige Sause kostete laut Schätzungen rund 45 Milliarden US-Dollar. Rund 18.000 Familien hatten ihre Wohnungen verlassen müssen, um Platz für das Expo-Gelände zu schaffen, das sich auf knapp 5,3 km^2 zwischen Nanpu- und Lupu-Brücke zu beiden Seiten des Huangpu-Flusses ausbreitete.

Die internationale Presse störte sich vor allem daran, dass viele der 246 teilnehmenden Nationen das Thema „better city, better life" verfehlten. Gefragt waren Ideen und Konzepte für ein umweltverträgliches städtisches Leben, geboten wurden häufig Tourismuswerbung und Leistungsschau. Dennoch war es herzerwärmend zu beobachten, mit welcher Geduld die chinesischen Besucher um belgische Pralinen anstanden oder auf eine Fahrt in der Schweizer Seilbahn warteten. Reisefreiheit ist in China noch ein Fremdwort, aber auf der Weltausstellung holten sich die Besucher aus dem Reich der Mitte fleißig die Stempelbilder ab, die in vielen Pavillons von Helfern geduldig in die Besucherpässe gedrückt wurden. Mehr als vier Millionen interessierten sich für den deutschen Pavillon, 3,3 Millionen kamen in den österreichischen, in dem 1,1 Kilometer Apfelstrudel verspeist wurden. Dänemark lockte mit dem Original der Kleinen Meerjungfrau, der weltberühmten Kopenhagener Statue.

Inzwischen sind fast alle Expo-Bauten verschwunden. Was bleibt, sind rund 300 km neue U-Bahnstrecken, die das Shanghaier Netz erheblich erweitert haben. Das Ausstellungsgelände, südlich des berühmten Architekturensembles von Bund und Pudongs Finanzviertel gelegen, soll als neues Stadtgebiet ein drittes Markenzeichen der Stadt werden. Als einziges Schmuckstück der Expo bleibt der chinesische Pavillon erhalten, eine imposante rote Holzkonstruktion in Pudong (→ Tour 3). Nach der Expo wurde dort eine Picasso-Ausstellung gezeigt.

Information: www.expomuseum.com

Pudongs Skyline avancierte zum Sinnbild für Chinas Wirtschaftswunder

Chinas Boom-City

Das ist zunächst einmal diese Zahl: 18 Millionen. So viele Einwohner zählt die wichtigste Industrie- und Handelsstadt des Reichs der Mitte. Knapp 14 Millionen bevölkern die Innenstadt. Viele Asien-Kenner sehen Shanghai mit seiner einzigartigen Skyline bereits als neue Hauptstadt des Kontinents.

An dem Tag, als sein Unternehmen ihn zum reichsten Mann des Dorfes machte, wurde *Wei Ziqi* Kommunist. Die Geschichte des Klein-Unternehmers Wei Ziqi, 2008 im Magazin „New Yorker" publiziert, wirft ein Schlaglicht darauf, wie die heutige Volksrepublik China und auch ihre größte Stadt funktioniert. Daher wird Wei Ziqi den Leser in dieser Passage immer wieder begleiten. Seine kleine Geschichte erhellt die großen Zusammenhänge in China.

Shanghai ist die Wirtschaftskapitale dieses China, das mehr als 1,3 Milliarden Menschen zählt.

Zeiten des Wandels

Die Stadt am Huangpu ist als Verwaltungseinheit selbstständig und damit der Regierung in der Hauptstadt Peking direkt unterstellt. Von dort kam 1978, zwei Jahre nach dem Tod *Mao Zedongs,* auch das Signal des Neuanfangs für Shanghai, das in der Ära des Großen Vorsitzenden von der Politik vernachlässigt worden war, was die wirtschaftliche Entwicklung anbelangt. Es war *Deng Xiaoping* (1904–1997), Maos Nachfolger als Parteivorsitzender, der kundtat, dass Reichtum keine Schande sei. Vor nunmehr 30 Jahren begannen Chinas Machthaber, jenem Grundprinzip des Kommunismus abzuschwören, das das private Eigentum an Produktionsmitteln strikt untersagt. „Es ist egal, ob die Katze schwarz oder weiß ist. Hauptsache, sie fängt Mäuse," hatte Deng propagiert. Millionen Menschen wie der einst arme Wei Ziqi nahmen von da an ihr Schicksal in die Hände und versuchten, als Unternehmer zu ein wenig Wohlstand zu gelangen.

1990 machte Peking Shanghai-Pudong zur Sonderwirtschaftszone und leitete damit den wirtschaftlichen Boom am Huangpu ein. 2006 lag das jährliche Pro-Kopf-Einkommen in Shanghai durchschnittlich bei 2600 US-Dollar – das ist Rekord in China, wo Stadtmenschen 2006 durchschnittlich 1475 Dollar verdienten und Landmenschen Schätzungen zufolge ein Drittel davon.

Knapp 350.000 Dollar-Millionäre zählt China gegenwärtig. Wei Ziqi ist keiner davon, aber er hat es nach mehreren Anläufen mit einem kleinen Geschäft zu Haus und Auto gebracht, was ihm, seiner Frau und seinem Sohn im Dorf Ansehen und Anerkennung eintrug. Schließlich trat er in die Kommunistische Partei ein, um später Parteisekretär seines Ortes zu werden – so war es zumindest seine Absicht.

Kommunismus und Marktwirtschaft

Dazu muss man wissen: In Chinas Städten können Einheimische Wohnraum erwerben, privates Eigentum wird geschützt. In den Dörfern auf dem Land dagegen, wo noch immer 60 % der Bevölkerung – knapp 800 Millionen Chinesen – leben, gehören Grund und Boden nach wie vor dem Staat, der 30 Jahre währende Pachten vergibt. Die örtlichen Parteisekretäre bestimmen auch darüber, welche Investoren kommunales Land kaufen dürfen. Außerdem entscheiden sie über Anträge auf Regierungsdarlehen.

Es gibt in China Ansätze von Demokratie. Die Regierung hat allgemeine Wahlen auf Dorf- und Stadtteilebene eingeführt. Jeder kann sich bei diesen Wahlen um einen Sitz in sogenannten Dorfverwaltungs- und Einwohnerkomitees bewerben. Doch Befugnisse und Einfluss dieser Bürgervertretungen sind begrenzt. Ein gewählter Dorf-Vorsitzender beispielsweise hat keine Entscheidungsgewalt, die liegt allein beim örtlichen Parteisekretär.

Um auf Wei Ziqi und Deng Xiaopings Spruch zurückzukommen: Ganz egal ist es in diesem China der Gegenwart, dieser Einparteien-Diktatur mit starkem Polizeistaat, nun doch nicht, welche Farbe die Katze hat. Und so ist Wei Ziqis späte Wandlung zum Kommunisten zu erklären: Er wollte in seinem Dorf auch politisch mitreden. Wie bereits erwähnt, strebte er an, örtlicher KP-Sekretär zu werden – ein Posten, der alle drei Jahre von den KP-Mitgliedern des Dorfes in geheimer Sitzung vergeben wird.

Die Geschichte Wei Ziqis, der es aus noch zu erläuternden Umständen nicht zum Ortssekretär brachte, öffnet den Blick dafür, wie Chinas Politik im Großen funktioniert. Die Privat-Wirtschaft hat freie Hand, Profite zu machen, solange sie den politischen Alleinherrschaftsanspruch der KP nicht in Frage stellt. Ganz oben im Staate China funktioniert es ähnlich wie in Wei Ziqis Dorf: An der Spitze der Macht in Peking steht der „Ständige Ausschuss des Politbüros der KP". Neun Männer bilden die machtvollste Instanz des Riesenlandes; kein einziger von ihnen musste sich jemals in freier Wahl einer anderen politischen Kraft stellen – und genau so verhält es sich mit den örtlichen Parteisekretären.

Politisches Machtgefüge

Das Politbüro legt die Leitlinien für das Wohl und Wehe einer Nation von 1,3 Milliarden Menschen fest. Den Vorsitz des Ausschusses hat der *Generalsekretär der KP*, der Parteichef, Staatspräsident und Chef der Zentralen Militärkommission in Personalunion ist. Das Politbüro bestimmt informell den Premierminister, der dem Staatsrat vorsitzt, welcher die Arbeit der Ministerien steuert und kontrolliert. Schließlich existiert mit dem *Nationalen Volkskongress* noch eine Art Pseudo-Parlament, dessen rund 3000 Mitglieder hinter vorgehaltener Hand auch als „Armee der Händeheber" tituliert werden. Wer im Volkskongress, der einmal jährlich meist im März zusammentritt, einen Sitz bekommt, bestimmen wiederum Parteifunktionäre. Sie wählen geeignete Kandidaten aus den Reihen der Provinzen, der autonomen Gebiete, der regierungsunmittelbaren Städte wie Shanghai und der Volksbefreiungsarmee, die dann für fünf Jahre ein Mandat der Partei haben.

So funktioniert der Staats-Kapitalismus à la China. Und er hat Erfolge erzielt: Das Reich der Mitte hat sich vom totalitären Staat der Mao-Ära zu einem autoritären Regime entwickelt, das einige, wenn auch zaghafte politische Reformen in Richtung Demokratisierung unternommen hat. Chinas Menschen besitzen gegenwärtig größere Rechte als jemals zuvor in der Geschichte des Landes – das darf bei aller gerechtfertigten Kritik an der Herrschaft der KPCh nicht vergessen werden. Der Wandel von der sozialistischen Plan- zur Marktwirtschaft hat die Lebensumstände der Bevölkerungsmehrheit deutlich verbessert. Im China der Gegenwart muss niemand mehr verhungern, was noch Anfang der 1960er Jahre Schicksal Hunderttausender war.

Chinas Wirtschaft wächst – eine Entwicklung, die 2011 anhielt. Auch und vor allem in Shanghai, dem „Kopf des Drachen", von dessen Atem der Rest des Landes belebt werden soll. Auch wenn für 2012 mit einem abgeschäwchten Wachstum gerechnet wird, ging dieser Plan bislang auf: Von 1996 bis 2006 wuchs die wirtschaftliche Leistung der Stadt jeweils zweistellig. Shanghai ist gegenwärtig die reichste

Expo-Pavillons Deutschlands, Japans, Indiens und Neuseelands

Stadt Chinas. 2005 wurden hier Waren und Dienstleistungen im Wert von 114 Milliarden US-Dollar produziert. Zum Vergleich: Das Bruttosozialprodukt der Philippinen lag im selben Jahr bei 97 Milliarden. Auch im innerchinesischen Vergleich führt Shanghai die Statistiken an: So betrug das Handelsvolumen der Stadt 2006 stolze 227 Milliarden US-Dollar, jenes von Peking lag bei 158 Milliarden. Beim jüngsten Pisa-Test der OECD haben Shanghaier Schüler den ersten Platz errungen – die vielen Mädchen und Jungen, die abends und wochenends über ihre Bücher gebeugt sitzen, pauken also nicht umsonst. Trotz aller wirtschaftlicher Dynamik: In den kleinen Seitenstraßen der Mega-City gibt es viel chinesischen Alltag zu erleben. (→ Kasten „Mahjong").

Mahjong kann süchtig machen

Wer je bei schönem Wetter durch kleinere Wohnstraßen Shanghais spaziert ist (→ Tour 8 und 9), dem dürften diese Geräusche bekannt sein: Das Klackern von Spielsteinen, das Raunen von Stimmen, bisweilen Schreie der Freude oder des Entsetzens – je nachdem, ob Mahjong-Spieler Glück oder Pech haben. Mahjong, das beliebteste Brettspiel im Reich der Mitte, wird zu viert zelebriert. Häufig sitzen die Spieler ganze Nachmittage zusammen, manchmal nächtelang, wie im Stadtbezirk Zhabei, wo Polizisten laut Zeitungsbericht 2010 mehrere Mahjong-Salons aushoben, in denen Snacks und Obst mit Aufputschmitteln versetzt worden waren, um die Spieler wach zu halten.

Ziel des Spiels ist es ähnlich wie beim Rommee-Kartenspiel, Bilder zu sammeln und abzulegen, entweder identische Steine oder Folgen. Je nach Variante befinden sich 136 bis 144 Mahjong-Steine auf dem Tisch. Von der Sportkommission Chinas ist Mahjong als offizielle Sportart anerkannt, und in vorkommunistischer Zeit galt es als erfolgreiche Methode, den Schwiegersohn in spe bei einer Partie Mahjong auszuwählen. Historiker sind uneins, wann genau das Spiel erfunden wurde. Sicher ist, dass die ältesten erhaltenen Spiele aus der Mitte des 19. Jahrhunderts datieren. In den 1920-er Jahren brachte ein US-Amerikaner Mahjong in die westliche Welt.

Mahjong: in China offizielle Sportart

Der Huangpu ist wichtige Wasserstraße

Menschenrechte und Todesstrafe

Die Reichen in China haben sich dem Anschein nach mit dem Alleinanspruch der KP auf die Macht arrangiert. „Noch nie ist so viel Wohlstand von so vielen Menschen in so kurzer Zeit geschaffen worden", sagt der US-amerikanische Sinologe *Roderick MacFarquhar*. In einem Punkt sind sich der chinesische Polizeistaat und die US-amerikanische Demokratie übrigens ähnlich. Beide richten Verbrecher hin. China richtet laut Menschenrechtsorganisationen jedes Jahr mindestens 4000 Menschen hin, in den USA waren es 2010 laut Amnesty International 46. In der Volksrepublik werden mehr Menschen zum Tode verurteilt und getötet als im Rest der Welt zusammen. Besonders perfide: Mit der Sendung „Interviews vor der Hinrichtung" durfte ein regionaler TV-Sender ungescholten Quote machen – bis die Zentralregierung in Peking Anfang 2012 die Sendung untersagte. Hintergrund war eine Dokumentation der BBC über die Todesstrafe in China, die eben diese regionale TV-Serie in den Mittelpunkt eines Beitrags stellte.

Trotz aller Kritik: Dass Chinas Regierung ein Gespür fürs Volk entwickelt, zeigte sich nach der Erdbebenkatastrophe in Sichuan im Frühling 2008. Das Beben hatte Schulen zum Einsturz gebracht, die umfielen wie Kartenhäuschen bei einem Windstoß, während viele Verwaltungsgebäude der lokalen KP-Gliederungen dem Beben standgehalten hatten. Insgesamt tötete das Beben rund 80.000 Menschen. KP-Generalsekretär und Staatspräsident Hu Jintao sowie Premierminister Wen Jiabao eilten ins Krisengebiet, halfen, sprachen Hinterbliebenen Beileid aus und machten Überlebenden Mut. Und sie ließen schnell ausländische Hilfe ins Land – was im Tenor der internationalen Medien als Teil einer neuen Offenheit Chinas interpretiert wurde.

Das Volk erwacht

Das Mitgefühl der KP-Bosse kommt nicht von ungefähr. Immer mehr Chinesen machen ihrem Unmut über Korruption, Vetternwirtschaft, überteuerte Lebensmittel und Umweltzerstörung Luft: Rund 90.000 Demonstrationen gab es Medienberichten zufolge im Jahr 2007, häufig formiert sich der Protest im nur schwer kontrollierbaren Internet. Auch nach den Olympischen Spielen kam es zu Protesten, etwa im Herbst 2008 als Reaktion auf den Skandal um verseuchtes Milchpulver, bei dem nach amtlichen Angaben knapp 300.000 Babys erkrankten und sechs starben.

Premierminister Wen Jiabao räumte eine Mitverantwortung der Regierung ein. Ende des Jahres 2008 gingen in China reihenweise entlassene Arbeiter auf die Straße – ihre Fabriken waren im Sog der internationalen Finanzkrise Pleite gegangen. Steigende Mieten und teurere Lebensmittel sorgen auch in Shanghai für Unmut. Auch die teilweise miserablen Lebensbedingungen der mehr als vier Millionen Wanderarbeiter, die in Shanghai gestrandet sind, bergen sozialen Zündstoff. Die Shanghaier Fotokünstlerin und Professorin *Xiao Hui Wang* ist eine der einflussreichsten Frauen Asiens, sie sagt: „Gegenwärtig befindet sich China in einem großen Umbruch."

Das Maskottchen der Expo hieß Hai Bao

Das spiegelt sich auch in der innenpolitischen Debatte um die Zukunft des Landes: Da gibt es die liberalen Reformer um *He Waifeng*. Sie glauben, dass den wirtschaftlichen Reformen nunmehr eine politische Liberalisierung folgen müsse, und sind Hoffnungsträger der westlichen Welt. Die sogenannte „neue Linke" um *Wang Hui* tritt für mehr Gerechtigkeit ein. Diese Gruppe will die Lasten der ökonomischen Liberalisierung, Stichwort Umweltzerstörung und Verarmung der Landbevölkerung, auch auf die Schultern der Unternehmer und Reichen im Lande verteilen. Außenpolitisch strebt die „neue Linke" an, China als Stütze des internationalen Systems zu etablieren. Im Gegensatz dazu plädieren die „Neo-Kommunisten" um den Ultranationalisten *Fang Ning* dafür, dass sich China offen zu seinem Großmachtanspruch bekennt. Das Land solle sich eine eigene Einflusssphäre schaffen und die rasante Entwicklung ohne politische Öffnung sichern.

Welche Gruppe Chinas Zukunft prägen kann, könnte sich Anfang 2013 zeigen, wenn ein Nachfolger für Staats- und Parteichef Hu Jintao ernannt wird. Als aussichtsreichster Kandidat gilt der chinesische Vizepräsident Xi Jinping. Übrigens bleibt auch abzuwarten, ob Unternehmer Wei Ziqi nochmals Anlauf auf den Posten des KP-Ortssekretärs nimmt. Den ersten Versuch jedenfalls hat er abgebrochen. Er verzichtete auf eine Kandidatur, nachdem der Bezirkssekretär ihn in einem eindringlichen Gespräch auf die gute Arbeit der Amtsinhaberin hingewiesen hatte, wie der New Yorker berichtet.

An Smog-Tagen ist die Sicht vernebelt

Mega-City in Zahlen

Was das Stadtleben anbelangt, signalisiert das Jahr 2008 laut UNO eine Zeitenwende: Erstmals in der Geschichte leben mehr Menschen in Städten als auf dem Land. Die Urbanisierung ist einer der großen Trends der nahen Zukunft. „Mega-Cities" – Städte mit mehr als zehn Millionen Einwohnern – gelten daher als wegweisend. Shanghai, wo das Bruttoinlandsprodukt von 1992 bis 2006 jeweils zweistellig zunahm, ist die am schnellsten wachsende Mega-City unter den 17 Metropolen der Welt, die zu dieser Kategorie Stadt zählen. Einige Zahlen aus dem Treibhaus der Urbanisierung:

Um etwa 1,5 Zentimeter pro Jahr sinkt Shanghai jährlich ab, das Finanzviertel in Pudong drei bis sechs Mal schneller als andere Stadtbezirke. Verantwortlich dafür sind der Schwemmboden und die vielen Wolkenkratzer, die auf ihm lasten.

Rund 16,2 Millionen Quadratmeter Wohnfläche wurden von 1998 bis 2008 geschaffen. Um 250 % stieg der Stromverbrauch der Stadt in der Zeit von 1992 bis 2007.

Allein das größte Klärwerk der Stadt säubert 1,7 Millionen Tonnen Abwasser pro Tag.

Rund fünf Millionen Fahrgäste täglich nutzten 2011 das Metrosystem.

Bis 2020 soll sich der Individualverkehr in Shanghai vervierfachen.

Das Straßennetz verlängerte sich in den neunziger Jahren um 40 % auf fast 7000 Kilometer, der Ausbau dauert an.

In der Rushhour liegt die durchschnittlich Geschwindigkeit von Pkw und Bussen derzeit bei 11,5 km/h, in New York sind es 17,1, in Singapur 21,5 km/h.

Bis 2020 soll Shanghais Bevölkerung auf 20 Millionen Menschen wachsen.

Elf neue Satelliten-Städte, darunter Lingang New Town auf einer Insel rund 50 km vom Stadtzentrum entfernt, sollen den Zustrom an Landbevölkerung aufnehmen.

Shanghai – eine Stadt der Visionen,
wie im Urban Planning Exhibition Center zu sehen ist

Stadtgeschichte

Das Bild des Shanghai der 1920er und 30er Jahre wirkt nach: Opiumhöhlen, Glücksspiel und Sing-Song-Mädchen trugen der Stadt den Ruf als sündigstes Pflaster der Welt ein. Doch schon damals hatte die Metropole mehr Facetten, als jene Klischees es glauben machen wollten. Und so ist es auch heute: Die Stadt über dem Meer hat sich vom einstigen Fischerdorf zum Schaufenster des modernen China gewandelt. Ein Schaufenster, das vor allem durch seine Vielfalt fasziniert und Blicke auf eine spannende Vergangenheit freigibt.

Es war *Nicolas Trigault,* der 1615 als erster Europäer ein schriftliches Zeugnis von Shanghai ablegte. In seiner „Geschichte des Jesuitentums in China" berichtet er davon, dass die Ansiedlung am Huangpu einst den Namen *Hudu* trug, was so viel bedeutet wie „Wasserlauf mit Fischreusen". Doch als Trigault kam, hatte sich in dem einstigen Fischernest bereits viel verändert: „Der Umfang der Stadtmauer misst zwei Meilen, dennoch gibt es in den Vorstädten nicht weniger Häuser als innerhalb der Mauern. Die Stadt hat somit fast 40.000 Familien." Laut Trigault lagen unweit der Stadtmauern Landhäuser, Pagoden und Güter, und zwar so dicht aufeinander, dass es ihm angemessen schien, von einer „einzigen Stadt" zu sprechen, in der er rund 300.000 Bewohner vermutete.

Shanghais frühe Geschichte

Reiche Fischgründe, fruchtbarer Boden und ein mildes Klima zeichneten die Region am Jangtse-Delta seit jeher aus. „Land, so reich an Fisch und Reis" wurde die Gegend im Volksmund genannt.

Wissenschaftler datieren die erste Besiedlung auf den Zeitraum zwischen 5900 bis 4000 v. Chr. So sehr sich die Gelehrten um die zeitliche Einordnung der Anfänge Shanghais streiten, so sicher ist es, dass das erste Siedlungsgebiet weiter im Landesinneren lag. Denn wo heute die Stadt steht, breitete sich damals noch der Ozean aus. Der Jangtse schwemmte über die Jahrtausende den Boden an, auf dem das Shanghai der Gegenwart wachsen konnte: Etwa 3000 v. Chr. tauchte die Fläche, auf der die Stadt heute steht, aus dem Ostchinesischen Meer auf.

Das Dorf Hudu entstand im 7. Jh. wenige Kilometer vom großen Strom entfernt, dort wo heute der Jangtse-Zufluss Huangpu und der kleine Wusong, auch Suzhou Creek genannt, zusammenfließen. Im Vergleich zu Suzhou, dem damaligen Zentrum der Region, spielte das Fischerdorf zunächst eine bescheidene Rolle. Einen Aufschwung erlebte Hudu erst, als der Schwemmsand des Jangtse den am Oberlauf des Wusong gelegenen Hafen Qinglong verschlammen ließ. So konnte Hudu unter dem neuen Namen *Huadinghai* in der zweiten Hälfte des 10. Jh. als Hafen und Umschlagplatz für die Versorgung Suzhous an Bedeutung gewinnen. Viehzucht, Getreide- und Gemüseanbau erlebten eine Blüte, und über den Jangtse und den Kaiserkanal bestanden gute Verkehrsverbindungen. Die kaiserliche Verwaltung trug dem Rechnung: 1074 errichtete sie ein Steuerbüro, und 1095 entsandte sie einen Zoll- und Hafenbeamten in den nunmehr *Shanghai-shin* („Markt über dem Meer“) genannten Ort.

Tortur des Füßebindens

Der Frauen verachtende Brauch des Füßebindens begann am Hof der Song-Dynastie (960–1279). Dabei wurden jungen Mädchen die Füße mit Stoffstreifen so fest abgebunden, dass das Fußgewölbe brach und die Zehen auf die Fußsohle wuchsen. Für die verkrüppelten Gliedmaßen erfand man Euphemismen wie „Lilienfüße“ oder „Lotusfüße“. Teilweise begann diese Tortur für die Kinder bereits im Alter von fünf Jahren. Angeblich steigerten sie die Chancen der Mädchen auf eine vorteilhafte Heirat. Wissenschaftler führen den grausamen Brauch teils auf männliche Sexualfantasien zurück, teils darauf, dass die Männer ihre Frauen an den Haushalt binden und ihnen damit eine aktive Rolle in der Gesellschaft vorenthalten wollten.

Seit 1911 ist diese unmenschliche Praxis in China offiziell verboten, gleichwohl wurde sie mancherorts noch bis in die 30er Jahre ausgeübt. Diese als Brauchtum verbrämte Form der Folter und Körperverletzung hatte sich vor allem bei den Han-Chinesen verbreitet. Die Hakka in Südchina sowie die meisten anderen Minderheiten lehnten das Füßebinden ab.

Aufstieg zur Stadt

Im Jahr 1292, in der frühen Yuan-Dynastie, wird Shanghai Kreishauptstadt und Residenz eines kaiserlichen Unterpräfekten. In China sagte man damals: „Die Stadt ist nicht gerade eine Schönheit, aber die Aussteuer stimmt. Wie die hässliche Tochter eines Kaisers muss sie sich keine Sorgen um Verehrer machen.“ Zu diesen Verehrern gesellten sich bald Piraten: 1368, 1419, 1513 und 1543 suchten die Freibeuter die Stadt heim.

Die Herrscher der Ming-Dynastie erteilten Shanghai 1553 die Erlaubnis zum Bau einer *Stadtmauer*. Sie ragte rund sieben Meter in die Höhe und war knapp fünf Kilometer lang. Ein Überbleibsel der Befestigung kann an der Dajing Road (→ Tour 2) besichtigt werden. Im Jahr 1554 legte sich der Schutzwall lückenlos um die Stadt, hatte sechs Tore, mehrere Wachtürme und war nach außen hin von einem rund zwanzig Fuß breiten Graben umgeben.

Die Mauern umfassten damals ein Gebiet von etwa zwei Quadratkilometern, in ihrem Schutz entstanden der *Tempel der Stadtgötter* Qin Yubo und Huo Guang, der *Yuyuan-Garten* und das *Huxinting-Teehaus* – Bauwerke, die Shanghai bis in unsere Tage prägen. Zu Beginn des 17. Jh. sollen rund 100.000 Menschen in dem nunmehr wehrhaften Hafenort gelebt haben, mit Vorstadt und unmittelbarer Umgebung sollen es wie von Trigault beschrieben 300.000 gewesen sein.

Die Felder um Shanghai warfen eine reiche Baumwoll-Ernte ab, die großteils für den heimischen Bedarf verarbeitet wurde. Seidenspinnereien und Porzellanmanufakturen entstanden. Der Handel blühte. Aus Japan gelangten Perlen, Gold, Kupfer, Schwertklingen und Lackarbeiten in die Stadt. Seide, Edelhölzer, Ginseng und Rhabarber wurden über Shanghai aus dem Reich der Mitte ins Reich der aufgehenden Sonne ausgeführt. Die Hafenstadt profitierte auch vom Zwischenhandel mit Tuchen aus Europa. Und die Erdnuss, die seit Mitte des 16. Jh. in der Umgebung Shanghais angebaut wird, stammt Historikern zufolge aus Portugal. Die Erdnuss-Samen kamen womöglich mit den Schiffen der Missionare ins Land.

Schriftliche Zeugnisse existieren von den Reisen der aus Italien stammenden Jesuiten *Matteo Ricci* und *Lazzaro Cattaneo*. Unter anderem konnten die beiden den kaiserlichen Beamten *Xu Guangqi* für das Christentum gewinnen, der 1603 konvertierte und lange Jahre in Shanghai wirkte. Überhaupt hielten sich im Vergleich zu anderen großen Städten Chinas viele Jesuitenpatres in der Stadt über dem Meer auf. Doch nachdem sich Jesuiten, Dominikaner und Franziskaner im Streit um die wahre Lehre zerstritten hatten, verbaten die Kaiser *Kangxi*, *Yongzheng* und *Qianlong* in der ersten Hälfte des 18. Jh. die christliche Mission.

Damit verschwand auch Shanghai für mehr als ein Jahrhundert aus dem Blickfeld Europas. Einmal mehr in der Historie Chinas brach damit eine Zeit an, in der sich das Reich der Mitte von fremden Einflüssen abschottete. Mutig nach außen gewandt und neugierig auf Entdeckungen war China in seiner älte-

Einst Shanghais Tor zur Welt: die Jangtse-Mündung

ren Geschichte ohnehin nur ein Mal: Ming-Kaiser *Yongle* (1403–1424) entsandte sechs Expeditionen, deren mächtige Schiffe die der europäischen Zeitgenossen in den Schatten stellten. Wissenschaftler der US-Universität Miami fanden heraus, dass rund 30.000 Schiffsbauer an eigens angelegten Docks am Jangtse die Flotte für diese Entdeckungsfahrten gezimmert hatten.

China war zur bedeutenden Seemacht aufgestiegen, vor allem Porzellan, Seide und Tee gelangten über den Seeweg nach Japan, Südostasien und den Nahen Osten. Unter Admiral *Zheng He*, einem Eunuchen moslemischen Glaubens, segelte eine chinesische Flotte neuen Entdeckungen entgegen. Zheng He gelangte bis nach Indien und an die Ostküste Afrikas, 37 Länder steuerte seine Flotte den Erkenntnissen der Historiker zufolge an. Doch das Zeitfenster der Neugierde und Offenheit schloss sich aufgrund innenpolitischer Wirren schnell wieder: Im Jahr 1433, wenige Jahre nach Yongles Tod, wurden die Entdeckungsfahrten eingestellt.

Die Wirtschaft blühte dennoch: Mitte des 16. Jh. sollen mindestens die Hälfte aller weltweit gehandelten Waren und Güter in China hergestellt worden sein. Bereits 1514 landeten portugiesische Schiffe in den Häfen des Reichs der Mitte, um Tee zu kaufen. Doch bis auf einen kleinen Handelsplatz in Kanton und dem damals portugiesischen Macau schottete sich China von der Außenwelt ab, was vor allem der aufstrebenden Handelsmacht Großbritannien ein Dorn im Auge war. Die Begehrlichkeiten britischer Handelshäuser sollten für Shanghai besondere Bedeutung gewinnen.

Dynastien

Kaiser Kangxi herrschte von 1661 bis 1722 im Reich der Mitte. Er war damit der Herrscher mit der längsten Regentschaft. Die Chinesen betrachteten ihren Kaiser als „Sohn des Himmels“. Die Kaiser regierten ein Reich, das sich häufig veränderte und verschiedene Völker und Landschaften umfasste. Chinas Regentschaften lassen sich in folgende Etappen einteilen:

Die ersten Reiche

Qin-Dynastie: 221–207 v. Chr.

Westliche Han-Dynastie: 206 v. Chr. bis 9 n. Chr.

Xin Dynastie: 9–23 n. Chr.

Östliche Han-Dynastie: 25–220 n. Chr.

Ära des Zerfalls

Königreich Wie: 220–264

Königreich Wu: 222–280

Königreich Shu Han: 221–223

Westliche Jin-Dynastie: 265–316

Östliche Jin-Dynastie: 317–419

Liu-Song-Dynastie: 420–479

Qi-Dynastie: 479–501

Liang-Dynastie: 502–556

Chen-Dynastie: 557–589

Dynastien der neuen Einheit

Sui-Dynastie: 581–618

Tang-Dynastie: 618–907

Zeitalter der fünf Dynastien

Spätere Liang: 907–923

Spätere Tang: 923–935

Spätere Jin: 936–947

Spätere Han: 947–951

Spätere Zhou: 951–960

Dynastien der Song

Nördliche Song-Dynastie 960–1126

Südliche Song-Dynastie 1127–1279

Dynastien der Eroberer

Yuan-Dynastie 1279–1368

Ming-Dynastie 1368–1644

Qing-Dynastie 1644–1912

Begehrter Handelsplatz

Es war 1793, als Kaiser *Qianlong* einen Gesandten des britischen Königs *Georg III.*, der um die Aufnahme von Handelsbeziehungen ersuchte, mit diesen Worten eine Abfuhr erteilte: „Wir besitzen alles. Ich lege nicht den geringsten Wert auf fremdländische Dinge und Erfindungen, ich brauche nichts, was in Ihrem Lande hergestellt wird. Unsere Wege und Eure werden sich nie begegnen." Doch das Interesse britischer Kaufleute an Seide, Tee und Porzellan konnte selbst der Kaiser nicht eindämmen. Wenige Jahre nach der Abfuhr durch Qianlong schwenkten die Briten auf den Kurs einer aggressiven Handelspolitik ein. Für die heiß begehrten Waren zahlten sie zusehends seltener mit Silber und immer häufiger mit Opium. Es entfaltete sich eine Begehrlichkeit und Sucht nach dieser Droge, die der Kaiser nicht bedacht hatte: Massen wurden zu willenlosen Opium-Rauchern. Hatten die Schiffe, die im Auftrag der britischen East India Company von 1810 bis 1820 gen China segelten, noch zu neunzig Prozent Silberbarren geladen, waren es 1835 bereits 22.000 Kisten des weißen Rauschgifts – Opium hatte Silber als Zahlungsmittel abgelöst. Um das Jahr 1840 kontrollierten die beiden aus Schottland stammenden Kaufleute und Abenteurer *William Jardine* und *James Matheson* mehr als ein Drittel des Opiumhandels. Sie waren die geistigen Väter eines kriminellen Plans, China für den Welthandel zu öffnen.

Die Zeit der ungestörten Selbstbestimmung im Reich der Mitte war vorbei. Opium – bislang Luxusdroge einiger reicher Chinesen – wurde zum Massengut. Drogenhandel und -konsum untergruben die Moral, verschlechterten die Gesundheit der Bevölkerung. Hunderttausende entlang der Küste und an den großen Flüssen lebten nur noch für die nächste Opiumpfeife. Auch in Shanghai wurde das öffentliche Leben vom Schlafmohn gelähmt. Die Volkswirtschaft nahm Schaden

Der von Kaiser *Daoguang* (1821–1850) eingesetzte Drogenbeauftragte Lin Zexu schloss Opiumhöhlen und sperrte Süchtige ein. Daoguang ersuchte die britische Königin Victoria in zwei Briefen um Beistand. „Wo ist Ihr Gewissen? Ich habe gehört, dass das Rauchen von Opium in Eurem Land streng verboten ist. Warum lasst Ihr es zu, dass der Stoff weitergegeben wird zum Schaden anderer Länder? Möget Ihr, oh Königin, Eure Schurken unter Kontrolle halten, bevor sie nach China kommen", schrieb der Kaiser. Sein Appell verhallte ungehört, und Lin Zexu griff daraufhin in Kanton hart durch: Er lässt britische Kaufleute festhalten und zwingt sie, ihre Opiumvorräte herauszugeben. Am 3. Juni 1839 versenken die Chinesen mehr als 20.000 Kisten Rauschgift im Ozean.

Die Kolonialherren kommen

Jardine und Matheson sowie die britische Regierung werteten diese Aktion als Provokation und antworteten mit Waffengewalt. Der *Opiumkrieg* (1840–1842) brach aus, und im Kriegsgeschehen sollte die Region Shanghai eine Hauptrolle spielen: Eine Flotte von 16 britischen Kriegsschiffen mit rund 4000 Soldaten und mehr als 500 schweren Kanonen an Bord beschossen Städte und Festungen am Unterlauf des Jangtse. Baoshan nahe Shanghai wurde besetzt, Wusong gestürmt. Die Kaufleute und Rauschgifthändler Jardine & Matheson stellten den Truppen firmeneigene Lotsen und Übersetzer zur Verfügung; nach dem siegreichen Einzug in Kanton wohnte der britische Oberbefehlshaber in Mathesons Villa. Am 19. Juni 1842 landeten die Kriegsschiffe in Shanghai, das sie erst verließen, nachdem sie von den Bürgern der Stadt drei Millionen Silberdollar erpresst hatten.

Am 29. August 1842 besiegelte das *Abkommen von Nanjing* das Ende des Waffengangs und eine empfindliche Niederlage Chinas, das die Überlegenheit der europäischen Waffentechnik schmerzlich zu spüren bekam. Für Shanghai leitete der Frieden von Nanjing eine Zeit der Vorherrschaft ausländischer Mächte ein, die hundert Jahre währen sollte. Bis in die Gegenwart lernen Chinas Schüler ihre Lektionen über die sogenannten ungleichen Verträge von Nanjing. Kaiser Daoguang wurde von den Briten nicht nur verpflichtet, 21 Millionen Silberdollar „Wiedergutmachung" für den Krieg zu zahlen, er musste zusagen, die Hafenstädte Amoy (heute Xiamen), Fuzhou, Guangzhou, Ningbo und Shanghai für den ausländischen Handel zu öffnen. Hongkong musste er „für ewig" an die britische Krone abtreten.

Der Erfolg der Briten rief rasch andere westliche Mächte auf den Plan. Die USA (1848) und Frankreich (1849) sicherten sich ähnliche Zugeständnisse. Preußen rang dem chinesischen Kaiser 1863 Niederlassungsrechte ab, die 1871 aufs Deutsche Reich übergingen. In Zusatzabkommen hatten die Ausländer dem Kaiser die Zusage abgepresst, dass ihre Handelsniederlassungen nicht dem chinesischen Recht unterworfen sind. Dieser rechtliche Sonderstatus, die sogenannte Exterritorialität, machte die Niederlassungen, auch *Konzessionen* genannt, faktisch zum Staat im Staate, mit eigener Verwaltung, eigener Währung, eigenen Polizeitruppen und eigener Rechtsprechung.

Die Shanghaier reagierten verwundert und voller Furcht auf die bewaffneten *Briten*, die ab 1843 in Sichtweite der nördlichen Stadtmauer damit begannen, am Ufer des Huangpu Handelshäuser und Villen zu errichten. Bald befestigten die Eindringlinge auch das Ufer, damit ihre Schiffe besser anlegen konnten – die Geburtsstunde des *Bund*, der kolonialen Prachtstraße Shanghais, hatte geschlagen. Der Name „Bund" stammt übrigens von der anglo-indischen Bezeichnung für Kaimauer.

Die *US-Amerikaner* machten sich am Suzhou Greek im Norden breit, die *Franzosen* angelten sich das Gebiet unmittelbar vor dem nördlichen Stadttor. Briten und Amerikaner legten ihre Konzessionsgebiete 1863 zum „International Settlement" zusammen. Shanghai war von da an dreigeteilt in eine chinesische Stadt, die französische Konzession und eine internationale Siedlung.

Jedes der drei Gebiete hatte seinen eigenen Charakter – eine typische Atmosphäre, die der Reisende noch heute auf Spaziergängen erspüren kann: Zwischen den Stadtmauern dominierten enge Gassen und viele kleine Geschäfte das Geschehen. Die Siedlungen der Briten und Amerikaner waren von Bürogebäuden, Handels- und Bankhäusern sowie von Hotels und Clubs geprägt. Baumbestandene Alleen und große Villen machten in der Französischen Konzession Eindruck.

Gesellschaft der kleinen Schwerter

Nicht nur die Ausländer in Shanghai bereiteten Kaiser Daoguang Kopfzerbrechen, sondern auch ein Bauernsohn aus Südchina namens *Hong Xiuquan*, der an den Prüfungen für den Staatsdienst gescheitert war und dann eine Eingebung hatte: Im Fiebertraum sah er einen goldbärtigen Mann und hielt sich für berufen, den Chinesen im Namen Gottes das Christentum zu bringen. Die Verzweiflung im Land über Hunger, korrupte Beamte und Chaos war groß damals, und so konnte Hong 1849 bereits rund 10.000 Gotteskrieger hinter sich scharen und gegen Norden marschieren. Als er 1853 Nanjing einnahm, folgten ihm bereits einige 100.000 Kampfgefährten. In den eroberten Gebieten riefen die Rebellen das „Himmlische Reich des höchsten Friedens“ aus. Bei Jesu Geburt hatte der Engel verkündet „Friede den Menschen auf Erden“, und so nannten sich die Aufständischen *Taiping*, was „höchster Frieden“ bedeutet.

In Nanjing errichteten die Taiping-Rebellen die Hauptstadt ihres Reichs. 1853 erreichte die Bewegung Shanghai: Die „Gesellschaft der kleinen Schwerter“, eine Splittergruppe der Taiping-Krieger, übernahm die Macht in der Altstadt. Rund 10.000 Bewohner der Chinesenstadt flohen in die ausländischen Konzessionen, wo findige westliche Geschäftsleute rasch Unterkünfte für sie hochzogen – die *Lilong-* und *Shikumen-Siedlungen* (→ Kasten im Kap. Architektur), die das Shanghaier Stadtbild bis in die 1980er Jahre prägen sollten, waren geboren.

Der britische Konsul nutzte die Wirren der Zeit, um die Zollhoheit in Shanghai ganz zu übernehmen. 1864 wird die *Taiping-Rebellion* in Shanghai unter Mithilfe ausländischer Kräfte niedergeschlagen. Landesweit soll sie rund 20 Millionen Menschen das Leben gekostet haben. Das gesamte östliche Jangtse-Gebiet war verwüstet, im Land herrschte Chaos, und der Gewinner war Shanghai: Rund 200.000 Neuankömmlinge strömten in die Stadt, die damals neben Chicago und Melbourne zu den am stärksten wachsenden des Globus gehörte. Die von der Stadtmauer umgebene Altstadt verwandelte sich nun endgültig zu einem Anhängsel der Konzessionen. Und die Bodenpreise explodierten – der Quadratmeter in Hafennähe kostete nunmehr statt 50 bis zu 200.000 britische Pfund. Die ausländischen Kaufleute der Stadt machten glänzende Geschäfte.

Shanghai Municipal Council

Ihre Macht hatten die Imperialisten seit 1854 mit dem Shanghai Municipal Council (SMC) zementiert. In dem Gremium kamen die einflussreichsten Amerikaner, Briten und Franzosen zusammen, um über die Geschicke der

Auch der Tempel des Konfuzius fiel in die Hände der Taiping-Rebellen

Der Bund zu Beginn des 20. Jahrhunderts

Stadt zu bestimmen, Steuern und Abgaben zu erheben, Gesetze zu erlassen. 1862 zogen sich die Franzosen aus dem SMC zurück. Ihre Konzession ließen sie fürderhin durch den von Paris entsandten Generalkonsul regieren. Das Rathaus der Franzosen stand ab 1902 an der Avenue Joffre – eines ihrer Verwaltungsgebäude steht noch heute an der Huaihai Road 375–381 (→ Kap. „Nördlich der Avenue Joffre").

Geschäft, Geld, Genuss und Gier bestimmten Ende des 19. Jahrhunderts das Leben in Shanghai. Und Diskriminierung – muss man hinzufügen. Zwar stellten die Chinesen in den internationalen Konzessionen inzwischen mehr als vier Fünftel der Bewohner, sie besaßen aber so gut wie keinen Einfluss auf die Politik und mussten unter teils unmenschlichen Bedingungen für die Ausländer schuften. Jahrzehntelang war Chinesen der Eintritt in den Huangpu-Park am Bund verwehrt, außer sie begleiteten als Dienstpersonal ausländische Herrschaften.

Nachdem China 1895 den *Krieg gegen Japan* verloren hatte, kamen viele Japaner in die Stadt, von denen sich die meisten im Norden niederließen. Sie brachten die Textilindustrie in Shanghai zur Blüte und ihre Arbeiterschaft zur Verzweiflung, denn die musste teilweise in Fabriken ohne Fenster malochen.

Gipfel imperialer Macht

Um die Jahrhundertwende erreichten die Siedlungsgebiete der Ausländer ihre größte Ausdehnung, Shanghais Einwohnerzahl überschritt die Millionen-Marke. Die Stadt war zu Chinas Industriezentrum Nummer eins avanciert, der Handel florierte. Der *Boxeraufstand* von 1900 – eine Revolte radikaler Nationalisten, die in Peking Ausländern das Leben kostete – streifte Shanghai nur am Rande. Das gesellschaftliche Leben drehte sich um den Race Course, die Pferderennbahn auf dem Gebiet des heutigen People´s Square. Entlang der Fuzhou Road entsteht ein großes Amüsier- und Rotlichtviertel, und in

Hongkou nördlich des Suzhou Creek öffnet 1907 in der Zhapu Road das erste Kino im Reich der Mitte. Später wird Hongkou Zentrum der jungen chinesischen Filmindustrie werden.

Die Stadt über dem Meer war zu dieser Zeit ein Leuchtturm inmitten eines Landes, das im Chaos versank: Das Ende des Jahrtausende währenden Kaiserreichs nahte. Die mächtige Kaiserinwitwe *Cixi* starb 1908, die Herrschaft ihres Sohnes endete 1912. Chinas letzter Kaiser, *Xuantong*, war ein Marionetten-Herrscher und bei seiner Abdankung sieben Jahre alt. Xuantong, auch Puyi genannt, durfte noch bis 1924 in Pekings verbotener Stadt leben und verbrachte den Rest seines Lebens als Gärtner in der Hauptstadt, wo er 1967 starb.

Der Yuyuan Garten markierte das Herz der alten Chinesenstadt

Ende des Kaiserreichs

Das Kaiserreich war bereits zusammengebrochen, als 1911 mehrere Provinzen ihre Unabhängigkeit von Peking erklärten. Das Reich der Mitte zerbarst. Es war die Zeit der regionalen Kriegsherren. Der gemäßigte Nationalist *Sun Yatsen* (1866–1925) wird Führer der *Republik China*, aber nur für wenige Monate. In Shanghai ließ Suns *Guomindang* als Zeichen des Neuanfangs die Stadtmauer der Alten Chinesenstadt niederreißen und durch eine Ringstraße ersetzen. Im Jahr 1912 versuchte Sun von Shanghai aus eine Revolution zu entfachen, um das Land zu einen, doch er unterlag Marshall *Yuan Shikai*, der China als Monarch wiedervereinen wollte. Sun scheitert mit dem Versuch, in Guangzhou im Süden eine Gegenregierung aufzubauen und zieht sich schließlich mit seiner Frau Song Qingling in eine Villa in der Französischen Konzession zurück (→ Tour 5). Dort verfasst der Mann, der heute auch von den Kommunisten als Nationalheld verehrt wird, einige seiner wichtigsten politischen Schriften.

Mit dem Tod Yuan Shikais 1916 zerfiel China endgültig, ein Zustand, der das Land 33 Jahre lang bis zur Gründung der Volksrepublik 1949 in blutige Machtkämpfe stürzen sollte: Yuans Generäle entfachen im Norden Chinas einen Bürgerkrieg, im Süden errichtet Sun Yatsen eine Guomindang-Regierung. Japan nutzt die Schwäche des Reichs der Mitte und dehnt seinen Einfluss in Nordchina aus. Shanghai, Teil des Herrschaftsgebiets der Guomindang, bleibt mit dem Schutz der Konzessionen ein vergleichsweise stabiles Pflaster. Wirtschaftlich profitiert die Handels- und Hafenstadt vom Ersten Weltkrieg und bietet vielen Flüchtlingen vom Land Arbeit. Zusehends wurde Shanghai zum Zentrum revolutionärer Kreise.

Du Yuesheng – der Pate von Shanghai

Durchdringende Augen, breite Lippen und lange Ohren – mit kahl geschorenem Schädel und einer langen, schlaksigen Gestalt war Shanghais Großgangster Du Yuesheng eine markante Figur. In den 1920er Jahren wurde er zu einem der einflussreichsten Männer Shanghais. Manche nannten ihn etwas despektierlich „Großohr-Du". Dabei durfte man es sich mit Du Yuesheng nicht verscherzen: Er kontrollierte den Handel mit Opium, Waffen und Mädchen. Gleichzeitig war er Vizepräsident des Chinesischen Roten Kreuzes und leitete die Geschicke zweier wichtiger Banken. Hinzu kam: Das Großohr hatte sich die portugiesische Staatsbürgerschaft gekauft und war nur schwer vor Gericht zu stellen.

Opium wurde zu Dus Zeiten auch in Teehäusern geraucht

Du Yuesheng wurde in Shanghai geboren und stammte aus einfachsten Verhältnissen, denen er mit Erpressung, Raub und Zuhälterei zu entfliehen suchte. Zum Paten Shanghais wurde er, als es ihm gelang, die Führung der „Grünen Bande" – einem Netzwerk von Verbrechern in der Französischen Konzession – zu übernehmen. Gegen Schmiergeld wurde ihm in der Französischen Konzession erlaubt, 20 Verkaufsstellen und ein Warenhaus für Opium zu betreiben. Mit *Pockennarben-Huang*, einem anderen mächtigen Ganoven Anfang der 20er Jahre und dem Kriegsherrn *Zhang Xiaolin* gründete Du schließlich die „Three Prosperities Company" – ein Unternehmen, das in den damals mehr als 60 Opiumhöhlen Shanghais Schutzgebühren und einen Obulus pro gerauchter Pfeife kassierte.

Feinde schuf sich Du Yuesheng auf brutale Weise vom Hals. So lud er den französischen Generalkonsul Koechlin zu einem Essen in seine Villa, das dieser nicht überlebte – Du hatte das Essen des Gastes vergiften lassen. Der Begleiter des Konsuls überlebte mit viel Glück, doch seither ging keine französische Behörde mehr gegen Du vor. 1927 mordete Shanghais Pate Du für Chiang Kaischek: Dem von Chiang organisierten und von Dus Schergen unterstützten Shanghai-Massaker im April 1927 fielen etwa 5000 Kommunisten zum Opfer.

Du Yueshengs andere Seite war die des Wohltäters: Er gründete die Zhengshi-Mittelschule, die begabten armen Kindern Stipendien gewährte. Der Gangsterkönig selbst lernte erst im Alter von 40 Jahren lesen und schreiben. Ab 1932 saß Du im französischen Stadtrat Shanghais, den Höhepunkt seiner Macht erreichte er, als er 1934 Vorsitzender der Shanghai Civic Association wurde, in der sich die wichtigsten Persönlichkeiten aus den Reihen der Wirtschaft, der Gewerkschaften und der damals herrschenden Guomindang versammelten.

Du Yueshengs Stern begann zu sinken, als die Japaner Shanghai besetzten. Kurz vor der Ankunft der kommunistischen Truppen Anfang 1949 entschlüpfte Du nach Hongkong, wo der Pate von Shanghai bis zu seinem Tod 1951 als ein angesehenes Mitglied der Hongkonger Gesellschaft lebte. Du Yuecheng starb eines natürlichen Todes.

Versailles und die Folgen für China

Nach Ende des Ersten Weltkriegs wird im *Vertrag von Versailles* festgelegt, die deutschen Besitztümer in China den Japanern zu übertragen, anstatt sie den Chinesen zurückzugeben. Das erzürnt China, Studenten und Arbeiter organisieren 1919 große Streiks. In Peking wie in Shanghai kommt das öffentliche Leben zum Erliegen. Die „Bewegung des 4. Mai" markiert die Abkehr vom Konfuzianismus und die Übernahme westlichen Gedankenguts. Am 23. Juli 1921 findet in Shanghai der *Gründungskongress der Kommunistischen Partei Chinas* (KPCh) statt. Unter den Delegierten ist auch der Bauernsohn und Volksschullehrer *Mao Zedong* (1893–1976).

Karl Marx (l.) und Friedrich Engels blicken auf die Besucher des Fuxing-Parks

In den Reihen von Guomindang (GMD) wie KPCh verfestigte sich 1924 die Einsicht, dass man die Macht über ganz China nur gemeinsam erobern kann. Mao zieht mit seiner ersten Ehefrau für einige Monate nach Shanghai in die heutige Maoming Road, um auf Seiten der Kommunisten die Zusammenarbeit in der *ersten Einheitsfront* zu koordinieren (→ Tour 6). Das Zusammengehen der beiden revolutionären Kräfte begeistert auch radikale Studenten, die sich über die Schikanen empören, denen chinesische Arbeiter in den japanischen und britischen Fabriken der Stadt ausgesetzt sind.

Arbeiter und Studenten protestieren

Der 30. Mai 1925, als eine monatelange Streikwelle in Shanghai in einen Aufstand gegen die Fremdherrschaft über die Stadt mündet, gilt der chinesischen Geschichtsschreibung als jener Tag, an dem die „Große Revolution" von 1925 bis 1927 (im Westen spricht man von „Nationaler Revolution") ihren Anfang nahm. Diese wurde allerdings von den Kolonialmächten in Shanghai eingedämmt. Die Imperialisten setzten der sogenannten „Bewegung des 30. Mai" (→ Kasten „30. Mai 1925") mehr als 20 Kriegsschiffe entgegen, die sie auf dem Huangpu kreuzen ließen.

Die Freude von GMD und KP über gemeinsame Erfolge wurde bald von den Konsequenzen des Todes Sun Yatsens 1925 überschattet: General *Chiang Kaishek* (1887–1975) übernahm die Führung der GMD, ein ebenso machtbesessener wie brutaler Militär. Zwar

Im Astor House versteckte sich KP-Mann Zhou Enlai

nahm die Einheitsfront 1926 gemeinsam Anlauf, um die Warlords zu besiegen und die Teilreiche zu einen, aber Chiang mit seinen rund 100.000 Mann im Rücken heckte bereits einen mörderischen Plan aus, um die Kommunisten auszuschalten. Im März 1927 führte er ihn in Shanghai aus:

Nach einer großen Streikwelle übernehmen die von der KPCh gesteuerten Streikenden faktisch die Macht in der Stadt. Chiang lässt seine Einheiten aufmarschieren und sich von Briten und Japanern einige Anführer des Streiks ausliefern. Gleichzeitig beginnen Chiangs Truppen in der Stadt eine Treibjagd auf Kommunisten. Bis zu 5000 sterben bei den Kämpfen, die meisten von ihnen Mitglieder der KPCh. *Zhou Enlai*, neben Mao lange Jahre wichtigster und mächtigster Mann in der KP, entkam mit Glück, er tarnte sich im noblen Astor House Hotel als Geschäftsmann (→ Tour 1). Dem Bericht eines Zeitzeugen zufolge „rollten Köpfe durch die Rinnen der Straßen wie reife Pflaumen".

Angeblich ketteten Chiangs Schergen am Bahnhof Streikführer aneinander und warfen sie in die Brennkessel von Lokomotiven. Das Gemetzel ist als *Shanghai-Massaker* in die Geschichtsbücher eingegangen. Bei seinem Schlag gegen die Kommunisten wird Chiang von Kaufmann, Drogen- und Gangsterboss *Du Yuesheng* (→ Kasten „Du Yuesheng") unterstützt. Er hilft Chiang dabei, auch unliebsame parteiinterne Gegner vom linken Flügel der GMD zu meucheln. Chiangs Kaisheks Macht in der GMD ist nun umfassend und es gelingt ihm, Guomindang-Vertreter im Shanghai Municipal Council zu platzieren.

Der Drache war Zeichen für die Macht des Kaisers

30. Mai 1925 – Vorbote der Revolution

Als die US-amerikanische Journalistin *Agnes Smedley* am frühen Morgen des 30. Mai 1925 das International Settlement durchstreifte, war die explosive Stimmung dieses Tages bereits spürbar. Was in den nächsten Stunden in Shanghai passieren sollte, ebnete den Kommunisten in China mittelfristig den Weg, zur wichtigsten politischen Macht im Lande aufzusteigen. Mithilfe von Smedleys Beschreibungen lassen sich die Ereignisse im Detail schildern:

In vielen Straßen sammelten sich an diesem Tag chinesische Demonstranten, Flugblätter wirbelten durch die Luft und an Wänden, Masten und Straßenbahnen hingen Plakate, die man dort zuvor nicht gesehen hatte. Darauf standen Parolen: „Nieder mit dem Imperialismus", „Boykottiert japanische Waren", „Wehrt Euch gegen die Erweiterung der Internationalen Niederlassung". Studenten und Arbeiter stoppten einen Omnibus, zerschlugen die Scheiben, stemmten sich mit den Schultern gegen das Fahrzeug und versuchten es umzuwerfen. An einer Straßenkreuzung beobachtete Smedley einen britischen Polizisten, der den Mob im Zaum zu halten versuchte: „Ununterbrochen auf seiner schrillen Polizeipfeife trötend schlug er unterschiedslos auf jeden Chinesen ein – auf Jungen, Mädchen, Männer und Frauen. Die Menge aber schloss sich um jedes der Opfer und trug sie davon. Er war wie ein Irrsinniger, der mit seinem Gummiknüppel ein Meer eindämmen wollte."

Das Meer bäumte sich in diesen Mai-Tagen des Jahres 1925 auf, nachdem in einer japanischen Fabrik auf streikende Arbeiter geschossen worden war, die gegen die Brutalität ihrer japanischen Vorarbeiter protestiert hatten. Studenten mobilisierten die Massen, chinesische Kaufleute solidarisierten sich mit den Protestführern, die sich gegen die Unterjochung in den ausländischen Fabriken wehrten, und auch gegen Pläne von Briten und US-Amerikanern, die das International Settlement erweitern wollten. Am 23. und 24. Mai nahm die Polizei der Kolonialmächte einige angebliche Drahtzieher der Demonstrationen fest. Am 30. Mai sollte sechs verhafteten Studenten vor dem Mixed Court der ausländischen Mächte der Prozess gemacht werden. Rund 2000 Demonstranten forderten an besagtem Tag die Freilassung der jungen Verhafteten. Die aufgebrachte Menge zog am frühen Nachmittag durch die Nanjing Road vor die *Louza-Polizeiwache*, die sich damals am Karree Guizhou Road und Jiujian Road befand. Einige Demonstranten stürmten das Gelände. Der diensthabende Inspektor E. W. Everson ließ das Feuer eröffnen: Der Zeitzeuge Jürgen Osterhammel berichtet von 13 Toten und 19 Schwerverletzten – allesamt junge Chinesen zwischen 15 und 36 Jahren.

In der Folge des Massakers – die linke Presse sprach von Shanghai als dem „Schlachthof des modernen Imperialismus" – kam es vielerorts monatelang zu Generalstreiks, in Kanton und Hongkong sollten die Arbeitsniederlegungen gar 16 Monate dauern. In Shanghai stellte sich die Chinesische Handelskammer, in der die großen Bankiers, Industriellen und Reeder saßen, hinter die Streikenden. Die wirtschaftlichen Aktivitäten der Ausländer kamen nahezu zum Erliegen. Der Shanghai Municipal Council ließ das International Settlement mit etwa 2000 Soldaten schützen und 22 Kriegsschiffe im Hafen vor Anker gehen. Anfang Juni legten chinesische Studenten, Arbeiter und Kaufleute dem Council der Imperialmächte USA und Großbritannien einen 17 Punkte umfassenden Forderungskatalog vor. Mit Erfolg: Die Kolonialherren ordneten u. a. die Entlassung der verantwortlichen Polizeioffiziere an, schafften den Mixed Court ab, räumten den Chinesen drei Sitze im Municipal Council ein und sagten die Wiederherstellung der chinesischen Zollautonomie zum 1. Januar 1929 zu. Die angespannte Lage in der Stadt begann sich Mitte September zu beruhigen.

An jener Stelle Shanghais, an der die Ereignisse damals eskalierten, stehen heute ein Bürogebäude und eine öffentliche Toilette (→ Tour 4). Nichts erinnert an den Hauptschauplatz des 30. Mai 1925 – einen der geschichtsträchtigsten Tage des Landes.

Diese Statue im Volkspark verherrlicht Maos Volksbefreiungsarmee

Reminiszenz an den einstigen Bruderstaat UdSSR

Die Jahre der Dekadenz

Ende der 1920er, Anfang der 30er Jahre ist Shanghai eine vergnügungssüchtige und lasterhafte Stadt, eine Metropole der Bosse und Banditen, der Dekadenz und Diskriminierung, eine Stadt von Reichtum und Armut: Die Fabrikarbeiter schufteten bis zu 14 Stunden täglich in menschenunwürdigen Hallen ohne Lüftung und Sicherheitsvorkehrungen. Auch Mädchen und Jungen stehen an den Maschinen, Erschöpfung und Krankheit sind Arbeiterschicksal in Shanghai. Die durchschnittliche Lebenserwartung chinesischer Fabrikarbeiter beträgt 27 Jahre.

Wer jedoch zu jener Klasse gehörte, die am *Bund*, der kolossalen Prachtmeile am Huangpu, flanierte, genoss ein Dasein in Luxus und nicht selten im Rausch: Opiumhöhlen und Bordelle florierten (→ Kasten „Kapitale der Sünde"). Im Art-déco-Hotel Cathay feierte unterdessen eine illustre Gesellschaft rauschende Feste. Eigentümer *Sir Victor Sassoon* ist einer der reichsten Kaufleute der Stadt, zu Wohlstand gelangte er mit Opium, Baumwolle und Immobilien. Unter der spitzen Kupferkuppel seines Cathay (→ Tour 1) ließ er sich ein mit Eichenholz getäfeltes Penthouse einrichten, in dem er zu seinen berüchtigten Festen

Kapitale der Sünde

Das Shanghai der 1920er und 30er Jahre hatte den Ruf, eine der verruchtesten Metropolen des Globus zu sein. In den meisten Hotels der Stadt brachte der Zimmerservice die Opiumpfeife fast so selbstverständlich aufs Zimmer wie Getränke. In bis zu 1500 Opiumhöhlen zündeten sich Süchtige und Suchende die Träume verheißenden Pfeifen an. Shanghai versprühte den Zauber einer lasterhaften Schönen, zog Hasardeure und Abenteurer an. Doch Elend, Armut und Gier waren genauso verbreitet wie Eleganz, Reichtum und Freizügigkeit. Die Stadt hatte viele Flüchtlinge vom Land aufzunehmen, in den chinesischen Vierteln lagen allmorgendlich Tote auf der Straße, dahingerafft von Krankheit und Hunger.

Huren und Sing-Song-Mädchen, so genannt, weil sie ihren Zahlmeistern vorsangen und teils auch mit Sex zu Diensten waren, bevölkerten die Vergnügungsviertel. Zwischen 80.000 und 100.000 käufliche Liebesdienerinnen soll es damals gegeben haben. Von der Fuzhou Road zweigte die Huileli-Gasse ab, die „Gasse der Freudensuche". Allein dieses Sträßlein zählte rund 150 Bordelle, die Namen der beliebtesten Mädchen standen auf roten Zetteln, die an den Eingangstüren hingen. Insgesamt sollen Shanghaier Prostituierte Anfang der Dreißigerjahre in knapp 700 Freudenhäusern Freier befriedigt haben. In Berlin prostituierte sich damals eine von 580 Frauen, in Chicago eine von 430, in Shanghai eine von 130 – darunter viele Emigrantinnen aus Russland, Zarentreue, die vor der Verfolgung durch die Sowjet-Kommunisten nach China geflohen waren.

lud. Im Cathay checkten u. a. Charlie Chaplin, George Bernard Shaw, Douglas Fairbanks und Eugene O'Neill ein.

Japanische Besatzung

China verkam unter Chiang Kaishek, der sich 1928 zum Führer der Nationalregierung ernannte, zur Militärdiktatur. Seine Regierung sah über die Armut des Volkes hinweg und duldete japanische Provokationen. 1932 marschierten erste Truppen Nippons in Shanghai ein. Im Industrieviertel Zhabei, einem rein chinesischen Bezirk im Nordwesten der Stadt, entbrannten fünf Wochen währende Kämpfe zwischen den japanischen Einheiten und chinesischen Truppen. Japanische Flieger warfen Bomben und entschieden die Kämpfe für sich. Zehntausende Chinesen flohen in die Französische Konzession und ins International Settlement. Von 1936 bis 1941 schließen sich KPCh und GMD zur *zweiten Einheitsfront* gegen Japan zusammen, es war ein Bündnis ohne Herzblut.

Ende der 30er Jahre setzte in Shanghai ein neuer Strom von Flüchtlingen ein. Diesmal aus Europa – Tausende Menschen jüdischen Glaubens suchten in Shanghai Schutz vor der Nazi-Schreckensherrschaft. Bis Ende der Dreißigerjahre fanden mehr als 20.000 Unterschlupf in der Stadt über dem Meer, die von Ankömmlingen weder Pässe noch Visa verlangte (→ Tour 9, Kasten „Ticket nach Shanghai"). Ab 1943 mussten die jüdischen Flüchtlinge auf Anordnung der japanischen Besatzer in einem Ghetto im Stadtteil Hongkou leben (→ Kasten „Letzte Zuflucht Shanghai").

Shanghai hatte bereits 1937 mit rund 3,5 Millionen Einwohnern zu den fünf größten Städten der Welt gezählt. Am 2. August dieses Jahres nahm auf dem Huangpu eine Flottille von 26 japanischen Kriegsschiffen Kurs auf den Bund. Kampfflugzeuge dröhnten über der Stadt und richteten mit ihren Bomben verheerende Schäden an: Mehr als 1700 Menschen starben, und Japan besetzte nun alle chinesischen Teile Shanghais. Als Nippon am 7. Dezember 1941 an der Seite Nazi-Deutschlands in den Krieg eintrat, übernahmen die Japaner auch im International Settlement die Macht. Arbeitslosigkeit und Inflation stiegen sprunghaft, die Versorgung von Bevölkerung und Flüchtlingen verschlechterte sich dramatisch. Viele litten Hunger. Die japanische Besatzung war aber vor allem eine grausame Zeit für die chinesische Zivilbevölkerung. Traurige Berühmtheit erlangte in dieser Zeit das sogenannte Bridge-House nördlich des Suzhou Creek (→ Tour 8), in dem die Japaner politische Feinde folterten. Das japanische Joch sollte bis Ende des Zweiten Weltkriegs dauern, erst im September 1945 zog Japan aus Shanghai ab. In den Folgejahren 1946 bis 1949 entbrannte der Bürgerkrieg zwischen GMD und KP mit aller Gewalt.

Ende der Fremdherrschaft

Die meisten Ausländer hatten die Stadt über dem Meer zu diesem Zeitpunkt bereits verlassen, offiziell verzichteten Großbritannien, Frankreich und die USA im Januar 1943 auf die Konzessionen. Nach dem Abzug der Japaner übernahm die GMD die Macht in Shanghai und vereinte die Konzessionen mit dem Rest der Stadt, Chiang Kaishek zapfte die Gewinne aus den Fabriken ab, um den Bürgerkrieg gegen die Truppen Maos zu finanzieren. Es herrschten Willkür und Chaos, die Inflationsrate schnellte auf mehr als 1000 Prozent. Die Zeiten hatten sich geändert, und die reichsten Kaufleute der Stadt wie Sir Victor Sassoon kehrten Shanghai den Rücken.

Grausamkeit und Korruption machten die GMD bei der Bevölkerung unbeliebt und bescherten Maos Truppen regen Zulauf. Chiang und seine Gefolgsleute erkannten, dass sie die Macht gegen Maos Volksbefreiungsarmee nicht mehr lange halten konnten. Sie flohen über das Meer nach Formosa (heute Taiwan).

Letzte Zuflucht Shanghai – ein Schicksal aus dem Ghetto

Michael Blumenthal, geb. 1926 und heute Direktor des Jüdischen Museums Berlin, entkam 1939 nur knapp dem Holocaust. Ziel seiner Flucht war Shanghai. Als sich die Kunde vom Grauen der Vernichtungslager 1945 bis nach China verbreitet hatte, stand Michael Blumenthal im Shanghaier Ghetto fassungslos vor einer Mauer. Gegenüber seiner Unterkunft im Stadtteil Hongkou waren an einer Fassade lange Listen angeschlagen; Blumenthal las und las – Namen von Überlebenden, die der Mordmaschinerie der Nazis entgangen waren. Kein einziger seiner Berliner Kindheitsfreunde fand sich darunter. Blumenthal war damals 18 Jahre alt – mit seiner Schwester und seinen Eltern hatte er in Shanghai gehungert, wurde gedemütigt, geschlagen. Aber sie waren am Leben.

Die Shanghaier Juden kannten Konzentrationslager als Stätten der Gewalt, nicht aber als Orte systematischer Vernichtung. Das Kriegsende machte dann die schlimmsten Befürchtungen zur Gewissheit: zwischen fünf und sechs Millionen Juden bestialisch ermordet. Blumenthal begann die deutsche Sprache zu hassen, sich seiner Heimat zu schämen. So wie ihm ging es vielen Hongkouer Exilanten jüdischen Glaubens.

Als die Blumenthals am 10. Mai 1939 in China eintrafen, lagen Monate der Verzweiflung hinter ihnen: Der Vater war in der Pogromnacht 1938 ins Konzentrationslager Buchenwald verschleppt worden. Erst als seine Frau die Schifftickets vorlegte, kam er frei – um 25 Kilogramm abgemagert und ausgemergelt. Die Familie, von den Nazis bis auf zehn Reichsmark beraubt, verließ Europa von Neapel aus. Für den damals 13-Jährigen war die fünfwöchige Überfahrt ein Abenteuer. Er sah, wie sich der Horizont hinter dem Blau und Grau des Meeres hob und senkte. „Ich war furchtbar neugierig." Nur wenn die Eltern in jene nervöse Stille verfielen, die er seit Monaten kannte, trübte sich seine Stimmung.

Shanghai empfing ihn mit dem schäbigen Charme einer großen Hafenstadt. Als der Ozeandampfer vom Meer in die Jangtse-Mündung und von dort in den Huangpu einfuhr, sah er eine Schiffsparade: Frachter und Kriegsschiffe, dazwischen segelten Dschunken und ruderten Sampans. Vertreter von Hilfskomitees geleiteten die Ankömmlinge in Notunterkünfte. Viele Flüchtlinge titulierten Shanghai als Exil letzter Wahl – eine fremde Kultur, ein ungesundes Klima. Doch ab 1937 waren für die Hilfesuchenden fast alle Grenzen geschlossen, und in Shanghai fragte niemand nach Visum oder Glauben. Die letzten jüdischen Flüchtlinge kamen 1941 auf dem Landweg über Russland und Japan.

„Horn's Imbiss-Stube", „Café Atlantic" – die Schriftzüge verblassen, aber noch ist die Reklame für Flüchtlings-Geschäfte in nördlichen Stadtteil Hongkou lesbar. Stumme Zeugen des Ghettos finden sich bis heute. Von Mai 1943 bis August 1945 lebten – von den japanischen Besatzern zusammengepfercht – rund 20.000 jüdische Flüchtlinge, die meisten aus Deutschland, Österreich und Polen. Sie drängten sich mit mehr als 10.000 Chinesen auf zweieinhalb Quadratkilometern.

Nippon, seit Ende 1941 Besatzer ganz Shanghais, hatte das Ghetto auf Druck des Bündnispartners Deutschland errichtet. Am 18. Februar 1943 befahlen die Japaner den jüdischen Emigranten, binnen 90 Tagen nach Hongkou zu ziehen. Von einer „Schutzmaßnahme" für staatenlose Flüchtlinge, die Shanghai nach 1937 erreicht hatten, war in dem Befehl die Rede. Die Grenz-Koordinaten des Pferchs – Huimin Road, Tongbei Road, Zhoujiazui Road und Gongping Road – sind noch heute erkennbar. Im Huoshan Park im Südosten des früheren Ghettos erinnert ein Gedenkstein an die ehemaligen Gefangenen.

Blumenthal verbrachte acht Jahre in Shanghai. Wie andere Exilanten kehrte auch er Jahre später zurück, schritt nochmals durch die Straßen seiner Jugend, besuchte das alte Haus in der Zhoushan Road 59, die früher Chusan Road hieß. Ein silbernes Schild am Eingang erinnert an den einstigen Bewohner, der es später unter US-Präsident Jimmy Carter zum Finanzminister bringen sollte.

Acht Zimmer, eine Toilette – so ist es noch immer in der Chusan Road. „Heruntergekommen war das Haus schon damals. Aber wir waren 40 bis 50 Bewohner", erzählt Blumenthal. Gleich um die Ecke der Chusan Road steht die Ohel-Moishe-Synagoge. Heute eine Art Gedenkstätte, war sie einst Zentrum des Ghettolebens. Neben der Synagoge befand sich eine Polizeistation. Die Zellen waren berüchtigt. Wer dorthin gebracht wurde, wusste, was ihm blühte: verseuchtes Trinkwasser, Ungeziefer, Prügel. Rund 2000 Juden überlebten das Ghetto nicht.

Einmal lag Blumentahl 21 Tage mit Paratyphus im Ghetto-Hospital. Medikamente gab es keine, er schaffte es trotzdem. Er fand Arbeit in einer Chemiefabrik unter Schweizer Leitung. Als er den Job Anfang 1944 verlor, begann er Esperanto zu lernen. „Ich war überzeugt, dass eine bessere Nachkriegswelt eine neutrale Sprache haben wird." Seit 1997 leitet Michael Blumenthal das Jüdische Museum Berlin. „Shanghai war eine miserable Zeit", erzählt er, „aber ich verdanke dieser Stadt mein Leben."

Hier lebte Michael Blumenthal mit mehr als 40 anderen Flüchtlingen

Am 24. Mai 1949 marschiert die Volksbefreiungsarmee in Shanghai ein. Nach den Siegesfeiern vor dem Gebäude des Shanghai Municipal Council (SMC) (→ Tour 7) beginnen die Kommunisten, die Spuren der kolonialen Vergangenheit zu tilgen. Die Pferderennbahn wandeln sie zum Platz des Volkes um, Unternehmer enteignen sie, Prostituierte schicken sie zur Umerziehung und Opiumsüchtige zum Entzug. Sassoons prachtvolles Cathay Hotel am Bund wird zunächst Parteigebäude, später zum Peace-Hotel für kommunistische Kader. Im nahen Prachtpalast der Hongkong und Shanghai Banking Corporation lässt sich die Stadtverwaltung nieder.

Euphorie des Aufbruchs und Ernüchterung

Shanghai wie der Rest des Landes wurden nach Jahren blutiger Kämpfe von einer Begeisterung für den Neuanfang ergriffen. Viele Auslandschinesen kehrten zurück und wollten sich am Wiederaufbau beteiligen. Bis Mitte der 50er Jahre verstaatlichte Mao die gesamte Industrie und hob die Produktion wieder auf das Niveau der Vorkriegszeit. In Shanghai lässt die KP Satellitenstädte errichten, auch um die Standorte von Betrieben und Fabriken zu entzerren. Baoshan im Norden entwickelt sich zum Stahl-, Anting im Westen zum Fahrzeugbau-Zentrum. Doch dieser Elan zu Beginn der Volksrepublik sollte bald erlahmen. Ab Mitte der 50er Jahre investieren die neuen Herrscher kaum mehr in die Stadt.

In der Folge verlor Shanghai als Wirtschaftsstandort an Bedeutung, politisch jedoch blieb es ein Brennpunkt: Um die wirtschaftliche Entwicklung ganz Chinas anzukurbeln, startete Mao seine Kampagne „Großer Sprung nach vorn". Bauern wurden angehalten, Pflüge und Kochgeschirr einzuschmelzen, um die Stahlproduktion zu erhöhen. Hungersnöte waren die Folge, und der Chef-Ideologe geriet parteiintern unter Beschuss. Shanghai sollte die Wende zu seinen Gunsten bringen: Ende 1965 hebt Mao hier die später als „Viererbande" verfemte Gruppe von Ideologen aus der Taufe, um den revolutionären Geist Chinas in seinem Sinne neu zu entfachen. Die Gruppe, zu der neben Maos dritter Ehefrau, der Schauspielerin und Kulturpolitikerin *Jiang Qing*, auch der Arbeiterführer *Wang Hongweng* sowie der Intellektuelle *Yao Wenyuan* gehörten, agitiert erfolgreich und tritt 1966 von Shanghai aus die Kulturrevolution los.

Shanghai – Hort der Kulturrevolution

Hunderttausende Kulturrevolutionäre marschierten protestierend durch die Straßen Shanghais. Schüler schlossen sich zu „Roten Garden" zusammen und stülpten ihren Lehrern Schandkappen über den Kopf. Das Feindbild waren die „Vier Alten": alte Ideen, alte Gewohnheiten, alte Kultur, alte Bräuche. Der Bund wird zwischenzeitlich umgetauft in Revolutionsboulevard. In Shanghai und im Rest des Landes wurden während der Kulturrevolution zwischen 1966 und 1976 Tempel und Kirchen zerstört und als Fabriken zweckentfremdet, wurden Intellektuelle verfolgt und Schüler und Studenten zur Umerziehung aufs Land geschickt. Allein im Großraum Shanghai zwang Mao Zedong 1,5 Millionen Heranwachsende zwischen zwölf und achtzehn Jahren zum Exodus. Sie wurden in entlegene Provinzen zwangsverschickt, wo sie lernen mussten, wie Bauern zu leben. Obwohl Mao Millionen von Chinesen Leid und Tod brachte, hält ihn die KPCh als Helden hoch, wie bei den Olympischen Spielen in Peking zu beobachten war. Bis heute werden in Kindergärten und Schulen Loblieder auf Mao gesungen.

Traurige Allegorie fürs Tiananmen-Massaker 1989, auch in Shanghai wurde protestiert (S. 137)

Erst der Tod des Großen Vorsitzenden 1976 markierte das endgültige Aus der Kulturrevolution, von deren Auswüchsen sich inzwischen auch die KP distanziert hat. Maos Witwe Jiang Qing und den beiden anderen überlebenden Mitgliedern der Viererbande wurde der Prozess gemacht, keiner der Verurteilten überlebte die Haft. *Deng Xiaoping* (1904–1997) wird der neue starke Mann in China.

Wiederaufstieg und Wirtschaftswunder

Deng propagierte die Öffnung des Landes, ließ Shanghai dabei aber lange links liegen. Die Stadt über dem Meer brachte gleichwohl eine Reihe kommunistischer Politiker hervor, die später auch in Peking an Einfluss gewinnen sollten: Zu dieser Garde zählt der langjährige Shanghaier Bürgermeister und spätere Ministerpräsident *Zhu Rongji*. Der langjährige Parteivorsitzende und Staatspräsident *Jiang Zemin* war zuvor ebenfalls Oberhaupt der Stadt am Huangpu gewesen. Auch der Einfluss dieser „Shanghai-Clique“ dürfte dazu beigetragen haben, dass Deng 1990 den Plan genehmigte, Pudong zur Sonderwirtschaftszone zu machen. Ein Plan, der aufging: Ab 1993 wächst Shanghais Wirtschaft Jahr für Jahr zweistellig, der Aufstieg zur reichsten Stadt Chinas beginnt.

Ein weniger rühmliches Kapitel der Stadtgeschichte schrieb der Shanghaier KP-Chef *Chen Liangyu*, der im April 2008 wegen Machtmissbrauchs und Korruption zu 18 Jahren Haft verurteilt wurde. Das Gericht sah es als erwiesen an, dass Chen Gelder aus dem Pensionsfonds der Stadt veruntreut und Hongkonger Investoren Projekte gesetzeswidrig zugeschanzt hatte. Als am 12. Mai 2008 China vom zweitgrößten Erdbeben seiner Geschichte heimgesucht wird, sind die verheerenden Erdstöße auch in den Wolkenkratzern von Shanghai zu spüren – obwohl das Epizentrum mehr als 2000 Kilometer entfernt in der Provinz Sichuan liegt. Dort sterben rund 80.000 Menschen, in Shanghai bleibt es beim Schrecken über die Katastrophe.

Die politische Führung in Peking unter KP-Chef und Staatspräsident *Hu Jintao* sowie Ministerpräsident *Wen Jiabao* ist sich der Bedeutung Shanghais sehr wohl bewusst. Nach den Olympischen Spielen 2008 in Peking, der Stadt der Macht, war das Augenmerk der Welt zwei Jahre später auf Shanghai gerichtet, die Stadt des Handels, wo 2010 die Weltausstellung stattfand. Die Expo war mit ca. 73 Millionen Besuchern die bislang größte in der Geschichte der Weltausstellungen (→ Kasten „Expo 2010“).

Geschichte im Zeitraffer

4000 v. Chr. Erste Siedlungen im Jangtse-Delta entstehen, das damals noch weiter im Landesinnern lag.

3000 v. Chr. Das Gebiet, auf dem das Shanghai unserer Tage steht, erhebt sich aus dem Jangtse und dem Ostchinesischen Meer.

475 v. Chr. In der Zeit der „Streitenden Reiche“ bildet sich der Name *Hudu* heraus, der alte Name Shanghais.

751 Auf dem Gebiet des Shanghai unserer Zeit wird die Gemeinde *Huadinghai* gegründet.

991 Der Dorfname Shanghai wird geboren. Er bezeichnet einen Gemeindeteil Huadinghais.

1292 Das Dorf Shanghai wird mit drei Dörfern zu einer Kreisstadt zusammengefasst, die den Namen Shanghai erhält.

1554 Die Stadt bekommt eine Schutzmauer.

1685 Die Qing-Herrscher lassen ein Zollhaus errichten. Shanghai ist internationale Hafenstadt und hat mit direktem Umland rund 300.000 Einwohner.

1842 Im Opiumkrieg feuern britische Kanonenboote auf die Stadt. China verliert den Krieg und muss sich im Vertrag von Nanjing verpflichten, Shanghai für den Handel mit dem Westen zu öffnen.

1843 Großbritannien gründet die erste ausländische Handelsniederlassung, die sogenannte Konzession.

1848 Die USA richten ihre Siedlung ein.

1849 Die Französische Konzession wird gegründet.

1853-1864 Die Taiping-Rebellion erreicht Shanghai. In der Alten Chinesenstadt übernimmt die „Gesellschaft der kleinen Schwerter“ die Macht – eine Splittergruppe der Taiping-Rebellen. Die Briten übernehmen die Zollhoheit über die Stadt.

1854 Die Konsuln der ausländischen Mächte in Shanghai gründen den Shanghai Municipal Council (SMC) als Zentrale für ihre Konzessionen.

1862 Frankreich scheidet aus dem SMC aus und baut eine eigene Verwaltung auf.

1863 Britische und US-amerikanische Konzession schließen sich zum International Settlement zusammen.

1895 Der Frieden von Shimonoseki besiegelt die Niederlage Chinas im

Krieg gegen Japan. In Shanghai wächst die Zahl der japanischen Bewohner stark an, die viele Industriebetriebe gründen.

1911 Ende des Kaiserreichs, China wird offiziell Republik und die Shanghaier Stadtmauer als Zeichen des Neubeginns abgerissen. Im Land beginnt eine jahrzehntelange Phase bürgerkriegsähnlicher Machtkämpfe.

1921 In Shanghai schlägt die Geburtsstunde der Kommunistischen Partei Chinas (KPCh).

1925 Der Sturm auf die britisch-amerikanische Louza-Polizeistation in Shanghai durch einheimische Studenten und Arbeiter markiert den Ausgangspunkt der landesweiten Bewegung des 30. Mai, einer Protestwelle gegen die Fremdherrschaft.

1927 Shanghai-Massaker: Die nationalistische Guomindang (GMD) ermordet in Shanghai Tausende Kommunisten.

1932 Japanische Flieger bombardieren die Stadt, erste japanische Truppen marschieren ein.

1937 Japan besetzt alle chinesischen Bezirke Shanghais.

1941 Nach dem Luftangriff auf Pearl Harbour übernimmt Japan auch die Macht in den ausländischen Konzessionen.

1945 China erlangt nach der japanischen Kapitulation und dem Ende des Zweiten Weltkriegs die volle Souveränität über die Stadt zurück.

1945–1949 Der Bürgerkrieg zwischen Guomindang und Kommunisten verschärft sich.

1949 Mao Zedongs Volksbefreiungsarmee marschiert in Shanghai ein. Die Volkrepublik China wird ausgerufen.

1966 Mao und seine Frau Jiang Qing entfachen von Shanghai aus die Kulturrevolution.

1972 US-Präsident Richard Nixon und Chinas Premierminister Zhou Enlai unterzeichnen das Shanghai-Kommuniqué, in dem die USA Taiwan als Teil Chinas anerkennen. China lockert seine außenpolitische Verweigerungshaltung.

1976 Mao stirbt und Chinas Aufbruch in Richtung Marktwirtschaft beginnt. Shanghai wird zunächst vernachlässigt.

1990 Shanghais Stadtteil Pudong wird Sonderwirtschaftszone, was der Stadt einen immensen Schub gibt und sie binnen weniger Jahre zu Chinas „Fenster zur Welt“ macht.

1997–2006 Shanghai verzeichnet zehn Jahre in Folge ein zweistelliges Wirtschaftswachstum.

2003 Shanghai bekommt den Zuschlag für die Weltausstellung 2010. Die Lungenseuche SARS hält die Stadt in Atem.

2008 Der ehemalige Shanghaier KP-Chef Chen Liangyu wird wegen Korruption und Machtmissbrauchs zu 18 Jahren Haft verurteilt.

2010 Von Anfang Mai bis Ende Oktober findet in Shanghai die Weltausstellung Expo 2010 statt. Mehr als 73 Millionen Besucher machten die Schau zur bislang erfolgreichsten Expo.

Das Shanghai Exhibition Center – ein Präsent der Sowjetunion

Architektur

Shanghai ist eine Stadt mit einem einzigartigen architektonischen Vermächtnis. Wie in einer Zeitkapsel sind viele Bauwerke aus den 1920er und 30er Jahren im Originalzustand erhalten geblieben. Und das bauliche Erbe umfasst ein breites Spektrum: von klassischen chinesischen Bauwerken über Art-déco-Pretiosen bis hin zu futuristischen Wolkenkratzern.

Für Architektur-Interessierte sind die Straßen der Stadt eine Schatzkiste. Wer mit wachem Blick durch die ehemalige Französische Konzession schlendert, wird hinter einer Verpackung von Kabelgewirr und Klimaanlagen häufig schöne Art-déco-Wohnhäuser entdecken. Oder nehmen wir den Bund: Der karge Sozialismus hat in Shanghais Zentrum 1949 bis 1990 wenig Neubautätigkeit entfaltet, so dass die meist klassizistischen Kolonialbauten am Huangpu-Ufer die Jahre fast unbeschadet überstehen konnten. In welchem marktwirtschaftlich organisierten Staat hätte sich ein lückenloses Ensemble von 22 Häusern, von denen nur eines mehr als zehn Stockwerke hat, in einer solchen Traumlage halten können?

Mit dem Yuyuan-Garten und dem Huxinting-Teehaus finden sich schließlich zwei Paradebeispiele klassischer chinesischer Baukunst. Und was die Gegenwart anbelangt: Es versteht sich von selbst, dass die große Handelsstadt jede Menge interessante Gebäude hervorbringt. Eine kleine Übersicht gibt Aufschluss, welche Architektur-Stile Shanghai prägen:

Traditionelle chinesische Architektur

Die Betonung der Horizontalen, bewirkt durch ausladende, überhängende Dächer, kennzeichnet die traditionelle chinesische Baukunst. Getragen wird das Dach von einem Holzgebälk, das wiederum auf Säulen ruht. Sozusagen als Scharnier dient der sogenannte *dougong*, eine kunstvolle, häufig verzierte Holzkonstruktion, die das Gewicht des Überbaus breit gefächert aufnimmt und trichterartig auf die Säulen leitet. Traditionelle chinesische Bauwerke fußen auf einer Basis aus gestampfter Erde, Ziegeln oder Steinen. Je größter die Bedeutung des Gebäudes, desto höher fällt diese Basis aus. Die Dächer beschreiben einen Bogen, ihre Enden weisen nach oben. Häufig zieren Tiermotive den First des großen Daches, meist ist es ein Fisch mit Drachenkopf. Der sogenannte *chiwen* soll die Wolken aufwühlen und in Regen verwandeln. Im **Konfuzius-Tempel** findet man Beispiele dafür (→ Tour 2). Auf Nebendächern finden sich auch andere Tierarten wie Affen und Schlangen. Ein weiteres Beispiel für traditionelle chinesische Architektur in Shanghai sind die Hallen und Pavillons des **Yuyuan-Gartens** aus dem 16. Jh. – er ist einer der schönsten erhaltenen Gärten Chinas aus der Ming-Dynastie (1368–1644).

Neo-Klassizismus

Die Reihe der Bauwerke am Bund kann man auch als Freilichtmuseum des Neo-Klassizismus betrachten – ein Baustil, der vor allem auf Monumentalität bedacht war. Dieser Stil zeichnet sich dadurch aus, dass er sich munter antiker Vorbilder wie dorischer und ionischer Säulen sowie Atlanten bedient, aber auch der Elemente der Renaissance und des Barock. Diese Zutaten ordnet er zu strengen Formen. Am Bund ist der *Beaux-Arts-Stil* als eine Ausprägung des Neo-Klassizismus besonders präsent. Dieses an der *Ecole des Beaux Arts* in Paris erdachte Ideal der Baukunst sah die Grundregeln aller Ästhetik in der italienischen und französischen Renaissance sowie in der klassischen griechischen und römischen Kunst definiert. Die fünf klassischen Säulenordnungen – toskanisch, dorisch, ionisch, korinthisch sowie die Mischform daraus – waren nach der Lehre des Beaux Arts ewige Prinzipien baulichen Gestaltens. Paradebeispiel des Neo-Klassizismus am Bund ist das Gebäude der **Hongkong and Shanghai Banking Corporation** (→ Tour 1).

Art déco

Der Begriff Art déco wurde von der „Exposition des Arts Décoratifs" 1925 in Paris geprägt. Dieser Baustil erfreute sich nach dem Ersten Weltkrieg großer Beliebtheit. Er betonte die Vertikale und verwendete vor allem kubische Formen. Ein monumentaler Eingangsbereich sowie stilisierte dekorative Elemente zählten ebenfalls zu den Merkmalen. Bekanntester Vertreter des Shanghaier Art déco ist das **Peace Hotel**, ehemals Cathay

Grosvenor House – ein Highlight des Art déco

Hotel, aus dem Jahr 1929 am Bund (→ Tour 1). Das **Grosvenor House** in der früheren Französischen Konzession mit seinen 18 Stockwerken ist ein weiteres Shanghaier Juwel des Art déco (→ Tour 6).

Moderne

Diese Spielart der Architektur bevorzugte funktionsgerechte, nüchterne Bauten. Prinzipien der deutschen Bauhaus-Schule, das Oeuvre der US-amerikanischen Baumeister *Frank Lloyd Wright* und *Lous Sullivan* sowie die niederländische *Stijl-Gruppe* dienten auch der Shanghaier Moderne als Vorbilder. Prachtexemplare der Moderne sind das **Grand Theatre-Kino** (216 Nanjing Rd. West) sowie das **Wu-Haus** (33 Tongren Rd.), das für den sog „Internationalen Stil" stand. Beide Bauwerke wurden von *Ladislav Hudec* gestaltet, einem der schöpferischsten Baumeister im Shanghai der 1920er und 30er Jahre (→ Tour 7, Kastentext). Am Wu-Haus kann der Betrachter die Maximen des „Internationalen Stils" nachvollziehen. Diese sind: Architektur ist in erster Linie als umschlossener Raum aufzufassen, weshalb großer Wert auf die Regelmäßigkeit von Formen und Flächen zu legen ist. Unnütze Dekoration ist zu vermeiden – daher sind vor allem Dächer, Fenster und Türen als gestalterische Elemente einzusetzen. Auch in der ehemaligen Französischen Konzession finden sich Bauwerke des Internationalen Stils, ein reizvolles Wohnhaus dieser Richtung kann beispielsweise in der **Gaolan Road** (Nr. 19–29) bestaunt werden (→ Tour 5).

Auskragende Dächer sind ein Markenzeichen alter Baukunst

Nanjing-Dekade

Die Jahre 1927 bis 1937, als die Nationalisten der Guomindang unter Chiang Kaishek von Nanjing aus das Land regierten, markieren eine Phase der Besinnung auf nationale Werte in der Baukunst. In Shanghai, das von Chiang Kaishek als Finanzzentrum der Republik auserkoren wurde, entstanden in dieser Zeit einige stilprägende Gebäude, z. B. die Bank of China am Bund (→ Tour 1). *Dong Dayou*, ein chinesischer Architekt, der in den USA studiert hatte, entwarf auf dem Reißbrett sogar Pläne für ein neues Groß-Shanghai. Auch die Baukunst sollte nach Vorstellung der Nationalisten einen Beitrag für ein neues Nationalbewusstsein leiste. Mit dem **Greater Shanghai Civic Center** (650 Qingyuanhuan Rd.) und dem ehemaligen **China Aviation Association Building** (174 Changhai Rd.) stehen zwei Exemplare dieses sogenannten *ti-yong-Stils* im nördlichen Stadtbezirk Wujiaochang. Weiteres Beispiel des *ti-yong* ist die **Hongde-Tang-Kirche** in der Duolun Rd. (→ Tour 8). Ziel war es, die Seele der chinesischen Kultur mit

Spitzname Suppenschüssel – das markante Gebäude der Expo 2010 dient nun als Arena für Konzerte und große Events

den Vorzügen westlicher Technologie zu verschmelzen. Das Vorhaben Groß-Shanghai kam mit der japanischen Besetzung 1937 zum Erliegen.

Sozialistischer Sowjetstil

Das 1955 erbaute **Shanghai Exhibition Center** (→ Tour 6) ist das einzige in Shanghai noch existierende, dafür aber ein besonders bezeichnendes Beispiel für diese Form. Strenge Symmetrie, hierarchische Abstufungen und Verzierungen mit Symbolen für Arbeit gehören zu den Merkmalen des Sowjet-Stils, von dem Shanghai wohl nicht zuletzt deshalb weitgehend verschont blieb, weil die sowjetisch-chinesischen Beziehungen Mitte der 1950er Jahre empfindlich abkühlten.

Architektur des 21. Jahrhunderts

Shanghai verzeichnete in den zurückliegenden Jahren die wohl intensivste Bautätigkeit auf dem Globus – die Stadt hat in dieser Zeit mehrere architektonische Kunststücke hervorgebracht. Allein im **Finanzviertel Lujiazui**, am Huangpu-Ufer in Pudong, sind seit 1990 mehr als 400 Wolkenkratzer in den Himmel gewachsen. In der einzigartigen Skyline finden sich wahre Schmuckstücke wie der knapp 421 m hohe **Jinmao Tower**, der einer Pagode nachempfunden ist (→ Tour 3). Bei seiner Fertigstellung 1998 war das Werk des Chicagoer Architekturbüros *Skidmore, Owings & Merrill* (Erbauer des Sears Tower) das dritthöchste Gebäude der Welt. Inzwischen blickt man vom benachbarten **World Financial Center** (492 m) auf den Pagoden-Riesen hinab. Der Wolkenstürmer mit dem markanten Loch an der Spitze ist in der weltweiten Rangliste der Giganten aus Stahl und Glas übrigens Nummer drei, nur überragt vom 2010 vollendeten Burj Khalifa in Dubai (828 m) sowie dem Taipeh 101 (509 m) in Taiwan. Für das Jahr 2014 ist die Eröffnung des nächsten Giganten vorgesehen: Der Shanghai Tower, unmittelbar neben Jin Mao Tower und World Financial Center gelegen, soll 632 Meter in die Lüfte ragen und 121 Stockwerke haben, erster Spatenstich war Ende 2008.

Als gelungene Verschmelzung chinesischer mit westlicher Baukunst gilt vor allem das **Shanghai Museum** am People's Square (→ Tour 4). Architekt *Xin Tonghe* hat sich die Form eines traditionellen chinesischen Bronzegefäßes, eines sogenannten „ding", zum Vorbild für sein Meisterwerk genommen, und so mutet das Museum von außen für das westliche Auge wie ein Topf mit vier Henkeln an. Am People's Square stechen auch das **Tomorrow Square Building** sowie das **Urban Planning Exhibition Center** ins Auge.

Ein interessanter Wurf gelang auch *Sir Norman Foster* mit einem Hochhaus südlich des Bund. Sein **Jiushi Corporation Headquarter** (Ecke Zhongshan Nr. 2 Rd./Dongmen Rd.) leitete im Jahr 2000 die weitere Entwicklung des südlichen Bund ein, der seit 2010 über eine verlängerte Uferpromenade mit dem Gelände der Weltausstellung verbunden ist. Der britische Stararchitekt ließ die 40 Stockwerke des Gebäudes komplett verglasen, so dass das Hochhaus traumhafte Blicke auf den Fluss ermöglicht.

„Shanghai – eine Stadt, neun Siedlungen" lautet das Motto für die künftige Entwicklung der Mega-City. Groß angelegte Satelliten-Siedlungen für Hunderttausende Menschen sollen helfen, die Stadt zu entzerren. Die Hamburger Architekten *Gerkan, Mang und Partner* bauen seit 2003 an **Lingang New Town** – einer Siedlung für rund 800.000 Menschen, die derzeit rund 50 Kilometer vom Bund entfernt auf einer Insel im Chinesischen Meer entsteht. Die Satellitensiedlung dehnt sich in konzentrischen Kreisen um einen 2,5 km^2 großen künstlichen See aus. Entlang des acht Kilometer langen Seeufers soll es Badestrände nach dem Vorbild der Copacabana geben. Das ganze Projekt wird den bereits im Bau befindlichen Container-Tiefseehafen Yangshan siedlungstechnisch erschließen, der bei seiner geplanten Fertigstellung 2020 selbstverständlich der weltgrößte sein soll – die ersten Liegeplätze sind fertig.

Am Platz des Volkes drängen sich moderne Bauten

In Pudong haben die Hamburger Architekten mit dem **Pudong Museum and Archives** (201 Hehuan Rd.) bereits ihre Visitenkarte hinterlassen. Der transparente Bau besticht durch schlichte und einfache Formen, greift aber auch in die Zitatekiste der traditionellen chinesischen Baukunst. Ebenfalls abgeschlossen ist ein Projekt des Stuttgarter Architekturbüros *Albert Speer*, das westlich des Shanghaier Stadtkerns im Stadtbezirk Jiading „Anting New Town" errichtet hat, eine Satellitenstadt für Wohn- und Gewerbezwecke. Jiading kann auch das ästhetisch faszinierende Ensemble des **Shanghai International Circuit** vorweisen, das der deutsche Architekt *Hermann Tilke* gestaltet hat

Im Stadtkern selbst hat die **Weltausstellung 2010** neue Bauten in Pudong hervorgebracht: Das Expo-Veranstaltungszentrum (Spitzname „fliegende Untertasse") fasst rund 18.000 Besucher und dient heute als Konzertarena. Noch markanter ist der chinesische Pavillon, eine in Rot strahlende Beton- und Holzkonstruktion, die nunmehr als Ausstellungshalle dient (→ Tour 3).

Reihenhäuschen à la Shanghai – die Lilong-Siedlungen

Eine Besonderheit Shanghais sind seine Lilong-Wohnanlagen. Noch heute prägen sie Teile Puxis. Wer eine solche Anlage betritt, geht auf eine Entdeckungstour der anderen Art: Ein Lilong besteht aus mehreren langen Zeilen eng gruppierter, zwei- bis dreistöckiger Gebäude. „li" bedeutet soviel wie Nachbarschaft, Siedlung und „long" heißt Gasse. Viele Lilongs betritt man durch einen *Shikumen* – ein hölzernes Doppeltor mit einem Portikus aus Stein, das zu einem kleinen, viereckigen Innenhof führt. Die Torbögen sind vielfältig gestaltet: stuckverzierter Barock, geradliniges Art déco, Neo-Klassizismus – alles war vertreten und zeugt wie die Lilongs insgesamt davon, dass sich in Shanghai westliche und chinesische Kultur auf fruchtbare Weise mischten.

Zwischen 1860 und 1940 lebten durchschnittlich rund 60 % aller Bewohner der Stadt in Lilongs. Die von den Kolonialherren dominierten Immobilien-Unternehmen haben diese Shanghaier Art der Reihenhaussiedlung erfunden, um Bleiben für Hunderttausende zu schaffen, die im Lauf der Jahrzehnte in die internationalen Konzessionen von Shanghai strömten. Die erste Welle von Flüchtlingen kam dabei auch aus der Stadt selbst: Als die Taiping-Rebellen, die unter der Führung des christlichen Eiferers Hong Xiuquan (1814–1864) aus China ein „Himmlisches Reich des Höchsten Friedens" machen wollten, Nanjing besetzten, flohen viele nach Shanghai. 1853 besetzte die „Gesellschaft der kleinen Schwerter", eine Taiping-Splittergruppe, die Alte Chinesenstadt. Zehntausende verließen ihr Heim zwischen den alten Stadtmauern und suchten den Schutz der internationalen Konzessionen, die mit eigener Gerichtsbarkeit, eigener Verwaltung und Polizei ein selbstbestimmter Staat im Kaiserreich China waren. Doch vor allem die Landbevölkerung, vom Bauern bis zum niederen Adel, suchten immer wieder Schutz in den ausländischen Enklaven Shanghais.

Lilong-Häuser haben meist drei größere Zimmer, eine Küche sowie ein kleines Zwischenzimmer. Die Räume gruppieren sich um ein enges Treppenhaus. Häufig teilten sich drei Familien mit Kindern ein solches Haus. Obwohl Hunderte von Lilong-Siedlungen abgerissen wurden, stehen noch einige schöne Exemplare, von denen viele renoviert und von der Stadt unter Schutz gestellt wurden. Häufig dehnen sie sich über einen ganzen Straßenblock aus, in den Parterres der äußeren Häuserzeilen befinden sich Geschäfte. In den Gässchen der Wohnanlage entfaltet sich ein buntes Eigenleben – mit einem Haushandwerker, der eine Art kleinen Kiosk unterhält, in dem er Schuhe, Kabel, Küchengerät und anderes repariert. Auch in Zeiten des Mobiltelefonierens findet sich dort häufig noch das orangefarbene Nachbarschaftstelefon.

Ein schöne Lilong-Anlage ist die *Cité Bourgogne* aus dem Jahre 1930, die – wie sollte es bei diesem Namen anders sein – in der ehemaligen Französischen Konzession liegt (→ Tour 5). Eine 1907 erbaute Lilong-Siedlung namens *Hongde Li* kann im Viertel hinter dem Bund besichtigt werden (756 Beijing Rd. East). Hier tragen die Bewohner morgens noch ihre Nachttöpfe nach draußen, um sie in einen Sammeltank zu leeren.

Freundlichkeit zählt zu den höchsten Tugenden

Kleiner Shanghai-Knigge

Zwar teilen sich Europäer und Chinesen die eurasische Kontinentalplatte, doch die kulturelle Kluft könnte kaum größer sein. Noch immer prägen Vorurteile und Klischees das China-Bild vieler Europäer – und umgekehrt. Wer sich, sei es privat oder geschäftlich, auf den Weg ins Reich der Mitte macht, tut den ersten Schritt, um Vorurteile abzubauen. Die folgenden Ausführungen sollen dabei helfen.

Zwei Weltbilder – eine Welt

Chinesen sind vor allem auf Harmonie bedacht und in Geduld geübt. Kindern wird eingebläut, sich zurückzuhalten und anderen Respekt zu zollen. Im privaten Umgang ist Höflichkeit oberste Tugend – übertriebene Höflichkeit gibt es nicht. Das liegt im konfuzianischen Weltbild begründet, das Mitmenschlichkeit, Bescheidenheit und Respekt predigt. Insbesondere älteren Menschen gegenüber zeigt man sich zuvorkommend. Ohnehin wirkt ein allzu selbstbewusstes Auftreten oder gar Überheblichkeit auf Chinesen eher irritierend.

Wer sich nun fragt, wie diese seit Jahrtausenden verankerte Höflichkeit zur Ruppigkeit in überfüllten Metro-Stationen und Bahnhöfen passt, der mache sich klar, wie es in Europa im Schlussverkauf an Wühltischen zugeht. Hinzu kommt, dass der rasante gesellschaftliche Wandel in China viele Einheimische irritiert: soziale Unsicherheit, Überbevölkerung und nicht zuletzt die Umweltverschmutzung leisten einer gewissen Aggressivität Vorschub. Außerdem ist es so, dass Höflichkeit vor allem Pflicht ist für förmliche Beziehungen zwischen Bekannten und Freunden, Familienangehörigen, Geschäftspartnern, Gästen und Kollegen. Mit einem Fremden in der Öffentlichkeit steht man in keinerlei Beziehung.

In der Familie jedoch haben Unterstützung und Hilfe Vorrang. Die Chinesen fühlen sich weniger der staatlichen Gemeinschaft, umso mehr aber der Familie verpflichtet. Sie ist nach wie vor eine Art Versicherung für Ausbildung, Krankheit, Arbeitslosigkeit und Alter. Hat ein Sippenmitglied eine hohe Position inne, ist es selbstverständlich, dass auch die Verwandten dank des Postens Vorteile genießen. Nach Beginn der Wirtschaftsreformen in den 80er Jahren wurde der Begriff „Hohe-Kader-Kinder" geprägt, die es im wirtschaftlichen Aufbruch sehr schnell zu Reichtum brachten.

Westler erwarten auf eine Frage meist eine klare Antwort, Chinesen praktizieren das anders: „cha bu duo", „es fehlt nicht viel", lautet ein häufig verwendeter Ausspruch. Vor allem bei kleinen Dingen legt man sich nicht gerne fest, bleibt lieber ungenau und flexibel. Ein klares Ja oder Nein ist selten zu bekommen.

Begrüßung

Dafür achten Chinesen stets darauf, dass die Rangordnung beachtet wird. Es gehört zu den Gepflogenheiten und ist bei geschäftlichen Anlässen ein Muss, den Ranghöchsten zuerst zu begrüßen, „Ladies first" gibt es nicht. Im Privatbereich ist es die älteste Person, die zuerst begrüßt wird. Als Form der Begrüßung ist inzwischen auch das westliche Händeschütteln üblich, allerdings legt man keinen Wert auf einen festen Händedruck. Manchmal geht dem Händereichen eine leichte Verbeugung voraus, sie ist die traditionelle Form der Begrüßung. Auch die in Brusthöhe verschränkten Arme sind ein traditioneller Gruß. So verfährt man etwa, wenn man sich von einer großen Gruppe verabschiedet, die am Tisch sitzt. Chinesen legen im geschäftlichen Umfeld Wert auf körperliche Distanz. Es ist daher angebracht, ausreichend Abstand zu halten.

Bei Geschäftsterminen möchten chinesische Partner in Empfang genommen, offiziell begrüßt und mit den Örtlichkeiten vertraut gemacht werden. Der Ranghöchste wird zuerst begrüßt, dann die Visitenkarte überreicht, und zwar mit beiden Händen und leichter Verbeugung. In Empfang genommene Karten keinesfalls sofort wegstecken oder beiseite legen, sondern sie eine Zeitlang betrachten. Dieses Ritual erübrigt sich auch dann nicht, wenn man den Verhandlungspartnern häufiger begegnet. Der Vertriebschef eines deutschen Automobilzulieferers machte folgende Erfahrung: „Bei uns überreicht man einem Geschäftspartner die Karte in der Regel ein Mal. In China sollte man das bei jedem erneuten Treffen wiederholen. Es ist praktisch so, dass die Dicke des Stapels zählt."

Verhandeln

Bei Verhandlungen sollte der ausländische Partner nicht sofort zur Sache kommen. Eine zu ausgeprägte Sachlichkeit wird als Kälte empfunden. Chinesische Verhandlungspartner können ebenso zäh sein wie westliche. Sie legen aber Wert darauf, dass man zunächst etwas miteinander vertraut wird, ehe man Geschäfte macht. Um miteinander „warm zu werden", hilft das ein oder andere chinesische Wort oder eine Redewendung, die man sich zuvor aneignet. Auch unvollkommen ausgesprochen, wird dies Sympathie eintragen und die Atmosphäre entspannen. Trotz des Hangs zu einem freundlichen Prolog sind Chinesen harte Verhandler.

Im Reich der Mitte ist es eher üblich, vom Entlegenen, zum Beispiel dem Persönlichen, langsam zu den Kernfragen vorzustoßen. Langsam werden Kompromisse ausgelotet und Lösungsmöglichkeiten erörtert, denn beide Verhandlungspartner müssen das Gesicht wahren. Für den ausländischen Manager bedeutet dies auch, dass er sich überwiegend mit ranggleichen Gesprächspartnern unterhält.

Dos and Don’ts

- Beim Überqueren einer Straße immer in beide Richtungen blicken. Auch Gehsteige werden bisweilen zu Fahrpisten für beide Richtungen.
- Verlassen Sie sich nicht auf Verkehrsampeln: Auch wenn Sie Grün haben, vergewissern Sie sich, ob der Weg wirklich frei ist.
- Wer U-Bahn fährt, sollte nicht darauf vertrauen, dass Zusteigende Ankommenden den Vortritt lassen. Vor allem in der Rushhour wird von draußen sofort hereingedrängt. Frühzeitig Richtung Tür gehen und Zielstrebigkeit zeigen.
- In Kino, Theater und bei Konzerten darauf einstellen, dass Zuschauer lautstark Zustimmung und Ablehnung bekunden.
- Bei Dienstleistungen alle Eventualitäten im Voraus aushandeln, in erster Linie natürlich den Preis.
- Wundern Sie sich nicht, wenn neue Bekannte im Gespräch sehr schnell auf Dinge zu sprechen kommen, über die man im Westen eher schweigt, vor allem auf das Gehalt. Reagieren Sie aber nicht abweisend oder mit dem moralischen Zeigefinger, lassen Sie den Fragenden mit einer charmanten Antwort im Unklaren, z. B. „Es könnte mehr sein.“
- Bei Tisch keinesfalls ein Taschentuch zücken und die Nase putzen, Chinesen finden das unhygienisch. Bei einer Nieß-Attacke den Tisch verlassen und draußen oder auf der Toilette schnäuzen.
- Bekommt man eine Einladung, die man nicht annehmen möchte, so verbietet sich aus Respekt vor dem Einladenden ein klares Nein. Eine gute Antwort wäre vielmehr: „Gerne, mal sehen, wann sich eine Gelegenheit dazu ergibt.“
- Keinesfalls sollten Sie einer Chinesin/einem Chinesen mit der im Westen verbreiteten Schmeichelei kommen: „Sie haben aber eine gute Farbe bekommen.“ Chinesen streben nach einer möglichst hellen Hautfarbe, weshalb sich in den meisten Cremes Bleichstoffe befinden – leider sind diese nicht immer hautfreundlich. Daher sollte, wer im Sommer nach Shanghai reist, seine Sonnencreme mitbringen.

Für Geschäftskontakte

- Tragen Sie unbedingt reichlich zweisprachige Visitenkarten mit sich – ohne Kärtchen ist man in China praktisch niemand.
- In Verhandlungssituationen sollte man vermeiden, dem Gesprächspartner länger in die Augen zu schauen. Chinesen ist das unangenehm.
- Begegnen Sie Ihrem Gegenüber bei Begrüßung und Verabschiedung mit einem Lachen. Ein freundliches Gesicht zählt im Reich der Mitte mehr als im Westen.
- Komplimente sind erwünscht, werden meist jedoch in aller Bescheidenheit zurückgewiesen.
- Vermeiden Sie es, sofort zum Geschäftlichen zu kommen, Chinesen schätzen es, wenn man sich erstmal etwas kennen lernt.

Bei Verhandlungen werden Sie selten ein klares Ja oder Nein bekommen – und bei Nachfragen zum Stand eines Projekts oder einer Aufgabe wohl eher das schon zitierte „cha bu duo". Privat wie geschäftlich gilt: Ein höfliches Ja bedeutet nicht unbedingt Zustimmung, ein höfliches Nein nicht unbedingt eine Absage.

Faktor Geduld

„Ein Vertragsabschluss ist aus chinesischer Sicht häufig die Willensbekundung, in Verhandlungen einzutreten", sagt ein erfahrener China-Manager. Das ist natürlich leicht übertrieben, zeugt aber davon, dass ein langer Atem und die Fähigkeit, gut mit Überraschungen umzugehen, für erfolgreiche Geschäfte in China unabdingbar sind.

Öffentlich zu streiten oder die Nerven zu verlieren, gilt als unverzeihbarer Fauxpas – geschäftlich wie privat.

Das Chinesische kennt auch den Ausdruck, einer Person Gesicht zu geben. Im Geschäftsleben bedeutet dies, dem Mitarbeiter Verantwortung zu übertragen und seine Leistungen und Anstrengungen anzuerkennen und maßvoll zu loben. Auch Kritik gegenüber Mitarbeitern und Geschäftspartnern ist selbstverständlich erlaubt und erwünscht, allerdings mit Fingerspitzengefühl.

Ausländische Vorgesetzte sollten kritische Worte gegenüber chinesischen Mitarbeitern nie in der Öffentlichkeit, also nicht vor versammelter Mannschaft und niemals direkt äußern. Verzichten sollte man unbedingt darauf, seine Kritik in Ironie zu verpacken, denn der Sinn für Witz und Ironie ist sehr kulturspezifisch. Chinesen sind in der Regel ehrgeizig und haben den Willen zur Verbesserung. Eine Kritik kann gut als Vorschlag formuliert werden oder in der Art: „Sie haben den Job gut gemacht. Ich hoffe aber, Sie unternehmen noch weitere Anstrengungen." Das Gesicht wahren bedeutet auch, andere selbst bei schweren Fehlern, etwa bei Versprechern, nicht öffentlich zu korrigieren. Gesicht geben bedeutet in so einem Fall, anderen in einer peinlichen Situation dezent zu helfen. Über peinliche Situationen lächelt man sich in China gerne hinweg. Bei einem Meeting sollte man deshalb nicht erwarten, dass Vorschläge und Ideen kontrovers diskutiert werden. Als Chef eines interkulturellen Teams sollte man vorgeben, in welche Richtung man will.

Tisch-Sitten

Immer führt der Weg zu einem guten Kontakt mit Einheimischen über ein gemeinsames Essen. Ein paar Worte zu den Tisch-Sitten sind deshalb angebracht. Das gemeinsame Essen ist für Chinesen die wichtigste gesellschaftliche Aktivität. Es ist durchaus üblich, kleine Geschenke zu solchen Essen mitzubringen. Bei Geschäftsessen werden Mitbringsel wie Visitenkarten mit beiden Händen überreicht, und es ziemt sich, ein paar herzliche Worte an den Beschenkten zu richten. Wird man selbst beschenkt: Das Präsent keinesfalls in Anwesenheit des Schenkenden auspacken, was als Zeichen von Gier gewertet würde.

Die Sitzordnung sieht vor, dass der Hauptgastgeber mit dem Gesicht zu Tür sitzt. Rechts von ihm nimmt der wichtigste, sprich ranghöchste Gast Platz. Der zweitwichtigste Gastgeber sitzt dem Hauptgastgeber gegenüber und hat den zweitwichtigsten Gast an seiner Seite.

Die Zahl der Gerichte orientiert sich in der Regel an der der Teilnehmer. Zählt der Tisch nur zwei oder drei Personen, bestellt man in der Regel ein bis zwei Gerichte mehr. Der Gastgeber bestellt, spricht sich aber vorher mit den Geladenen ab, welche Gerichte zueinander passen – das lockert meist auch schon die Atmosphäre auf. Der höfliche Gast jedoch hält sich zurück, und so ist es allein Aufgabe des Gastgebers, für eine angemessene Bewirtung zu sorgen. Bei

Tisch wird in China gelacht, geschmatzt, geschlürft und gerülpst – seien Sie darauf vorbereitet. Wer kleckert, dem muss das nicht peinlich sein. Eines aber sollten man unbedingt vermeiden: Am Tisch in ein Taschentuch zu schnäuzen, ist verpönt. Wen eine Erkältung oder Heuschnupfen plagt, sollte den Tisch verlassen, um sich die Nase zu putzen.

„Man verliert keinen Vertrag, weil man sagt, man könne keine Seegurke essen", sagt ein junger deutscher Firmenchef, der in Shanghai lebt. Wer mit chinesischen Geschäftspartnern, Bekannten oder Freunden essen geht, kann unerwünschte Speiseangebote freundlich, deutlich und am besten immer mit einem Lachen zurückweisen. Freundlich ablehnen bedeutet, dass man das Angebotene würdigt.

Bei Tisch will man keine tief schürfenden Gespräche führen, sondern gelassen und gut gelaunt eine persönliche Beziehung aufbauen und pflegen. Gespräche über Negativ-Themen sind fehl am Platze. Wer mit Chinesen über den geschäftlichen Kontakt hinaus eine gute Bekanntschaft oder Freundschaft aufbaut, der wird schnell merken, dass Maos Erben sehr wohl kritisch mit der Situation im eigenen Land ins Gericht gehen, teilweise sogar sehr kritisch. Allerdings gehört auch das Gesicht des eigenen Landes gewahrt. Chinesen sind stolz auf Kultur und Errungenschaften ihres Landes. Missionarischer Eifer ist ihnen jedoch fremd.

Eifer ist aber angebracht, sollte ein Gerangel ums Bezahlen entstehen: Wer eingeladen hat, sollte auf alle Fälle auch die Rechnung begleichen. Der Wettkampf um die Rechnung ist als Höflichkeitsritual zu verstehen.

Und schließlich: Chinesen erwarten vom Gastgeber, verabschiedet und hinausgeführt zu werden.

Literaturtipps

Belletristik **Qiu Xiaolong**, *Blut und rote Seide* – der in den USA lebende Autor ist gebürtiger Shanghaier und hat mit seinem Oberinspektor Chen eine witzige Figur geschaffen. Chens fünfter Fall handelt nicht nur von der spannenden Suche nach einem Serienmörder, dem vier Frauen in Shanghai zum Opfer fallen. Es geht auch um die Allmacht der KP und den rasanten gesellschaftlichen Wandel im Reich der Mitte. Zsolnay Verlag 2009.

Janis Vougioukas, *Wenn Mao das wüsste* – spannende, mit Fingerspitzengefühl gezeichnete Porträts moderner Chinesen. Viele Geschichten mit Shanghai-Bezug. Herbig Verlagsbuchhandlung 2008.

Vicki Baum, *Hotel Shanghai* – ein Klassiker, der das Schicksal einer Gruppe von Ausländern im Shanghai während der japanischen Besatzung anschaulich schildert. Kiepenheuer & Witsch 1997 (erstmals erschienen 1939).

Lu Xun, *Die Methode, wilde Tiere abzurichten* – Erzählungen vom Gründervater der modernen chinesischen Literatur. Sozialkritisches und Politisches vom Anfang des 20. Jh. Berlin 1979 (erstmals erschienen 1934).

Mao Dun, *Shanghai im Zwielicht* – spannend erzählte Geschichte mit Shanghaier Lokalkolorit über die Wirren im Vorfeld der japanischen Invasion. Berlin 1977 (erstmals erschienen 1933).

Mian Mian, *La La La* – rasant geschriebene Erzählungen und Kurzgeschichten aus dem modernen und jungen China der 1990er Jahre, deren Hauptfiguren aber etwas blass bleiben. Kiepenheuer & Witsch 1997.

Harriett Sergeant, *Shanghai* – gut recherchierte und erzählte Spurensuche im alten Shanghai aus der Perspektive der 1980er Jahre. Angereichert mit Erfahrungsberichten von Zeitzeugen, historischen Fotografien und Illustrationen. Crown 1991 (nur noch antiquarisch erhältlich).

Wei Hui, *Shanghai Baby* – schwungvoller Roman, der die Geschichte einer jungen Shanghaierin erzählt, die nach Leben und Sinn giert und dabei in ihrer Liebe zwischen einem melancholischen Chinesen und einem selbstgerechten Ausländer gespalten ist. Ullstein 2001.

Reiseliteratur **E. Follath/K. Johaentges**, *Mythos Shanghai* – sehr ansprechende Fotografien und informative Texte für eine erste Annäherung an die Stadt über dem Meer. Collection Heyne 2005.

Qiu Xiaolong/Susanne Hornfeck, *Shanghai, Mondkuchen und Pflaumenregen* – unterhaltsam und fundiert erzählte Geschichte Shanghaier Gaumenfreuden. Xiaolong, eigentlich Krimi-Autor (s. Belletristik-Tipps), lebte lange Jahre in der Shandong Rd. nahe der Altstadt. Hanser 2007.

Steffi Schmitt, *Shanghai-Promenade* – mit viel Detailkenntnis verfasste Streifzüge durch die Geschichte der Stadt am Huangpu. Old China Hand Press 2003.

Geo Special, *China* – das Heft aus dem Jahr 2003 enthält auch interessante Beiträge über Shanghai.

Merian, *Shanghai* – neben dem derzeit aktuellsten Heft aus dem Jahr 2003 lohnen auch die alten Ausgaben von 1996 und 1986 der Lektüre, die in Stadtbüchereien oder antiquarisch zu bekommen sind. Beim Durchblättern offenbart sich eindrucksvoll, wie sehr und wie rasant sich die Stadt verändert hat.

Hergé, *Tim und Struppi, der blaue Lotus* – dieser Band des Abenteuer-Comics erschien erstmals 1934; eine schöne Einstimmung, vor allem auch für Kinder. Carlsen Comics.

Spiegel Special 3/2008, *China, die unberechenbare Supermacht* – eine gut gemachte Sonderpublikation des Hamburger Nachrichtenmagazin-Verlags.

Sachbücher **Tess Johnson/Deke E.**, *A last look, Western Architecture in Old Shanghai* – ein Muss für Architektur-Interessierte. Old China Hand Press 2004.

Deke Erh, Tess Johnson, *Shanghai Art déco* – prächtig bebilderter Band mit Schmuckstücken dieses in der Stadt so präsenten Baustils. Old China Hand Press 2007.

Ernst G. Heppner, *Fluchtort Shanghai* – packende Geschichte eines jüdischen Flüchtlings, den Shanghai vor der Ermordung durch die Nazis rettete. Bonn 1998.

P. Häring Kuan, Yu-Chen Kuan, *Der China-Knigge* – wertvolle Tipps. Fischer 2006.

Karl-Heinz Pohl, *China für Anfänger* – der Sinologie-Professor erläutert Hintergründe chinesischer Verhaltensweisen und erteilt brauchbare Ratschläge. Herder 2004.

F. Reichert, S. Englert (Hg.), *Shanghai, Stadt über dem Meer* – kleine Anthologie einführender Texte. Heidelberg 1996.

Edward L. Shaughnessy (Hg.), *China* – alles Wissenswerte zur Geschichte der Kaiser-Dynastien. Taschen 2007.

Kai Strittmatter, *Gebrauchsanweisung für China* – mit einem Augenzwinkern geschriebene Kurzanleitung fürs Reich der Mitte. Piper 2005.

Anne Warr, *Shanghai Architecture* – umfassende und aktuelle Handreichung zu den herausragenden Bauwerken der Stadt (englisch). Watermark Press 2007.

Mark Leonard, *What does China think?* – Einblicke in die aktuelle Strategie-Debatte der politischen Vordenker in China (englisch). Harpercollins 2008.

Yan-Kit So, *Chinesisch kochen* – Kochkunst aus dem Reich der Mitte mit leckeren Gerichten, deren Rezepte China-Restaurantbetreiber in Deutschland aufmerksam lesen sollten. Dorling Kindersley 2007.

Freyeisen Astrid, *Shanghai und die Politik des Dritten Reiches* – der lange Arm des Nazi-Terrors reichte bis Shanghai. Bei einer Gesamtzahl von rund 2400 Deutschen am Huangpu gab es 300 NSDAP-Mitglieder. Das fundierte Werk, basierend auf der Dissertation der Autorin, gibt interessante Einblicke in diese dunkle Zeit. Königshausen und Neumann Verlag 2000.

Im Science & Technology Museum gibt es für Groß und Klein etwas zu entdecken

Praktische Infos

Anreise

Zwischen Berlin und Shanghai liegen rund 8400 Kilometer, von Wien aus sind es etwa 8500 und von Zürich bis Shanghai zirka 9000. Die Stadt über dem Meer liegt am östlichen Rand der eurasischen Erdplatte.

Mit dem Flugzeug

Shanghai gehört zu den Top-Zielen des internationalen Reiseverkehrs, weshalb das Angebot an Flugverbindungen sehr groß ist. Nahezu alle großen internationalen Airlines fliegen die Mega-City an. Wer frühzeitig bucht und die Angebote vergleicht, wird ein günstiges Angebot finden.

Der Direktflug hin und zurück Frankfurt/M.–Shanghai war Anfang 2012 für knapp 600 € zu haben. Wer einen Stopp in Kauf nimmt, wurde ab 450 € fündig (Wien–Shanghai, keine Direktverbindung, hin/zurück ab ca. 470 €; Zürich–Shanghai Direktflug hin/zurück ab 920 €).

Auch die nationalen Fluggesellschaften Deutschlands (Lufthansa, www.lufthansa.com, ✆ 0180-5838426), der Schweiz (Swiss, 100-prozentige Tochter der Lufthansa, www.swiss.com, ✆ 0041-848700700) und Österreichs (Austrian Airlines, seit 2009 ebenfalls ein Tochterunternehmen der Lufthansa ✆ 0043-(0)517661001) haben mitunter günstige Frühbucherangebote im Programm. Auch China Eastern Airlines und Air China bieten Direktverbindungen ins Reich der Mitte.

Flughafen Shanghai Pudong (Pudong Jichang)

Fast alle internationalen Flüge landen auf dem modernen Flughafen Pudong, der seit 2008 über ein *zweites* Terminal verfügt. Flugauskunft ✆ 96081388. Zwischen den Terminals verkehren von 6–24 Uhr im Zehn-Minuten-Takt Gratis-Shuttlebusse.

Verbindungen

Taxi: Eine Fahrt ins Zentrum sollte nicht mehr als 200–260 Yuan (Y) kosten. Von beiden Terminals geleiten Schilder zu den Ständen der offiziellen Taxis. Keinesfalls sollte man sich den vermeintlichen Taxi-Chauffeuren anvertrauen, die einen bereits in der Empfangshalle umgarnen. Shanghais offizieller Taxiservice funktioniert gut, dennoch darauf achten, dass der Fahrer den Taxometer anstellt. Bis zum knapp 40 km entfernten People's Square (Renmin Guangchang) im Stadtzentrum dauert die Fahrt mindestens 50 Min. Für eine Fahrt zum Hongqiao Airport (s. unten) sind mindestens 60 Min. zu veranschlagen, Fahrpreis ca. 230 Y.

Magnetschwebebahn: Für viele ist die Fahrt im Transrapid ein Muss. Von beiden Terminals führt ein gut ausgeschildeter kurzer Fußweg zum Maglev-Bahnhof (Maglev für *magnetic levation* – magnetisches Schweben). Mit bis zu 430 Sachen rast die Bahn in 8 Min. zur U-Bahnstation Longyang Road in Pudong, von dort sind es mit der Metrolinie 2 weitere gut 20 Min. bis zum U-Bahn-Knotenpunkt People's Square im Herzen der Innenstadt.

Mit einem Flugticket-Nachweis kostet die einfache Fahrt 40 Y. Von 7–19 Uhr fährt der Transrapid alle 15 Min., danach alle 20 bis 30 Min. Die erste Verbindung vom Flughafen startet um 6.51, die letzte um 21.51 Uhr. Von der Longyang Rd. startet der Zubringer um 6.40 und endet um 21.40 Uhr.

Metro: Die rund 60 km lange Linie Ⓜ 2 fährt vom internationalen Flughafen Pudong über die Innenstadt zum Flughafen Hongqiao, der vor allem Inlandsflüge abwickelt.

Verkehrszeiten 6–22 Uhr im 10-Min.-Takt; Fahrpreis in die Innenstadt 6 Y. Fahrzeit rund 50 Min. Bis zum Flughafen Hongqiao Fahrzeit knapp 2 Std., Ticket 8 Y.

Öffentlicher Bus: Die Busse in die Innenstadt fahren vom Terminal 1 ab und halten 5 Minuten später am Terminal 2. Die unten angegebenen Uhrzeiten beziehen sich auf den Terminal 1. Folgende Busverbindungen ins Zentrum gibt es (wenn nicht anders beschrieben, verkehren die Busse von 6.30 bis 23 Uhr alle 15 Min., aktuelle Abfahrtzeiten unbedingt vor Ort prüfen):

Nr. 1 fährt zum Flughafen Hongqiao, Fahrpreis 30 Y, Fahrzeit ca. 60 Min. In der Gegenrichtung verlässt der erste Bus den Flughafen Hongqiao um 6 Uhr.

Nr. 2 hält am City Air Terminal in der Nanjing Rd. West nahe dem Jing'an Temple (Metro Ⓜ 2, Ⓜ 7), Ticket 22 Y, Fahrzeit ca. 70 Min. Vom City Air Terminal Richtung Pudong Airport fährt der erste Bus um 5.30 Uhr.

Nr. 3 fährt zum Galaxy Hotel im Stadtbezirk Changning, der erste Bus fährt um 7 Uhr. Ticket rund 20 Y, Fahrzeit ca. 80 Min.

Nr. 4 fährt über den nördlichen Stadtteil Wujiaochang (Ⓜ 10) zum Lu Xun Park bzw. Hongkou-Stadion (Ⓜ 3 und Ⓜ 8) in der nördlichen Innenstadt. Ticket 16–22 Y, Fahrzeit ca. 80 Min.

Nr. 5 fährt zur Shanghai Railway Station und zum People's Square, rund 20 Y, Fahrzeit ca. 70 Min. Vom Bahnhof Richtung Flughafen Pudong fährt der erste Bus um 5.30 Uhr.

Nr. 6 verbindet via Jing'an Temple (Ⓜ 2 und Ⓜ 7) mit dem Zhongshan-Park im Stadtteil Changning, Ticket 14–20 Y, Fahrzeit ca. 70 Min.

Nr. 7 fährt ab 7 Uhr halbstündlich für 20 Y zur South Railway Station. Vom Südbahnhof fährt der erste Bus Richtung Airport Pudong um 6.30 Uhr.

Midnight Line fährt ab 23 Uhr für Passagiere der Nachtflüge, Abfahrt ist jeweils 45 Min. nach Ankunft des Flugs. Ziel ist der Hongqiao Airport, Haltestellen sind: Longyang Road, Zhangyang Road, Middle Zhejiang Road, Shimen Road, Huashan Road und Hongxu Road.

In die **umliegende Großstädte wie Hangzhou und Suzhou** fahren vom Terminal 2 des Flughafens Pudong ebenfalls mehrere Busse täglich direkt.

Busse nach Hangzhou: Tägl. 6 Verbindungen, Ticket ca. 100 Y, Fahrzeit ca. 3 Std.

Busse nach Suzhou: Tägl. 17 Verbindungen, Ticket ca. 85 Y, Fahrzeit ca. 3 Std.

Die Fahrpläne ändern sich häufig, deshalb unbedingt die aktuellen Abfahrtzeiten auf den Monitoren der Ankunftshallen anschauen oder an einem der Informationsschalter erfragen.

Flughafen Shanghai Hongqiao (Hongqiao Jichang)

Der zweite Shanghaier Airport dient vor allem dem innerchinesischen Flugverkehr. Flugauskunft ✆ 52604620. Seit der Weltausstellung Expo 2010 ist der Flughafen Hongqiao ans Metro-Netz angebunden.

Verbindungen

Metro: Linie Ⓜ 2 fährt vom Terminal 2 via Innenstadt zum Internationalen Flughafen Pudong; einfaches Ticket 8 Y, Fahrzeit 2 Std. Verkehrszeiten zwischen 5.35 und 22.50 Uhr.

Taxi: Der Stand mit offiziellen Taxis liegt gleich hinter den Ausgängen der beiden Terminals. Eine Fahrt zum Bund sollte nicht mehr als 70 Y kosten. Für die Fahrt zum Flughafen Pudong (Dauer mind. 60 Min.) sind ca. 230 Y zu zahlen.

Öffentliche Busse: **Linie 1** fährt zum Flughafen Pudong (s. o.) und verkehrt von 6–23.30 Uhr.

Der **Airport-Shuttle-Bus** fährt zum City Air Terminal in der Nanjing Rd. West nahe dem Jing'an Temple (Ⓜ 2, Ⓜ 7).

Der städtische **Bus 925** fährt zum U-Bahnknotenpunkt People's Square, **Bus 941** zur Shanghai Railway Station. Fahrzeit 30–60 Min.

Mit der Bahn

Eine Fahrt mit der Transsibirischen Eisenbahn ist für viele Reisefreudige ein Traum. Sie verbindet Moskau und Peking auf zwei Routen. Die Trans

Mongolische Eisenbahn benötigt fünf, die Trans-Mandschurische Eisenbahn sechs Tage – sie verläuft fast bis zum Japanischen Meer, ehe sie südwärts durch die Mandschurei nach Peking fährt. Zwischen Peking und Shanghai verkehren täglich Express- und Nachtzüge, die mindestens 10 bis 11 Stunden unterwegs sind, ab 2014 soll die Hochgeschwindigkeitsstrecke fertig sein, auf der die Züge nur noch 5 Std. unterwegs sind.

Für eine Fahrt auf dem Überlandweg per Bahn sind also inklusive der Anreise nach Moskau mindestens acht Tage einzuplanen. Die Non-Stop-Fahrt von Moskau nach Peking, die durch die mächtigen Landschaften Sibiriens führt, kostet im Vierbettabteil zweiter Klasse rund 655 €, im Zweibettabteil erster Klasse knapp 1015 € (Stand 2012). Wer die Fahrt in Sibirien und/oder der Mongolei unterbrechen möchte, muss mit Aufschlägen zwischen 50 und 300 € rechnen.

Verschiedene Agenturen bieten Transsib-Tickets inklusive der nötigen Visa an. Zu den seit Jahren tätigen Anbietern gehören **Go-east** (Bahrenfelder Chaussee 53, 22761 Hamburg, ✆ 0049-(0)40-8969090, www.go-east.de) sowie das in Hongkong und Peking sitzende Unternehmen **Monkey Business** (26E Jordan Rd., Hongkong, ✆ 00852-27231376, www.monkeyshrine.co

Verkehrsknoten Nanpu-Brücke

Unterwegs in Shanghai

Shanghai zählt zu den größten Städten der Welt. Dennoch konzentriert sich das Gros der Sehenswürdigkeiten auf ein überschaubares Gebiet, das man hervorragend zu Fuß entdecken kann (→ Touren).

Von Stadtteil zu Stadtteil gelangt der Reisende am besten und sehr günstig mit der Metro, das Netz umfasst elf Linien und wird ständig erweitert. Das Taxi ist ebenfalls zu empfehlen, weil es vergleichsweise billig, zuverlässig und sicher ist. Nur im Berufsverkehr sollte man auf jeden Fall die U-Bahn nehmen. Zwar wimmelt es in den Zügen dann vor Menschen, aber zumindest geht es voran, während oben auf den Straßen Pkw und Busse im Schneckentempo dahinkriechen. Busse sind zwar die billigsten öffentlichen Verkehrsmittel, sie sind aber nur auf Chinesisch beschildert und häufig sehr voll, so dass man aufs Busfahren ohne wirklich gute Sprachkenntnisse verzichten sollte.

Metro

Die Shanghaier Metro (Ⓜ) ist schnell, modern und günstig (→ Metro-Plan). Wer zu Spitzenzeiten einen Sitzplatz ergattert, darf sich glücklich schätzen. Dann gerät auch das Ein- und Aussteigen zur sportlichen Übung, weil viele Zusteigende eilig in die Waggons drängen, ohne zunächst die Aussteigenden gewähren zu lassen. Wer zielstrebig nach draußen oder drinnen strebt, kommt aber fast immer weiter. Außerhalb der Rushhour ist das Benutzen der Metro eine einfache Disziplin. Die Linien verkehren in der Regel zwischen 5.30 und 23 Uhr, die Stationen sind auch auf Englisch ausgeschildert und werden zweisprachig angesagt.

Einzelfahrt-Tickets kosten je nach Distanz zwischen 3 und 10 Y. Man kauft die Plastikkarten an Schaltern in den U-Bahnstationen oder an Automaten, die auch englische Erklärungen liefern. Für Touristen ist auch das Eintages-Ticket für 18 Y interessant. Dieses Ticket hat die Farbe rot, es ist an Verkaufsschaltern der meisten größeren Metrostationen erhältlich, was meist durch einen Aufkleber am Schalter angezeigt wird, z. B. am People's Square (Ⓜ 1, Ⓜ 2, Ⓜ 8), East Nanjing Road (Ⓜ 2, Ⓜ 10) und Xujiahui (Ⓜ 1, Ⓜ 9).

Etwas knifflig ist es, an den großen Metrostationen wie People's Square oder Xujiahui den richtigen Ausgang zu finden. Die Umgebungspläne sind meist nur mit chinesischen Schriftzeichen versehen. Zumindest hat jeder Ausgang Nummern, was die Orientierung erleichtern kann.

Das U-Bahnnetz ist in den vergangenen Jahren schnell gewachsen. Vor allem im Vorfeld der Weltausstellung 2010 wurde immens viel gebaut. Es existieren elf Linien. Die Ⓜ 2 verbindet die zwei großen Flughäfen der Stadt, Pudong International Airport im Osten und Hongqiao Airport im Westen.

Wichtigste Nord-Süd-Verbindungen sind die Ⓜ 1 und die Ⓜ 3. Die Ⓜ 4 verbindet als Ringlinie Puxi und Pudong. Die Linie Ⓜ 11 führt von der Innenstadt über die Formel-1-Rennstrecke „Shanghai Circuit" in die neue Vorstadt Anting. www.shmetro.com/english.

Taxi

Rund 45.000 Taxis füllen Shanghais Straßen. Das hat den Vorteil, dass man selbst zur Rushhour mit etwas Geduld binnen vertretbarer Zeit eines bekommt – einfach früher starten oder eines vorbestellen.

Insgesamt ist Taxifahren eine sichere, schnelle und komfortable Art, um längere Distanzen (außer im Berufsverkehr) in der Stadt zurückzulegen.

Grundsätzlich sollte man seine Fahrtziele auf einem Zettel oder einer Karte in chinesischer Schrift mit sich führen, denn die meisten Taxifahrer haben – wenn überhaupt – nur rudimentäre Englischkenntnisse. Wenn sich dies beim Passagier mit dem Chinesischen genauso verhält, tun die Stadtpläne oder die chinesischen Zielangaben in diesem Buch einen guten Dienst. Adressen-Ausdrucke in chinesischer Schrift bietet www.smartshanghai.com.

Dazhong Taxi hat Englisch sprechendes Personal, das Taxi-Bestellungen unter ✆ 96822 entgegennimmt. Bei **Qiangsheng Taxi** kann man auch Pech haben, was die Englischkenntnisse anbelangt (✆ 62580000). Das gilt auch für **Jinjiang Taxi**, die aber Großraumtaxen im Angebot haben, was für größere Gruppen nützlich sein kann (✆ 96961).

Der Start-Standardtarif beträgt 14 Y für die ersten drei Kilometer, danach kostet jeder zusätzliche Kilometer 2,40 Y, ab einer Strecke von mehr als 10 km sind es 3,60 Y. Von 23 bis 5 Uhr herrscht der Nachttarif, der 13 Y für die ersten drei Kilometer beträgt, jeder weitere Kilometer kostet dann 3,10 Y bzw. 4,70 Y.

Busse

Städtische Busse haben gewichtige Nachteile: Sie sind häufig überfüllt, während der Rushhour kommen zu den Verzögerungen im Stau noch lange Haltezeiten hinzu, und das Streckennetz hat nur chinesische Erläuterungen. Wer dennoch Bus fahren möchte, sollte dies keinesfalls während des Berufsverkehrs tun. Die Billetts kosten in nicht-klimatisierten Bussen 1 Y, in klimatisierten 2 Y. Tickets kauft man im Bus bei Fahrerin oder Fahrer. In der Regel verkehren die Busse von 4–22.30 Uhr, jede der vielen Linien verfügt jedoch über einen eigenen Fahrplan.

Sightseeing-Busse privater Anbieter können eine Alternative sein, wenn man die Highlights der Stadt im Eiltempo sehen möchte. Beispielsweise bietet *Big Bus Tours* Routen mit unterschiedlichen Schwerpunkten an. Tonband-Kommentare in deutscher Sprache informieren über die Glanzlichter unterwegs. Wer sich ein Premium-Ticket für 300 Y leistet, kann an jeder der 22 Haltestellen ein- und aussteigen. Die Busse fahren zwischen 9 und 17 Uhr. Eine Haltestelle befindet sich am Bund auf Höhe des Eingangs zum Sightseeing Tunnel. Einzeltouren ab 100 Y, Kinder unter fünf Jahren fahren gratis.
www.bigbustours.com

Für Einheimische ist das Fahrrad häufig Transportmittel

Fahrrad

Radfahren in Shanghai erfordert Mut. Die vielen einheimischen Pedalritter in einigen Teilen der Stadt zeigen jedoch, dass man mit dem Fahrrad gut vorankommen kann. Dies gilt besonders für die ehemalige Französische Konzession (→ Touren 5 und 6) und Pudong (→ Tour 3). In jüngster Zeit haben einige neue Fahrradverleihe eröffnet. Meist muss zusätzlich zur Leihgebühr eine Kaution in bar hinterlegt werden, häufig reicht auch eine Kopie des Reisepasses. Wer sich im Sattel ins Verkehrsgetümmel der Megacity wagt, sollte unbedingt auch einen Helm ausleihen und tragen.

Trek Bicycle, 自行车: Große Auswahl und englisch sprechendes Personal, Tagesgebühr 100 Y, tägl. 9–19 Uhr. ✆ 63663137, nahe Metro → 8 Laoximen Rd., 1058 Fuxing Rd. East, 中国上海市复兴东路1058号

Giant, 捷安特 Gute Auswahl an Trekking-, Mountain- und City-Rädern, Tagesgebühr 50 Y, tägl. 9–19 Uhr. ✆ 64375041, nahe Metro Ⓜ 1 Hengshan Rd., 743 Jianguo Rd. West, 中国上海市建国西路743号 ■

Speedcat, kleiner Laden mit qualitativ guter Auswahl an City- und Mountainbikes für rund 30 Y/Tag. Nettes Personal, das ein wenig Englisch spricht. Tägl. 10–20 Uhr. ✆ 64671586. Ⓜ 1 Shanxi Rd., 404 Xiangyang Rd., 中国上海市襄阳南路404号

China Cycle Tours, 中国自行车之旅 verleiht einige City-Bikes mit Korb. ✆ 13761115050, tägl. 9–17 Uhr, nahe Metro 1 South Huangpi Rd., 358 Middle Huaihai Rd., 中国上海市淮海中路358号

Fähren

Die schönste und mit die günstigste Art, über den Huangpu-Fluss zu gelangen, ist eine Fahrt mit der Fähre (→ Tour 1). Die wohl attraktivste Fahrt führt von der Anlegestelle am Bund, etwa auf Höhe der Jinling Road gelegen, hinüber nach Pudong, wo die Anlegestelle in Höhe der Dongchang Road steht. Einfache Fahrt 2 Y.

Von der Dongmen Rd. pendelt eine Fähre nach Pudong, die auch Fahrrad- und Mopedfahrer mitnimmt (→ Tour 2). Die Fähren verkehren in der Regel von 6 bis 21 Uhr.

Die Moller-Villa entsprang angeblich einer Kinder-Fantasie

Übernachten

Das Preisniveau der Shanghaier Unterkünfte ist verglichen mit anderen Großstädten Asiens relativ hoch. Es gibt aber viele Unterkunftsmöglichkeiten in der Stadt am Huangpu, und so ist in den meisten Fällen Discount (zhékòu) von 30 bis 40 % Prozent möglich, bei Internet-Recherche mithilfe der einschlägigen Portale (s. unten) sogar mehr als 50 %, so dass es durchaus möglich ist, für 80 € in einem Top-Hotel zu übernachten. Die Preiskategorien sind deshalb nur mit Einschränkungen aussagekräftig. Auch an der Rezeption werden Preisnachlässe häufig automatisch eingeräumt. Wer mehr als zwei Nächte in einer Unterkunft weilt, sollte auf jeden Fall nach einer zusätzlichen Vergünstigung fragen.

Die genannten Preiskategorien sollen einen Überblick geben. Sie beruhen auf sogenannten „rack rates", die der Reisende an der Rezeption genannt bekommt. In der Regel muss eine 15-prozentige Service-Charge hinzugerechnet werden. Falls nicht eigens erwähnt, ist das Frühstück nicht inbegriffen. Häufig werden Preisnachlässe ohne Nachfrage gewährt. Falls das nicht der Fall ist: In China gehört es selbst in gehobenen Häusern fast schon zum guten Ton, sich danach zu erkundigen. Wer übers Internet bucht, kann vor allem in gehobeneren Unterkünften ein Schnäppchen machen, teilweise kosten die Zimmer dann weniger als die Hälfte der „rack rates".

Preiskategorien

****	über 150 €/DZ
***	80 bis 150 €/DZ
**	40 bis 80 €/DZ
*	unter 40 €/DZ

Unbedingt beachten: Von der Jugendherberge bis zum Luxushotel schwanken die Preise je nach Reisezeit erheblich, vor allem an den nationalen Feiertagen schießen sie in die Höhe. Wer zu diesen Zeiten reist, sollte Tickets frühzeitig buchen und sich rechtzeitig eine preiswerte Unterkunft sichern. Die Nationalfeiertage sind:

Chinesisches Neujahrsfest (drei arbeitsfreie Tage; Datum variiert nach dem traditionellen Mondkalender der Bauern) in der Zeit vom 20. Jan. bis 21. Feb.

Tag der Arbeit am 1. Mai (eine Woche Ferien).

Tag der Gründung der Volksrepublik China am 1. Okt. (eine Woche Ferien).

Hotelvermittlungen: Gute Internetadressen für Shanghai sind: www.sinohotelguide.com, www.holidaycheck.de, www.expedia.de, www.tripadvisor.de sowie www.asiahotels.com.

Budget-Unterkünfte: Ein beachtenswertes Angebot bieten www.hostels.com und www.travellerspoint.com.

Lohnenswert ist auch, auf der Homepage der größten staatlichen Hotelgruppe www.jinjianghotels.com nach günstigen Angeboten zu stöbern, die in Shanghai viele Häuser unterhält.

Französische Konzession

→ Karten S. 184/185 und S. 200/201

Hier lässt sich sehr stilvoll übernachten. In dem Viertel, heute Luwan- und Xuhui-Distrikt, finden sich noch viele Flachbauten, die kleinen Straßen sind von Platanen bestanden, verlocken zum Spazieren oder Einkaufen. Das Angebot an reizvollen Geschäften und guten Restaurants ist üppig (→ Tour 5, Tour 6).

**** **Okura Garden Hotel** → Karte S. 200/201 **13**, (Huayuan Fandian) 花园饭店 das Hauptgebäude des ehemaligen Cercle Sportif der französischen Kolonialherren dient diesem modernen, 33 Etagen hohen Luxus-Hotel als weitläufiges Foyer. Art déco allüberall: Man beachte die Deckenleuchten im Oasis-Café, die mächtig wie Säulen sind. Zu dem Nobel-Hotel gehören ein rund 28.000 m² großer Garten sowie alle Annehmlichkeiten eines Top-Hauses. DZ ab 2100 Y. 58 Maoming Rd. South, Ⓜ 1 Shanxi Rd., ✆ 64151111, ℻ 64158866, www.gardenhotelshanghai.com, 中国上海市茂名南路58号

**** **Mansion Hotel** → Karte S. 200/201 **16**, (Shouxi Gong'guan) 首席公馆 30 Zimmer in einem alten, fünfstöckigen Stadtpalast, der angeblich einem Komplizen von Gangster Du Yuesheng (→ Stadtgeschichte) gehört haben soll. Alle Räume sind luxuriös und stilvoll mit alten Gegenständen eingerichtet, beachtenswert das Telefon an der Säule neben der Rezeption, das aus den Urzeiten der Telekommunikation stammt und doch so aussieht, als könnte es jeden Moment klingeln. Jedes Zimmer verfügt über eine Jacuzzi-Badewanne, das sehr schöne Dachgarten-Restaurant steht allen offen. DZ ab 1400 Y. 82 Xinle Rd., Ⓜ 1 Shanxi Rd., ✆ 54039888, ℻ 54037077, www.chinamansionhotel.com, 中国上海市新乐路82号

*** **Howard Johnson Huaihai Hotel** → Karte S. 184/185 **9**, (Jiahao Huaihai Guoji Haosheng Jiudian) 嘉豪淮海国际豪生酒店 an der Kreuzung zwischen Huaihai Rd. und Fenyang Rd.; das Luxusetablissement wurde Ende 2007 eröffnet und ist in Top-Zustand. Viele Shoppingmöglichkeiten vor der Haustür. DZ ab 900 Y, 1 Fenyang Rd., Ⓜ 1 Shanxi Rd., ✆ 54619898, ℻ 64721551, 中国上海市汾阳路1号

*** **Moller Villa** → Karte S. 200/201 **5**, (Hengshan Male Bieshu) 马勒别墅饭店 das lauschige, mit seinen Türmchen und Erkern einem Märchenschloss ähnelnde Hotel ist in der ehemaligen Residenz des Reeders und Kaufmanns Eric Moller untergebracht. Angeblich hatte die kleine Tochter des Briten ein Fantasieschloss gezeichnet, das Moller den Architekten als Vorlage für das Gebäude überließ. Nach einer Generalsanierung öffnete 2008 der hintere Trakt des 28-Zimmer-Hotels. Die Arbeiten am vorderen Gebäudeteil und im reizvollen Garten waren bei Redaktionsschluss noch nicht beendet. DZ inkl. Frühstück ab 1200 Y. 30 Shanxi Rd. South, Ⓜ 2 Jing'an Temple. ✆ 62478881. ℻ 62891020, www.mollervilla.com, 中国上海市陕西南路30号

*** **Ruijin Hotel** → Karte S. 184/185 **11**, (Ruijin Binguan) 瑞金宾馆 das ehemalige Anwesen des britischen Verlegers Morriss ist seit Jahren ein Hotel und bietet herrliche Unterkünfte im Grünen – ein seltener Luxus in Shanghai, und das zu annehmbaren Preisen. Die vier Gebäude mit Gästezimmern wurden allesamt zwischen 1920 und 1930 im Tudor-Stil errichtet. Im Hauptgebäude gegenüber der Rezeption liegt im 1. Stockwerk gleich links das Zimmer, in dem Mao Zedong während seiner Shanghai-Besuche in den frühen Jahren der Volksrepublik gern nächtigte. Einzig die Gartenvillen mit Plastikfassade sind neueren Datums und stören das idyllische Bild. Ein liebevoll angelegter Park, ein bezauberndes Art-déco-Café mit Gartenterrasse sowie stilvolle Restaurants gehören zum Ensemble. DZ ab 900 Y. 118 Ruijin 2.nd Rd., Ⓜ 1 Shanxi Rd. ✆ 64725222, 📠 64732277, www.ruijinhotelsh.com, 中国上海市瑞金二路118号

*** **Hengshan Picardie Hotel** → Karte S. 184/185 **22**, (Hengshan Binguan) 衡山宾馆 1934 im Art-déco-Stil errichtet und direkt an einem Park gelegen – hier lässt es sich bei geöffnetem Fenster schlafen. Allerdings wird man sehr früh von der sphärischen Musik der Thai-Chi-Übenden im Hengshan-Park geweckt. Stilvoll eingerichtete Räume, manche allerdings etwas strapaziert. Lassen Sie sich mehrere zeigen, bis Sie sich wohl fühlen. DZ ab 1000 Y inkl. Frühstück. 534 Hengshan Rd., Ⓜ 1 Hengshan Rd., ✆ 64377050, 📠 64335732, www.hengshanhotel.com/en 中国上海市衡山路534号

*** **Jinjiang Tower** → Karte S. 184/185 **4**, (Xinjinjiang Dajiudian) 新锦江大酒店 der 1989 fertig gestellte Bau war einer der ersten Wolkenkratzer des neuen Shanghai. Der Standard hat sich über die Jahre gehalten. Gepflegte Zimmer, eine schöne Bar mit Ausblick im Dachrondell der 41. Etage sowie ein ansehnliches Schwimmbad machen dieses Hotel zu einer guten Wahl. DZ ab 1000 Y. 161 Changle Rd., Ⓜ 1 Shanxi Rd., ✆ 64151188, 📠 64150048, www.jinjianghotels.cn, 中国上海市长乐路161号

*** **Old Jinjiang Hotel** → Karte S. 184/185 **5**, (Jinjiang Fandian) 老锦江饭店 liebevoll renovierte Unterkunft in einem Gebäude aus dem Jahr 1925. Gepflegte Zimmer, Art-déco-Elemente, ein Ballsaal im Tudor-Stil in der obersten von 14 Etagen sowie ein Dachgarten machen den Reiz dieser historischen Hauses aus. DZ ab 830 Y. 59 Maoming Rd. South, Ⓜ 1 Shanxi Rd., ✆ 32189888, 📠 64725588, www.jinjianghotels.cn, 中国上海市茂名南路59号

** **City Hotel Shanghai** → Karte S. 200/201 **6**, (Chengshi Jiudian) 上海城市酒店 moderne Unterkunft für Businessreisende und Touristen in der lebendigen, aber angenehmen Shanxi Rd., die reich an Klamotten- und Schuhläden sowie Restaurants ist. Schöner Pool in der 6. Etage. Hilfsbereites Personal. DZ ab Y 500. 5–7 Shanxi Rd., Ⓜ 2 Jing'an Temple, ✆ 62551133, 📠 62550211, www.cityhotelshanghai.com, 中国上海市陕西南路5–7号

››› Mein Tipp: ** **Ke Tang Jian** → Karte S. 184/185 **14** (Ketangdschian) 客堂间 kleines, familiäres Hotel in einem liebevoll renovierten Wohnhaus aus den 1930er Jahren mit sechs Gästezimmern. Schöne, tagsüber laute Umgebung mit vielen kleinen Geschäften. DZ ab 600 Y. 335 Yongjia Rd, Ⓜ 1 Changshu Rd., ✆ 54669335, 📠 54669982, www.ketangjian.com 中国上海市永嘉路335号 ‹‹‹

* **Yueyang Hotel** → Karte S. 184/185 **20**, (Yueyang Fandian) 岳阳饭店 frisch renoviertes Haus in einer ruhigen Straße nahe Huaihai und Hengshan Rd. Die Zimmer sind in Top-Zustand. Viele Restaurants in den umliegenden Straßen. Gutes Preis-Leistungsverhältnis. DZ ab 220 Y inkl. Frühstück. 58 Yue Yang Rd., Ⓜ 1 Hengshan Rd., ✆ 646667670, 📠 64672979, 中国上海市岳阳路58号

* **Xiangyang Hotel** → Karte S. 200/201 **11**, (Xiangyang Fandian) 襄阳饭店 ordentlich geführte, frisch renovierte und preiswerte Unterkunft inmitten der früheren Französischen Konzession. Auch zum Jing'an-Tempel ist es nicht weit. DZ ab 330 Y. 1–3 Xiangyang Rd. North, ✆ 540376850, 📠 54038950, 中国上海市襄阳北路1–3号

Jing'an → Karte S. 200/201

Der Stadtteil nördlich des Jing'an-Tempels bietet eine Mischung aus Geschäftsviertel, Restaurants und teils schön erhaltenen Wohngebäuden aus den Anfangsjahren des 20. Jh. (→ Tour 6).

**** **Urbn Hotel** **2**, (Yayue Jiudian) 雅悦酒店 stilvolles Hotel in einem alten Fabrikgebäude. Die Innenräume sind nach Angaben des Betreibers komplett mit Gegenständen aus lokaler Produktion eingerichtet, vieles ist aus recycelten Materialien hergestellt. Zu sehen ist das etwa an der Rezeption: Sie ist mit alten Reisekoffern dekoriert. 26 großzügige, elegant eingerichtete Zimmer. DZ ab 1300 Y. 183 Jiaozhou Rd., Ⓜ 2 Jing'an Temple, ✆ 51534600, 📠 51534610, www.urbnhotels.com, 中国上海市胶州路183号 ■

**** **Portman Ritz-Carlton 4**, (Boteman Lijia Jiudian) 上海波特曼丽嘉酒店 in einem markanten Gebäudekomplex untergebracht, entspricht das Portman mehr einem großen Veranstaltungs- und Kongresszentrum als einer Unterkunft. Es bietet alle Annehmlichkeiten eines Top-Hauses. DZ ab 1900 Y. 1376 Nanjing Rd. West, Ⓜ 2 Jing'an Temple, ✆ 62798888, 62798800, www.ritzcarlton.com, 中国上海市静安区南京西路1376号

**** **Hilton Hotel 18**, (Jing'an Xi'erdun Fandian) 上海静安希尔顿酒店 das Hilton in Shanghai hat schon bessere Tage gesehen, im Vergleich zu anderen Häusern dieser Preisklasse fällt es zurück. Dennoch bietet es alle Annehmlichkeiten, die man von dieser Hotelkette gewohnt ist. DZ ab 1200 Y. 250 Huashan Rd., Ⓜ 2 Jing'an Temple, ✆ 62480000, 62483868, www.hilton.de, 中国上海市华山路250号

** **Jing' An Hotel 19**, (Jing'an Bingguan) 静安宾馆 älteres Haus in einem großen Garten hinter dem benachbarten Hilton. Mit Swimmingpool und seiner zentralen Lage bietet das Jing´ An insgesamt ein tadelloses Preis-Leistungsverhältnis. DZ ab 360 Y. 370 Huashan Rd., Ⓜ 2 Jing'an Temple, ✆ 62480088, 62482657, www.jinjianghotels.com, 中国上海市华山路370号

Hongkou

→ Karte S. 226/227

Wer abseits der Touristenströme, aber doch nahe der Hauptsehenswürdigkeiten wohnen möchte, ist mit einer Übernachtung in Hongkou gut beraten und bekommt dort für weniger Geld teils die gleiche oder sogar bessere Qualität geboten. Das Viertel ist eher von Einheimischen als von Touristen geprägt, bietet gute Geschäfte und besitzt mit dem Lu-Xun-Park eine der schönsten Grünanlagen der Stadt (→ Tour 8).

**** **Sheraton Hongkou Hotel 5**, (Xilaideng Jiudian) 喜来登酒店 2010 neu eröffnetes Haus, das kaum Wünsche offen lässt. Großzügige Zimmer, die Bäder sind mit Glaswänden abgetrennt. Wer schwimmen möchte, kann im großen Pool seine Bahnen ziehen. Sauna und Dampfbad können ebenfalls ohne Aufpreis genutzt werden. Die Metrostation Hailun Rd. (Linien 10, 4) ist in unmittelbarer Nähe, so dass die meisten Sehenswürdigkeiten in kurzer Zeit erreichbar sind. DZ ab 1500 Y. 59 Siping Rd. Ⓜ 4, → 10 Hailun Rd., ✆ 26010088, 26010099, www.sheraton.com/shanghaihongkou

*** **Ramada Hongkou 3**, (Huameida Dajiudian) 华美达大酒店 modernes, absolut sauberes Haus mit sehr gutem Preis-Leistungs-Verhältnis. Per Taxi ist der Bund in ca. 5 Min. erreichbar. DZ ab 1300 Y, meist jedoch mit Discount ab 580 Y pro DZ. 57 Ouyang Rd., Ⓜ 4, Ⓜ 10 Hailun Rd., ✆ 65099666, 65218333, www.ramadahongkoush.com, 中国上海市欧阳路57号

Guter Schlaf trotz Verkehrslärms

Unter dem grünen Kufperdach des Peace-Hotels wurde in den 1930er Jahren exzessiv gefeiert

** **Jiulong Hotel** 6, (Jiulong Bingguan) 九龙宾馆 das frisch renovierte, 25-stöckige Haus ist eine preisgünstige Alternative. Die Zimmer sind geräumig und komfortabel, die Lobby mit Bar präsentiert sich in coolem Schick. Zum Bund sind es zu Fuß ca. 20 Min. DZ ab 440 Y. 601 Liyang Rd., Ⓜ 4 Hailun Rd., ✆ 65418228, ℻ 65413311, www.jiulonghotel.net, 中国上海市溧阳路601号

* **Nan Xin Yuan Hotel** 2, (Nan Xin Yuan Jiudian) 上海南馨园酒店 einfach, aber sauber. Das dreistöckige Haus liegt nahe dem Lu-Xun-Park in einer Wohngegend. An der Rezeption wird kaum Englisch gesprochen. Unbedingt ein Zimmer mit Blick auf den Garten nehmen, dann erlebt man eine der wenigen Unterkünfte Shanghais, in der bei geöffnetem Fenster Vogelgezwitscher die Ohren erfreut. Die Nachteile: hellhörig, sehr harte Betten. DZ ab 300 Y. 277 Shanyin Rd., Ⓜ 3, Ⓜ 8 Hongkou Football Stadium, ✆ 56961178, 中国上海市山阴路277号

* **Koala Garden House** 4, (Kaola Huayuan Lushe) 考拉花园旅舍 das Hostel befindet sich in einem renovierten Altbau, die Lage in einer Fußgängerzone verspricht ruhige Nächte. Bar und Café im Parterre sind gemütlich. Die Nacht im Mehrbettzimmer kostet 100 Y., DZ ab 150 Y. 240 Duolun Rd. Ⓜ 3 und Ⓜ 8 Hongkou Football Stadium, ✆ 56711038, www.koala-house.com, 中国上海市多伦路240号

Bund → Karten S. 127 und S. 215

In dieser Gegend wohnt man in der Nähe des Huangpu-Flusses, spürt den Glanz der kolonialen Prachtmeile und erlebt die Lebendigkeit eines quirligen Geschäftsviertels mit einer Vielzahl an Restaurants und Cafés. Nachteil: Man muss auf der Straße damit rechnen, von allerlei Schleppern angesprochen zu werden (→ Tour 1)

››› **Mein Tipp:** **** **Fairmont Peace Hotel** → Karte S. 127 4, (Shanghai Heping Fandian) 上海和平饭店 das traditionsreichste Hotel am Bund schickt seine Gäste auf einen Nostalgie-Trip: Nach jahrelanger Renovierung hat das Peace, ehemals Cathay Hotel, wieder geöffnet. Schmuckstücke sind die vielen Jugendstilelemente der Inneneinrichtung samt Glasarbeiten von Lalique. Die Nobelherberge gibt sich geschichtsbewusst und bietet mit der „Peace Gallery" im Parterre sozusagen ein Mini-Museum, das einen kurzen Besuch lohnt. Wer sich vom Trubel am Bund erholen will, kann Pool, Sauna und Dampfbad genießen. DZ ab 1500 Y. 20 Zhongshan No. 1 Rd. East (20 Zhongshan Dong Yi Lu), Ⓜ 2 Nanjing Rd. East, ✆ 63216888, ℻ 632921888, 中国上海市中山东一路20号 ‹‹‹

**** **Hyatt on the Bund** → Karte S. 215 **1**, (Waitan Maoyue Dajiuedian) 上海外滩茂悦大酒店 Luxushotel mit den wohl vielseitigsten Blicken auf Shanghai. Von der Vue-Bar in der 33. Etage sieht man die Kolonialbauten des Bund ebenso wie die Skyline Pudongs und die Biegung des Huangpu-Flusses. Alle Vorzüge einer Nobelherberge und dabei billiger als manch anderes Haus dieser Kategorie. DZ ab 1200 Y. 199 Huangpu Rd., Ⓜ 2 Nanjing Rd. East, ✆ 63931234, 📠 63931313, http://shanghai.bund.hyatt.com. 中国上海市黄浦路99号

**** **The Westin Bund** → Karte S. 127 **16**, (Weisiting Dafandian) 上海外滩中心威斯汀大饭店 Luxushotel ebenfalls mit Blick auf den Huangpu und allen Annehmlichkeiten eines Hauses dieser Preisklasse. Eine Lotuskrone formt die Gebäudespitze. Von Bar und Restaurant in der obersten Etage hat man einen schönen Blick auf die Skyline Pudongs. DZ ab 2350 Y. 88 Henan Middle Rd., Ⓜ 2 Nanjing Rd. East, ✆ 63351888, 📠 63352888, 中国上海市河南中路88

** **Seagull Hotel** → Karte S. 215 **3**, (Hai'ou Fandian) 上海海鸥饭店 schmuckloses Gebäude, aber die höher gelegenen Zimmer bieten zum Teil Blick auf den Huangpu-Fluss und Bund, sauber, hilfsbereites Personal. Das Hotel steht auf dem Grundstück des früheren ersten deutschen Generalkonsulats. DZ ab 520 Y. 60 Huangpu Rd., Ⓜ 2 Nanjing Rd. East, ✆ 63251500-602, 📠 63257260, www.seagullhotel.com, 中国上海市黄浦路60号

** **Manhattan Business Hotel** → Karte S. 127 (**3**, (Maihadun Shangwu Jiudian) 上海曼哈顿商务酒店 das 2005 eröffnete Haus beherbergt viele Geschäftsreisende, ist wegen der Lage in unmittelbarer Nähe des Bund aber auch für Traveller eine interessante Alternative. Sehr saubere und gepflegte Zimmer, von denen die meisten leider keine Fenster haben. Für Leute, die sowieso die meiste Zeit unterwegs sind, kann dieses Haus wegen seiner herausragenden Lage eine Alternative sein. DZ ab 600 Y. 81–85 Dianchi Rd., Ⓜ 2 Nanjing Rd. East, ✆ 68888123, 📠 63219778, www.manhattanhotel.com.cn, 中国上海市黄浦区滇池路81–85号

** **Metropole Hotel** → Karte S. 127 **7**, (Xincheng Fandian) 上海新城饭店 zusammen mit dem gegenüberliegenden Hamilton House bildet das 15 Stockwerke hohe, Anfang der 1930er Jahre errichtete Gebäude ein Art-déco-Ensemble, und der alte Charme des Platzes ist geblieben. 140 Zimmer in ordentlichem Zustand in guter und sehr zentraler Lage. DZ ab 650 Y. 180 Jiangxi Rd./Ecke Fuzhou Rd., Ⓜ 2 Nanjing Rd. Middle, ✆ 63213030, 📠 63217365, www.metropolehotel-sh.com, 中国上海市江西中路180号

** **Astor House Hotel** → Karte S. 215 **2**, (Pujiang Fandian) 上海浦江饭店 Unterkunft der mittleren Preisklasse, in alter Architektur und toller Lage. Das stilvolle Haus hat eine reiche, wechselhafte Geschichte hinter sich: 1846 als Richard Hotel eröffnet und 1858 an seinen heutigen Standort umgezogen, war es das erste Luxushotel westlicher Prägung in China; ab den 1980er Jahren war es lange Jahre eine der wenigen Billigunterkünfte für westliche Reisende in Shanghai. Vor kurzem wurde das Haus saniert und hält nun seine frühe Geschichte hoch: Charlie Chaplin und Albert Einstein nächtigten hier, woran Tafeln an den jeweiligen Zimmern in der 3. und 4. Etage erinnern. Die Zimmer gruppieren sich um eine schöne, holzgetäfelte und lichtdurchflutete Halle. DZ ab 680 Y. 15 Huangpu Rd., Ⓜ 2 Nanjing Rd. East, ✆ 63246388, 📠 63243179, www.pujianghotel.com, www.astorhousehotel.com, 中国上海市黄浦区黄浦路15号

* **Jin Ling Dong Hotel** → Karte S. 215 **10**, (Motai Liansuo Lvdian Jinlingdongludian) 莫泰168连锁旅店金陵东路店 saubere und neue Einrichtung, eine sehr gute Wahl unter den Billigunterkünften. Das Hotel gehört zur Kette Motel 168. Schönes Café im Haus. Gute Lage zwischen Bund und Platz des Volkes mit Restaurants und Läden vor der Haustür. DZ ab 260 Y. 531 Jinling Rd., Ⓜ 1, Ⓜ 2, Ⓜ 8 People's Square, ✆ 51533333, 📠 51533332, www.motel.168.com, 中国上海市金陵东路531号

* **Captain Hostel** → Karte S. 127 **8**, (Chuanzhang Qingnian Jiudian) 船长酒店 nahe am Bund gelegen, einer der beliebtesten Plätze in der unteren Preisklasse. Vor allem die traumhafte Aussicht von der Terrasse der hoteleigenen Kneipe im 6. Stock auf die Wolkenkratzer Pudongs und den Huangpu rechtfertigt das gute Renommee des Captain. 126 Betten in sehr sauberen Schlafsälen sowie 21 Zimmer, die allerdings einige Flecken auf dem Teppichboden und leichten Schimmelbesatz in den ansonsten sauberen Duschen haben. Wer sich daran nicht

Früher Asiens beste Shopping-Meile: Nanjing Lu im Neon-Schein

sonderlich stört, ist hier gut untergebracht. Das Personal ist freundlich und spricht Englisch. Auch Fahrradverleih. Bett für 70 Y, DZ ab 300 Y, Frühstück 25 Y extra. 37 Fuzhou Rd., Ⓜ 2 Nanjing Rd. East, ✆ 63235053, 📠 63219331, www.captainhostel.com.cn, 中国上海市福州路37号

* **Hiker Youth Hostel** → Karte S. 127 **1**, (Mingtang Shanghai Luxingzhe Qingnian Luguan) 上海旅行者国际青年旅舍 beliebte Backpacker-Unterkunft, gemütlicher Gemeinschaftsraum, Internet kann eine Stunde lang gratis benutzt werden. Bett im Schlafsaal ab 55 Y, DZ ab 200 Y. 450 Jiangxi Rd., Ⓜ 2 Nanjing Rd. Middle, ✆ 63297889, 中国上海市江西中路450号

Um den People's Square
→ Karte S. 168/169

Der People's Square (Renmin Guangchang) hat sich zum neuen Zentrum Shanghais entwickelt. Um den Platz herum sind einige reizvolle Unterkunftsmöglichkeiten sowie das ausgezeichnete *Shanghai Museum* angesiedelt. Ein Teil des Platzes ist als Park angelegt. Dort liegt das *Museum for Contemporary Art* mit seinen meist sehr interessanten Wechselausstellungen (→ Tour 4).

**** **Le Royal Meridien** **1**, (Shimao Huangjia Aimei Jiudian) 世茂皇家艾美酒店 luxuriöses Haus inmitten einer belebten Fußgängerzone. Das Frühstücksbuffet zählt zu den reichhaltigsten der Stadt. Von der Bar in der 63. Etage bietet sich ein fantastischer Blick übers Häusermeer von Puxi und Pudong. Der Pool lädt ebenfalls zum Verweilen, bei schönem Wetter können Gäste auf der Terrasse im Freien entspannen, von der man auf den Platz des Volkes blickt. DZ ab 1200 Y. 789 Nanjing Rd. East, Ⓜ 2 Nanjing Rd. East, ✆ 33189999, 📠 63613388, www.lemeridien.com/royalshanghai, 中国上海市南京东路789号

**** **JW Marriott Tomorrow Square** **6**, (Mingtian Guangchang JW Wanyi Jiudian) 上海明天广场JW万豪酒店 Luxushotel in einem markanten Bau direkt westlich des People's Square. Das 60 Stockwerke hohe und wie eine Rakete wirkende Gebäude bietet

342 Zimmer. Die Lobby samt öffentlich zugänglichem Café liegt in der 38., die Bar in der 40. Etage. Beide bieten traumhafte Blicke über das Häusermeer Shanghais. DZ ab 2500 Y. 399 Nanjing Rd. West, Ⓜ 1, Ⓜ 2, Ⓜ 8 People's Square, ✆ 53594969, ℻ 63755988, www.marriott.com, 中国上海市南京西路399号

**** **Radisson New World** **3**, (Xinshijie Lisheng Dajiudian) 上海新世界丽笙大酒店 das Gebäude sieht aus, als wäre ein Ufo auf seinem Dach gelandet. Nicht ganz so luxuriös wie das nahe Marriott (s. o.), dafür auch um einiges günstiger, vor allem bei Buchung übers Internet. Die Bar in der 47. Etage gewährt tolle Blicke. DZ ab 2300 Y, teils extrem günstige Internetangebote. 88 Nanjing Rd. West, Ⓜ 1, Ⓜ 2, Ⓜ 8 People's Square, ✆ 63599999, ℻ 63589705, 中国上海市南京西路88号

*** **Park Hotel** **5**, (Guoji Fandian) 上海国际饭店 das Haus aus dem Jahr 1934 ist ein Markstein in der Geschichte Shanghais. Im Parterre befindet sich ein Stadtplan, in dessen Mitte seit den 50er Jahren ein rotes Licht blinkt: Es markiert den Standort des Hotels, das damals mit rund 84 Metern nicht nur das höchste Gebäude der Stadt, sondern auch ihr geographischer Mittelpunkt war. Tempi passati – inzwischen hat sich viel verändert, leider auch hinsichtlich der Qualität des einstigen Top-Hotels, die zu wünschen übrig lässt. DZ ab 890 Y inkl. Frühstück. 170 Nanjing Rd. East, Ⓜ 1, Ⓜ 2, Ⓜ 8 People's Square, ✆ 63275225, ℻ 63276958, 中国上海市南京东路170号

** **Pacific Hotel** **4**, (Jinmen Dajiudian) 上海金门大酒店 nur von der leider lauten Nanjing Dong Lu vom People's Square getrennt, bietet das Pacific aus dem Jahr 1926 altes Flair und schöne Blicke. Bei der Renovierung in den 90er Jahren wurden originale Details wie Marmorböden, Kassettendecken und Fresken erhalten. DZ ab 750 Y. 108 Nanjing Rd. West, Ⓜ 1, Ⓜ 2, Ⓜ 8 People's Square, ✆ 63276226, ℻ 63273634, www.jinjianghotels.com, 中国上海市黄浦区南京西路108号

** **Etour Youth Hostel** **11**, (Xinyitu Guoji Qingnian Lushe) 上海新易途国际青年旅舍 nahe am People's Square, bei Rucksackreisenden beliebte Unterkunft im Lilong-Haus-Stil. Saubere Räumlichkeiten und Bäder, Internet kann eine Stunde gratis genutzt werden. Bett im Schlafsaal 55 Y, DZ ab 230 Y. 55 Jiangyin Rd., Ⓜ 1, Ⓜ 2, Ⓜ 8 People's Square, ✆ 63277766, 中国上海市黄浦区江阴路55号

Pudong → Karte S. 154/155

Das neue Shanghai ist als Übernachtungsort zwar hauptsächlich bei Geschäftsreisenden beliebt, hat aber Vorzüge, die auch andere schätzen. Zum Beispiel kann man im Century Park hervorragend joggen (→ Tour 3). Die futuristische Stadtlandschaft muss einem allerdings gefallen. Am Huangpu-Ufer hat man herrliche Blicke auf den Bund. Und die Metro 2 bringt einen rasch nach Puxi.

**** **Pudong Shangri-La** **6**, (Pudong Xianggelila Dajiudian) 浦东香格里拉大酒店, Nobelherberge in Pudong in toller Lage. Nur eines der zwei zum Hotel gehörenden Gebäude ist dem Fluss zugewandt. Wer hier nächtigt, hat einen traumhaften Blick auf die koloniale Prachtmeile Bund. DZ mit Bund-Blick ab 2000 Y. 33 Fucheng Rd., Ⓜ 2 Lujiazui, ✆ 68828888, ℻ 68826688, www.shangri-la.com, 中国上海市浦东新区富城路33号

**** **Grand Hyatt Pudong** **3**, (Jinmao Junyue Dajiudian) 金茂君悦大酒店 Top-Hotel in den oberen Etagen des spektakulären Jinmao Towers, das jeden erdenklichen Luxus bietet. Und der hat seinen Preis. DZ ab 2250 Y. 88 Century Boulevard, Ⓜ 2 Dongchang Rd., ✆ 50491234, ℻ 50491111, www.shanghai.grand.hyatt.com, 中国上海市浦东世纪大道88号

*** **Parkview Hotel** **9**, (Dongyue Dajiuedian) 东悦大酒店 neues Haus im Herzen Pudongs nahe Civic Plaza und Science & Technology Museum. Für die Gestaltung des formschönen Gebäudes zeichnet wie beim benachbarten Oriental Art Centre der französische Architekt Paul Andreu verantwortlich. Mit der Metro sind es rund 15 Min. zum Bund. DZ ab 1000 Y. 555 Dingxiang Rd., Ⓜ 2 Science & Technology Museum, ✆ 61621118, ℻ 61621119, www.parkviewhotel.cn, 中国上海市浦东新区丁香路555号

Baozi aus dem Bambusdämpfer – eine kleine Leckerei

Essen und Trinken

Die Shanghai-Küche

Eine der gängigsten Begrüßungsformeln in China lautet: „Haben Sie schon gegessen?" Ist die Antwort nein, muss man in Shanghai nicht lange warten, um zur Tat zu schreiten: Die Stadt ist ein kulinarisches Paradies, die Vielfalt seiner Restaurants kaum zu überbieten. Man kann hier kantonesisch essen, die scharfe Küche Sichuans kosten oder den Reichtum der buddhistisch inspirierten vegetarischen Küche erkunden.

Ganze Straßenzüge sind den Gaumenfreuden vorbehalten. Doch nicht nur in den großen Essensstraßen (→ Kasten „Genussmeilen") wird man fündig, ein Restaurant, eine Garküche mit kleinen Leckerbissen findet sich an jeder Ecke. Der Gaumenkitzel spielt im Alltag eine schillernde Hauptrolle. Es existiert eine fast mit religiöser Inbrunst zelebrierte Hingabe der Chinesinnen und Chinesen an das Feinschmeckertum. Das äußert sich unter anderem darin, dass viele Einheimische Tafelfreuden in fast epischer Breite zu schildern vermögen.

Gaumenkitzel

Küche in China ist ein Fest: Aroma, Duft, Farbe, Form und Konsistenz sind ihre Grundwerte. Probieren Sie einen *Feuertopf (huoguo)*, der rot und blubbernd am Tisch serviert und dann mit Fleisch und Gemüse nach Wahl bestückt wird, oder genießen Sie einen *Mandarin-Fisch*, den die Köche so kunstvoll zugeschnitten haben, dass dem Gast mundgerechte Stückchen Fischfleisch wie kleine Säulen entgegenragen.

Der Beruf des Kochs ist in China sehr angesehen

Oder kosten Sie die mit Gemüse oder einer Mischung aus Schweine- und Krabbenfleisch gefüllten *Teigtaschen (jiaozi)* oder die etwas größeren *Weizenmehlbrötchen (baozi)*, die in Shanghai an vielen Straßenständen frisch aus Bambuskörben dampfen.

Am Kaiserhof zählte das Kochen zu den fünf Künsten – neben der Kalligraphie, dem Tuschemalen, dem Dichten und der Intrige. Im literarischen Klassiker „Die Riten der Zhou“ heißt es, am Hofe der Zhou-Dynastie hätten in Küche und Weinkeller insgesamt 2271 Menschen gearbeitet, davon waren 342 allein für Fisch zuständig. Noch heute genießt die Kochkunst hohes Ansehen, und ein Küchenchef kann im modernen China so viel verdienen wie ein Fabrikdirektor.

Vergessen Sie zweierlei, bevor Sie das erste Restaurant im Reich der Mitte besuchen. Erstens: Löschen Sie das traurige Bild, das die meisten China-Restaurants in Europa abgeben – sämige Glutamat-Einheitssaucen, trostlose Reisberge und fade Glückskekse werden Sie in Shanghai nicht serviert bekommen, außer Sie fragen explizit danach. Zweitens: Vergessen Sie die im Westen verbreitete Befürchtung, in China könnte man Ihnen eine jener Absonderlichkeiten unterjubeln, die dem Klischee zufolge jeder Chinese isst. Tatsächlich kommt auch in Shanghai Exotisches wie Schlange, Hund und Skorpion auf den Teller; es handelt sich bei diesen Speisen aber um sehr ausgefallene, selbst für den durchschnittlichen chinesischen Geschmack exotische und sehr teure Spezialitäten. Nicht alle Chinesen schätzen diese Speisen, die meisten haben eine Vorliebe für Schwein, Huhn, Ente, Fisch und Gemüse. Die Vorliebe für „Hirn vom lebenden Affen“ und andere Horror-Leckereien gehört dagegen eher ins Reich der Gerüchte, denn der Gerichte.

Haifischflossen und Vogelnester freilich zählen in vielen gehobenen Restaurants zum Standardangebot. Dass liegt daran, dass viele „baofahu“ (Neureiche) mit exotischen Delikatessen protzen möchten, wie der *World Wild Life Fund For Nature* anprangert. Dies hat auch den staatlichen chinesischen Artenschutzverband CWCA auf den Plan gerufen: Seit 2002 schult er Tausende Küchenchefs und versucht sie dazu zu bewegen, in ihren Restaurants keine bedrohten Tierarten mehr zuzubereiten.

Prinzipien chinesischer Kochkunst

Die Kochkunst Chinas ist bedacht auf Harmonie und Gleichgewicht, will Gegensätze ausbalancieren. Eine Mahlzeit – ob zu Hause oder im Restaurant – ähnelt einem Buffet. In möglichst abwechslungsreicher Folge werden Fleisch, Huhn, Fisch, Tofu und Gemüse aufgetischt. Es wird nicht Gang für Gang serviert, vielmehr stellt der Ober die georderten Gerichte in rascher Folge in der Mitte des Tisches ab, dann bedient sich jeder nach Lust und Laune.

Laotse, Urvater des Daoismus, lehrte das Prinzip vom Gleichgewicht aller Kräfte: Der Mensch ist nicht nur Teil des Kosmos, sondern selbst ein Modell des Universums. Seine Existenz ist bestimmt von der harmonischen Einheit des weiblichen und des männlichen Prinzips, Yin und Yang. Seit alters her glauben die Chinesen daher, dass die Nahrung des Menschen fest mit seiner Gesundheit verbunden ist. Die *fünf Elemente* Metall, Holz, Wasser, Feuer und Erde finden ihren Niederschlag entsprechend den fünf traditionellen Geschmacksrichtungen der chinesischen Küche: salzig, scharf, sauer, bitter und süß. Sie müssen sich in der Ernährung die Waage halten und sollten alle in einem Mahl enthalten sein. Diese alten Lehren haben noch heute Gültigkeit.

Yin und Yang

Alle Nahrungsmittel der chinesischen Küche werden Yin und Yang zugeordnet. Yin steht dabei für Kühles, Dunkles und Passives, Yang für das Warme, Helle und Aktive. Ein Gericht wird als „heiß", „warm", „kühl", „kalt", „feucht", „trocken" oder „neutral" eingestuft. Der Gesunde isst ausgewogen, das heißt Gerichte, die mit ihren Attributen warme und kalte Zonen des Körpers gleichermaßen fördern. Reis und Nudeln gelten als mild und neutral, gesalzene Tofu-Suppe als kühl, Chilischoten – wen wundert's – als heiß.

Hunger als Lehrmeister

Nicht immer hatten die Menschen in China das Glück, ihre Ernährung nach diesen Grundregeln zusammenstellen zu können. Ganz im Gegenteil: Während vieler Dürren und Fluten mussten sie Hungersnöte überstehen. Die meisten der uns Westlern suspekten Gerichte stammen aus Zeiten, in denen Chinesen alles verwerten mussten, was sie nährte, um zu überleben. Noch Ende der 1950er, Anfang der 60er Jahre verhungerten Millionen. Mao hatte zum „Großen Sprung nach vorn" aufgerufen und die Bauern angewiesen, ihre Pflüge einzuschmelzen, um die Stahlproduktion anzukurbeln ...

Eines versteht sich: Die über Jahrtausende hinweg eingeübte Perspektive, alle Dinge auf ihre Essbarkeit hin zu betrachten, hat Spuren hinterlassen. Vor allem in der Provinz Kanton, so scheint es: Denn von den Kantonesen sagt man im Rest Chinas, sie „essen alles, was vier Beine hat und kein Tisch ist, was fliegt und kein Flugzeug ist, was schwimmt und kein U-Boot ist". Und alles, was kriecht und kein Auto im Stau ist, möchte man hinzufügen. Wer einen Eindruck davon bekommen will, suche eines der kantonesischen Restaurants in Shanghai auf, wo bisweilen Hirschpenis, Hund und anderes exotisches Getier auf der Speisekarte steht. Allerdings auch das fast schon legendäre süß-saure Schweinefleisch und viele andere dem westlichen Gaumen vertrautere Gerichte, die in Kanton erfunden wurden.

Reis kommt ganz zum Schluss

Die klassische Einteilung in regionale Küchen ist im Shanghai der Gegenwart ein Anachronismus, weil man hier alles bekommt. Es lässt sich hervorragend französisch, italienisch und indisch speisen. Und wer dem nicht traut, kann sich genauso gut vom globalen Einheitsbrei ernähren, den Pizza Hut, Mc Donalds und Starbucks offerieren. Besser ist es jedoch, man isst mutig, lässt sich trotz Sprachbarriere in den unzähligen Restaurants der Stadt über dem Meer auf das ein oder andere kulinarische Abenteuer ein: Mithilfe des „Kleinen Sprach-Assistenten“ am Ende des Buchs kann man überall Fleisch, Fisch, Gemüse und Geflügel in vielfältigen Varianten probieren und dabei Neues entdecken. Tatsächlich bekommt man in Shanghai Schlange zu essen, kann Skorpion, Frosch und Qualle und andere für unsere Gaumen ungewöhnliche Speisen kosten – wenn man möchte. Muss man aber nicht.

Auf vielen Straßen wird mit Hingabe gekockt

Eine der ersten Merkwürdigkeiten wird sein, dass der Reis *(„mifan“)* in Restaurants eine nachrangige Rolle spielt. Er wird zwar auf Nachfrage serviert, aber in den allermeisten Fällen erst am Ende eines ausgedehnten Mahles – außer man besteht darauf, die Sättigungsbeilage früher zu bekommen. Reis stopft und stoppt den Appetit – der aber soll beim Speisen im Restaurant mit vielfältigen Gerichten immer wieder gekitzelt werden. Wer auswärts isst, lässt sich eben gerne verwöhnen; da sind Chinesen keinen Deut anders als Europäer. Nur gehen sie häufiger essen.

Regionale Stile

Alle Küchen Chinas sind in seiner größten Stadt vertreten. Ein knapper Überblick soll ein wenig Orientierung geben im Dschungel der Köstlichkeiten:

Shanghai ist Teil der zentralen Küstengebiete, wo sich die Küche des Ostens herauskristallisiert hat: Spezialitäten dieser eher milden Küche sind Meeresfrüchte und Süßwasserfische. Da die Sommer heiß und die Winter kalt sein können, ergänzen getrocknete sowie gepökelte Zutaten wie getrocknete Pilze und in Salzlake konservierter Fisch das reiche Angebot an Teigtaschen und Nudeln. Diese Küche verwöhnt mit vielen frischen Delikatessen, häufig sind sie süß, wie der in schwarzer Sauce marinierte Karpfen oder diverse gedämpfte Fleischgerichte mit süßlicher Wein- und Sojasauce. Zu den Spezialitäten Shanghais zählen die bereits erwähnten *jiaozi* (Teigtaschen) und *baozi* (Weizenmehlbrötchen), die mit Spinat, Schweinefleisch sowie in süßen Varianten mit Klebereis oder Bohnenpaste gefüllt sind. Weitere Shanghaier Spezialitäten sind in dunkler Soyasauce, Reiswein und Zucker marinierter Aal oder die

„betrunkenen Krabben", lebendig in Schnaps eingelegte Schrimps, die roh gegessen werden.

Feurig ist die **Küche des Westens**. Wer ein Sichuan- oder Hunan-Restaurant besucht, muss sich auf die Schärfe roter Chilis und anderer Gewürze einstellen, die den Gaumen prickeln lassen. Selbst der an sich geschmacksneutrale Tofu wird so zubereitet, dass einem das Feuer im Mund brennt. Diese Küche nutzt auch gern Gewürze wie Anis, getrocknete Orangenschalen und Ingwer. Aus Sichuan stammt auch der Feuertopf *huoguo*, in dessen brodelnd roter Suppe frisches Gemüse, Geflügel oder Fleisch köstlich am Tisch gegart wird.

Dim sun ist die wohl berühmteste Erfindung der **Küche des Südens**. Der Begriff Dim sun fasst eine Fülle kleiner Imbisse zusammen, die aus gefüllten Pfannkuchen, Teigtaschen und Backwaren bestehen. Die geschmackliche Bandbreite reicht von süß bis würzig – nie jedoch scharf. Ein reichhaltiges Angebot an Obst, Gemüse, Fisch und Schalentieren gehört ebenso zur Küche des fruchtbaren, subtropischen Südens wie seine für den westlichen Geschmack fremdartigen Spezialitäten – etwa Schlange, Hund und Fischmagen. Vor allem die Küche Kantons kennt viele solcher Schocker-Delikatessen. Hainans Küche ist sehr auf Fisch und Meeresfrüchte ausgerichtet, die hier häufig frisch vom Fangschiff stammen. Spezialitäten sind auch die auf Hainan wachsenden Ananas, Mangos und Bananen.

Die **Küche des Nordens** gelangte am Kaiserhof Pekings zur Reife. Sie basiert auf einem kräftigen Speiseplan mit Hirse- und Weizenbrötchen, Teigtaschen, Pfannkuchen und einer Vielfalt an Nudeln. Würze bringen Knoblauch, Bohnenpaste, Weißkohl und Zwiebeln. Die Mongolen brachten den Joghurt, Lammbraten und Ziegenkäse. Spezialitäten sind außerdem die süßlich mundende Peking-Ente. Sie wird in kleinen Stücken mit krosser, dunkler Haut serviert und dann mit Gurken, Frühlingszwiebeln und einem Teelöffel Entensauce in einen Pfannkuchen eingerollt. Süße Backwaren sind ein weiterer beliebter Bestandteil der Küche des Nordens.

Genussmeilen

Besonders schön lassen sich chinesische Gaumenfreuden und die Bedeutung des Essens für dieses Volk in einer der Shanghaier Genussmeilen beobachten. Ganze Straßen sind gänzlich dem Essen gewidmet – Restaurants, Märkte und Essensstände prägen das Bild in den Gourmet-Straßen. Scharen weißbemützter Köche strömen dort morgens und abends zur Arbeit, Messerschleifer bieten ihre Dienste an, und Lieferanten auf Fahrrad-Rikschas bringen Blumenschmuck.

Die Essmeilen sind Ausdruck wieder gewonnener Shanghaier Lebensfreude. Unter Maos strengem Regiment waren sie verschwunden, doch seit Anfang der 90er Jahre sind wieder ganze Straßenzüge fast ausschließlich der Lieblingsbeschäftigung der Shanghaier gewidmet.

Wer die **Zhapu Road** (Tour 8) aufsucht, wird eine große Auswahl an Fischlokalen finden, in der **Huanghe Road** (Tour 4) gibt es gute Küche aus Sichuan und Hunan. In der **Yunnan Road** (Tour 4) finden sich viele Restaurants mit Shanghaier und westchinesischer Küche.

Benbang-Küche

Die ursprüngliche Shanghaier Küche war sehr simpel. Schließlich lebten hier Fischer und Bauern. Shanghai hatte nichts von dem Glanz großer Verwaltungs- und Beamtenstädte wie Hangzhou oder Suzhou. Häufig wurde die Stadt vom Hunger belagert. Die alte Lokalküche heißt „benbang", nur an Festtagen gab es „Fleisch, großen Fisch, viel Öl und dunkle Sauce". So lautete der Speisezettel, mit dem die Shanghaier noch vor wenigen Jahrhunderten das den Chinesen heilige Neujahrsfest begingen. „Satt statt schmackhaft" lautete die Devise, doch spätestens mit der Ankunft der Europäer Mitte des 19. Jahrhunderts herrscht in Shanghai „fusion" statt „benbang". Eine alte Shanghaier Speise sind die „Betrunkenen Garnelen", die am Tisch so lange in ihrem verschlossenen Schälchen um ihr Leben zappeln, bis sie in der Reiswein-Sauce ertrinken.

Kleine Markthallen gehören zum Straßenbild Puxis - dem Stadteil westlich des Huangpu-Flusses

Den Gaumen feuchten

Meist wird in China zum Essen Tee, Bier oder Wein getrunken. Grüner Tee ist fast immer im Tischgedeck inbegriffen. Gibt es privat oder geschäftlich etwas zu begießen, dann kommt der hochprozentige Getreideschnaps auf den Tisch. In Shanghai wird gerne starker, angewärmter Reiswein getrunken, meist aus schnapsglasgroßen Porzellanbechern. Als alkoholfreie Getränke erfreuen sich Bambusrohr- und Wassermelonensaft großer Beliebtheit.

Milliarden von Stäbchen

Wer bei Tisch besonders geschickt mit seinen Stäbchen hantiert, kann von Einheimischen schon mal ein Lob einheimsen. Meist sind es Wegwerf-Stäbchen – bei einem Volk von 1,3 Milliarden ein bedenkenswertes Faktum: Regierungsangaben zufolge werden in China jährlich 45 Milliarden Paar Essstäbchen hergestellt, was 25 Millionen Bäumen gleichkommt. Ungeachtet des Umweltaspekts sind Stäbchen in China Kulturgut geworden. Es gibt Geschäfte, welche die Ess-Geräte in einer schier unglaublichen Materialvielfalt feilbieten: Jade, Elfenbein, Gold, Porzellan sind erhältlich und natürlich Silber, das Stäbchenmaterial Nummer eins bei Kaisern und hohen Beamten, weil Silberstäbchen sich angeblich verfärben, wenn sie mit Gift in Kontakt kommen.

Jahreszeiten-Küche

Die Lehren der Traditionellen Chinesischen Medizin (TCM) haben starken Einfluss auf die chinesische Kochkunst genommen. Je nach Jahreszeit lassen sich folgende Regeln für eine Ernährung formulieren, die Körper und Geist stärken soll.

Frühling

Durch die schwere und vergleichsweise vitaminarme Nahrung hat der Körper im Winter zu viel Fett aufgenommen. Schleim und innere Hitze haben sich angehäuft. Deshalb ziert den Speiseplan des Frühjahrs viel frisches Blattgemüse – beispielsweise helfen Stangensellerie, Chinakohl und Spinat, den Körper zu entschlacken. Fleisch sollte man weniger verzehren und stattdessen vegetarische Gerichte mit Gewürzen wie getrockneter Mandarinenschale oder Ingwer genießen. Das hilft dem Körper, überschüssige Feuchtigkeit loszuwerden.

Sommer

Kühle und kalte Nahrungsmittel sind das Gebot für die heißen Monate. Wer jetzt Bananen, Papaya, Kiwis, Orangen und Zitronen isst, tut seinem Körper einen Gefallen. Auch Avocado, Spargel, Kürbis, Tomaten, Salatgurken sowie Joghurt und Meeresalgen sind ratsam. Als kalte Getränke empfiehlt die TCM grünen Tee, Mineralwasser und Bier – natürlich in Maßen.

Leicht verdaulich und von großem Eiweißreichtum sind sowohl Fisch und Sojaprodukte. Sie führen dem Körper zudem jene Stoffe wieder zu, die er durchs Schwitzen verliert. Grundsätzlich sollten fettarme Speisen gewählt werden, die nur mild zu würzen sind. Dies kommt Herz, Milz und Magen zugute, die es sommers besonders zu stärken gilt.

Herbst

Jetzt sollten Nahrungsmittel genossen werden, die den Körper für den bevorstehenden Winter stärken. Als nährend und stärkend gelten Lammfleisch mit Knoblauch sowie Fleischbrühen und Hühnersuppen, die nun mit den roten Beeren des Bocksdorns angereichert werden. Früher zählten auch Schlange und Hund zu den traditionellen Herbstgerichten im Sinne der TCM. Sie stehen aber heute in der Regel nicht mehr auf dem Speisezettel der gesundheitsbewussten chinesischen Durchschnittsfamilie.

Winter

Es liegt auf der Hand: Wärmende Nahrungsmittel bringen den Körper durch die kalte Jahreszeit – sie mobilisieren die Abwehrkräfte. Scharfe Gewürze wie schwarzer Pfeffer, Curry, Zimt, Muskat und Knoblauch verhindern Kältezustände im Körper. Ingwer und Chili wird dieselbe Wirkung nachgesagt, ebenso wie weißem Rettich, Paprika und Fenchel. Empfohlen werden auch Lamm und andere gegrillte Fleischgerichte.

Bei heraufziehender Erkältung hilft Ingwer-Tee: Einfach mehrere Scheiben frischen Ingwers samt gesäuberter Schale in reichlich Wasser mindestens zehn Minuten kochen. Mit Honig süßen. Wem es immer noch zu scharf ist, der kann das Ganze auch mit schwarzem Tee mischen, der ebenfalls als warmes Nahrungsmittel angesehen wird. Grüner Tee dagegen ist kühl.

Hühner vom Markt in der Altstadt

Zweierlei Trost sei Stäbchenunerfahrenen mit auf den Weg gegeben: Um wabbeligen Tofu aufzuspießen, gibt es kein besseres und leichter zu handhabendes Tischwerkzeug. Und Löffel sind in jedem noch so einfachen Restaurant erhältlich. Zwar essen Chinesen seit nunmehr 3000 Jahren mit Stäbchen, aber für ihre Suppen und Saucen schätzen sie den praktischen Löffel.

Wider alle Vorurteile

Auch Chinesen haben ihre Klischees über uns Westler. So wundern sich nicht wenige über unsere Vorliebe für „tote Milch“ (europäischen Käse), der für chinesische Nasen „zum Sterben stinkt“. Auch mit dem krümeligen, trockenen Zeug, das wir Europäer ständig kauen (Brot), können sich viele Chinesen nur schwer anfreunden. Gleichwohl kann so etwas nur beurteilen, wer Fremdes gerne kostet. In diesem Sinn: Guten Appetit!

Essen und Trinken – Restauranttipps für jeden Geschmack

Chinesisch
Baoluojiulou S. 208
People 7 S. 207
Dengji Chuancai S. 207
Grape S. 208

Deutsch
Paulaner Bräuhaus S. 195

Fischrestaurants
Dynasty S. 233

Französisch
Des Lys S. 208

Internationale Küche
M on the Bund S. 138
Kathleen's 5 S. 175
Hamilton House S. 221

Hunan-Küche
Dishuidong S. 207

Indonesisch
Bali Laguna S. 208

Japanisch
Sun with Aqua S. 138
Shintori S. 207

Österreichisch
Vienna Café S. 195

Shanghai-Cuisine
Yongfoo Elite S. 208
Lubolang Restaurant S. 151
Whampoa Club S. 138
Art Salon Restaurant S. 195
Abundant Green Garden S. 195

Sichuan Küche
Dishuidong S. 207
South Beauty Pudong S. 165
South Beauty 881 S. 208

Vegetarisch
Gongdelin S. 175

Shanghai feiert gerne ausgelassen

Nachtleben

Die Nacht steht Shanghai gut. Es gibt eine Vielfalt an Diskotheken, Clubs und Bars, wie sie sonst nur in New York, London oder Paris zu finden ist. Stars der internationalen DJ-Szene fliegen regelmäßig ein. Diese Berufsgruppe hat in der Mega-City ohnehin leichtes Spiel: Erstens inspiriert die Stadt und zweitens sind Shanghaier Nachtschwärmer ein feierfreudiges und tanzwütiges Publikum. Auch für Liebhaber von Live-Musik ist in Shanghai gut gesorgt.

Clubs zum Tanzen

Bar Rouge → Karte S. 127 **6**, in der 7. Etage eines Prachtbaus gelegen, zeigt sich die Einrichtung dem Namen entsprechend in der Farbe der Liebe. Seit mehr als sieben Jahren zählt der Club zu den besten der Stadt. Wechselnde Motto-Partys Fr und Sa, teils auch Do. Auf der Terrasse mit Traumblick und der nach Mitternacht meist gut gefüllten Tanzfläche trifft sich ein internationales Publikum, Flip-Flops sind nicht willkommen. Tägl. ab 18 Uhr. ✆ 63391199, www.bar-rouge-shanghai.com. 18 Zhongshan No. 1 Rd. East, 中国上海市中山东一路18号

Muse → Karte S. 200 **1**, ein buntes Völkchen feiert auf zwei Etagen in einer alten Fabrikhalle. Sehr angenehmes Publikum, gute Musik und an Wochenenden volle Tanzflächen. Do–Sa 20–4, sonst 20–2 Uhr. ✆ 62188166 oder 13816789808. 68 Yuyao Rd., 中国上海市余姚路68号

No. 88 → Karte S. 200 **20**, fast jeden Tag vergnügt sich in diesem Club ein jüngeres Publikum. Häufig wird bis zum Anschlag gefeiert. Tägl. 20.30–6 Uhr. ✆ 61360288, 291 Fumin Rd. 中国上海市富民路291号

Logo-Bar → Karte S. 184 **6**, der Glamour-Faktor in diesem Club ist niedrig, dafür herrscht coole Unaufgeregtheit. Publikum: einheimische und ausländische Studenten, Künstler und andere Kreative. Meist sammeln sich die Gäste am frühen Abend, bei Livemusik oder DJ-Sound kommt man schnell ins Gespräch, später am Abend füllt sich dann die Tanzfläche. Do-Sa ab 21 Uhr. 107 Sinan Rd,
中国思南路107号

Mint → Karte S. 215 **9**, im 24. Stockwerk eines Wolkenkratzers befindet sich diese Disco, die auf nobel macht. Ein großes Haifischbecken empfängt die Pary-Gemeinde. Wechselnde DJ's, Mi–Sa ab 21 Uhr. ✆ 63912811, www.m1ntglobal.com. 318 Fuzhou Rd. 中国上海市福州路318号

Bars zum Abhängen

Long Bar → Karte S. 127 **14**, sehr gepflegte Cocktail-Bar im historischen Gemäuer des ehemaligen Shanghai Club, das nunmehr ein Nobel-Hotel beheimatet. Ehemals war der mehr als 30 Meter lange Tresen der nobelste Ort der Stadt, um einen Sundowner zu trinken. Kein Ort für kurze Hosen und Sandalen, ansonsten ist hier jeder Gast willkommen. Tägl. ab 17–1 Uhr. ✆ 63229988. 2 Zhongshan No. 1 Rd. East, 中国上海市中山东一路2号

People Seven Bar → Karte S. 200 **14**, in minimalistischem Stil gestaltete Bar, die perfekt mit dem Sichtbeton der Räumlichkeiten harmoniert. Allein das Procedere am Eingang, der sich wie die Schleuse eines Raumschiffs öffnet, ist den Besuch wert, von der hervorragenden Auswahl an Cocktails ganz zu schweigen. Getränke ab 30 Y. Tägl. 11.30–14 und 18–24 Uhr. ✆ 54040707. 805 Julu Rd., nahe Fumin Rd., 中国上海市巨鹿路805号

Die Nacht ist jung – die Skyline erleuchtet

»» Mein Tipp: Vue Bar → Karte S. 215 **1**, der ideale Ort, um richtig in der Mega-City anzukommen. Im 33. Stockwerk des Hyatt Hotels thront die Vue Bar über dem Huangpu-Fluss, und auf ihrer offenen Terrasse kann man abends bei einem Sundowner den besten Open-Air-Blick genießen, den die Stadt zu bieten hat. Pudong, Bund und Fluss liegen einem zu Füßen, der Wind weht ums Haar, und müde Beine können im Whirlpool belebt werden. Zuletzt wurden 80 Y. Zugangsgebühr verlangt, die allerdings auf Getränke und Snacks angerechnet werden. Getränke ab 50 Y. So–Do 17–1, Fr und Sa 17–2 Uhr. ✆ 63931234, Durchwahl 6348. 199 Huangpu Rd., 中国上海市黄浦路199号 «««

TMSK → Karte S. 184 **3**, alles so schön bunt hier! Die Bar im Nordteil des Vergnügungszentrums Xintiandi ist ein Augenschmeichler: Hier sind nicht nur die Trinkgefäße aus Glas, sondern auch die Hocker und der Bartresen. Getränke ab 30 Y. Tägl. 13.30–24 Uhr. ✆ 63262227. Lane 181 Taicang Rd., Xintiandi Square, 太仓路181弄新天地广场

Mokko's → Karte S. 200 **3**, eine japanische Bar, die u. a. allerlei Reisschnaps-Sorten und frisch zubereitete Limonaden kredenzt. Man sitzt an einem Tresen, der aus einem Baumstamm gezimmert und etwas im Boden versenkt ist. Ein Schauspiel ist es, wenn der Barkeeper mit stoischer Miene seinen Löffel in einem Reiswein-Drink mit schneeballgroßem Eiswürfel kreisen lässt, bis das Getränk die korrekte Mischung hat. Getränke ab 20 Y. Tägl. 19–2 Uhr. ✆ 62121114. 1245 Wuding Rd. West, etwas zurückversetzt von der Straße. 中国上海市武定路1245号

Live-Musik

Live-Bands aus China und dem Ausland schätzen Shanghais lebendige Szene. Zwei besonders schöne Orte, um Musik hautnah zu genießen:

Yuyintang, seit Jahren eine feste Größe in der Stadt. Das Yuyintang war einer der ersten Orte für Underground-Musik in China. Auch Rockmusik und Independent-

Bands sind hier zu hören. Erst vor kurzem ist der Musik-Club umgezogen und hat an Attraktivität noch gewonnen. Ab ca. 20.30 Uhr, Eintritt ca. 30 Y; unbedingt Tagesprogramm auf der Internetseite prüfen. ✆ 52378682, www.yuyintang.org. Gut erreichbar mit Ⓜ 3 und Ⓜ 4, Station Yan'an Rd. West. 1731 Yan'an Rd. nahe Kreuzung Kaixuan Rd.; 延安西路1731号凯旋路天山公园小白楼

»» Mein Tipp: House of Blues & Jazz → Karte S. 215 **5**, 蓝调爵士酒吧 Mit dem Umzug von der Maoming Road in die Nähe des Bund hat der wohl stilvollste Shanghaier Jazz-Club noch an Atmosphäre gewonnen. Live-Acts aus aller Herren Länder. Sehr gemütliches Ambiente. Eintritt ab 30 Y. Tägl. 11–3 Uhr. ✆ 63238326 (Tickets), ✆ 63232779 (Bar). Ⓜ 2 Nanjing Rd. East. 60 Fuzhou Rd., 中国上海市福州路60号 ««

Shanghai-Karaoke

Gemeinsam essen und gemeinsam singen – damit sind zwei der liebsten Betätigungen der Shanghaier genannt. Das erklärt auch, warum Karaoke in Shanghai den Status eines Volkssports genießt und sich an nahezu jeder größeren Straße wahre Karaoke-Paläste befinden. Den ganzen Tag über erfreuen sich diese Institutionen eines regen Zulaufs: Hausfrauen, kichernde Schüler, Geschäftsleute, Studenten, Cliquen – die Séparées mit ihren isolierten Türen und kleinen Fenstern sind immer gefragt. Und Shanghaier Ketten wie Partyworld (tägl. 8–2 Uhr, 109 Yandang Rd., → 1 Huanpi Rd. South) machen glänzende Geschäfte.

Der Begriff Karaoke kommt aus dem Japanischen und bedeutet „leeres Orchester". Für eine Karaoke-Erfahrung à la Shanghai empfiehlt sich Partyworld, weil das Repertoire dort auch eine Hitparade englischer Evergreens umfasst. Hat man erstmal die Schlange in der Eingangshalle hinter sich gebracht, bekommt man einen Raum zugeteilt. Darin stehen schwarze Kunststoff-Sofas, ein großer Couchtisch für Speisen und Getränke und natürlich die Musikanlage mit großem Bildschirm, Mikrofon und Lautsprechern. Der Kellner erläutert anhand eines dicken Song-Menüs, wie Lieder ausgesucht und programmiert werden. Doch bevor man loslegt, wird selbstverständlich erst gegessen. In einem zentralen Raum biegt sich ein Tisch unter dem Buffet, von dem sich alle bedienen können. Meist sind auch alkoholfreie Getränke im Pauschalpreis enthalten. Die Gäste füllen ihre Tabletts und streben wieder den Gesangsstudios entgegen.

Was dort intoniert wird, reicht von internationalen Klassikern wie Beatles-Songs über die aktuellen Hits der chinesischen Charts bis hin zu den Propaganda-Liedern der Kommunisten: Revolutions- und Kriegslieder sind gerade für ältere Shanghaier der einzige Fundus gemeinsamen Liedgutes. In der Volksrepublik herrschte bis zur Öffnung in den späten 80er Jahren Schlagerverbot, und selbst alte Volkslieder standen in Shanghai unter Feudalismus-Verdacht.

Klar kursierten trotzdem Kassetten mit Popmusik, und in Studentenwohnheimen lauschte man heimlich im Radio „Voice of America". Dennoch kann man in Shanghais Karaoke-Palästen Menschen in ihren Dreißigern erleben, die Mao-Lieder schmettern, die sie in gemeinsamen Kindergartentagen gelernt haben. So eine Vorführung zu erleben, ist herzerwärmend – und schrecklich ulkig. Etwa, wenn zur Liedzeile „Im roten Osten geht die Sonne auf" auf dem Bildschirm ein Model durch den Garten einer Hollywood-Luxusvilla hüpft. Aber noch besser ist: Karaoke-Singen in Shanghai macht viel Freude und dient der Völkerverständigung. Freilich merkt man das erst, wenn man in einer solchen Runde selbst zum Mikro greift.

Viele antike Exponate des Shanghai-Museums genießen Weltruhm

Kultur & Co.

Chinas Regierung blickt mit wachsamen Augen auf den Kunstbetrieb. Was zu kritisch daherkommt, wird zensiert. Dennoch kann sich das Angebot der Mega-City an zeitgenössischer Kunst inzwischen durchaus sehen lassen. Flaggschiff ist das Museum of Contemporary Art (→ Tour 4). Auch das 2011 eröffnete Rockbund Art Museum (→ Tour 7) sowie das ebenfalls noch junge Minsheng Art Museum haben in Sachen Gegenwartskunst einiges zu bieten. Die Shanghai Biennale zeugt von der wachsenden internationalen Bedeutung der Stadt. Die 10. Auflage der Kunstschau ist für 2013 geplant.

Museen und Galerien

2008 wurde in Hongkong ein Ölbild des chinesischen Künstlers *Zeng Fanzhi* versteigert. Der Hammer fiel bei 9,7 Millionen US-Dollar. Das ist mehr Geld als bis dato zum Beispiel für Bilder des deutschen Shootingstars Neo Rauch erzielt wurde. Zeitgenössische chinesische Kunst boomt. Und Shanghai ist neben Peking das kreative Treibhaus im Reich der Mitte.

Kunstviertel M 50: Dass Shanghai in der bildenden Kunst für Kultur-Evolution steht, wird nirgends in der Stadt so deutlich wie im Kunstviertel M 50 im Norden der Innenstadt am Suzhou Creek (50 Moganshan Rd. → Kasten „Kultur-Evolution“). Dicht an dicht stehen dort ehemalige Fabrikhallen und Lagerhäuser, in denen sich nunmehr Maler, Fotografen, Galeristen, Kunstsammler und Studenten tummeln. Einige Stars der chinesischen Kunstszene wie der Maler *Pu Jie* haben hier ihre Ateliers.

In der **Galerie ShanghArt**, mit ihrem großen Ausstellungsraum eine der sehenswertesten im *M 50*, war 2008 eine Schau mit Malereien von Rekordpreis-Bringer Zeng Fanzhi zu sehen (50 Moganshan Rd.).

Die **Ofoto Galerie** sollten bei einem Streifzug durchs M 50-Kunstviertel all die besuchen, die sich für Fotografie interessieren (50 Moganshan Rd.).

Die **Contrasts Gallery** im Geschäftsviertel hinter dem Bund ist ein weiterer Favorit. Die Hongkonger Unternehmerin *Pearl Lam* gehört wie *Helbling* (→ Kasten „Kultur-Evolution") zu den Pionieren der Galeristen für Zeitgenössisches. Sie hat es inzwischen zu zwei Filialen gebracht, die nicht weit voneinander entfernt sind (181 Jiangxi Middle Rd. und 133 Sichuan Middle Rd.).

Es gibt einige interessante private Museen für Gegenwartskunst:

Minsheng Art Museum (Minsheng Meishuguan): Seit 2010 bereichert das von einer großen Bank gesponserte Haus das kulturelle Leben am Huangpu. In der ehemaligen Fabrikhalle war seit der Eröffnung unter anderem eine Überblickausstellung zu chinesischer Videokunst zu sehen. Das Museum liegt im Redtown-Kulturpark, dessen öffentliche Grünflächen von Skulpturen bestanden sind (Karte S. 184/185). Cafés und Galerien gibt es dort ebenfalls.
Tägl. außer Mo 10–21 Uhr, Eintritt 20 Y. ✆ 62828729, www.minshenart.org. Ⓜ 3, Ⓜ 4, Ⓜ 10 Hongquiao Rd., Building F, 570 Huaihai Rd. West, 中国上海市淮海西路570号

Rockbund Art Museum (Shanghai Waitan Meishuguan): Das neue Museum für zeitgenössische Kunst hat sich mit interessanten Ausstellungen bereits einen Namen gemacht (Tour 7). So zeigte der Installations-Künstler Zhang Huan 2011 eine Arbeit, in der er eine überlebensgroße Konfuzius-Puppe in einen Käfig mit Affen platzierte – ein noch vor wenigen Jahren undenkbares Ensemble.
Di, Mi und So 10–18, Do, Fr und Sa 10–21 Uhr, Mo Ruhetag. Eintritt 15 Y, erm. 10 Y. ✆ 33109985. www.rockbundartmuseum.org, Ⓜ 2 Nanjing Rd. East, 20 Huqiu Rd., 中国上海市虎丘路20号

Museum of Contemporary Art (Moca): Das 2005 von einem Hongkonger Schmuckdesigner zentral in der Mitte des Volksparks eröffnete Haus beheimatet mit sicherem Gespür für den Zeitgeist komponierte Wechselausstellungen, teils mit internationaler Ausrichtung (→ Tour 4, www.mocashanghai.org). Das Moca nahm 2007 als Ausstellungsort am ersten **Shanghai eArts** Festival (www.shearts.org) teil, das alljährlich im Oktober internationale Vertreter der digitalen Kunst in die Stadt am Huangpu bringen soll und nach Angaben der Organisatoren eines der weltgrößten Festivals für digitale Kunst ist.
Tägl. 10–18, Mi 10–22 Uhr. Eintritt 20 Y. ✆ 63279900, www.mocashanghai.org. Ⓜ 1, 2, 8 People's Square, 231 Nanjing Rd. West, 中国上海市南京西路231号

Mao goes Warhol – chinesische Pop-Art ist gefragt

Das **Zendai Museum of Modern Art** in Pudong, das in einem hypermodernen Gebäudeensemble untergebracht ist, lohnt ebenfalls einen Besuch. Auch hier sind Wechselausstellungen meist einheimischer Künstler zu sehen (28 Fangdian Rd., Lane 199 → Tour 3).

Millfun 1933 ist ein brandneuer Standort für Mode- und Kulturveranstaltungen; die strenge Architektur des ehemaligen Schlachthauses macht es als Ausstellungsort sehr interessant (nördlich des Suzhou Creek, 10 Shajing Rd., nahe Zhoujizui Rd.).

Fan Di'an, einer der mächtigsten Kunstmanager des Landes und Direktor des Nationalen Kunstmuseums in Peking, gewährte kurz vor den Olympischen Spielen in einem Interview interessante Einblicke in die Kulturpolitik Chinas. Auf die Frage, ob ihm Werke zeitgenössischer chinesischer Künstler einfielen, die Chinas Umgang mit den Menschenrechten thematisierten, antwortete er: „Nein. Zumindest fallen mir keine Werke ein, die sich als Angriff auf die Regierungspolitik deuten lassen."

Der Clou chinesischer Kunstpolitik ist Solche Werke gelangen erst gar nicht i Ausstellungen, weil die Behörden vo der Eröffnung begutachten, ob allz Kritisches unter den Exponaten ist un es gegebenenfalls entfernen lassen Doch trotz Zensur sind die Behörde im Vergleich zu vergangenen Zeiten toleranter geworden. Kritik an allgemeinen Missständen wie Umweltzerstörung und der Misere der Wanderarbeiter ist erlaubt – allerdings nur, so lang sie sich nicht konkret gegen einen politisch verantwortlichen Funktionär de Kommunistischen Partei richtet.

Das **Shanghai Museum** am People' Square im Herzen der Stadt ist das unbestrittene Juwel in der Museumslandschaft der Mega-City. Kunstwerke au Jahrtausenden chinesischer Geschicht werden hier gekonnt präsentiert

Shanghai Museum → *Platz des Volkes, Nanjing Road* – Tour 4, S. 176–181.

Hot Spot der Kunstszene – Wandmalerei vor dem Minsheng Art Museum

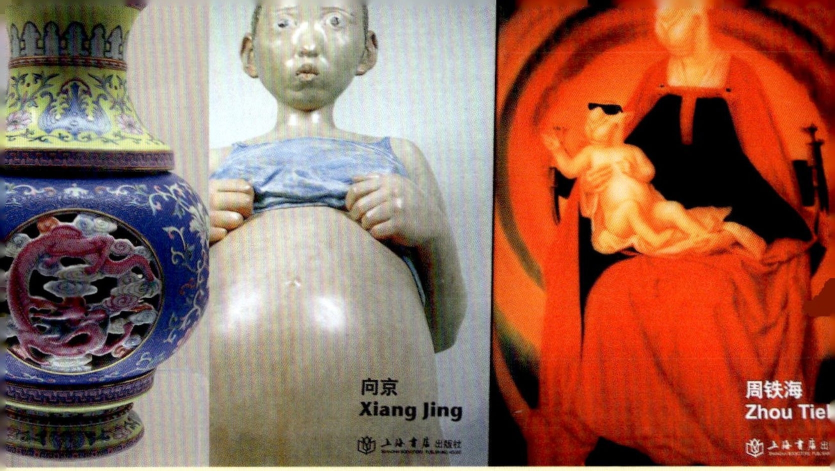

Vielfalt: Shanghai bietet Antikes und Zeitgenössisches

Kultur-Evolution – Galerist Lorenz Helbling

Ein Schweizer hat sich Anfang der 90er Jahre als Pionier der Galeristen-Szene um die zeitgenössische Kunst in Shanghai verdient gemacht. Lorenz Helbling, seines Zeichens Sinologe und Liebhaber der Stadt über dem Meer, gehörte zu den Ersten, die ein Forum für Gegenwartskunst schafften. Die behördliche Erlaubnis erhielt er damals nur, weil er einen Souvenir-Shop in einem Hotel beantragt hatte und dort eben auch Werke zeitgenössischer Künstler anbot. Heute sind die chinesischen Behörden – obwohl sie manches zensieren – offener und toleranter gegenüber Zeitgenössischem eingestellt.

Kunst aus China ist weltweit begehrt. Helbling sieht Vor- und Nachteile des bereits seit einigen Jahren währenden Booms: „Nicht wenige Künstler lassen sich durch den Hype dazu verleiten, wie am Fließband zu produzieren", sagt er. Viele Künstler kopieren sich selbst und haben schlichtweg keine Zeit mehr, schöpferisch zu sein. Shanghai habe im Vergleich zu Peking jedoch den Vorteil, dass der Produktionsdruck nicht ganz so hoch sei, erzählt Helbling. Immer häufiger finden sich Chinesen unter den Kunden des Schweizers. Die Reichen im Reich der Mitte haben ihre Leidenschaft für Kunst entdeckt. Auch die ersten chinesischen Unternehmen, zum Beispiel die Minsheng Bank, hätten damit begonnen, Kunst zu sammeln. Der Geschmack der Sammler habe sich in den vergangenen Jahren sehr verändert, hat Lorenz Helbling beobachtet. „Früher war er eher altmodisch, heute ist er fast exotisch." Weil aber sehr undifferenziert nach Bekanntem Ausschau gehalten werde, gehe vielen Sammlern der Blick für Neuerungen verloren.

So ist der Shanghaier Maler *Li Shan* mit seinen Mao-Bildern zu einiger Berühmtheit gelangt. Noch immer werde er daran beurteilt und gemessen. „Dabei malt der inzwischen längst Kürbisse." Dieses Gemüse hat im Daoismus übrigens Symbolcharakter: Der Kürbis ist voller Samen und steht für das kreative Potenzial im Chaos. Neben Li Shan hat Helbling zum Beispiel auch Werke des Shanghaier Video-Künstlers *Yang Fudong* im Programm, der 2007 auf der Biennale in Venedig ausstellte.

Galerie ShanghArt, tägl. 10–18 Uhr. 50 Moganshan Rd. 请带我去莫干山路50号 Ⓜ 1, 3 und 4 bis Shanghai Railway Station, von dort ca. 10 Min. mit dem Taxi.

Musik und Kino

Was Musik anbelangt, bieten einige Konzerthäuser und Bühnen ein anspruchsvolles Programm.

Im **Grand Theatre** am People's Square kann man Klassik- und Pop-Konzerte, Darbietungen im Stil der Peking-Oper sowie Musicals besuchen (→ Tour 3). Das beste Angebot finden Freunde klassischer Musik jedoch in der **Shanghai Concert Hall** (523 Yan'an Rd. East, www.shanghaiconcerthall.org, → Tour 4). Auf der Bühne des neuen **Shanghai Culture Square** wurden seit Eröffnung 2011 Musicals und Klassik dargeboten (→ Karte S. 184/185). Auch das **Oriental Arts Centre** in Pudong hat Klassik im Programm.

Jazz hört man am besten im **House of Blues and Jazz** (60 Fuzhou Rd. → Tour 7) oder im **Club JZ** (46 Fuxing Rd.). Wer Theater und Varieté schätzt, sollte das Programm des **Lyceum-Theatre** studieren. 57 Maoming Rd. South, ✆ 62178530 → Tour 6.

Wer ins **Kino** gehen möchte, findet ein kleines Angebot an englischsprachigen Filmen.

Das **Shanghai International Film Festival** ist das Glanzlicht für Cineasten; alljährlich lockt es im Juni auch einige Weltstars an den Huangpu (www.siff.com). 2008 saß der in Shanghai geborene renommierte Hongkonger Regisseur *Wong Kar Wai* der internationalen Jury vor.

Das **Cathay Theatre**, ein schönes Art-déco-Kino, zeigt gelegentlich Blockbuster mit englischen Untertiteln. ✆ 54041122, www.guotaifilm.com → Tour 6.

Das Peace Cinema am Platz des Volkes (→ Karte S. 168/169) hat meist mindestens einen Film in englischer Sprache im Programm (290 Middle Xizang Rd. zwischen Fuzhou und Hangkou Rd.). Im **UME International Cineplex** im Vergnügungskomplex Xintiandi laufen fast alle Filme auf Chinesisch und Englisch ✆ 63733333 mit englischer Programmansage. (Xingye Rd. Lane 123, Haus-Nr. 6, Ⓜ 2 Huangpi Rd. South).

Die **Stellar Cinema City** in der 8. Etage der Superbrand Mall am Huangpu-Ufer in Pudong zeigt ebenfalls Filme mit englischen Untertiteln. 168 Lujiazui Rd. West, Ⓜ 2 Lujiazui, ✆ 5047 8022.

Einen aktuellen Überblick über das Kulturangebot bietet die Webseite www.culture.sh.cn/English. Auch Gratis-Stadtmagazine wie das zweiwöchentlich erscheinende *„City Weekend"* (www.cityweekend.com.cn) und das monatliche *„Talk"* listen kulturelle Veranstaltungen auf. Beide liegen in vielen Cafés, Kneipen und Hotels der Stadt aus.

Die Geschäfte an der Huaihai Lu zählen zu den prächtigsten der Stadt

Shopping und Märkte

Es macht Freude, in der Stadt am Huangpu durch kleine Läden, große Kaufhäuser und über bunte Märkte zu bummeln: Nicht nur in puncto Kleidung findet sich ein großes Angebot an Geschäften, von preisgünstigen Boutiquen bis hin zu teuren Luxusläden.

Man kann sich in Shanghai zu vernünftigen Preisen ein elegantes Seidenkleid oder einen feinen Anzug schneidern lassen. Auch wer nach Antiquitäten, Infotainment-Geräten und Musikinstrumenten sucht, wird fündig werden. Und dabei meist weniger ausgeben müssen als in Europa – auch für Original-Produkte.

Wer es trendig mag, sollte die coolen Boutiquen der Gegend um die *Shanxi Road South* (Ⓜ 1) und dort vor allem die *Xinle Road* sowie die *Julu Road* erkunden (→ Tour 6). Die kleinen, meist geschmackvoll dekorierten Läden bieten Frauen- und Männerkleidung sowie Schuhe zu günstigen Preisen. In der Xinle Road sind einige Boutiquen in alte Wohnhäuser mit Vorgarten eingezogen – ein besonders stilvolles Ambiente für Shopping-Freuden. Die *Maoming Road*, gleich um die Ecke, ist etwas gehobener, hier haben sich viele Schneidereien niedergelassen.

Echt oder falsch, Original oder Fälschung – das ist im *Fenshine Fashion Accessories Plaza* schwer zu sagen. Ein Besuch dieses Multi-Kaufhauses, ein Konglomerat kleiner Geschäfte an der Nanjing Road West, lohnt dennoch.

Für dieselbe Straße östlich des People's Square (Renmin Guangchang) gilt: Es ist zwar immer noch eine Augenweide, die abends von bunter Neonreklame erhellte Nanjing Road East entlangzuschlendern, doch haben ihr andere Einkaufsmeilen und Märkte längst den Rang abgelaufen. An der *Huaihai Road* in der ehemaligen Französischen

Konzession gibt es mehr, größere und schickere Kaufhäuser, entlang der *Sichuan Road North* im nördlichen Stadtteil Hongkou die günstigeren Preise.

Öffnungszeiten: Die meisten Geschäfte haben sieben Tage die Woche von 10–22 Uhr geöffnet. Selbst an nationalen Feiertagen schließen viele Konsumtempel nicht.

Xinle Road und Umgebung

In dieser Straße (→ Tour 6) verstecken sich zwischen Platanen kleine, reizvolle Boutiquen für **Damenkleidung, Schuhe** und **Accessoires.** Keine Angst vor Sprachschwierigkeiten: Größen und Preise sind schnell aufgeschrieben, dabei werden auch die ersten Preisnachlässe eingeräumt. Allerdings sind viele Stücke für Frauen nur in den Konfektionsgrößen der zierlichen Chinesinnen vorhanden. Doch bevor die Kundin womöglich enttäuscht den Laden verlässt, suchen die Händler blitzschnell einige Stücke zusammen, die passen könnten. Darunter beispielsweise Seidenkleider chinesischer Marken, aber auch Kollektionsteile namhafter Designer – gut gearbeitete Kopien, die allerdings ihren Preis haben. Die meisten Händler akzeptieren Kreditkarten. Von den vielen lästigen Schleppern, die einen von der Straße in Hinterhofläden locken wollen, lässt man sich am besten nicht irritieren und schreitet einfach weiter seines Weges, außer man möchte sich deren Angebot vorführen lassen. Lassen Sie sich aber auf keinen Fall zum Kauf drängen.

Versteckt in einem üppigen Vorgarten liegen zwei kleine Gartenboutiquen der Xinle Road. Bei **with me** findet man die aktuelle Szene- und Streetwear-Mode. Lässige Shirts, Kappen und Sneakers mischen sich mit Fälschungen internationaler Labels (22 Xinle Rd.).

Alles nachgemacht? Von wegen! Handtaschen der Marken Louis Vuitton, Gucci, Prada und Hermes sind in China so begehrt, dass bei **Milan Station** gebrauchte Originale sorgfältig eingeschweißt und mit Zertifikat und Softbeutel wieder verkauft werden. Wer eine echte Handtasche will, kann hier die Originale für rund die Hälfte des regulären Preises erstehen – auch wenn die Verkäuferinnen nicht zu den höflichsten der Stadt gehören. Zuvor sollte man die Ware innen und außen sorgfältig auf Gebrauchsspuren untersuchen (26 Xinle Rd.).

In der verspiegelten Boutique **FAD** sind hübsche Kleider, ausgefallene Tops und Blusen günstiger als bei der Konkurrenz der Umgebung. Das hilfsbereite Personal spricht Englisch (52 Xinle Rd.).

Eine kleine, aber feine Auswahl an Seidenkleidern und nachgemachten Designerschuhen findet man in der liebevoll eingerichteten Boutique **First Selection**. Die Verkäuferinnen sind unaufdringlich und lassen mit sich handeln (72 Xinle Rd.).

Am Ende der Xinle Road findet sich die Boutique **Jade en Plus**. Dort reihen sich an hölzernen Kleiderständern Kollektionsteile chinesischer Designerlabels (167 Xinle Rd.).

Entlang der **Shanxi Road South,** an der die Xinle Rd. im Osten endet, gibt es viele **Schuhgeschäfte**, mit Marken wie Adidas, Puma, Converse, Nike & Co. **Uno** hat Damen- und Herrenschuhe in den Regalen, beim Angebot für Männer dominieren Turnschuhe (247 Shanxi Rd.). Die östliche Parallelstraße der Shanxi Road heißt **Maoming Road**. Dort findet sich gegenüber dem Okura Garden Hotel eine geschmackvoll dekorierte Filiale von **Shanghai Tang**, einer edlen heimischen Designer-Marke, die u. a. Kleidung aus Seide im Sortiment hat. Viele Boutiquen und Schuhläden finden sich auch in der Julu Road, vor allem im Bereich zwischen Maoming Rd. und Shanxi Rd. South (→ Plan S. 184).

Die Kunst der Kopie

Konfuzius sagt: „Wer nicht in den Spuren anderer wandert, gelangt nicht ans Ziel." Die konfuzianische Tradition bestimmt in China noch immer das Verhältnis zwischen Schüler und Lehrer, und sie besagt: Der Schüler muss den Meister perfekt kopieren. Erst wenn Original und Kopie nicht mehr voneinander zu unterscheiden sind, hat der Schüler das Ziel erreicht. Kopieren hat also in China nicht unbedingt einen negativen Beigeschmack.

Wenn einem in Shanghai der Standardspruch „Hello, Watchbagdvd!" an die Ohren dringt, ist das nicht etwa eine wohlgemeinte Warnung, man solle aufs Gepäck aufpassen. Nein, hier wird versucht, dem Reisenden mehr oder minder gut gemachte Fälschungen anzudrehen – meist Kopien begehrter westlicher Luxusmarken: Uhren, Handtaschen, Sportschuhe und anderes mehr gibt es in Shanghai grundsätzlich in zwei Ausführungen: als Original in den großen Geschäften der Einkaufsstraßen, als Kopie in kleinen Hinterhofläden und Boutiquen. Imitate finden sich aber auch in Quasi-Kaufhäusern wie der Fenshine Fashion Accessories Plaza, wo sich die Regale vor mehr oder minder gut nachgemachten Waren förmlich biegen.

Betroffene Luxusmarken-Hersteller lassen sich das schon lange nicht mehr gefallen und haben bereits erfolgreich auf die Wahrung ihrer Urheberrechte geklagt, doch die Entschädigungen sind marginal. Shanghaier Behörden bekunden mit Aktionen wie der Schließung des Xiangyang-Marktes vor einigen Jahren guten Willen – kaum aber ist so eine Aktion gelaufen, wird auf einem Nachfolge-Basar bereits wieder kräftig Handel getrieben.

Wie verbreitet Plagiate sind und wie schlecht es um den Schutz des geistigen Eigentums bestellt ist, belegen Zahlen: Immer wieder werden Tausende DVD- und CD-Raubkopien sichergestellt. Dass die Meister des Kopierens teils vor wenig zurückschrecken, zeigt eine Zeitungsmeldung vom November 2007: Die Polizei hob in einer zweimonatigen Aktion drei große Fälscher-Nester in Shanghai aus: Die Fahnder stellten Babynahrung, minderwertigen Stahl, billige Elektrowaren und nachgemachte Autoteile sicher – darunter auch knapp 10.000 „Original"-VW-Ersatzteile, perfekte Kopien also. Konfuzius hätte das vermutlich als Lob aufgefasst.

Hancity Fashion Accessories Plaza

Vorbei die Zeiten, als kopierte Louis-Vuitton-Taschen auf chaotischen Märkten verschleudert wurden: Hancity Fashion Accessoires Plaza ist ein gut sortiertes Discount-Kaufhaus auf drei Etagen, mit Rolltreppen und Café. Bereits im Eingangsbereich warnen großformatige Plakate vor dem Verkauf der Produkte der begehrten Top-Marken wie Vuitton und Cartier. Doch kaum steht der Besucher auf der Rolltreppe, hört er das in Shanghai vertraute Flüstern „Watch, Bag, Cartier, Vuitton?" Interessiert sich der Kunde für ein bestimmtes Taschen- oder Uhrenmodell, wird es blitzschnell aus den Kartonbergen der Hinterzimmer herbeigeschafft.

Neben Handtaschen und Uhren gibt es Gürtel, Krawatten, Schals, Kleider (z. B. von Anna Sui, Chloé), Sandalen (Gucci, Chanel), T-Shirts und Trikots,

Turnschuhe von Adidas, Nike und Converse. Auch DVDs, Schweizer Taschenmesser, Montblanc-Füller, Elektronikgeräte wie iPods und andere MP3-Player sowie Handys werden feilgeboten.

Die Qualität der Ware ist allerdings sehr unterschiedlich und sollte genauestens unter die Lupe genommen werden. Seide und Kaschmir entpuppen sich häufig als Kunstfaser, und so mancher iPod verfügt nicht einmal über kompatible Anschlüsse und Stecker für Kopfhörer und Ladegerät. Also wachsam sein! Und um den Preis feilschen (→ „Die Kunst der Kopie“ und „Feilschen erlaubt“).

Nach erfolgreicher Schnäppchenjagd kann man im Café an der Rolltreppe mit anderen Kunden aus dem Ausland Erfahrungen austauschen – der Cappuccino mundet, ist aber 25 Y teuer (Ⓜ 2 Nanjing Rd. West, 580 Nanjing Rd. West).

Sichuan Road North

In der Sichuan Road North kaufen hauptsächlich Einheimische ein. Einzelhändler für Sportartikel und Schuhe, Optiker und moderne Einkaufstempel dominieren das Straßenbild. Ein großer adidas-Shop mit Sonderangeboten im obersten Stockwerk findet sich ganz im Norden der Straße kurz vor dem Hongkou-Park.

Das **Kaihong Plaza** offeriert Mode von Armani, Versace und anderen (1661 Sichuan Rd. North). Wer den Stil chinesischer Labels kennen lernen möchte, wird Schuhe und Kleidung im **Triumphal Palace** günstiger und bei sorgfältiger Auswahl in guter Qualität finden (1688 Sichuan Rd. North).

Beide Kaufhäuser haben auch Kinder-Abteilungen. Für Kinder und Jugendliche hält auch das Sortiment des **Global Oriental Plaza** interessante Sachen bereit (1666 Sichuan Rd. North, Ⓜ 3, Baoxing Rd.).

In der Französischen Konzession buhlen viele Schaufenster um Kundinnen

Huaihai Road

Wer hier einkaufen will, braucht vor allem gutes Schuhwerk. Denn die Huaihai Road, einst als Avenue Joffre Hauptschlagader der Französischen Konzession, ist eine der längsten Shopping-Straßen der Stadt. Fündig wird man hier bei Kleidung, Schuhen, Accessoires und Lederwaren. Aber auch wer Dinge des täglichen Lebens wie Unterwäsche oder Kosmetik braucht, wird mit gefüllten Tüten heimkehren. Leider warten auch hier einige aufdringliche Straßenverkäufer, die einen mit Katalogen gefälschter Taschen- und Uhrenmodelle bedrängen. Es gilt: Am besten nicht beachten und einfach im nächsten Laden verschwinden. Die meisten der mehr als 400 Geschäfte befinden sich auf der **Huaihai Zhong Lu**, also im Mittelteil der Straße zwischen den Metrostationen der Ⓜ 1 Huangpi Rd. South und Shanxi Rd. South.

Im **Shanghai Times Square**, einem in Weiß, Silber und Schwarz gestylten Konsumtempel mit westlichem Preisniveau, kann man auf sechs geräumigen Etagen einen Streifzug durch die Welt der Designer-Marken von Armani bis Zegna unternehmen. Auch Roberto Cavalli und John Galliano sind vertreten. Die Sportgeschäfte führen Marken wie Asics, Adidas, Puma und Converse (99 Huaihai Rd.).

Vor allem Frauen werden das **Shanghai Central Plaza** lieben. Hinter dem Namen verbirgt sich ein historisches Backsteingebäude, das einst von der französischen Kolonialverwaltung erbaut wurde. Heutzutage sorgen innen Klimaanlage, Marmorböden, Messing und Palmen für eine entspannte Atmosphäre. Auf zwei Ebenen reiht sich eine Boutique an die andere. Unbekanntere asiatische Designermarken, die durchaus Interessantes zu bieten haben, dominieren. Bei **Tsai Mong-Hsia** warten elegante Kleider und Longblazer aus chinesischer Seide auf Käufer. Im Erdgeschoss kann man sich in einer kleinen Filiale von Starbucks stärken, die Toiletten im 2. Stock sind sauber, gepflegt und kostenfrei (381 Huaihai Rd. in der Central Plaza).

Was lässt sich sonst noch auf der Huaihai Road jagen? Ein kleiner Überblick:

Schuhe: Im Parterre des *Shanghai Fashion Department Store* findet sich Schuhwerk „made in China". Einiges ist von guter Qualität, wobei immer noch viel Plastik verarbeitet wird. Die Auswahl ist groß, die Preise sind günstig (455 Huaihai Rd.). Bei *United Nude* wird jedes Modell aufwendig in einem kunstvoll beleuchteten Kasten in Szene gesetzt. Sehr schick und teuer (819 Huaihai Rd.).

Schmuck: Das *Hongkong Plaza*-Kaufhaus bietet internationale Nobelmarken, die Preise sind nicht unbedingt günstiger als in Europa (282 Huaihai Rd.).

Accessoires: Bei *Story of Shanghai* (597 Huaihai Rd.) und *China Beauty* (603 Huaihai Rd.) kaufen die Chinesinnen ihre Schals und kleine Sonnenschirme, in Eiscremefarben oder mit Spitzenbordüren besetzt. Riesige Auswahl an Seidentüchern und Baumwollschals in allen Preiskategorien – ideale Souvenirs.

Fußgängerzone Nanjing Road East

In den 1920er Jahren war dies Asiens Einkaufsparadies Nummer eins. Tempi passati. Dennoch ist die Nanjing Road East, die ab der Henan Road Richtung Osten zur Fußgängerzone wird, sehenswert. Wer sie in seine Shoppingtour einplant, muss damit rechnen, häufig von Schleppern angesprochen zu werden. Nur wenn die Polizei gerade mal wieder verstärkt Streife läuft, kann man sich ungestört von lästigen Geistern umsehen. Die Konsumtempel hier sind weniger hoch, dafür haftet manchem Laden noch sozialistischer Charme an – zum Beispiel dem **Shao Wan Sheng**

Delicacies Store, Haus-Nr. 414. Einheimische schätzen die Qualität der Lebensmittel dieses Geschäfts.

Der kleine **Laden in Nr. 387** präsentiert sich als Paradies für Ess-Stäbchen. Hier gibt es die Essgeräte aus Jade, Silber und vielen anderen Materialien. Das **Hua Lian Commercial Building** bietet unter anderem schicke Sportmode – viele qualitativ ansprechende asiatische Label wie Giordano (633–635 Nanjing Rd. East, Ⓜ 2 Nanjing Rd. East).

Nanjing Road West

Im westlichen Teil der Nanjing Rd. hat in den vergangenen Jahren ein Bekleidungsgeschäft nach dem anderen eröffnet. So sind fast sämtliche internationale Sportkleidungs-Marken mit eigenen Geschäften vertreten. Im **Uniqlo** gibt es Marken-Sportswear des gleichnamigen japanischen Labels für Erwachsene und Jugendliche (Ⓜ 2 Nanjing Rd. West, Exit 1).

Feilschen erlaubt

Um den Preis zu feilschen gehört in Shanghai zu den Gepflogenheiten des Konsumenten-Alltags. Auf Märkten und in Hinterhofläden sind Preisverhandlungen Pflicht. Es gilt die Faustregel: Je nach persönlicher Einschätzung der verlockenden Ware bei einem Fünftel bis einem Drittel des genannten oder ausgezeichneten Preises beginnen und hartnäckig bleiben. Wer ein Drittel der ursprünglichen Forderung bezahlt, hat gut verhandelt. Und ein solches Ergebnis ist sicher auch für den Händler in Ordnung. Auch wenn dieser das Gegenteil behauptet und versichert, dieser Preis treibe ihn in den Ruin. Selbst in Kaufhäusern wird auf Nachfrage teilweise Nachlass gewährt.

Wo finde ich was?

Antiquitätenmärkte

Der **Markt 457 Fangbang Road** bietet Jadeschmuck, Holzfiguren, Mahjongg-Spiele, Bambusschnitzereien und Perlen. Er ist überlaufen von Touristen, dennoch kann man mit etwas Verhandlungsgeschick große Discounts herausholen. Das gilt auch für den benachbarten **Yuyuan-Basar**, ein Sammelname für die zahllosen Souvenirläden rund um den berühmten Yuyuan-Garten. Ganz anders: In der überschaubar kurzen **Jinxian Road**, die nördlich der Huaihai Rd. von der Maoming Rd. abzweigt, finden sich mehrere kleine Läden mit antiken Möbeln (Ⓜ 1 Shanxi Rd. South).

Brillenmarkt

Hier würde sich auch Elton John wohl fühlen: Unter dem **Nordplatz des Hauptbahnhofs** befindet sich im Tiefgeschoss ein Markt für Brillen. Das Angebot ist vielleicht nicht gerade erste Wahl, wenn man eine Sehhilfe für den Dauereinsatz sucht. Aber für eine hübsche Zweitbrille, die hier zu einem sehr günstigen Preis binnen zwanzig Minuten mit passenden Gläsern versehen und angepasst wird, lohnt der Besuch allemal.

Bücher

Garden Books ist einer der gemütlichsten Buchläden: Er hat ein Café, wo man Interessantes erst einmal in Ruhe begutachten kann. Fast ausschließlich englischsprachige Bücher, viel über China sowie Shanghaier Geschichte, Architektur und Kunst. Tägl. 10–22 Uhr. 325 Changle Rd., Ⓜ 1 Shanxi Rd.

Der **Foreign Language Bookstore** hat ebenfalls viele englischsprachige Titel in den Regalen stehen. Tägl. 9.30–18 Uhr. 390 Fuzhou Rd., Ⓜ 2 Nanjing Rd. East.

Lederwaren

Handtaschen, Geldbeutel, Gürtel und Schuhe aus echtem Leder und in guter Verarbeitungsqualität verkauft **Zhenpiyitang**, tägl. 10–20 Uhr. 42 Tian'ai Branch Rd., Ⓜ 8, Ⓜ 3 Hongkou Football Stadium.

Jade

Viele Geschäfte rund um den Yuyuan-Garten und auch im Rest der Stadt bieten Jade an. Die Preise sind relativ hoch und die Qualität sehr schwankend. Wertvolle, echte Jade lässt sich nicht mit scharfem Metall ritzen und fühlt sich auf der Haut kühl an.

Nostalgie-Läden haben auch Polit-Poster im Angebot

Qipao – Liebling der Ladys

Der Qipao war der Inbegriff Shanghaier Eleganz in den 1920er und 30er Jahren. Dabei war das Kleid schon während der letzten Kaiser-Dynastie als klassisches festliches Kleidungsstück für Frauen in Mode gekommen. Im Süden Chinas wird das elegante Kleid mit dem engen Schnitt auch Cheongsam genannt. Die Form des Qipao mit dem hochgeschlossen Kragen, der Knopfleiste an der Schulter und den hohen Seitenschlitzen ist einfach, schmeichelt aber sehr der weiblichen Silhouette. Dichter besangen einst die Anmut einer Frau im Qipao. Jahrhunderte lang blieb der strenge Schnitt im Wesentlichen unverändert. Erst bei den Modemachern der 60er Jahre rutschte der Saum übers Knie, wurden die Farben und Muster moderner. Auch heute ist das Tragen eines Qipao – in allen Längen, Farben und Materialien – wieder in Mode. Auf dem politischen wie gesellschaftlichen Parkett Shanghais glänzen Frauen gerne in ausgefallenen Stücken, häufig sind es sogar Unikate. Diese Stücke werden ausschließlich in eigenen Qipao-Boutiquen verkauft oder in Stoffgeschäften nach Maß angefertigt.

Für einen Qipao nach Maß ist inklusive Material mit mindestens 1500 Y zu rechnen. Vorsicht bei den Qipao- und Seidenkleider-Angeboten vieler Kaufhäuser und vor allem in den Souvenirshops rund um den Yuyuan-Garten: Dort gibt es Massenware aus Kunstfasern.

Kinderkleidung

Bao Da Xiang hat mehrere Filialen und kleidet die Kleinen ein: Klamotten, Schuhe und ein wenig Spielzeug für alle Altersklassen – vom Säugling bis zum Teenager (1661 Sichuan Rd., Ⓜ 3 Baoxing Rd., sowie 673 Nanjing Rd. East, Ⓜ 2 Nanjing Rd. East).

Huaihai Juvenile Article Store hält auf vier Etagen ein großes Angebot vom Baby-Strampler bis zum coolen Teenager-Outfit für Eltern und Kinder bereit. Ecke 775 Huaihai Rd./Ruijin Rd., Ⓜ 1 Shanxi Rd. South.

Maßgeschneiderte Kleidung

In der **Maoming Road** südlich und nördlich der **Huaihai Road** finden sich jede Menge Schneider, die eine große Auswahl an Stoffen für Hemden, Anzüge bzw. Blusen und Kleider bereithalten. Man wählt aus, lässt abmessen und bekommt ein maßangefertigtes Stück. Drei Tage Herstellungszeit sind meist Minimum. Die meisten Geschäfte haben Standardangebote, z. B. drei Anzüge und fünf Hemden für 3000 Y. Vergleichen Sie Angebote und Preise von: *Maya Suit* (128 Maoming Rd.), *FS* (145 Maoming Rd.) sowie *Times Taylor* (127 B Maoming Rd.). Die Konkurrenz ist groß, und man kann gut handeln.

Musikinstrumente

Die **Jinling Road** gleicht auf dem Abschnitt zwischen Yunnan Road und Henan Road einer Straße der Musikinstrumente: Gitarren, Schlagzeuge, Blechblasinstrumente, Flügel – das Angebot ist riesig. Auch in der **Fenyang Road** im Abschnitt zwischen Fuxing Rd. und Huaihai Rd. gibt es viele Läden. Hier kaufen die Studenten des nahen Musikkonservatoriums ein.

Seide

Silk King hat eine stattliche Auswahl. Besonders die Filiale *590 Huaihai Road* atmet noch die Atmosphäre eines Staatsbetriebs. Eine neue Filiale findet sich unter der Adresse *100 Nanjing Road East*. Dort hängen Fotos, die Hillary Clinton beim Seide-Shopping zei-

Fächer sind beliebte Mitbringsel

In der Tianshan Tea City gibt es die größte Auswahl an diversen Sorten

gen. In beiden Läden können Frauen Schals, Kleider und traditionelle Qipaos, Männer Bademäntel und Jacken maßschneidern lassen (→ Kasten „Qipao").

Sehr schöne Qipaos für Frauen und Männer gibt es beispielsweise bei **Shanghai Tang**, wo die klassische Form modisch abgewandelt wird. 59 Maoming Rd. South, Ⓜ 1 Shanxi Rd. South.

Annabel Lee, ein sehr stilvoll eingerichtetes Geschäft, bietet in einem Hinterhof der Prachtmeile am Bund edle Wohnaccessoires aus Seide: Tischdecken, Kissen- und Bettbezüge und vieles mehr. Sehr schick und nicht ganz billig. No. 1 Lane 8 Zhongshan First Rd. West.

Tee

In China ist Tee mehr als ein Getränk, um die Pflanze rankt sich eine Philosophie, deren Grundzüge vor rund 3000 Jahren entstanden sind (→ Kasten „Tee"). In fast jeder Ecke der Stadt findet sich ein Teeladen, der neben verschiedensten Sorten meist auch Tassen, Kannen sowie Accessoires offeriert.

Ein Geheimtipp: **Tianshan Tea City** *(Tianshan Chacheng)*. Nirgendwo sonst in Shanghai kann man sich von einem reichhaltigeren Angebot asiatischer Teesorten betören lassen. Der Besucher betritt die Teestadt durch eine Art Tempeltor. Kleine Shops gruppieren sich um das große Haupthaus, in dem auf zwei Etagen auch günstiges chinesisches Porzellan angeboten wird. Im 3. Stock werden zudem chinesische Antiquitäten, Vasen, Kalligraphien und moderne Gemälde offeriert. Niemand in der Teestadt erwartet, dass Sie in Großhändler-Manier riesige Mengen erstehen. Die Preise werden je 50 Gramm benannt und sind die wohl günstigsten der Stadt.

Tägl. ab 10 Uhr; viele Antiquitätenhändler im 3. Stock öffnen erst um die Mittagszeit. Anfahrt am besten per Taxi. 520 Zhongshan Rd. West (→ Kasten „Tee").

Tier- und Blumenmarkt

Weniger zum Einkaufen, mehr zum Staunen: Hier wuselt und zwitschert es, und bisweilen riecht es streng. In der kleinen **Markthalle an der Ecke**

Fangbang Road/Tibet Road gibt es Goldfische, Hühner und Zikaden – die Insekten werden in kleinen Schachteln verkauft und mitunter gleich in der Markthalle auf ihre Zweikampfstärke getestet: Männer veranstalten in der Halle Zikaden-Kämpfe, stacheln die Tiere mit dünnen Holzstäbchen an und schließen Wetten auf ihre Favoriten ab. Halten Sie die Augen offen: Wo Männer Schulter an Schulter eng um einen Tisch stehen, handelt es sich vermutlich um eine Zikaden-Kampfarena.

Unterhaltungselektronik, Computer, Kameras

Metro City hält ein gutes und breites Angebot bereit. Häufig sind die Produkte günstiger als in Europa. 1111 Zhaojiabang Rd., Ⓜ 1 Xujiahui.

Die Konkurrenz ist nah, im Kugelgebäude der **Pacific Digital Plaza** gibt es auch Kameras und einen Apple-Shop. Tägl. 10–20 Uhr. 1117 Zhaojiabang Rd.

Westliche Lebensmittel

An der Metrostation Shanxi Road (Ⓜ 1) befinden sich mit dem **Parksons** und dem **City Shop** zwei gut sortierte Supermärkte, die auch Liebhabern westlichen Essens viel zu bieten haben: Knäckebrot, Spaghetti, Käse und Salami finden sich in den Regalen. Im City Shop wird sogar Parmaschinken aufgeschnitten. Diese Kette unterhält u. a. auch in Pudong nahe des Huangpu-Ufers an der Kreuzung Fucheng Road/ Huayuanshiqiao Road eine Filiale.

Auch an der Station Xujiahui der Metrolinie 1 gibt es im Erdgeschoss der **Novel Plaza** einen großen Supermarkt mit westlichen Nahrungsmitteln.

Carrefour ist in Shanghai ebenso mit mehreren Filialen vertreten; mit der Metro einigermaßen gut zu erreichen ist die Filiale nahe der Kreuzung Wuning Road/Changshou Road (20 Wuning Rd., Ⓜ 3 Station Caoyang Rd.).

Tierschutz ist in China zweitrangig – wie dieser Laden zeigt

Tee – Schaum von flüssiger Jade

Von früh morgens bis spät abends begleiten Schraubgläser die Shanghaier durch den Alltag. Darin befinden sich Teeblätter, die drei- bis viermal mit heißem Wasser aufgegossen werden, ehe der Schraubglasbesitzer sie durch neue ersetzt. Chinesen sind Teetrinker: Im Büro, in Bussen, Zügen, Autos und auf Schiffen. Die Schraubgläser sind Standardausrüstung. „Schaum von flüssiger Jade" haben Chinas Dichter den grünen Tee genannt, der im Reich der Mitte überwiegend getrunken wird und auch ein großer Exportschlager des Landes ist: Rund 70 % des weltweit gehandelten grünen Tees stammen von hier.

Teetrinken hat spätestens seit der Tang-Dynastie (618–907) den Status einer Kulturtechnik. Es war der Autor Lu Yu (728–804), der dem Getränk mit seiner Teekunde „Chajing" ein erstes literarisches Denkmal gesetzt hat. Wer sich von einem Händler eine kleine Teezeremonie zeigen lässt, merkt schnell, dass Teetrinken im Reich der Mitte Liebhaberei ist. So etwas dauert nur ein paar Minuten, doch entfaltet sich erst dabei der köstliche Duft und Geschmack der einzelnen Sorten. In der Teestadt (→ „Wo finde ich was?") lädt jeder Händler dazu ein, öffnet immer neue Beutel und Dosen, lässt einen an Blättern, Blüten und getrockneten Früchten riechen.

Mit dem ersten, kurzen Aufguss wäscht der Händler vor den Augen des Gastes auf einem Holzbrett die Tassen, Glaskännchen und Schälchen aus. Erst vom zweiten Aufguss wird gekostet. Danach wird der Tee immer wieder überbrüht und durch kleine Siebe in Tassen gegossen. Man gießt dieselben Teeblätter drei- bis viermal auf, bevor man sie wegwirft. Das Wasser für grünen Tee darf – anders als bei schwarzem Tee – nicht kochend heiß sein, sondern sollte auf etwa 80 Grad abkühlen. In einem der schönen Shanghaier Teehäuser wie dem Huxinting am Yuyuan-Basar (→ Tour 2) oder dem Daketang (→ Tour 5) kann man dem Zauber dieses Getränks nachspüren und nachempfinden, dass Teetrinken zur Kaiserzeit ein gehobenes Ritual war.

Ob grüner, sprich unfermentierter Tee oder schwarzer, fermentierter Tee, von Chinesen als „hong cha" (roter Tee) bezeichnet: China ist die Wiege des Teeanbaus. Der Teebusch stammt aus dem Dschungel Südwestchinas, der heutigen Provinz Yunnan. Von dort aus gelangte er in die Region Bashu, wo vor mehr als 3000 Jahren der erste Teeanbau nachgewiesen ist. Nach Europa gelangte Tee erst zu Beginn des 17. Jahrhunderts. Seither wurden viele Sorten gezüchtet. Der halbfermentierte Oolong-Tee (wulong cha), dessen Blätter in der Sonne trocknen, schmeckt leicht blumig. Der Drachenbrunnen-Tee (longjing cha), dessen flach gepresste Blätter das Wasser smaragdgrün färben, entbehren jener Bitterkeit, an die sich westliche Gaumen bei den meisten Sorten grünen Tees erst gewöhnen müssen. Genannt sei auch der dunkle, rötliche Pu-Erh-Tee mit seinem erdigen Geschmack, den es gepresst in Ziegel-, Kugel- oder Fladenform gibt. In Shanghai und Umgebung ist zudem Chrysanthemen-Tee (juhua cha) und Jasmintee (molihua cha) beliebt.

Tee kauft man am besten und günstigsten in der Tianshan Tea City (Tianshan Chacheng) 520 Zhongshan Rd. West. 天山茶城， 中山西路520号，近武夷路

In den Parks der Stadt wird eifrig Tai-Chi trainiert

Sport und Wohlbefinden

Wer zum ersten Mal nach Shanghai kommt, wird ungewöhnliche Formen sportlicher Betätigung entdecken: Einheimische gehen rückwärts durch Parks oder klopfen mit Baumstämme dem Rücken ab. Die Stadt am Huangpu bietet auch viele andere Möglichkeiten, Körper und Geist Gutes zu tun. Tai-Chi, Kung-Fu, Joggen, Tennis und Squash sind unter anderem im Angebot. Und wer sich nach körperlicher Anstrengung etwas gönnen möchte, sollte eine der meist hervorragenden Massagen genießen.

Shanghai erleben heißt, sich zumindest einmal massieren zu lassen. Nach einem Spaziergang oder sportlicher Betätigung fühlt sich kaum etwas wohler an als eine chinesische Fußmassage – die entspannt, prickelt und revitalisiert. Massagen sind ein wichtiges Element in der Traditionellen Chinesischen Medizin, und fast in jeder Nachbarschaft findet sich ein kleiner Salon, wo man sich ab 30 Y für eine Stunde die Fußsohlen verwöhnen lassen kann. Danach sind die Strapazen des Tages wie weggewischt. Wer sich eher für passiven Sport interessiert, kann ein Fußballmatch im Hongkou-Stadion besuchen oder – falls er zur richtigen Zeit in der Stadt ist – ein Formel-1-Rennen anschauen. Die Tickets für dieses Spektakel sind vergleichsweise günstig.

Sport aktiv

Joggen

Frühmorgens in Shanghai zu joggen ist ein Vergnügen – wenn man wirklich früh, d. h. vor Einsetzen der Rushhour gegen 7 Uhr unterwegs ist. Wer in Kolonialambiente am Huangpu-Fluss laufen möchte, kann die Strecke entlang des Bund wählen; hin und zurück ist sie rund vier Kilometer lang (auch hier sollte man wirklich früh starten, denn bereits ab 8 Uhr kann es eng werden). Weitere

lohnenswerte Strecken finden sich in den Parks, vor allem im Hongkou-Park (Ⓜ Tour 8) oder im Century-Park in Pudong (Ⓜ Tour 3), der weitläufige Rundstrecken bietet. Für den Shanghai International Marathon, der am letzten Sonntag im November stattfindet, können sich auch Hobby-Läufer anmelden: Es gibt einen Halb-Marathon sowie einen Lauf über 5 km.
www.shmarathon.com

Massage

Blütenduft strömt in die Nase, heiße Steine wärmen die Energiepunkte des Körpers, sanfte Hände stimulieren und entspannen die Nervenpunkte des Rückens und der Füße – so erholsam kann Shanghai sein. Sie müssen dazu lediglich einen der vielen guten Massagesalons oder Spas der Stadt aufsuchen. Eine 60 Minuten dauernde Fußmassage ist ab 30 Y zu haben, eine einstündige Ganzkörpermassage für etwa 130 Y.

Dragonfly ist eine Massagesalon-Kette, die angenehmes Ambiente, vernünftige Preise und Englisch sprechendes Personal bietet. Eine schöne Filiale ist in der 206 Xinle Road (unweit Ⓜ 1 Station Shanxi Rd. South, www.dragonfly.net.cn).

Magpie ist etwas günstiger und ebenfalls empfehlenswert. 685 Julu Rd., Ⓜ 1 Shanxi Rd. South.

Wer sich warme Steine auflegen lassen und eine Behandlung vom Feinsten gönnen möchte (ab 520 Y), besucht das **Mandara Spa** im JW Marriott Hotel. 399 Nanjing Rd. West, Ⓜ 1, 2, 8 People's Square.

Fitness-Studio

Das **Fitness-Studio im Kerry Center** ist ordentlich ausgestattet, verfügt über Pool sowie Sauna und bietet auch Tai-Chi-Kurse (1515 Nanjing Road West).

Star Gym kann sich ebenfalls sehen lassen; auch hier gibt es Sauna und Pool, der auch für Einzelbesuche offen ist. 1 Shimen Rd.

Der **Megafit Sports Club** bietet modernste Geräte, einen 25-Meter-Pool, Squash und Badminton. ✆ 50308118, www.megafitchina.com. 600 Lantian Rd., Pudong, Ⓜ 6 Yunshan Rd. Station.

Kung-Fu und Tai-Chi

Kung-Fu-Lektionen im traditionellen Shaolin-Stil und Unterricht im chinesischen Schattenboxen kann man sich im **Longwu International Kung-Fu Center** geben lassen, das Englisch sprechende Lehrer hat. ✆ 130003252826 oder ✆ 62871528, www.longwukungfu.com. 1 Maoming Rd. South/Ecke Julu Rd.

Schwimmen

Große öffentliche Schwimmbäder befinden sich u. a. am **Shanghai Stadium**; Mo–Fr 13–21 Uhr, Sa/So 9–21 Uhr (Shanghai Youyoung Chi, Ⓜ 1 Shanghai Stadium) und auf dem Campus der **East China Normal University**, ✆ 62232954 (3683 Zhongshan Rd. South).

Westlichen Ansprüchen genügen jedoch eher die Hotelschwimmbäder:

Im Hotel **Jinjiang Tower** kann man auch als Externer den schönen Pool und Spa-Bereich nutzen. Eintritt 150 Y. 161 Changle Rd., Ⓜ 1 Shanxi Rd. South.

Das **Oriental Riverside Hotel** verlangt pro Person 50 Y Eintritt für sein Schwimmbad, das reizvolle Blicke auf den Huanpu-Fluss bietet. 2727 Riverside Av., Pudong, Ⓜ 2 Lujiazui.

Der schöne Pool- und Spa-Bereich des Le Royal Méridien Hotel ist ebenfalls für externe Gäste geöffnet. Für 300 Y kann man seine Bahnen ziehen solange man möchte und anschließend auf der Außenterrasse mit Blick auf den Park am People's Square entspannen. 789 Nanjing Rd. East, Ⓜ 1, Ⓜ 2, Ⓜ 8 People's Square.

Squash

Im **Hongkou Stadium**, Gate 21, fünfte Etage, gibt es drei Courts, Mietschläger und -bälle. 444 Dongjiangwan Rd., Ⓜ 3 und Ⓜ 4 Hongkou Stadium.

Im **Megafit Sports Club** kann man ebenfalls stundenweise spielen. 600 Lantian Rd., Pudong; Ⓜ Fitness-Studios.

Tennis

Das **Shanghai International Tennis Center** am Regal Hotel verfügt über reizvoll gelegene Plätze und vermietet Equipment. ✆ 64155588, -582 (Reservierungen). 516 Hengshan Rd., Ⓜ 1 Hengshan Rd.

Yoga

Das **Y plus Yoga Center** bietet Kurse für Einsteiger und Fortgeschrittene von früh bis abends. ✆ 64334330, www.yplus.com.cn. 299 Fuxing Rd. West.

Sport live

Formel 1 & Motorrad-Grandprix

Der **Shanghai International Circuit** liegt gut eine halbe Stunde Busfahrt westlich der Innenstadt. Die supermoderne Rennstrecke im Stadtteil Jiading hat der deutsche Architekt Hermann Tilke gestaltet. Die Haupttribüne gleicht einem Spoileraufbau, die Tribüne an der Schikane großen Sonnensegeln. Rund 5,4 km ist die Strecke lang. Jedes Jahr wird ein Formel-1-Rennen ausgetragen, alljährlich ist auch der Motorrad-Grandprix zu Gast.

Wenn gerade keine Rennen stattfinden, steht der auch architektonisch sehenswerte Circuit Besuchergruppen offen. Wer allein ist, kann sich einer Gruppe anschließen, sollte aber rechtzeitig vor einem geplanten Besuch anrufen. Auskünfte hierzu gibt es unter ✆ 695697181042.

Zur Rennstrecke gelangen Besucher per Taxi oder mit der Ⓜ 11 Shanghai Circuit.

Fußball

Shanghai Shenhua heißt der bekannteste Fußballclub der Stadt. Die erste chinesische Liga spielt meist sonntags, Heimspiele können im 35.000 Zuschauer fassenden Hongkou Stadium besucht werden. Karten kosten rund 50 Y. 444 Dongjiangwan Rd., Ⓜ 3 und Ⓜ 8 Hongkou Stadium.

Tennis – Shanghai Masters

Seit 2009 ist das Shanghai Masters fester Termin in der ATP-Mastersserie. Das prestigeträchtige Turnier findet im **Qi Zhong Tennis Stadium** statt, Tickets sind ab 260 Y erhältlich. 3028 Kunyang Rd. South, Ⓜ 1 Xinzhuang.

Shanghai Circuit

Auf dem Platz vor dem Science & Technology Museum

Mit Kindern in Shanghai

Im Konfuzius-Tempel von Shanghai flattern an einem Baum kleine Kärtchen im Wind. Besucher aus aller Welt haben ihre Wünsche und Bitten mit roten Bändchen an den Ästen befestigt. Ein kleiner Besucher hat mit zarter Schrift formuliert: Lieber Konfuzius, ich wünsche mir, dass wir noch einmal alle nach Österreich zum Skifahren gehen.

Dieses Sehnsucht-Kärtchen befindet sich tatsächlich unter den zahlreichen Bitten, und damit Ihre Kinder in Shanghai keinen großen Anlass zu Heimweh-Attacken haben, sollten Sie den Aufenthalt gut vorbereiten – es gibt genug Schönes und Faszinierendes für den Nachwuchs zu erleben.

Vorab ist zu sagen, dass Chinesen sehr kinderfreundlich sind. Bei den Eintrittspreisen verhält es sich meist so, dass Kinder unter 140 cm die Hälfte und unter 80 Zentimeter gar nichts zahlen. Bisweilen wird das Ausmaß der Ermäßigung mithilfe einer Messlatte festgestellt.

Essen für Kleine

Wen es beruhigt: Es gibt ein ausreichend dichtes Netz an den gängigen Fastfood-Lokalen des Westens, die bekanntlich von vielen Kindern geschätzt werden. Doch auch die chinesische Küche bietet mit ihrer Vielfalt an Nudelgerichten etwas, das den meisten Kindern schmeckt. Und werden Nutella & Co. mal fürchterlich vermisst, kann man sie in einem der Supermärkte mit westlichem Warenangebot leicht erstehen (→ „Shopping und Märkte“).

Tiere, groß und klein

Achtung, Hai-Attacke von links! Eines der Glanzlichter für Kinder ist das **Ocean Aquarium** in Pudong, wo man in einem Glastunnel staunend durch die Welt der Meere spazieren kann (→ Tour 3). Vor allem kleinere Mädchen und Jungen werden sich im sehenswerten **Shanghai Zoo** amüsieren. Dort kann man Pandabären beobachten, die ihre Lieblingsspeise mampfen –

Bambus. Nicht nur für Kinder ist es ein herrlicher Anblick, wie die Bären sitzend oder liegend den Bambus in ihre Vordertatzen nehmen und das Grünzeug genussvoll schmatzend fressen.

Shanghai Zoo (Shanghai Dongwuyuan), tägl. 7–17.30 Uhr, Nov. bis Feb. 7–17 Uhr. Eintritt 30 Y, je Erwachsenen-Ticket hat ein Kind unter 120 cm freien Eintritt. ✆ 62687775.

2381 Hongqiao Rd., beste Verbindung mit der Ⓜ 10 direkt zur Station Shanghai Zoo.

Park-Vergnügen

Zu den schönsten Parks für Kinder zählt der **Hongkou-Park** (→ Tour 8) in der nördlichen Innenstadt. Dort können die Kleinen mit ihren Eltern auf dem Rasen Fußball oder Federball spielen. Auch eine Reihe kleiner Fahrgeschäfte sowie ein kleiner künstlicher See mit Tretbooten und Wasserballons locken. Ebenso beliebt bei Kindern ist der **Century-Park** in Pudong (→ Tour 3). Hier gibt es u. a. eine kleine Achterbahn, eine Hüpfburg und die Gelegenheit, Fahrräder zu mieten.

Essenspause im Zoo – dem Panda schmeckt's

Salti und mehr

Keinesfalls versäumen: einen Besuch der spektakulären Shows im **Shanghai Centre Theatre** (Shanghai Shangcheng Juyuan), wo die Akrobaten Salti durch enge Ringe springen und andere bewundernswerte Kunststücke vollbringen. Darbietungen finden allabendlich statt. Karten ab 100 Y.

Beginn der Shows tägl. 19.30 Uhr. ✆ 6279 8948. 1376 Nanjing Rd. West, Ⓜ 2 Jing'an Temple. Das Theater befindet sich im Gebäude des Portman Ritz Carlton Hotels, wo man auch Tickets jeweils für den nächsten Tag kaufen kann. www.shanghaicentre.com/theatre.

Herausragende Unterhaltung für Klein und Groß bietet auch die **Shanghaier Circus World** (Shanghai Maxi Cheng). Die dort auftretenden Ensembles begeistern mit toller Akrobatik. Das günstigste Ticket kostet 130 Y.

Beginn der Shows um 14 und 19.30 Uhr. Da die Shows wechseln, unbedingt vorher anrufen und sich über das Programm informieren. Gegebenenfalls können Tickets gleich telefonisch reserviert werden. ✆ 66522395. 2266 Gonghexin Rd., Ⓜ 1 Shanghai Circus World. www.shanghaiacrobaticshow.com

Technik und Wolkenkratzer

Ältere Kinder werden das **Science and Technology Museum** mögen. Dort kann man allerlei technische Dinge ausprobieren, z. B. Kapitän spielen und einen Frachter steuern oder auf einem Fahrrad übers Hochseil balancieren (→ Tour 3).

Spektakulär für Jung und Alt sind die Blicke über das Wolkenkratzer-Meer Shanghais. Einen der schönsten bietet das Observatorium im Shanghai World Financial Center, vom 100. Stockwerk blickt man aus einer Höhe von 474 Metern auf die Stadt hinab (→ Tour 3). Täglich ab 17 Uhr hat die öffentlich zugängliche Bar in der 61. Etage des **Royal Meridien Hotels** geöffnet (789 Nanjing Road East, Ⓜ 2 Nanjing Rd. East, dann kurz der Fußgängerzone Richtung People's Square folgen). Dieser Ausblick wird in Erinnerung bleiben. Einfach hinsetzen und bei einem Erfrischungsgetränk wie von einer Wolke herab die Beton- und Stahlriesen bestaunen.

Auch ein Besuch des **Oriental Pearl Towers**, des mit 468 m höchsten Fernsehturms in Asien, wird Kinder begeistern. Bereits der Weg dorthin gerät zum Erlebnis, wenn er durch den Bund-Sightseeing-Tunnel führt, in dem eine Kabinenbahn durch zuckende Laserblitze fährt (→ Tour 3).

Schnell, schneller, am schnellsten

Bereits Kleinkinder sieht man gebannt im *Transrapid* sitzen, der mit bis zu 430 km pro Stunde zwischen Flughafen Pudong und U-Bahn-Station Longyang Road dahinsaust. Bis auf ein kleines Rütteln und einem leichten Knall (leiser als ein platzender Luftballon) bei Gegenverkehr ist es eine sanfte Fahrt. Hochtechnologie live zu erleben, hat eine große Faszination. Erwachsene mit Flugschein zahlen für die einfache Fahrt 40 Y im sogenannten **Maglev-Train** (vom Englischen „magnetic levation" – „magnetisches Schweben"). Ohne Flugticket sind es 50 Y. Kinder unter 120 cm fahren gratis, darüber zahlen sie die Hälfte des Erwachsenenpreises (→ Anreise).

Mönche und Pagoden

Etwas ältere Kinder finden es spannend, eine Tempelanlage zu besuchen. Wenn Einheimische Räucherstäbchen abbrennen und sich umweht von Rauchwolken vor großen Buddha-Figuren verbeugen, hat das auch für Mädchen und Jungen großen Reiz. Am besten für einen Besuch samt Nachwuchs eignet sich wohl das **Longhua-Kloster** (Longhua Si) im Shanghaier Süden, weil es neben Tempelhallen, Buddha-Statuen und freundlichen, safranrot-gewandeten Mönche auch noch eine prächtige Pagode zu bieten hat. Besonders faszinierend ist es zu erleben, wie die Mönche täglich gegen 11.30 Uhr Sutren rezitierend und begleitet vom regelmäßigen Tönen eines Gongs durch die Tempelhallen ziehen und um Segen für ihr Mittagsmahl beten (→ Tour 5).

Akrobaten bieten große Shows

Weil das alles sehr friedvolle und exotische Eindrücke sind, werden etwas ältere Kinder große Freude daran finden. Kleinere freilich werden vielleicht einen Wunschzettel an Konfuzius verfassen, auch wenn der in einem anderen Tempel wohnt (**Konfuzius-Tempel** → Tour 2).

Die Regierung bezeichnet Shanghai gerne als Kopf des Drachen China

Wissenswertes von A bis Z

Ärztliche Versorgung

Wer sich in Shanghai beim Arzt oder im Krankenhaus behandeln lässt, muss bar zahlen. Die Qualität der Versorgung hat sich in den vergangenen Jahren deutlich verbessert. Wer eine gute Reisekrankenversicherung abgeschlossen hat, dem muss vor einer ärztlichen Behandlung in Shanghai nicht bange sein. Auskünfte über Deutsch sprechende Ärzte erteilt das Generalkonsulat (→ Diplomatische Vertretungen).

Vertrauensärztin des Deutschen Generalkonsulats ist Dr. Anne Kulich, ✆ 64063305 oder ✆ 340101107.

Die **Parkway Health Medical Center** wird vom Deutschen Generalkonsulat wegen seiner westlichen Standards und des internationalen Ärzteteams empfohlen. Dort praktiziert auch der Vertrauensarzt des Österreichischen Generalkonsulats, Dr. Kurt Matthäus. ✆ 63859383. 170 Danshui Rd. (nahe Xintiandi, Ⓜ 1 Huangpi Rd. South) 淡水路70号

Bei **Zahnschmerz** hilft das Shanghai Medical and Dental Center. ✆ 64455999. 1376 Nanjing Rd. West, Suite 203, Shanghai Center. 南京西路376号

Das **Shanghai United Family Hospital** ist ebenfalls ein von Ausländern geschätztes Krankenhaus, in dem Englisch sprechende Ärzte behandeln. ✆ 22163900. 1139 Xian Xia Rd., Ⓜ 2 Zhongshan Park. 仙霞路139号

Westliche Arzneimittel gibt es in der Shanghai-Apotheke Nr. 1. 616 Nanjing Rd. East, Ⓜ 1, Ⓜ 2, Ⓜ 8 People's Square.

Bank

→ Geld

Behinderungen

Seitdem Shanghai 2007 die *Special Olympics* ausgetragen hat, gibt es einige spezielle Taxis für Rollstuhlfahrer. Allerdings steht dieser Service nur noch einheimischen Rollstuhlfahrern zur Verfügung.

Für alle nutzbar: Dazhong Taxi (✆ 96822) hat Großraumtaxen, die für Rollstuhlfahrer geeignet sind. Das Personal spricht Englisch. Am besten das Taxi zwei Tage im Voraus buchen. Der Preis beträgt 16 Y pro Kilometer zuzüglich einer Buchungsgebühr von 4 Y. Ansonsten haben es Rollstuhlfahrer in Shanghai schwer und sollten mit einer Begleitperson reisen, um die vielen Barrieren im öffentlichen Raum bewältigen zu können. Zwar ist der Flughafen Pudong und der Transrapid für Rollstuhlfahrer zugänglich, aber in der Stadt beginnen dann die Schwierigkeiten. Manche Metro-Stationen, z. B. Ⓜ 2 Jing'an Temple, haben Aufzüge, die allerdings nicht immer funktionstüchtig sind. Viele Rolltreppen fahren nur in eine Richtung. Hinzu kommt, dass die Gehsteige fast immer überfüllt sind. In den Hotels ist die Situation besser. Die meisten der besseren Häuser haben Aufzüge und rollstuhlfahrergerechte Zimmer. Für Blinde hat die Stadtverwaltung in den meisten öffentlichen Parks im Eingangsbereich Tafeln mit Brailleschrift angebracht.

Bettler und Schlepper

Von der rasanten wirtschaftlichen Entwicklung der vergangenen Jahre haben viele nicht profitiert. Die Kluft zwischen Arm und Reich ist groß in Shanghai und die soziale Versorgung verbesserungswürdig. Es gibt viele Bettler in der Stadt, die allermeisten arbeiten für Strippenzieher im Hintergrund und müssen das Geld abliefern. Häufig werden Kinder vorgeschickt, was die Situation besonders erbarmenswert macht. Dennoch hilft man mit milden Gaben eher den professionellen Hintermännern.

Vor allem in der Nanjing Road und am Platz des Volkes sprechen meist junge Schlepper gezielt Touristen auf Englisch an. Häufig geben sie sich als Kunst- oder Sprachstudenten aus und geben vor, ihre Sprachkenntnisse verbessern zu wollen – dann folgt der Vorschlag, gemeinsam etwas zu trinken. Wer auf den Trick hereinfällt, landet schnell in einem Antiquitäten- oder Kunstshop, in einem Teeladen oder andernorts und bekommt dann völlig überzogene Rechnungen präsentiert.

Wer von Bettlern oder Schleppern bedrängt wird, sollte sie – falls ignorieren nicht hilft – mit einem kräftig ausgesprochenen *bú duèi*, einem nachdrücklichen Nein, auf Distanz bringen.

Bibliothek

Wer länger in der Stadt bleibt, kann sich einen Ausweis der Shanghaier Stadtbibliothek ausstellen lassen und im Zentralgebäude an der Huaihai Middle Road in internationalen Zeitschriften lesen. Auch englische und deutsche Publikationen werden ausgeliehen. Mo–Sa 9–17 Uhr. 1555 Huaihai Middle Rd.

Diplomatische Vertretungen

Öffnungszeiten: In Visa-Angelegenheiten haben alle u. g. Stellen, sofern nicht anders vermerkt, Mo–Fr 9–12 Uhr geöffnet.

Deutsches Generalkonsulat, ✆ 34010106, 📠 64714448, Notfalltelefon 13901892081, www.shanghai.diplo.de. 181 Yongfu Rd., Ⓜ 1 Hengshan Rd.

Österreichisches Generalkonsulat, ✆ 64740268, 📠 64711554, Notfalltelefon 13817818470, www.bmeia.gv.at. 1375 Huaihai Middle Rd., Qihua Tower, 3. Etage, Ⓜ 1 Changshu Rd.

Schweizer Generalkonsulat, ✆ 62700519 und 62700520, 📠 62700522, www.eda.admin.ch/shanghai. 319 Xianxia Rd., Far East International Plaza, Gebäude A, 22. Etage, Ⓜ 3 Yan'an Rd. West.

Chinesische Vertretungen in Deutschland, *Botschaft der VR China in Berlin*, ✆ 030-275880, *www.china-botschaft.de*. Märkisches Ufer 54, 10179 Berlin.

Generalkonsulat in Hamburg, ✆ 040-8227600. Elbchaussee 268, 22605 Hamburg.

Generalkonsulat in Frankfurt/Main, ✆ 069-90734687. Mainzer Landstraße 175, 60326 Frankfurt/M.

Generalkonsulat in München, ✆ 089-17301611. Romanstraße 107, 80639 München.

Chinesische Botschaft in Österreich, ✆ 01-7143149. Metternichgasse 4, 1030 Wien.

Visastelle: ✆ 01-7103648, www.chinaembassy.at. Mo und Mi 8.30–11 sowie 14–16 Uhr, Fr 8.30–11 Uhr. Neulinggasse 29, 1030 Wien.

Chinesische Botschaft in der Schweiz, ✆ 031-3527333, www.china-embassy.ch. Mo-Fr 8.30–12 und 14.30–18 Uhr. Kalcheggweg 10, 3006 Bern.

Eine Liste der diplomatischen Vertretungen der VR China im Ausland findet man unter www.fmprc.gov.cn, Punkt „Missions Overseas".

Drogen

In Shanghai wurden am Anti-Drogen-Tag der Vereinten Nationen am 26. Juni 2002 drei Menschen wegen Rauschgiftdelikten hingerichtet, landesweit vollstreckten die Strafbehörden an diesem Tag insgesamt 32 Todesurteile gegen Drogenhändler. Man sieht: Der Polizeistaat geht rigoros gegen Dealer vor. Konsumenten weist er zwangsweise zum Entzug ein. Ausländer werden in der Regel nicht ganz so hart angefasst, was jedoch nicht vor Strafe schützt.

Ermäßigungen

Reduzierten Eintritt gibt es meist für Kinder, häufig wird dies an einer bestimmten Körpergröße festgemacht. Für den Oriental Pearl Tower in Pudong (→ Tour 3) beispielsweise zahlen Kinder unter 120 cm die Hälfte. Auch für Studenten und Rentner werden teilweise Ermäßigungen gewährt. Studenten sollten sich vor Abreise eine „ISIC International Student Identity Card" ausstellen lassen (www.isic.org).

Feiertage und Feste

Die nationalen Feiertage sollten sich China-Reisende grundsätzlich rot im Kalender markieren: An Feiertagen reisen bedeutet mit Massen einheimischer Urlauber unterwegs zu sein und teils völlig überzogene Preise zahlen zu müssen.

Das **Frühlingsfest**, auch „Chinesisches Neujahr" genannt, richtet sich nach dem Mondkalender und liegt meist im Zeitraum Ende Januar bis Anfang Februar. Zwar gilt in China seit 1912 die gregorianische Zeitrechnung, aber das Land legt Wert auf seine traditionellen Feste, unter denen das Neujahrsfest nach chinesischem Kalender das wichtigste ist – die meisten Chinesen haben dann mindestens eine Woche frei.

Der **Tag der Arbeit** ist am 1. Mai, in der Regel werden eine Woche Ferien um diesen Tag herum gruppiert.

Der **Nationalfeiertag** am 1. Oktober bringt den Chinesen ebenfalls eine Woche Ferien.

Die größten Einschränkungen jedoch bringt das Frühlingsfest mit sich. Allerdings gibt es immer wieder Überlegungen der Regierung, die Ferienregelung neu zu gestalten. Also vor Reiseantritt nochmal auf Internetseiten wie www.china.org.cn, www.chinaweb.de oder www.michael-mueller-verlag.de vergewissern, wie der aktuelle Stand ist.

Ausgewählte Feierlichkeiten im Jahresverlauf

Januar/Februar: *1. Januar* – am Neujahrstag schlagen die Mönche im Longhua-Tempel 108 mal die große Glocke, um an die 108 Leidenschaften zu erinnern, die den Menschen ans Diesseits binden.

Chinesisches Neujahr: 23. Januar 2012, 10. Februar 2013, 31. Januar 2014, 19. Februar 2015.

März/April: *Guanyins Geburtstag*: Mitte bis Ende März; am 19. Tag des zweiten Mondes hat die in China besonders beliebte buddhistische Gottheit der Barmherzigkeit Geburtstag, z. B. 2012 am 11. März, 2013 am 29. März. In den buddhistischen Klöstern Shanghais, etwa im Longhua, Jing'an sowie im Jade-Buddha-Tempel (→Tour 5 und 6) werden

Ein Nickerchen während der Arbeit ist keine Sünde

Französischen Konzession gelegen. Nähere Infos zur Szene geben http://gay travel.about.com und www.queer.de.

Notruf

Krankenwagen 120
Feuer 119
Polizei 110
Ausländerpolizei 63576666

Öffnungszeiten

Geschäfte sind meist von 10 bis 22 Uhr geöffnet, und das an sieben Tagen die Woche.

Behörden, Reisebüros, Banken öffnen üblicherweise Mo–Fr 9–12 und 14–17 Uhr. Filialen der Bank of China halten ihre Schalter Mo–Fr von 9.30 bis 11.30 und 13.30 bis 16.30 Uhr offen.

Restaurants servieren meist von 11 bis 22 Uhr Essen, viele machen aber auch eine Pause am Nachmittag und sind von 10 bis 14.30 sowie 17 bis 23 Uhr geöffnet.

Museen: Das Gros der bedeutenderen Häuser ist tägl. von 9 bis 17 Uhr geöffnet.

Post

Die **Hauptpost** in Shanghai liegt am Suzhou Creek, 276 Suzhou Rd. North. Tägl. 8–22 Uhr. → 2 Nanjing Rd. West aussteigen, dann der Sichuan Rd. Richtung Norden folgen. Ein weiteres empfehlenswertes **Postamt** liegt gegenüber vom Vorplatz der Shanghai Railway Station.

Die meist grünen **Briefkästen** sind abseits der Postämter rar, Briefmarken sind ebendort sowie in den meisten Buchläden erhältlich, die Ansichtskarten verkaufen. Größere Hotels haben eine Postannahmestelle.

Radio

87,9 FM sendet in englischer Sprache, übers Internet können viele Sender gehört werden, etwa Deutschlandradio und Ö 3.

Rauchen

Ein Rauchverbot wird politisch diskutiert, war aber bei Redaktionsschluss nicht absehbar. Favorisiert wird – wenn überhaupt – eine Lösung, der zufolge Restaurants und Bars getrennte Zonen für Raucher und Nichtraucher einrichten müssen. Taxi-Fahrer sind angehalten, während des Fahrens nicht zu rauchen – manche halten sich aber nicht an die Anweisung.

Sprachkurse

Shanghai ist ein beliebter Ort, um Chinesisch zu lernen. Wer seinen Aufenthalt nutzen möchte, um seine Mandarin-Kenntnisse zu verbessern, kann dies an den Universitäten oder an einer der vielen privaten Sprachschulen in Angriff nehmen.

Die Universitäten bieten während des Semesters Kurse für alle an, zum Beispiel die renommierten Hochschulen **Fudan Universität** (www.fso.fudan.edu.cn) und **Tongji Universität** (www.tongji.edu.cn), die zur Einstimmung einen Online-Sprachkurs für Anfänger bietet.

Privatunterricht mit flexiblen Zeiten in Kleingruppen oder eins zu eins bietet etwa die reizvoll in der früheren Französischen Konzession gelegene private **Mandarin School Han Yuan**. 28 Gaolan Rd., www.hanyuansh.com.

Wer sich für eine private Schule entscheidet, sollte vor Vertragsabschluss erstmal eine Schnupperstunde nehmen.

Einige Hilfen für die Verständigung auf Chinesisch finden Sie in unserem „Kleinen Sprach-Assistenten" S. 260.

Stadtplan

Ergänzend zum Kartenmaterial dieses Buchs sind Stadtpläne am Flughafen Pudong, an den Bahnhöfen und in fast allen Buchläden erhältlich – allerdings sollte man sich nur Material aus dem aktuellen Jahr kaufen, alles andere ist im rasanten Shanghai eine alte Kamelle. Und unbedingt sollte der Plan zweisprachig sein, damit man im Taxi auf den gewünschten Zielort deuten kann. Die in der Regel vierteljährlich aktualisierte *Shanghai Official Tourist Map* ist gratis an den Flughäfen Pudong und Hongqiao erhältlich.

Strom

Die Netzspannung in China beträgt 220 Volt. Da es verschiedene Stecksysteme mit zwei oder drei Kontaktstiften gibt, kann ein Weltreise-Adapter gute Dienste leisten. Die großen Hotels haben meist Steckdosen westlichen Standards.

Shoppen ist sieben Tage die Woche möglich

Telefon

Mobil: Wer ein Handy dabei hat, telefoniert am günstigsten mit einer chinesischen Prepaid-Karte, etwa von China Mobile oder unicom, die in ihren vielen Shops Karten für nationale wie internationale Gespräche anbieten. Mit der internationalen Variante kann man selbstverständlich auch in China telefonieren. Für eine Woche sollte eine Karte für 200 Y ausreichen.

Eine zentral gelegene **China-Mobile-Filiale**: 936 Nanjing Rd. West, unweit der → 2-Station Nanjing Rd. West. Auch am Internationalen Flughafen Pudong gibt es in den Ankunftshallen von Terminal 1 und 2 SIM-Karten chinesischer Netzanbieter.

Vorwahl von China nach Deutschland: 0049 und Vorwahl der Stadt ohne „0"

Vorwahl von China nach Österreich: 0043 und Vorwahl der Stadt ohne „0"

Vorwahl von China in die Schweiz: 0041 und Vorwahl der Stadt ohne „0"

Vorwahl von Deutschland, Österreich und der Schweiz nach China: 0086 und Vorwahl ohne „0", im Fall von Shanghai also 0086 21 und die Rufnummer

Festnetz: Nach Deutschland, Österreich und in die Schweiz kann meist vom Hotelzimmer aus telefoniert werden. Dies ist dies jedoch teuer. Billiger ist dies von den meisten Filialen der China Telecom möglich. Dafür erwirbt man eine Integrated-Circuit-Karte (IC-Karte) bei einer der zahlreichen Filialen von China Telecom (Zhongguo Dianxin), die sowohl für Auslands- wie Inlandsgespräche nutzbar ist.

Integrated-Circuit-Karten gibt es im Wert von 20, 30, 50 und 100 Y sowie in zwei regionalen Varianten: Eine eignet sich nur für Gespräche von Shanghai aus, die zweite ist im ganzen Land nutzbar.

Die IC-Karten können auch an den Kartentelefonen am Straßenrand sowie an vielen Telefonen in kleinen Geschäften oder Kiosken genutzt werden.

Toiletten

Es gibt in Shanghai viele öffentliche Toiletten, deren Zustand allerdings westlichen Standards häufig nicht entspricht. Besser ist es daher, ein ansprechendes Hotel oder Restaurant aufzusuchen. Es ist immer praktisch, Papiertaschentücher mit sich zu führen.

Trinkgeld

Es ist generell nicht üblich, in Restaurants, Bars, Cafés, beim Frisör und im Taxi Trinkgeld zu zahlen. In besseren Hotels und gehobenen Restaurants kann man etwas Trinkgeld geben, wenn man eine gute Dienstleistung anerkennen möchte.

Verhalten

Es versteht sich von selbst, dass man sich als Gast eines Landes gut zu benehmen hat. In China sollten sich Reisende diesen Grundsatz besonders zu Herzen nehmen: Seit 2006 können Vergehen gegen die öffentliche Ordnung und Sittenwidrigkeiten laut Gesetz von der Polizei mit Strafen bis zu 5000 Y und bis zu 15 Tagen Arrest geahndet werden. Laut Auswärtigem Amt Deutschland wird das Gesetz in China inzwischen auch gegen Ausländer angewandt.

Visum und Reisedokumente

Für Reisen nach China benötigen Deutsche, Österreicher und Schweizer ein Visum. Das Standard-Visum berechtigt zur einmaligen Einreise und ermöglicht ab dem Einreisetag einen Aufenthalt von 30 Tagen. Maximal sind 90 Tage für ein Touristenvisum möglich. Für den Antrag benötigt man einen Reisepass, der mindestens sechs Monate über die Aufenthaltsdauer hinaus gültig sein muss. Den Pass gibt man zusammen mit dem Visumantrag und einem biometrischen Passfoto ab.

Das Antragsformular kann man von der Homepage www.china-botschaft.de herunterladen.

Den Visumantrag muss man als Individualreisender persönlich an der Botschaft oder einem Generalkonsulat (→ Diplomatische Vertretungen) abgeben und abholen, außer man wendet sich an einen kommerziellen Visa-Service. Wer an einer Gruppenreise eines Reiseveranstalters teilnimmt, bekommt das Visum in der Regel von diesem besorgt. Wer auf eigene Faust reist, für den gilt: Die Bearbeitung dauert bis zu fünf Werktage und kostet 20 €, ein Express-Visum für denselben Tag kostet 50 €, eines binnen zweier Tage 40 €.

Nicht selten stehen bereits zu früher Stunde lange Schlangen an den Botschaften und Konsulaten an. Hinzu kommt, dass das Procedere in Zeiten einer restriktiven chinesischen Visum-Politik, wie zuletzt im Vorfeld der Olympischen Spiele geschehen, eine Mühsal ist. Daher ist es überlegenswert, einen Visa-Service in Anspruch zu nehmen. Empfehlenswert ist „Taico Travel and Trade" in Berlin, die für deutsche, österreichische und Schweizer Staatsangehörige eine unkomplizierte Bearbeitung ermöglichen: ✆ 030-43776901, www.taico.de, visum@taico.de. Ein weiterer etablierter Anbieter ist der Visa Dienst Bonn (www.visum.de). Die Gebühren der Anbieter variieren und sollten kurz vor Visa-Beantragung verglichen werden.

Falls in Shanghai eine Visumverlängerung nötig werden sollte, fragt man am besten in der diplomatischen Vertretungen des Heimatlandes in Shanghai um Rat (→ Diplomatische Vertretungen).

Wasser

Ausländer sollten weder Leitungswasser trinken noch Obst und Gemüse damit abwaschen.

Zeit

Im Vergleich zu Mitteleuropa beträgt der Zeitunterschied während der Sommerzeit sechs und während der Winterzeit sieben Stunden. Ist es in Shanghai 12 Uhr mittags, ist es (im Winter) hierzulande 5 Uhr morgens.

Zeitungen/Zeitschriften

Chinesische Tageszeitungen: Die führende englischsprachige Tageszeitung ist *Shanghai Daily* (www.shanghaidaily.com). Die nationale *China Daily* ist ebenfalls in Shanghai erhältlich (www.chinadaily.com). Beide Blätter stehen, wie alle Medien in China, unter staatlicher Kontrolle.

Gratis-Stadtmagazine wie das zweiwöchentlich erscheinende *City Weekend* (www.cityweekend.com.cn) und das monatliche *Talk* verschaffen Übersicht über das kulturelle Programm – allerdings sind beides Anzeigenblätter, die keinen vollständigen Überblick geben. Beide liegen in vielen Cafés, Kneipen und Hotels der Stadt aus.

Internationale Tageszeitungen wie der *International Herald Tribune* und die *Financial Times* sind in den meisten Hotels der Spitzenklasse zu haben. Auch **Zeitschriften** wie *Newsweek*, *Economist* und in selteneren Fällen *Der Spiegel* sind im Angebot.

Zoll

Bei der Einfuhr ist es gestattet, maximal 400 Zigaretten, 600 ml Parfüm sowie zwei Liter Alkohol mitzubringen. Es dürfen nicht mehr als 6000 Y Bargeld eingeführt werden. Ausländische Devisen über einem Gegenwert von 5000 US-Dollar sind zu deklarieren.

Es ist verboten, Drucksachen, Tonträger oder Filmmaterial mit landeskritischen Inhalten einzuführen. Raubkopien von CDs und DVDs dürfen weder ein- noch ausgeführt werden.

Die Ausfuhr von Objekten, die mehr als 100 Jahre alt sind, unterliegt Beschränkungen. Wer **Antiquitäten** ausführen möchte, benötigt ein Exportformular und das rote Lacksiegel eines Antiquitäten-Geschäfts.

Gefüllte Reistaschen sind ein günstiger und schmackhafter Imbiss

Ein Highlight der Altstadt-Tour: Konfuziustempel

Stadttouren

Tour 1

Der Bund

„Diese Stadt ist die Königin, die Metropole des europäischen Handelsverkehrs mit dem Reich der Mitte." (Graf v. Hübner, österreichischer Diplomat und Reisender, 1871)

Wie Perlen auf einer Kette reihen sich am Bund die Paläste der einstigen Kolonialherren. Die Prachtstraße am West-Ufer des Huangpu ist Shanghais schönste Seite. Auf knapp zwei Kilometern Länge haben sich hier die wirtschaftlich und politisch Mächtigen der Stadt im späten 19. und frühen 20. Jahrhundert einen kreativen Wettbewerb um das schönste Gebäude geliefert. Die meisten Bauwerke am Bund, der früheren Kaimauer, zählen zum Klassizismus. Noch heute residieren in einigen von ihnen Bankfilialen und Versicherungen, andere dienen noblen Modemarken als Verkaufsraum oder beheimaten Restaurants mit Top-Ausblick. Wer den Architekten-Wettstreit gewonnen hat? Schwer zu sagen. Am besten, Sie machen sich selbst ein Bild.

Der Bund gehört zu den schönsten Straßenzügen des Globus. Zwei Kilometer ist er lang, was nicht viel ist in einer Stadt von diesen Ausmaßen. Aber Ästhetik wirkt, und so verwundert es nicht, dass es im Jahr 2010 zur Eröffnung der Weltausstellung viele Fernsehbilder der Prachtstraße am Huangpu zu sehen gab.

Dieses einzigartige architektonische Ensemble hat seit einigen Jahren ein ebenbürtiges Gegenüber – die futuristische Skyline Pudongs auf der anderen Huangpu-Seite. Man stelle sich an die Uferpromenade, Gesicht zum Bund, und lasse den Blick langsam die Parade der Pretiosen aus Stein entlang schweifen. Dann drehe man sich um 180 Grad und schaue

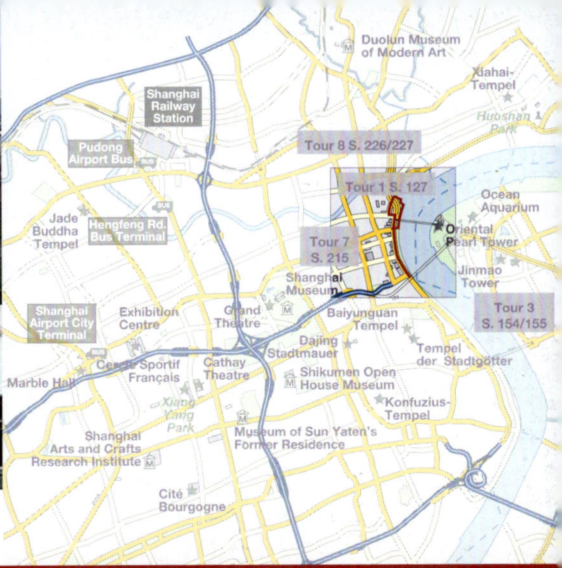

Der Bund

auf das Wolkenkratzer-Gebirge aus Stahl und Glas: Stärker und reizvoller kann ein städtebaulicher Kontrast kaum sein.

Das Leben am Bund beginnt früh morgens, wenn die Sonne langsam die Hochhäuser Pudongs emporkriecht und die Nacht verscheucht. Zu dieser frühen Stunde finden sich bei schönem Wetter Einheimische auf der Uferpromenade ein. Sie üben sich im chinesischen Schattenboxen Tai Chi, lassen Drachen steigen, führen Tänze mit Fächern oder Schwertern auf. Auch der ein oder andere Jogger ist zu sehen.

Die Skyline Pudongs zeigt sich zu dieser Zeit wie ein Schattenriss; dagegen erstrahlen die Kolonial-Paläste im klaren Licht des Morgens. Tagsüber wird es voll am Bund: Scharen von Touristen stromern dann an Verkäufern vorbei, die versuchen, ihnen allerlei Dinge anzudrehen.

Wenn die Sonne untergeht, blicken Pärchen versunken aufs Wasser. Dann beginnen die Hochhäuser Pudongs zu funkeln, und so mancher Büroturm wie auch so manches Schiff auf dem Fluss macht als Werbefläche Überstunden. Etwas bescheidener als das hypermoderne Gebäude-Ensemble erstrahlt dann die koloniale Prachtmeile im Scheinwerferlicht.

Tour 1: Kolonial-Ambiente mit Ausblick

Die Erkundung von Shanghais Schmuckstück startet an der Einmündung der **Nanjing Road** in den Bund (Zhongshan Dong Yi Lu). Dort geleitet ein Zebrastreifen den Fußgänger hinüber zu einer rund 6 m hohen Statue. Sie zeigt nicht den Nationalheiligen Mao Zedong, wie viele Touristen zunächst glauben, sondern den ersten Bürgermeister Shanghais nach der Gründung der Volksrepublik 1949. Sein Name war *Chen Yi*, und glaubt man den

Geschichtsbüchern, so hat er seine Stadt behutsam aus der kurzen, aber von blutigen Kämpfen durchtränkten Periode der Republik in die neue Zeit des Kommunismus geführt.

Start und Ende der Rundtour: Zebrastreifen am Bund auf Höhe der Nanjing Road. Ⓜ 2 Nanjing Rd. East (2 Nanjing Dong Lu)

Dauer: 1½ bis 2 Std.

Hinter der Statue führt eine Treppe zur knapp 7 m hohen Uferpromenade. Das Bauwerk versinnbildlicht, woher der Name „Bund" stammt: Bereits kurz nachdem der erste Konsul Großbritanniens, George Balfour, 1843 in Shanghai an Land gegangen war, inspizierten die Briten das Ufer, wo traditionell die Dschunken anlegten. Zu instabil erschien ihnen der sumpfige Streifen, um Handelsschiffe sicher vertauen zu können, und so bauten die Briten eine Kaimauer – Bund ist eine angelsächsisch-indische Wortschöpfung dafür. An der Uferpromenade tun sich sagenhafte Blicke auf den Fluss und die Skyline Pudongs auf.

Links geht es nun bis zum → **Huangpu-Park** (Huangpu Gongyuan). Zunächst führt die Uferpromenade aber bis zum *Denkmal der Volkshelden*. Die drei in die Höhe strebenden Granit-Obelisken symbolisieren aneinander gelehnte Gewehre. Wer zum Sockel des Denkmals hinab schreitet, gelangt unten zum Eingang des → **Bund History Museum**.

Wir unterlassen dies jedoch und folgen gleich den Treppen links, die in den Park führen. Wer möchte, kann unter den Bäumen kurz rasten und den Park anschließend durch den Ausgang am nördlichen Ende verlassen. Weiter geht es an der eisernen, 2008 renovierten → **Garden Bridge** (Waibaidu Qiao) vorbei. Unmittelbar danach halten wir uns links und überqueren die Straße. Bald tun sich durch einem hohen Zaun Blicke auf das ehemalige → **Britische Generalkonsulat** auf (33 Zhongshan No. 1 Road East). Zuletzt als Kindergarten genutzt wurde es 2011 noch renoviert. Nun strebt der Spaziergänger der edelsten Häuserzeile entgegen, die Shanghai zu bieten hat: dem Bund. Tagsüber strahlt sie vor Eleganz, nachts schmiegt sie sich wie ein funkelndes Schmuckband an den Fluss.

Den Auftakt der alten Schönheiten aus Stein macht nach dem neuen Peninsula-Hotel die ehemalige → **Banque de l'Indochine**, heute Everbright Bank. Eine erste Stippvisite lohnt Haus-Nr. 26, die Agricultural Bank of China, ehemals → **Yangtze Insurance Company**, deren weißer Marmor im Innern von einer Glaskuppel überspannt wird. Weiter geht es an der schmucken, 1941 während der japanischen Besatzung errichteten → **Bank of China** (23 Zhongshan No. 1 Road East) vorbei, deren Fassade chinesische und westliche Stilelemente vereint An dieser Stelle erhob sich früher der deutsche Club Concordia (→ Kasten „Deutsche Spuren am Bund"). Als Nachbar hat die Bank das legendäre → **Peace Hotel** (20 Zhongshan No. 1 Road East), früher als **Cathay Hotel** bekannt. Unter dem grünen Kupferdach hatte sich Bauherr *Sir Victor Sassoon* ein Penthouse einrichten lassen, in dem er rauschende Feste gegeben haben soll. Das 1929 eröffnete Cathay steht für Art déco par excellence. Als es erstmals seine Pforten öffnete, war es das modernste, luxuriöseste und teuerste Hotel im Fernen Osten.

Die Nanjing Rd. (Nanjing Donglu) überquerend, schreitet man die Parade der Fassaden weiter ab und erreicht bei Nr. 13 das → **Custom House** (13 Zhongshan No. 1 Road East). Das Zollhaus war Symbol der britischen Handelsmacht am Huangpu. Gestaltet ha-

❶ Ehemaliges Britisches Generalkonsulat 原英国领事馆
❷ Banque de l'Indochine 光大银行上海分行
❸ Glen Line Steamship Company 格林邮船大楼
❹ Jardine Matheson & Company 怡和洋行
❺ Yangtze Insurance Company 扬子保险公司
❻ Yokohama Specie Bank 日商横滨正金银行
❼ Bank of China 中国银行
❽ Peace Hotel 国泰宾馆
❾ Palace Hotel 汇中饭店
❿ Chartered Bank of India Australia and China 麦加利银行
⓫ North China Daily News 字林大楼
⓬ Bank of Taiwan 台湾银行
⓭ Russo-Asiatic Bank 俄亚银行
⓮ Bank of Communications 交通银
⓯ Customs House 海关大楼
⓰ Hongkong and Shanghai Banking Corporation 香港上海汇丰银行有限公司
⓱ China Merchants Steam Navigation Company 招商货柜航运有限公司
⓲ Great Northern Telegraph Company Building 盘谷银行
⓳ Commercial Bank of China 中国商业银行
⓴ Nisshin Kisen Kaisha Building 海运大
㉑ Unions InsuranceCompany 友宁大楼
㉒ Shanghai Club 上海总会
㉓ Asiatic Petroleum Building

ben es die Architekten *Palmer & Turner* im Jahr 1927. Es hatte zwei Vorgängerbauten am selben Ort: Das erste Zollhaus aus dem Jahr 1857 war noch der Form eines chinesischen Tempels nachempfunden, das zweite von 1893 im Tudor-Stil erinnerte eher an eine Kirche, während das gegenwärtige

Exemplar mit seinem mächtigen Uhrenturm Stein gewordener Ausdruck wirtschaftlicher und imperialer Macht ist.

Das Nachbargebäude (12 Zhongshan No. 1 Road East) steht dem Zollhaus in nichts nach. „Scheuen Sie keine Kosten, aber dominieren Sie den Bund“, lautete die Marschrichtung, die die → **Hongkong and Shanghai Banking Corporation** den Architekten *Palmer & Turner* für den Bau der Bankzentrale vorgab. Seit der Fertigstellung im Jahr 1923 besticht dieses Bauwerk Besucher durch sein attraktives Äußeres wie Inneres: Das Auge entdeckt Goldmosaiken an den Decken, auf dem Marmorboden ruhen schwere Ledersofas, und darüber spannt sich ein Glasdach mit Kuppeln, deren leichte Eleganz einen Staunen macht.

Nach diesem Augenschmaus absolviert man den Rest der Prachtmeile. Einen genaueren Blick lohnt u. a. noch der ehemalige → **Shanghai Club** (2 Zhongshan No. 1 Road East). Der von zwei Türmchen gekrönte Bau aus dem Jahr 1910 war lange Zeit der exklusivste Club der Stadt – und ein Paradebeispiel für Diskriminierung: Chinesen, Farbige und Frauen hatten keinen Zutritt. So waren die Kolonialherren drinnen an der 33 m langen Mahagoni-Bar unter sich. Von einem Clubmitglied namens Noel Coward sind die Worte überliefert: „Lege deine Wange auf diese Bar, und du wirst die Erdkrümmung sehen.“

Seit 2011 sind Gäste in der einst legendären Bar wieder willkommen. Ein neues Luxushotel will aus der Historie des Gebäudes Kapital schlagen. Wir peilen nun den Wendepunkt dieses Spaziergangs an, den **Signal Tower** (Waitan Bowuguan). In dem Turm war seit 1907 eine Wettersignal-Station untergebracht. Heute zeugen im Parterre alte Fotografien von der Historie des Bund, im ersten Geschoss serviert eine Bar Getränke. Auf Höhe des Turms kann man die Straße überqueren, um auf der Uferpromenade zurück bis zum Übergang an der Nanjing Road zu flanieren.

Die Garden-Bridge führt von Norden auf den Bund

Sehenswertes

Der Bund ist ein Straßenzug, bei dem jedes Bauwerk als Kunstwerk betrachtet werden kann – auch wenn es historisch nicht für jeden interessant sein mag. Daher stellen wir im Folgenden die Kolonial-Paläste – ausnahmsweise – *vollständig* der Reihe nach vor; dies soll eine Hilfe für die sein, die jedes einzelne Bauwerk kennen lernen möchten. Wem dies nicht so wichtig ist, dem möge die ausführliche Liste helfen, eigene Schwerpunkte zu setzen.

Huangpu-Park (Huangpu Gongyuan) 黄浦公园

Früher bewachten Sikhs mit leuchtend roten Turbanen den Garten, den die Briten 1868 anlegen ließen. Chinesen durften den Park zunächst nicht betreten, außer sie begleiteten als Diener oder Kindermädchen Ausländer. Nach heftigen Protesten lockerte der Municipal Council die Regelung und gewährte „vorschriftsmäßig gekleideten" Chinesen Eintritt in den Park. Erst ab 1928 stand die Grünanlage den Einheimischen ohne jede Einschränkung offen. Das rund 60 m hohe **Volkshelden-Denkmal** stammt aus dem Jahr 1993, unter den Obelisken erinnert ein Relief an die Kämpfe, die Shanghai von 1840 (Opiumkrieg) bis 1949 (Einmarsch der Volksbefreiungsarmee) ertragen musste. Übrigens soll an dieser Stelle des Parks von 1898 bis 1918 das sogenannte *Iltis-Denkmal* gestanden haben, das an die Besatzung des deutschen Kanonenbootes Iltis erinnerte, das während eines Taifuns im Chinesischen Meer untergegangen war. Es war das einzige deutsche Denkmal in Shanghai. 1918 nach der Niederlage Deutschlands im Ersten Weltkrieg wurde es von seinem Sockel im Huangpu-Park gestürzt. Heute kann man in dem Park Einheimische beim Sport beobachten oder sich, beschattet von Bäumen, eine Pause gönnen.

500 Zhongshan No. 1 Rd. East (500 Zhongshan Dong Yi Lu), 中国上海市中山东一路500号

Bund History Museum (Waitan Lishi Jinianguan) 外滩历史纪念馆

Ein Rundgang durch diese informative Dauerausstellung gibt einen schnellen Überblick, wie Shanghais berühmtester Straßenzug entstanden ist. Unter anderem ist ein Foto des deutschen Concordia Club zu sehen, der nach dem 1. Weltkrieg von den Chinesen abgerissen wurde, um die Bank of China zu errichten.

Mo–Fr 9–16 Uhr, Eintritt frei. 475 Zhongshan No.1 Road East (475 Zhongshan Dong Yi Lu), 中国上海市中山东一路475号

Garden Bridge (Waibaidu Qiao) 外白渡桥

Seit 1908 spannt sich diese Brücke mit ihren zwei elegant geschwungenen eisernen Bögen über den Suzhou Creek und markiert seither den Beginn des nördlichen Bund. Die Eisenkonstruktion ersetzte eine 1856 errichtete Holzbrücke und verband den US-amerikanischen Teil des International Settlement auf der Nordseite mit dem britischen Teil auf der Südseite. Im Dach des Stahlgestells der Brücke waren Führungen für Elektro-Straßenbahnen eingelassen.

Im Mai 1989, als Arbeiter und Studenten landesweit in den großen Städten für Demokratie, Pressefreiheit und

Menschenrechte demonstrierten und der Bund zum Zentrum der Massenproteste in Shanghai wurde, blockierten Werft- und Textilarbeiter sowie Studenten die Brücke. Sie reagierten damit auf Meldungen, Regierungssoldaten seien bereits in die Vororte eingerückt. Nach der blutigen Niederschlagung der Demonstrationen auf dem Platz des Himmlischen Friedens in Peking ebbten auch die Proteste am Bund ab. Drei Shanghaier Demonstranten, denen vorgeworfen wurde, sie hätten einen Zug in Brand gesetzt, ließ die Regierung hinrichten. Anfang 2008 wurde die Garden Bridge komplett abgebaut und in einer Werft am Huangpu saniert. Nach Abschluss der Restaurierung erstrahlt sie nun in neuem Glanz.

Suzhou Rd. South/Zhongshan No. 1 Rd. East (Suzhou Lu/Zhongshan Dong Yi Lu), 中国上海市中山一路

Ehem. Britisches Generalkonsulat 原英国领事馆

Der britische Konsul in Shanghai war ein mächtiger Mann, und dies sollte auch sein Amtssitz am strategisch wichtigen Zusammenfluss von Suzhou Creek und Huangpu zum Ausdruck bringen. Das erste Konsulat brannte 1870 ab und wurde durch den heute noch stehenden Bau aus dem Jahr 1873 ersetzt. Auf dem großen Gelände entstand ein ganzes Ensemble der Kolonialverwaltung samt Gerichtsgebäude, Marineverwaltung und Residenz des Konsuls. Diese Gebäude existieren jedoch nicht mehr. Anders das Generalkonsulat: Nach der Gründung der Volksrepublik China 1949 war es lange Jahre Sitz des China International Travel Service und danach ein Kindergarten. Zur Zeit der Recherche 2011 waren die Sanierungsarbeiten fast vollendet.

33 Zhongshan No. 1 Rd. East (33 Zhongshan Dong Yi Lu), 中国上海市中山东一路33号

Banque de l'Indochine 光大银行上海分行

Diese einst größte französische Bank in China residierte in unmittelbarer Nachbarschaft des Britischen Konsulats. Der dreigeschossige Bank-Palast wurde 1911 bis 1914 von *Atkinson & Dallas* gebaut. Eine der wichtigsten Projekte der Bank war es, die Yunnan-Eisenbahn zu finanzieren, die 1910 eine Schienenverbindung zwischen dem Süden Chinas und dem Norden Vietnams einrichtete.

29 Zhongshan No. 1 Rd. East (29 Zhongshan Dong Yi Lu), 中国上海市中山东一路29号

Glen Line Steamship Company 格林邮船大楼

Die Architekten von *Palmer & Turner*, die Shanghai mit vielen Bauten prägten, haben das Gebäude 1921 im Stil des Klassizismus für eine Schifffahrtsgesellschaft gestaltet. Die Gesellschaft betrieb die Linie London-Shanghai, deren Schiffe unterwegs u. a. auch in Penang, Singapur und Hongkong anlegten. 1937 zog hier vorübergehend das deutsche Konsulat ein, nachdem das angestammte Gebäude nördlich des Suzhou Creek, heute steht dort das Seagull Hotel, wegen Termitenbefalls geschlossen worden war.

28 Zhongshan No. 1 Rd. East (28 Zhongshan Dong Yi Lu), 中国上海市中山东一路28号

Jardine Matheson & Company 怡和洋行

Die vier imposanten Säulen der Fassade zeugen von der Macht des Handelsimperiums, das die Briten William Jardine und James Matheson gründeten. Die beiden Kaufleute finanzierten einen Großteil der britischen Kosten für den Opiumkrieg, mit dem Großbritannien die Abtretung Hongkongs sowie die völlige Öffnung der Häfen Shanghai,

Xiamen, Ningbos, Fuzhous und Guangzhous erzwang. Seit 1840 saß diese einst einflussreichste Firma des Asienhandels an dieser prominenten Stelle. In seiner heutigen Form wurde der Firmensitz 1922 eröffnet. Gegenwärtig beherbergt das Gebäude Bars, Restaurants und Luxusgeschäfte.

27 Zhongshan No. 1 Rd. East (27 Zhongshan Dong Yi Lu), 中国上海市中山东一路27号

Yangtze Insurance Company 扬子保险公司

Dieser schmale, sieben Stockwerke hohe Bau gehört nunmehr der Agricultural Bank of China. Es wurde 1920 von *Palmer & Turner* errichtet, die ihre Kreativität in insgesamt neun Häuser am Bund einbrachten. Früherer Eigentümer war ein Versicherungsunternehmen, das Schifffahrtsunternehmen gegen Risiken absicherte. Nach der Verstaatlichung des Gebäudes hatten sich hier u. a. die Italienische Handelskammer sowie das Dänische Konsulat eingemietet, heute nutzt die Agricultural Bank of China das Gebäude.

26 Zhongshan No. 1 Rd. East (26 Zhongshan Dong Yi Lu), 中国上海市中山东一路26号

Yokohama Specie Bank 日商横滨正金银行

Dieses Haus ist angeblich der Form einer Kindersparbüchse nachempfunden. Zum Zeitpunkt seiner Eröffnung 1924 beheimatete der Finanzpalast lange Zeit die Auslandsbank der japanischen Regierung. Die Yokohama Specie Bank hatte 1893 als fünftes ausländisches Kreditinstitut eine Niederlassung in Shanghai eröffnet.

25 Zhongshan No. 1 Rd. East (25 Zhongshan Dong Yi Lu), 中国上海市中山东一路25号

Bank of China 中国银行

Wo sich früher der deutsche Concordia Club (→ Kasten „Deutsche Spuren am Bund") befand, ließ das chinesische Finanzministerium während der kurzen Zeit der Republik (1911–1949) diesen Prestigebau für die Staatsbank errichten. Architekt *Lu Qianshou*, der für das Architektenbüro Büro Palmer & Turner arbeitete, sollte ein Gebäude errichten, das Fortschritt und chinesische Traditionen vereint. So erklärt sich die Mischung aus Art-déco-Elementen (monumentaler Eingangsbereich, Betonung der Vertikalen) und chinesischen Stilelementen (geschwungenes Dach, Schutzlöwen und Steinreliefs am Eingang, Ornament-Durchbrüche an der Fassade). Das Gebäude war mit 17 Stockwerken nur wenig niedriger als

Nahe dem Signal Tower am Südende des Bund fahren die Fähren nach Pudong ab

das benachbarte Cathay Hotel von Victor Sassoon. Eine Antenne machte schließlich den Unterschied zugunsten der Bank of China aus. Es ist übrigens das einzige Gebäude am Bund, in dem es keinen Mieterwechsel gab.

23 Zhongshan No. 1 Rd. East (23 Zhongshan Dong Yi Lu), 中国上海市中山东一路23号

Deutsche Spuren am Bund

Heinrich Becker heißt der Mann, der Shanghai aus deutscher Sicht wohl am nachhaltigsten geprägt hat. Architekt war er, und eines seiner Gebäude, die Russo-Asiatic Bank aus dem Jahre 1902, zählt zur denkmalgeschützten Parade kolonialer Baukunst am Bund.

In Schwerin geboren, hatte Becker in München studiert und danach fünf Jahre in Kairo gearbeitet, ehe er 1898 nach Shanghai kam, um bis zu seiner Rückkehr nach Deutschland 1911 in China zu wirken. Mit seinem von der Neo-Renaissance geprägten Baustil stieg Heinrich Becker rasch zum Baumeister Nummer eins der deutschen Gemeinden in China auf.

China und Preußen unterzeichneten am 14. Januar 1863 in Shanghai einen Handelsvertrag. Die Abmachung garantierte den deutschen Staaten die gleichen wirtschaftlichen und diplomatischen Rechte, wie sie das im ersten Opiumkrieg besiegte Kaiserreich China 1842 Großbritannien und danach vielen anderen Staaten einräumen musste. Im Jahr 1871 gingen die Rechte Preußens auf das Deutsche Reich über, und in der Folge entstand nahe des nördlichen Bund, wo der Suzhou Creek in den Huangpu mündet, ein erstes deutsches Zentrum: An der Stelle des heutigen Seagull Hotels stand ab 1885 das deutsche Generalkonsulat, direkt dahinter (heute Ecke Huangpu Rd./Jinsha Rd.) erhob sich ab 1901 die evangelische Kirche, das erste Gotteshaus einer deutschen Gemeinde in China. Der Kirche waren die Räumlichkeiten der Kaiser-Wilhelm-Schule angegliedert.

Becker baute auch den deutschen Gartenclub, der mit zehn Tennisplätzen und großer Rollschuhbahn gesellschaftliches Zentrum der deutschen Gemeinde war. Die Bahn wurde 1910 eröffnet, als rund 1000 Deutsche in Shanghai lebten. Der Gartenclub wurde im Zuge des von Deutschland angezettelten Ersten Weltkriegs von den französischen Kolonialbehörden in Shanghai übernommen. Heute steht dort das Okura Garden Hotel (Ecke Maoming Rd./Huaihai Rd. → Tour 6).

Glanzlicht des gesellschaftlichen Lebens der Deutschen war jedoch der von Becker 1907 errichtete *Club Concordia*. Er stand am Bund, wo sich nun die Bank of China erhebt. Den Grundstein hatte Kaiser Wilhelms Sohn Prinz Adalbert von Preußen im Oktober 1904 gelegt, die Baukosten sollen mehr als 500.000 Goldmark betragen haben. Samt Turm maß das Clubhaus 48 Meter und war damit bei Fertigstellung das höchste Gebäude am Bund. 1917 mussten die Deutschen China wegen des Ersten Weltkriegs verlassen, 1919 bekam China das Gebäude im Zuge der Wiedergutmachung zugesprochen und errichtete an Stelle des Club Concordia die Bank of China. So bleibt die Russo-Asiatic Bank das einzige Zeugnis deutscher Präsenz am Bund.

Ganz in der Nähe ist ein weiteres Bauwerk Beckers erhalten, die ehemalige Kaiserlich-Deutsche Post, die man an der Ecke Sichuan Rd./Guangdong Rd. bestaunen kann (→ Tour 7).

Peace Hotel (früher Cathay Hotel) 国泰宾馆

Ein pyramidenförmiges Kupferdach krönt das Pioniergebäude des Art déco in Shanghai. *Sir Victor Sassoon*, einer der erfolgreichsten Kaufleute Shanghais, ließ sich diesen Palast des Luxus 1929 als Firmenzentrale samt Hotel errichten, das sich von der vierten bis zur fünften Etage erstreckte. Das Bauwerk entstand zu einer Zeit, als Shanghai seine bis dahin größte wirtschaftliche Blüte erlebte. Die Fassade, die über den drei Torbögen schlank emporsteigt, steht für Purismus in Reinform. Das Auge findet keinen Schnörkel, bis ein vorstehender Balkon dem Blick Einhalt gebietet. Darüber spitzt sich das grüne Kupferdach zu. Seit Jahren ist dieses Schmuckstück der Shanghaier Architektur als *Peace Hotel* bekannt – ein Name, den sich die kommunistischen Machthaber nach der Verstaatlichung ausdachten. Im Innern sind Schmuckstücke der ursprünglichen Art-déco-Einrichtung erhalten. Das Hotel wurde bis 2010 aufwendig restauriert. Seither zählt das Peace Hotel wieder zu den Top-Adressen der Stadt; die Inneneinrichtung des Foyers und der Lobby mit Glasarbeiten von Lalique und anderen Jugendstilelementen ist auch für Nicht-Hotelgäste eine Freude.

20 Zhongshan No. 1 Rd. East (20 Zhongshan Dong Yi Lu), 中国上海市中山东一路20号

Palace Hotel 汇中饭店

Hier wurde Sun Yatsen nach seiner Rückkehr aus den USA im Dezember 1911 zum provisorischen Präsidenten der neu gegründeten Republik China ernannt. Das 1906 bis 1908 erbaute Haus war das erste Hotel am Bund und wurde dann Teil des Cathay Hotels. Nach Abschluss der Renovierungsarbeiten zogen 2011 Bars und Restaurants ein. Wissenswert für Kunstinteressierte: In der ersten Etage befindet sich ein großer Raum für wechselnde Ausstellungen.

19 Zhongshan No. 1 Rd. East (19 Zhongshan Dong Yi Lu), 中国上海市中山东一路19号

Chartered Bank of India Australia and China 麦加利银行

Drei große Fensterflächen dominieren die Fassade dieser 1923 von *Palmer & Turner* errichteten Bankzentrale. Zwei ionische Säulen steigen über dem Eingang empor. Die vier rosa geäderten ionischen Marmorsäulen im Foyer stammen aus einer toskanischen Kirche, wie Restauratoren bei Arbeiten an dem Bau festgestellt haben. Die gelungene Sanierung trug dem Gebäude eine Auszeichnung der UNESCO ein.

18 Zhongshan No. 1 Rd. East (18 Zhongshan Dong Yi Lu), 中国上海市中山东一路18号

North China Daily News 字林大楼

Wer den Kopf in den Nacken legt und die Fassade hinaufblickt, wird acht Atlanten entdecken. Die Stützfiguren tragen den Wandvorsprung, über dem in roten Lettern das Kürzel AIA prangt – es steht für „American Insurance Association". Die Versicherung mietete sich hier 1998 ein. Doch seinen historischen Ursprung hat der schlanke Bau 1924 als Verlagssitz der „North China Daily News". Das damals einflussreichste englischsprachige Blatt in China wurde von dem Briten *H. E. Morriss* gegründet, dessen Familienresidenz an der Maoming Rd. noch heute von der einstigen wirtschaftlichen und politischen Macht des Verlages zeugt (→ Tour 5). Am Bund war Morriss nur Mieter, dennoch prägte die Tageszeitung die Erscheinung des Gebäudes, abzulesen an den Reliefs der Fassade, von denen eines den Journalismus versinnbildlicht, ein anderes das Druckwesen. Auch ein

Blick in die Eingangshalle lohnt: Goldmosaiken schmücken die Decke.
17 Zhongshan No. 1 Rd. East (17 Zhongshan Dong Yi Lu), 中国上海市中山东一路 17号

Bank of Taiwan 台湾银行

Das Gebäude wurde 1924 nach Plänen von *Lester Johnson & Morriss* errichtet. Es wirkt etwas gedrungen, doch der Kontrast zwischen den westlich inspirierten Säulen und der asiatisch geprägten Dachgestaltung macht es interessant fürs Auge. Die Bank of Taiwan war übrigens ein japanisches Kreditinstitut. Nippon hielt Taiwan von 1895 bis 1945 besetzt.
16 Zhongshan No. 1 Rd. East (16 Zhongshan Dong Yi Lu), 中国上海市中山东一路16号

Russo-Asiatic Bank 俄亚银行

Der deutsche Architekt *Heinrich Becker* hat diesen dreigeschossigen Bau mit einer Fassade im Stil der italienischen Neorenaissance versehen. Zusammen mit dem nicht mehr existierenden *Club Concordia*, der einst an der Stelle der Bank of China stand, machte dieser Bau die Präsenz Deutschlands am Bund aus. Die Fassade ist wohl proportioniert. Die Atlanten, die als Stützfiguren einst den Sims trugen, verschwanden während der Kulturrevolution (1966–1976) wie so vieles andere. Heute hat in dem Haus der Gold Exchange seinen Sitz.
15 Zhongshan No. 1 Rd. East (15 Zhongshan Dong Yi Lu), 中国上海市中山东一路15号

Bank of Communications 交通银

Erbaut während der zuversichtlichen, aber nur kurz anhaltenden Phase nach dem Zweiten Weltkrieg, ist dieses Gebäude aus dem Jahre 1948 das jüngste im Ensemble am Bund. Gestaltet von *H. C. Gonda*, der sich in Shanghai ansonsten vor allem mit dem Bau von Filmtheatern einen Namen machte, verbreitet die Bank of Communications einen eher kühlen Art-déco-Charme.
14 Zhongshan No. 1 Rd. East (14 Zhongshan Dong Yi Lu),, 中国上海市中山东一路14号

Nächtlicher Kontrast – hinter den Kolonialbauten thronen Wolkenkratzer

Custom House 海关大楼

Vier dorische Säulen markieren den Eingang zum Custom House, das von einem imposanten Uhrenturm gekrönt ist. Die Architekten *Palmer & Turner* errichteten das Zollhaus 1927. Das mächtige Gebäude folgte zwei Vorgängern, die an diesem Ort gestanden hatten. Als die Taiping-Rebellen Mitte des 19 Jh. auch Shanghai ins Chaos gestürzt hatten, übertrugen die chinesischen Behörden 1854 die Zollverwaltung den Briten. Die noch heute vorhandene Uhr „Big Ching" – in Anlehnung an Londons Big Ben – stammt aus dem Jahr 1843. Von 1966 bis 1976 wurde sie während der Kulturrevolution jedoch ausgebaut und durch 40 Lautsprecher ersetzt. Statt des gewohnten Geläuts erklang damals Mao Zedongs Hymne „Der Osten ist rot". Erst 1986 wurde das Original-Uhrwerk wieder eingesetzt.

13 Zhongshan No. 1 Rd. East (13 Zhongshan Dong Yi Lu), 中国上海市中山东一路13号

Hongkong and Shanghai Banking Corporation 香港上海汇丰银行有限公司

Das vielleicht größte aller Schmuckstücke am Bund. Kein Besucher Shanghais sollte das rund 100 m breite Bauwerk passieren, ohne zuvor durch eine der drei hölzernen Drehtüren gegangen zu sein. Die Eingangshalle gleicht einem kleinen Dom: Die mit Mosaiken ausgeschmückte Kuppel zeigt Helios, wie er den Sonnenwagen über das Firmament zieht. Insgesamt acht Deckenmosaiken stellen die Finanzzentren der Welt dar, in denen die Bank präsent war. Natürlich findet sich der Name Shanghai darunter. Was 1923 Stand der Dinge war, kann heute als Ausdruck des aktuellen Anspruchs der Stadt gelesen werden, künftig im Finanz-Netzwerk der Welt eine führende Rolle zu spielen.

Großstadtreiter am Start

Die alte Schalterhalle ist ganz in hellgrauem Marmor gehalten und mit ebensolchen Säulen bestanden. Darüber spannt sich ein Himmel aus Glas. Nach der Enteignung durch die Kommunisten diente das Bauwerk von 1955 bis 1995 als Rathaus. Und so kam es, dass es in den Jahren 1986 und 1989 Schauplatz von Massendemonstrationen wurde. Studentenführer Da Junyi rief 1986 vor 50.000 Kommilitonen dem damaligen Bürgermeister und späteren Staatspräsidenten Jiang Zemin entgegen: „Öffnet eure Augen. Wir werden unterdrückt. Doch das chinesische Volk wird sich nicht versklaven lassen." Heute residiert die Pudong Development Bank in dem

Prachtbau, dessen Eingang wie früher von zwei Löwen bewacht wird. Es sind die Kopien der beiden originalen steinernen Türwächter, die nunmehr im Shanghai Museum am Volksplatz still vor sich hinbrüllen.
12 Zhongshan No. 1 Rd. East (12 Zhongshan Dong Yi Lu), 中国上海市中山东一路12号

China Merchants Steam Navigation Company 招商货柜航运有限公司

Dieses Gebäude ist angeblich eines der ältesten am Bund. Bereits um 1860 soll es errichtet worden sein, 1901 wurde es renoviert und ausgebaut. 1877 zog die China Merchants Steam Navigation Company ein und wurde so das erste chinesische Unternehmen, das am Bund eine Repräsentanz hatte. Nach der Machtübernahme durch die Kommunisten war hier u. a. die Aufsichtsbehörde des Shanghaier Hafens untergebracht.
9 Zhongshan No. 1 Rd. (9 Zhongshan Dong Yi Lu), 中国上海市中山东一路9号

Great Northern Telegraph Company Building 盘谷银行

In diesem Haus von 1906 sind heute die Bangkok Bank sowie das thailändische Generalkonsulat untergebracht. Bis 1922 war es Sitz der dänischen Great Northern Telegraph Company. Das Unternehmen betrieb bereits 1881 die erste Telefonvermittlung Chinas und richtete 1882 im Vorgängergebäude den ersten öffentlichen Fernsprecher der Stadt ein.
7 Zhongshan No. 1 Rd. (7 Zhongshan Dong Yi Lu), 中国上海市中山东一路7号

Commercial Bank of China 中国商业银行

Diesen neu-gotischen Bau mit fünf Spitzgiebeln errichteten *Morrison & Gratton* 1881. Er zählt damit ebenfalls zu den ältesten Architekturen am Bund. Das Bauwerk wurde mehrfach renoviert und beheimatete ursprünglich das erste Bankhaus Shanghais, das chinesische Eigentümer hatte.
6 Zhongshan No. 1 Rd. (6 Zhongshan Dong Yi Lu), 中国上海市中山东一路6号

Nisshin Kisen Kaisha Building 海运大

Wer einen bezaubernden Blick auf Pudong genießen und dabei fein speisen möchte, ist hier richtig. Das „M on the Bund“ war 1999 das erste Restaurant, das sich ein Plätzchen samt Dachterrasse in der ersten Reihe am Huangpu sicherte. Das Gebäude aus dem Jahr 1925 wurde wie so viele andere am Bund im Stil des Klassizismus gestaltet, der in Anlehnung an die englische Bezeichnung auch Beaux-Arts-Stil genannt wird. In dem Prachtbau residiert zudem noch eine Bank.
5 Zhongshan No. 1 Rd. East (5 Zhongshan Dong Yi Lu), 中国上海市中山东一路5号

Unions Insurance Company 友宁大楼

Das 1916 von den Architekten *Palmer & Turner* erbaute Haus wurde 2004 von einem Investor entkernt und innen völlig neu gestaltet. Im Parterre beheimatet es nunmehr einen Designermode-Shop, in den oberen Geschossen hat sich die Gastronomie eingemietet. Die an einen italienischen Palazzo erinnernde Fassade sowie der Eckturm wurden liebevoll restauriert.
3 Zhongshan No. 1 Rd. East (3 Zhongshan Dong Yi Lu), 中国上海市中山东一路3

Shanghai Club 上海总会

Dieses verspielte Haus aus dem Jahr 1916 diente dem einst prestigeträchtigsten Club der Stadt als Heimstätte. Der

Shanghai Club wurde zwar schon 1864 gegründet, erstrahlte aber erst mit dem Einzug in dieses Gebäude in vollem Glanz: An der langen Bar diskutierten die Kolonialherren die neuesten Ergebnisse der Pferde- und Windhundrennen. Besonders markant an dem vierstöckigen Bau, der sich wie die meisten am Bund munter aus dem Fundus vergangener Stile bediente, sind die zwei Barock-Türmchen an den Seiten sowie die sechs ionischen Säulen auf mittlerer Höhe der Fassade. Seit Abschluss der Renovierung 2011 ist das Gebäude ein Luxushotel. Die nach dem historischen Vorbild gestaltete Bar (→ Kapitel Nachtleben) steht auch externen Besuchern offen.

2 Zhongshan No. 1 Rd. East (2 Zhongshan Dong Yi Lu), 中国上海市中山东一路2号

Asiatic Petroleum Building

Am südlichen Ende des Bund steht ein Werk des Architekten *Robert Moorhead*, der den Bau im Auftrag des erfolgreichen Geschäftsmanns George McBain im Jahr 1916 vollendete. Die beiden symmetrischen Außenseiten der Fassade umgeben einen Mittelteil, der in den oberen Etagen mit vier ionischen Säulen verziert ist. Erster Mieter des Bauwerks war die Asiatic Petroleum Company, die hier bis zur Enteignung in den frühen 1950er Jahren vertreten war.

1 Zhongshan No. 1 Rd. East (1 Zhongshan Dong Yi Lu), 中国上海市中山东一路1号

Protestmeile Bund

Mitte und Ende der 1980er Jahre war der Bund Schauplatz großer Demonstrationen für mehr Demokratie. Bei den Studentenprotesten 1986 in Shanghai bekundeten Zehntausende auf dem Bund ihren Unmut. Der Funke war damals von Hefei, der Hauptstadt der Provinz Anhui, auf Shanghai und Peking übergesprungen. In Hefei hatten die Studenten unter dem Motto „Keine Modernisierung ohne Demokratie" dagegen protestiert, dass sie keine Kandidaten für das Provinzparlament nominieren durften.

Im Mai 1989 versammelten sich am Bund erneut erzürnte Massen – diesmal Arbeiter, Angestellte und Studenten. Sie folgten dem Beispiel der Demonstranten vom Platz des Himmlischen Friedens in Peking und prangerten die Versäumnisse des damals mächtigsten Mannes im Staate, *Deng Xiaoping*, und seines Ministerpräsidenten *Li Peng* an. Bekanntermaßen entschieden die beiden Herren, den Aufstand in Peking blutig niederzuschlagen. Am 4. Juni 1989 ließen sie Panzer gegen die Pekinger Demonstranten aufrollen und räumten schließlich auch gewaltsam das Zentrum der Proteste, den Tiananmen-Platz in Peking – jenen Platz des Himmlischen Friedens, über den 2008 das Olympische Feuer getragen wurde.

Insgesamt gab es 1989 laut Schätzungen von Amnesty International und Chinesischem Roten Kreuz 2000 bis 3000 Tote, einige davon starben auf dem Platz des Himmlischen Friedens. In der Folge ließ die Regierung 49 mutmaßliche Anführer der Proteste hinrichten, darunter auch drei Shanghaier.

Praktische Infos

(siehe Karte S. 127)

Essen & Trinken

Sun with Aqua 9, stilvoll eingerichtetes japanisches Restaurant, in dem rund ein Dutzend Köche in einer offenen Küche zaubern. Im Eingangsbereich steht als Blickfang ein Aquarium mit Riffhaien. Hauptgerichte ab 50 Y. Tägl. 11.30–14.30 und 18–23 Uhr. ✆ 63392779. 6 Zhongshan No. 1. Rd. East, 中国上海市中山东一路6.

M on the Bund 12, 海云大楼 westliche, preisgekrönte Küche, die ihren Preis hat. Die Terrasse in der 7. Etage bietet zauberhafte Blicke auf Pudong. Einmal sollte man sich dieses Vergnügen gönnen, auch wenn es nur für ein Getränk ist. Ausgezeichnete Küche, aber sehr teuer, Hauptgericht ab 200 Y. Tägl. 11.30–22.30 Uhr. ✆ 63509988. 5 Zhongshan No. 1 Rd. East,
中国上海市中山东一路5号

Whampoa Club 13, hier wird Shanghaier Küche auf höchstem Niveau zelebriert. Das Restaurant ist stilvoll eingerichtet und verwöhnt nicht nur mit ausgezeichneten Speisen, sondern auch mit spektakulären Blicken auf den Bund und Pudong. Teuer, Hauptgerichte ab 80 Y. Tägl. 11.30–14.30 und 17.30–22 Uhr. ✆ 63213737. 3 Zhongshan No. 1 Rd. East, 5. Etage,
中国上海市中山东一路3号

Moonsha Teppanyaki View 10, Teppanyaki – das sind japanische Gerichte die direkt am Tisch auf einer heißen Stahlplatte zubereitet werden. Hauptgericht ab 70 Y., Mittagsmenü ab 170 Y/Person, Abendmenü ab 260 Y, Getränke extra. Tägl. 11.30–14.30 und 17.30–23 Uhr, Nachmittagstee 14–18 Uhr. ✆ 63231117. 5 Zhongshan No. 1 Rd. East, 3. Etage,
中国上海市中山东一路5号

Jean Georges 13, ein Schlemmer-Palast des New Yorker Kochs Jean Georges Vongerichten – er mischt die Küchen der Welt zu interessanten Kompositionen. Stilvolles Ambiente. Abendessen für 2 Pers. inkl. Wein rund 1700 Y. Tägl. 11.30–2 Uhr, Sa/So bis 3 Uhr. ✆ 63217733. 3 Zhongshan No. 1 Rd. East, 4. Etage,
中国上海市中山东一路3号

Shook 5, hier werkeln die Meister der Töpfe und Pfannen in einer großen, offenen Küche. Stilvoll eingerichtetes, 2011 eröffnetes Etablissement mit Schwerpunkt auf Spezialitäten Südostasiens. Einige Tische haben Blick auf Bund und Pudong. Es gibt auch Sushi, das auf Schiefertafeln serviert wird. Hauptgericht ab 140 Y., Mittagsmenü ab 135 Y./Person, Abendmenü ab 1000 Y./2 Pers. Tägl. 11.30–14.30 und 18–22.30 Uhr. ✆ 23298522. 23 Nanjing Rd. East, 5. Etage, 中国上海市南京东路23号

Copper at the Bund 2, eines der wenigen billigen Restaurants direkt am Bund, dafür ohne Blick. Spaghetti und Burger, Hauptgericht ab 25 Y. Tägl. 10–22 Uhr. ✆ 862133665760. 391 East Zhongshan No. 1 Rd. East,
中国上海市中山东一路391号

Bars & Cafés

Atanu Café und Bar 15, der Signalturm am südlichen Ende des Bund eignet sich für eine Verschnaufpause während eines Bummels. Von der Terrasse genießt der Gast einen guten Blick über die Promenade am Fluss und die Parade der Prachthäuser. Wer freundlich fragt, hat gute Chancen, für ein Foto auf den Turm zu dürfen. Nur Getränke und Snacks. Tägl. 11–23 Uhr, am Wochenende bis 2 Uhr nachts. ✆ 33130871, 1 Zhongshan No. 1. Rd. East, Ecke Yan'an Rd.,
中国上海市中山东一路1号

Glamour Bar 11, hinter den beiden Paravents am Eingang wird es erst richtig schick: Lüster schweben über der Bar, in bequemen Sesseln ruhend, genießt man Blicke auf die Hochhäuser-Kulisse Pudongs. Wenige andere Bars sind so stilsicher eingerichtet wie diese. Nur Getränke und Snacks. Tägl. ab 17 Uhr. ✆ 63293751, 5 Zhongshan No. 1 Rd. East,
中国上海市中山东一路5号

Einkaufen

Entlang des **Bund** gibt es fast nur Luxus-Geschäfte, vor allem Bekleidung internationaler Top-Designer-Marken ziert die Läden. Wer hier einkauft, muss tief in den Geldbeutel greifen (→ Kap. „Shopping und Märkte“).

Der Bund ist nicht nur bei Flaneuren, sondern frühmorgens auch bei Joggern beliebt

Tour 2

Die Altstadt

„Ich habe Orte gesehen, die ohne Zweifel ebenso geschäftig und ebenso dicht bevölkert waren wie die Chinesenstadt in Shanghai, aber keinen, der mich so überwältigend beeindruckt hat mit seinem Treiben und seiner Dichte. In keiner Stadt, im Westen wie im Osten, hatte ich jemals solch einen Eindruck von konzentriertem, üppigem, geballtem Leben." (Aldous Huxley, engl. Schriftsteller, 1926)

Es klingelt, hupt, es hustet und rauscht vor Stimmen. Wer die Gassen der Altstadt durchstreift, bekommt chinesischen Alltag buchstäblich hautnah mit. Unweit der Touristenmeile und des Trubels am Tempel der Stadtgötter lässt sich ein Stück altes Shanghai beobachten – ein Leben, wie es nur noch selten zu bestaunen ist, denn die einst von einer Stadtmauer umgebene „Alte Chinesenstadt", wie die Kolonialherren sie nannten, wird seit einigen Jahren systematisch abgerissen. Der alte Yuyuan-Garten, das traditionelle Huxinting-Teehaus sowie der ehrwürdige Konfuzius-Tempel werden den Besuchern freilich auch künftig erhalten bleiben.

Hier schlug und schlägt das Herz der Alten Chinesenstadt. Bis ins Jahr 1911 umgab eine um 1554 errichtete Stadtmauer das Viertel. Ihr Verlauf entspricht in etwa dem Oval, das die Zhonghua Road und Renmin Road heute bilden. Das Gemäuer bot den Bewohnern Sicherheit vor Piraten, und in seinem Schutz begann die Stadt am Huangpu im 18. Jahrhundert als Handelsplatz zu florieren. Die Altstadt – besser, das was von ihr übrig ist – quillt vor Leben schier über. Trotz Baubooms, breiter Autopisten und moderner Hochhäuser sind noch einige urtümliche Straßenzüge erhalten. In den Gassen und

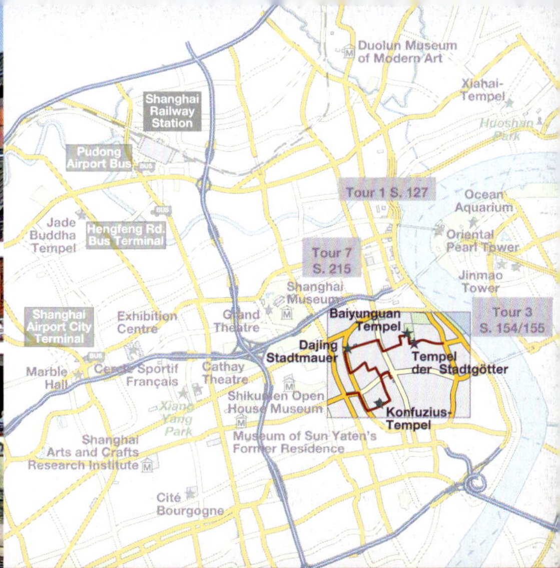

Die Altstadt

Gässchen lässt sich ein guter Eindruck des historischen Shanghai gewinnen, so wie es Aldous Huxley 1926 bei seinem Besuch angetroffen hat. Damals wie heute finden sich hier einige jener Glanzlichter, die jeder gesehen haben sollte: Der *Yuyuan-Garten* aus dem 16. Jh., das *Huxinting-Teehaus* aus dem späten 18. Jh. und der *Konfuzius-Tempel*, der ursprünglich aus dem 13. Jh. stammt, gehören unbedingt dazu.

Wer früh genug kommt, kann den Touristenscharen entgehen, die im Herzen der Altstadt von fast ebenso vielen Souvenirhändlern umgarnt werden. Abgesehen von Garten und Teehaus hat die Alte Chinesenstadt in den zurückliegenden Jahren einen rasanten Wandel, Kritiker sagen Kahlschlag, erlebt: Ganze Zeilen alter Häuser wurden abgerissen, mussten hoch in den Himmel ragenden Wohngiganten Platz machen, die allerdings auch bessere hygienische Verhältnisse bieten.

Inmitten der Wolkenkratzer finden sich dennoch Pretiosen wie der **Konfuzius-Tempel** – ein zauberhaftes Ensemble von Pavillons und Hallen. Eingegrenzt von Old Jiaochang Rd., Fangbang Rd. und Fuxing Rd. liegt der **Yuyuan-Garten**, ein Paradebeispiel chinesischer Gartenbaukunst. Er hat das legendäre **Huxinting-Teehaus** und den Tempel der Stadtgötter als unmittelbare Nachbarn.

Der von Tourismus-Strategen so getaufte **Yuyuan-Basar** ist eine große Ansammlung von Souvenirläden, die den Weg zum Yuyuan-Garten pflastern. Der sogenannte Basar ist in neuen, aber auf alt getrimmten Häusern untergebracht – die Regale der Läden biegen sich unter der Last meist billiger und kitschiger Souvenirs.

Je weiter sich der Besucher von Teehaus, Garten und Stadtgötter-Tempel entfernt, desto urtümlichere Eindrücke des Straßenlebens kann er gewinnen. Zum Beispiel in der **Dajing Road**, wo sich ein letzter Rest der alten Stadtmauer samt Pagode erhebt, Straßenküchen und Nachbarschaftsrestaurants duftende Speisen zubereiten und Handwerker lautstark ihre Arbeit verrichten. Oder in der **Kongjia Lane**, wo sich inmitten vieler einheimischer und einiger weniger ausländischer Fußgänger vormittags ein faszinierendes Markttreiben entfaltet. Die ganze Farbpalette chinesischer Nahrungsmittel zeigt sich dann zwischen den engen Mauern. Das alles trägt zum Reiz der Altstadt bei, die heute zum Stadtteil Nanshi gehört.

Tour 2 – Wo Shanghais Herz schlägt

Start: Wenmiao Rd./Zhonghua Rd. Ⓜ 8 Laoximen Street (Laoximen Lu)

Ende: Renmin Road (Renmin Lu)

Dauer: 2 bis 2½ Std.

Diese Tour führt auf abwechslungsreichen, großteils wenig ausgetretenen Pfaden vom Konfuzius-Tempel in der Wenmiao Road über authentische Gassen der Altstadt bis zum überlaufenen, nichtsdestotrotz sehenswerten Ensemble um den Yuyuan-Garten. Unterwegs erlebt der Flaneur das bunte Treiben auf urtümlichen Straßenmärkten, passiert die letzten Reste der Stadtmauer und sieht den daoistischen Baiyunguan-Tempel.

Der Weg beginnt am Kreuzungspunkt von Wenmiao und Zhonghua Road. Am besten kommen Sie mit dem Taxi dorthin oder bewältigen den Anmarsch von der Metrostation Laoximen Rd. (Linie 4) zu Fuß, wofür zusätzlich 15 Min. zu veranschlagen sind.

Von der Zhonghua Rd. biegen Sie nach links in die Wenmiao Rd. ein, einer ruhigeren Straße, die von Essensständen und Souvenirläden gesäumt ist. Schon bald häufen sich Geschäfte mit Räucherstäbchen, Opfergeld und anderen Devotionalien, die auf den → **Konfuzius-Tempel** (Wen Miao) einstimmen. Nach wenigen Minuten lädt ein Portal in der Mauer zum Besuch dieser herausragenden Shanghaier Tempelanlage.

Vom Ein- und Ausgang geht man die Wenmiao Road weiter entlang und biegt bald in die **Caoshi Alley** nach links ein. Man folgt dieser alten Gasse, über

einem weht die Wäsche der Anwohner im Wind – außer es regnet. Immer geradeaus halten, bis man nach wenigen Minuten zu einer malerischen Markthalle für Lebensmittel und gleich darauf zur großen **Fuxing Road** gelangt.

Der Weg führt nun nach rechts in die Fuxing Rd. Nach rund 100 m weist ein großes, grünes Schild nach rechts zur → **Xiaotaoyuan-Moschee** (Xiaotaoyuan Qingzhensi) in der gleichnamigen Straße.

Von dort geht es wieder auf die Fuxing Rd., die man nun ein paar Meter zurückläuft, um die Treppen der Fußgängerbrücke hinaufzusteigen und erst mal innezuhalten: Von hier hat man einen guten Blick über das Dächermeer der Altstadt, das von Wolkenkratzer-Klippen umstanden ist. Nach diesem Ausblick steigt man die Treppen auf der anderen Seite der Fuxing Rd. hinab und hält sich links. Nach wenigen Metern gelangt man zu einer Bushaltestelle, nicht weit entfernt bietet ein Geschäft Korbstühle feil.

Es folgt eine kleine Grünfläche, an deren Ende man rechts in ein Gässchen einbiegt. Das Hausnummernschild 999 an der Wand weist den Weg. Immer geradeaus der **Kongjia Alley** folgen. Die Gassen sind oft kaum breit genug, um die Arme auszustrecken. Dennoch werden hier am Vormittag zu beiden Seiten des Wegs Gemüse, Fische, Hühner, Eier und andere Lebensmittel verkauft, waschen Frauen Geschirr, tragen Männer Nachttöpfe zur Entsorgung zu den wenigen öffentlichen Toiletten. Nachmittags machen Bewohner im Schatten der Mauern ein Nickerchen im Liegestuhl, spielen Kinder in der Enge Federball. Ein Dschungel aus Höfen und Wohnhäuschen erstreckt sich in der Altstadt, deren Bewohner ihr Alltagsleben wie auf dem Präsentierteller zelebrieren – die Straße als Wohnzimmer.

Folgen Sie weiter der Kongjia Alley, die nach wenigen Minuten Gehzeit endet. Hier hält man sich zunächst links und biegt bei erster Gelegenheit rechts in die Muqiao Ji ab, um nach wenigen Metern die **Fangbang Road** zu erreichen. Dort links einbiegen und einem Bauzaun folgen, hinter dem neue Wohnhäuser entstehen.

Nach rund 50 m stoßen Sie auf die Renmin Road. Hier rechts abbiegen und bis zur **Dajing Road** gehen. Wer dort rechts einbiegt, wird mit spannenden Blicken belohnt, die das alte und das neue Shanghai in einem Motiv vereinen: Vor den kleinen Wohn- und Ladenhäusern der Dajing Rd. und vielen Baulücken erheben sich in der Flucht der Straße die drei modernen Wahrzeichen der Stadt, allesamt in Pudong (→ Tour 3): der *Oriental Pearl Tower*, der pagodenförmige *Jinmao Tower* sowie das alles überragende, 492 m hohe *World Financial Centre* mit dem Loch in der Spitze.

Im Kontrast dazu steht an der Einmündung zur Dajing Rd. gleich links das letzte Stück der → **Stadtmauer** (Dajing Ge). Wenige Meter von der Mauer entfernt, trifft man auf einen weiteren Zeugen der bewegten Stadtgeschichte: Den → **Baiyunguan-Tempel**, eine Stätte des Daoismus (→ Kasten „Laotse und Daoismus"), haben die Stadtoberen erst vor kurzem hierher verpflanzt. Er stand früher an der Xilinhou Rd., musste dort aber Hochhäusern weichen.

Wer sich satt gesehen hat, schreitet weiter die Dajing Road entlang, vorbei an Fischläden, Obst- und Gemüsehändlern und Straßenküchen, wo allerlei Leckereien geschmort, gebrutzelt und sonst wie zubereitet werden.

Nach wenigen Minuten erreicht man die Henan Road und folgt ihr nach rechts. An der Fangbang Road links abbiegen und durch eines der rekonstruierten Stadttore schreiten, das hier inmitten der Alten Chinesenstadt den Eingang zur neu geschaffenen, vermeintlichen Altstadt symbolisieren soll. An langen Reihen von Souvenirläden stehen viele Händler und Schlepper, um Sie zu einem Kauf zu überreden. Wer das nicht möchte, bescheidet die geschäftstüchtigen Einheimischen mit einem klar, laut und freundlich gesprochenen „bú duèi", einem deutlichen „Nein" eben.

An der **Old Jiaochang Road** links einbiegen und bis zu Nr. 149 gehen. Man merkt sofort, dass hier zwar alles auf alt getrimmt, echter alter Charme jedoch Mangelware ist. Selbst der hier untergebrachte Tourist Information Service dient als Verkaufsfläche – in diesem Fall für Golfschläger und Sonnenbrillen. Hilfreicher ist ein paar Häuser weiter eine an der Fassade neben der Industrial & Commercial Bank of China angebrachte Übersichtkarte: Mit ihrer Hilfe lassen sich Yuyuan-Garten, Teehaus und Tempel der Stadtgötter leicht orten. Man kann sich an diesem Punkt der Tour aber auch einfach ins Getümmel stürzen, denn viele Schilder weisen den Weg. An den zahllosen, überteuerten Souvenirläden kommt man nicht vorbei, denn die Gässchen zu den Sehenswürdigkeiten sind wie enge Supermarktgänge angelegt.

Am besten biegen Sie wenige Meter nach der Old Jiaochang Road Nr. 149 rechts in die Bailing Rd. ein und gehen geradeaus, bis Sie den Hinweisschildern folgend linkerhand das berühmte und beliebte → **Huxinting-Teehaus** sehen, das inmitten eines Goldfisch-Teichs liegt – zu dem zweistöckigen Pavillon gelangen Sie über die **Neun-Biegungen-Brücke**. Nach einer Pause im Teehaus (tägl. 8–22 Uhr) sind Sie fit für den bezaubernden → **Yuyuan-Garten**.

Der letzte Abstecher führt Sie vom Ausgang der kunstvollen Grünanlage zum nahe gelegenen → **Tempel der Stadtgötter** (Chenghuang Miao).

Vom Tempel gelangt man auf die Fangbang Road und hält sich dort links. Bereits nach wenigen Gehminuten ebbt der Trubel ab. An der Kreuzung zur Renmin Road findet sich eine schön eingerichtete, **traditionelle Apotheke**, die Regale voller Arzneien aus der Traditionellen Chinesischen Medizin. Man kann eintreten und über die Vielfalt der in unseren Augen teils exotischen Heilmittel staunen. An der Renmin Rd. lässt sich in der Regel nach kurzer Wartezeit ein Taxi anhalten, um das nächste Ziel (Tour 5 bietet sich an) anzusteuern.

Tour 2: Die Altstadt → S. 142/143

Sehenswertes

Konfuzius-Tempel (Wen Miao) 孔庙

Hinter den hohen Mauern breiten sich mehrere begrünte Höfe aus. Im Jahr 1294 errichtet, diente der Konfuzius-Tempel von Anfang an als Ort des Gebets wie des Lernens: Er war einst die höchste Bildungseinrichtung in Shanghai und als Schulpalast bekannt. Die beiden Funktionen des Baus spiegeln sich in den zwei Achsen des hübsch angelegten Ensembles, das mehrfach zerstört war und 1855 schließlich am heutigen Standort wiedererstand.

Vom Haupteingang kommend, gelangt der Besucher direkt in jenen Teil der Anlage, der der Anbetung des Konfuzius diente. Im zweiten Hof dieses Teils findet sich die sogenannte *Dacheng-Halle*, vor der eine Statue des Meisters Khong aus Qufu sowie eine Bronzeglocke stehen. In den Bäumen vor der Haupthalle baumeln an roten Bändchen Kärtchen im Wind, auf denen Besucher ihre Wünsche an den Meister niedergeschrieben haben.

Den **Bereich für Unterricht und Studium** betritt man durch das Tor des Lernens. Er besteht aus drei Gebäuden: In der *Minglung-Halle* wartet eine interessante Sammlung von Wurzelschnitzereien, die teilweise aus den Tang- und Song-Dynastien (618–1279) stammen. Der *Zunjing-Pavillion* war einst Studierraum, wovon Abschriften von Werken aus der Feder des Konfuzius und seiner wichtigsten Schüler zeugen, die in Glasvitrinen und -schränken zu sehen sind. Außerdem sind im Zunjing-Pavillon Steinskulpturen ausgestellt. Die *Luxue-Halle* im Osten der Tempelanlage beherbergt eine exquisite Sammlung antiker Teekannen. Weiteres Zierstück der Anlage ist die rund 20 m hohe *Kuixing-Pagode*.

Bei so viel Aufhebens um seine Person würde sich Konfuzius vermutlich die Augen reiben. Musste er sich doch zu Lebzeiten als Wanderprediger verdingen, erst später zimmerten die Kaiser eine Art Staatsphilosophie aus seinen Lehren (→ Kasten „Konfuzius").

Tägl. 9–16.30 Uhr, Eintritt 10 Y. Ⓜ 8 Laoximen Street, 215 Wenmiao Rd.
中国上海市文庙路 215 号

Konfuzius

Bis in die Gegenwart sind die Lehren des Konfuzius ein Schlüssel, das Leben in China zu begreifen. *K'ung-fu-tzu* (Meister K'ung) lebte 551 v. Chr. bis 479 v. Chr. Die Lehren des Philosophen vom Leben und der Gesellschaft gelangten erst nach seinem Ableben zu Ansehen und Berühmtheit – musste der Meister doch in die Verbannung und konnte erst kurz vor seinem Tod in seine Heimatstadt Qufu zurückkehren. Dort in der Provinz Shandong wurde ihm 478 v. Chr. auch der erste Tempel errichtet. Später sollten die Kaiser der Han-Dynastie (206 v. Chr. bis 220 n. Chr.) die Lehren des Konfuzius zu einer Art Staatskult erheben und sie zum Kern der Beamtenausbildung machen.

Es war im Jahr 174 v. Chr., als der erste Kaiser zur Opferzeremonie an Konfuzius' Grab antrat – ein Beispiel, dem alle kommenden Herrscher nacheifern sollten. Dennoch blühten und verblassten noch viele Jahre und ganze Dynastien, ehe 555 n. Chr. ein kaiserlicher Befehl anordnete, in jeder Provinzhauptstadt einen Tempel für Konfuzius zu errichten. Ein Edikt von 1906 stellte Konfuzius schließlich den „höchsten Gottheiten des Himmels und der Erde" gleich. Übrigens: Dass der Shanghaier Tempel erst 1294 entstand, liegt daran, dass der Ort als Fischernest und Handelsposten lange Zeit zu unbedeutend war. Obwohl viele Chinesen Konfuzius heute huldigen wie einem Religionsoberhaupt, spiegeln die Tempel mit ihrer stark rationalistischen Gestaltung doch die Tatsache, dass Konfuzius ein Mensch und eben kein Gott war. Die Tempel dienten lange Zeit als Schulen, in denen gelesen, gelernt, musiziert und Prüfungen abgelegt wurden.

Wunschzettel im Konfuzius-Tempel

Die Staats- und Sittenlehre des Konfuzianismus umfasst freilich die zutiefst religiöse Idee, dass sich über rechtes Verhalten eine Harmonie mit der ewigen Weltordnung herstellen lasse. Taktvolle Rücksichtnahme und Respekt sind Konfuzius' Lehren zufolge die Grundlage des Lebens in der Familie wie im Staat. Die Tugenden der Ehrerbietung, der Menschenliebe und der Gerechtigkeit bestimmen die „fünf Beziehungen der Existenz" – diese sind: die Beziehungen zwischen Herrscher und Staatsdiener, Vater und Sohn, Mann und Frau, älterem und jüngerem Bruder sowie zwischen Freund und Freund. Ergebenheit ist zentraler Bestandteil der konfuzianischen Beziehungslehre; Gleichberechtigung und Gleichstellung gab es nach Überzeugung des Konfuzius nur zwischen Freunden. Die Achtung der Ahnen und des geistigen Erbes, der Riten und der Musik sind ebenso Grundpfeiler der konfuzianischen Lehre. Sie wurde mit anderen chinesischen und buddhistischen Elementen später zum Neo-Konfuzianismus verschmolzen.

Im frühen 20. Jh. machten viele chinesische Intellektuelle den Konfuzianismus als eine der Hauptursachen für die damalige Rückständigkeit Chinas verantwortlich und forderten eine radikale Abkehr von alten Werten. Diese Forderung der „Bewegung des 4. Mai 1919" sollte rund 50 Jahre später von den Kulturrevolutionären um Mao Zedong knallhart umgesetzt werden: Sie zerstörten Tempel und töteten Gelehrte (→ Kapitel Stadtgeschichte). Während des chinesischen Boom-Kapitalismus der letzten Jahre vollzog sich abermals eine Wende: Der rasante Wandel verunsichert viele und hat zu einer Art Renaissance des Konfuzianismus geführt. Auch der Buddhismus und andere Religionen profitieren vom Bedürfnis vieler Chinesen nach Sinn und Orientierung.

Märkte und Menschen drängen sich in den Gassen der Altstadt

Tour 2: Die Altstadt
→ S. 142/143

Xiaotaoyuan-Moschee (Xiaotaoyuan Qingzhensi) 小桃园清真寺

Bereits von der Kreuzung an der Fuxing Road sichtbar, lädt am Ende der Xiaotaoyuan Street die grüne, von einem goldenen Halbmond gekrönte Kuppel zum Besuch der Moschee. Der muslimische Sakralbau aus dem Jahr 1925 trägt den poetischen Namen „Moschee des Gartens der kleinen Pfirsiche". Von Obstbäumen ist zwar nichts zu sehen, aber es versammeln sich im großen Gebetsraum zahlreiche Gläubige zum Freitagsgebet. Während der Kulturrevolution erging es der Moschee nicht anders als den meisten anderen Sakralbauten, ob Kirche, Synagoge oder Tempel: Die Kulturevolutionäre zerstörten viele Einrichtungsgegenstände oder ließen sie für immer verschwinden.

Tägl. 5–20 Uhr. Ⓜ 8 Laoximen Street, 52 Xiaotaoyuan Street, 中国上海市小桃园街 52 号

Stadtmauer (Dajing Ge) 大境阁

Das Relikt an der Dajing Road und der dazugehörende dreistöckige Pavillon lohnen den Besuch. Es ist ein guter Ort, um den Kontrast zwischen alter und neuer Gestalt der Stadt zu spüren. Hier kann man das letzte Stück Stadtmauer erklimmen und einen Blick auf die Überreste der Altstadt werfen. Die Mauer datiert aus der Ming-Dynastie und wurde 1554 fertig. Über 4,5 Kilometer legte sie sich wie ein Band um die Stadt und gab ihr Schutz vor Piraten. Vor allem japanische Freibeuter waren häufig in Shanghai eingefallen und hatten bedeutende Mengen wertvoller Waren wie Tee, Porzellan und Seide erbeutet.

Der Schutzwall war etwa acht Meter hoch und von einem rund 20 m breiten und bis zu 6 m tiefen Wassergraben umgeben. Sechs bewachte Tore und vier

Schleusen gewährten Eingang zur Stadt, die ganz nach den Erfordernissen des Handels angelegt worden war. Dadurch erklärt sich auch die ovale Form der Altstadt, denn Verwaltungsstädte waren stets rechteckig angelegt. Shanghai jedoch bezog seine Bedeutung seit jeher überwiegend aus dem wirtschaftlichen Tun seiner Bevölkerung.

Nach dem Sturz der letzten Kaiserdynastie und der Machtübernahme der Nationalisten um Sun Yatsen wurde der Schutzwall 1911 niedergerissen. Der Abriss war in der jungen und nur bis 1949 währenden Republik China eine der ersten Aktionen in Shanghai, um den Aufbruch in eine neue Zeit zu versinnbildlichen. In der dreistöckigen Pagode illustrieren Fotografien und Skizzen die Stadtgeschichte; beschriftet ist die kleine Ausstellung leider nur in chinesischer Schrift.

Tägl. 9–16 Uhr, Eintritt 5 Y. Ⓜ 8 Dashijie Street, 269 Dajing Rd., 中国上海市黄浦区大境路 269 号

Der Yuyuan-Garten verzaubert mit vielen Details

Baiyunguan-Tempel 上海白云

Der Tempel der „Weißen Wolke" ist der wichtigste daoistische Sakralbau in Shanghai. Er stand bis 2004 etwas entfernt in der Xilinhou Rd., wo er Platz für Wohnbauten machen musste. Seine ziegelrote Fassade wärmt nunmehr die Blicke der Passanten an der Dajing Rd. Im Innern des Tempels warten kunstvoll gefertigte, bunt bemalte und fast lebensgroße Terrakotta-Figuren darauf, bestaunt zu werden. Allein die vielen bunten Götterfiguren in der Haupthalle lohnen den Besuch. Angeblich ist der Tempel im Besitz von Abschriften kostbarer daoistischer Schriften, von denen es ansonsten nur noch eine Kopie in Peking geben soll.

Tägl. 9–16.30 Uhr, Eintritt 2 Y. Ⓜ 8 Dashijie St., 239 Dajing Rd., 中国上海市黄浦区大境路 239 号

Wer zum alten Teehaus möchte, muss über die sogenannte Neun-Biegungen-Brücke gehen. Die schützt angeblich vor bösen Geistern, die östlichem Aberglauben zufolge nicht um die Ecken gehen oder fliegen können. Das Teehaus stammt aus dem Jahr 1784. Nachdem die Shanghaier Kaufmanns-Gilden den Garten Yuyuan in ihren Besitz gebracht hatten, ließen sie den markanten Pavillon errichten, der zunächst als Versammlungsraum der Geschäftsleute und ab 1855 als Teehaus diente. 1896 soll in dem Pavillon die erste Filmvorführung Shanghais stattgefunden haben. Die Brücke war ursprünglich aus Holz, wurde

Die Tierfiguren auf den Dächern alter Bauten sind Glücksbringer

1927 jedoch durch eine Konstruktion aus Beton und Stahl ersetzt. Die neun Biegungen blieben.

Tägl. 8–22 Uhr. Ⓜ 10 Yuyuan Garden, 218 Anren Rd., 中国上海市安仁街 218 号

Yuyuan-Garten 豫园

Der rund 20.000 m² große „Garten der Freude" zählt zu den schönsten Chinas. Der Haupteingang liegt gegenüber dem Huxinting-Teehaus, ein kleinerer, häufig weniger frequentierter Eingang zum Garten befindet sich am Tempel der Stadtgötter. Das kleine Paradies wurde von seinen Erschaffern als Ensemble mit sechs kleinen Grünanlagen gestaltet; künstliche Mini-Gebirge, Mauern, Pavillons, Ziersteine und kleine Teiche dienen als Abtrennung. Das macht einen Besuch zur Augenweide, lässt den Garten größer erscheinen als er ist und verleiht ihm zugleich labyrinthartige Gestalt. Besonders schön sind die Drachenmauer, die Halle des Frühlings (Dianchun Tang) und das Miniatur-Gebirge aus gelbem Fels.

Tägl. 8.30–17 Uhr, Eintritt 40 Y, erm. 10 Y. Ⓜ 10 Yuyuan Garden, 218 Anren Rd., 中国上海市安仁街 218 号

Tempel der Stadtgötter (Chenghuang Miao) 城隍庙

Zwei Stadtgötter nennen die Shanghaier ihr Eigen. In dem 1927 erbauten Tempel stehen die Statuen des fleißigen und tugendhaften *Qin Yubo*, eines kaiserlichen Beamten aus der Yuan-Dynastie (1279–1368), sowie des tapferen und treuen Generals *Huo Guang* (um 130–68 v. Chr.), dessen Geist die Bewohner im Kampf gegen die Piraten beschworen.

Jede ältere, einigermaßen bedeutende chinesische Stadt besitzt einen Stadtgott-Tempel, und wer Schutzfigur einer

Laotse und der Daoismus

Was Besucher des modernen China in daoistischen Tempeln beobachten können, hat nicht mehr viel mit dem alten Daoismus und dessen geistigem Vater Laotse zu tun. Es ist vielmehr eine Vermischung unterschiedlicher Kulte und Religionen, in der einige Heilige und Götter des alten Daoismus fortleben.

Man muss zwischen dem philosophischen und dem religiösen Daoismus unterscheiden. Auf beide hatte Laotse entscheidenden Einfluss. Unbestritten ist, dass Laotse gelebt und seine Lehren im Daodejing, dem Buch vom Weg und seiner Kraft, der Nachwelt überliefert hat. Der Weise schöpft Kraft, indem er möglichst nicht handelt, sich vom weltlichen Leben fern hält und sich der betrachtenden Versenkung widmet.

Anhänger des Daoismus haben Laotses Leben mit Legenden umrankt – angeblich soll er Konfuzius in Rituale der Macht eingewiesen haben. Sicher aber ist: Man weiß nur sehr wenig über das tatsächliche Leben des „alten Meisters" – so die wörtliche Übersetzung des Namens dieses Denkers. Selbst relevante Quellen widersprechen sich bereits in der vergleichsweise trivialen Frage, wann Laotse gelebt hat: An der Wende vom 4. zum 3. Jahrhundert v. Chr. behaupten die einen, im 6. Jahrhundert v. Chr. die anderen – was zumindest die These, Laotse habe mit Konfuzius in Kontakt gestanden, stützen würde. Ungeachtet aller Ungereimtheiten ist belegt, dass dem Philosophen Laotse seit dem 1. Jh. v. Chr. zunehmend gottähnliche Züge angedichtet wurden.

Der Daoismus als Religion war und ist ganz auf Unsterblichkeit ausgerichtet. Seine Anhänger suchen durch Alchemie, gesunde Ernährung, Meditation, Gymnastik und sexuelle Praktiken ihr Leben zu verlängern. Im 2. Jh. n. Chr. gab es organisierte daoistische Gemeinden und Klöster. Eine der Hauptaufgaben der Mönche war es, zu heilen sowie Körper und Geist Hilfesuchender zu erneuern. Sie wirkten in der Art von Schamanen und bedienten sich dabei nicht selten der Magie und des Exorzismus.

Die Heiligen des Daoismus wurden die „Drei Reinen" genannt. Zu ihnen zählte auch Laotse. Auch die Gottheit Guandi, eine Schrecken einflößende Gestalt mit langem Bart und grimmigem Gesicht, ist häufig in daoistischen Tempeln anzutreffen. Guandi verkörpert Mut und Loyalität. Der Daoismus stand in Konkurrenz zum Buddhismus – beides Religionen, die nach dem Ende der Han-Dynastie um 220 n. Chr., also in einer Zeit großer Umbrüche, regen Zulauf hatten. Vor allem in der Tang-Dynastie genoss der Daoismus Privilegien, weil die Tang Laotse als einen der Vorfahren ihres Geschlechts ansahen.

Nach der Verfolgung und Bekämpfung des Daoismus in der Kulturrevolution sind die daoistischen Tempel heute wieder gut besucht. Daraus eine Vorliebe der Chinesen für Laotse und dessen Lehren abzulesen, wäre allerdings voreilig. Den meisten geht es beim Besuch eines Tempels einzig und allein um die spirituelle Atmosphäre eines solchen Ortes und weniger darum, ob dieser nun Buddha, Laotse oder Konfuzius geweiht ist. Hauptsache, der Ort gibt einen würdigen Rahmen ab, um Räucherstäbchen abzubrennen und Wünsche an eine höhere Macht loszuwerden.

Stadt wurde, bestimmten die Kaiser. Den ersten Stadtgott-Tempel bekam Shanghai zu Beginn des 15. Jahrhunderts. Brände zerstörten die Kultstätte mehrfach, und nach jedem Feuer bauten die Shanghaier eine neue und größere. Viele Bewohner huldigen noch heute ihren Göttern, vorzugsweise der Statue des „jüngeren" Qin Yubo. Die Statue dieses Stadtheiligen steht in einem Schrein der zweiten Halle.

Tägl. 8.30–16 Uhr, Eintritt 10 Y. Ⓜ 10 Yuyuan Garden, 1 Yicheng Rd., nahe 249 Fangbang Rd., 中国上海市银城路 1 号

Praktische Infos

(siehe Karte S.142/143)

Essen & Trinken

Lubolang Restaurant 2, 绿波廊酒. Wer nach Shanghai kommt, sollte einmal hier essen. Weniger der Küche wegen, die man so auch in guten Restaurants anderer Stadtteile serviert bekommt, vielmehr wegen der Atmosphäre: Im großen Parterre oder in den kleineren, nobleren Räumen der 1. Etage kann man mit Blick auf Teehaus und Yuyuan-Garten typische Shanghaiküche genießen. Spezialität des Hauses sind die in rund einem Dutzend Varianten von herzhaft bis süß angebotenen Teigtaschen. Hier haben schon der ehemalige US-Präsident Bill Clinton mit Gattin Hillary, Queen Elizabeth und Fidel Castro diniert, wie Fotos im 1. Stock dokumentieren. Das Restaurant liegt direkt neben dem Huxinting-Teehaus am Teich. Mittleres Preisniveau. Tägl. 11.30–22 Uhr. ✆ 63280602, 63557509. Ⓜ 2 Nanjing Rd. West, 115 Yuyuan Rd., 中国上海市豫园路 115 号

Nanxiang Mantou Dian 4, 上海南翔馒头店 Die Teigtaschen munden hier ebenso hervorragend, das Ambiente ist allerdings nicht ganz so stilvoll wie im Lubolang. Die Spezialität des Hauses gibt es auch zum Mitnehmen. Wer drinnen essen möchte, muss pro Person mindestens Speisen für 60 Y verzehren. Tägl. 10–22 Uhr. ✆ 63554206. Ⓜ 2 Nanjing Rd. West, 87 Yuyuan Rd., 中国上海市豫园路 85 号

Songyuelou 5, 春风松月楼素菜馆, eines der ältesten vegetarischen Restaurants der Stadt. Was schmeckt wie Hühnchen oder Schwein, ist meist nichts weiter als kunstvoll zubereiteter Tofu. Zu zweit kann man hier für 80 Y essen. Tägl. 8–19.30 Uhr. ✆ 63553630. 23 Bailing Rd. Ecke Old Jiaochang Rd ., 中国上海市老城隍庙百翎路 23 号/旧校场路口

Harvest Festival Restaurant 7, 上海丰收日餐饮管理有限公司, das Innere erinnert an einen Ballsaal. Auf einem langen Tisch paradieren unter einer Glashaube Plastikmodelle der angebotenen Speisen in wohlgeordneten Reihen. Dahinter türmt sich an der Wand eine Batterie Aquarien, in denen so ziemlich alles Essbare schwimmt, was Ozeane, Flüsse und Seen zu bieten haben – von Seegurken über kleine Haie bis hin zum gemeinen Karpfen. Hauptgerichte ab 30 Y. Tägl. 11–22.30 Uhr. ✆ 63550777. Ⓜ 1 Huangpi Rd., 5. 789 Fuxing Rd. West, 中国上海市复兴东路 789 号

Bars, Cafés, Teehäuser

Huxinting-Teehaus 3, 湖心亭茶楼. Kaum zu glauben, aber das Teehaus ist im Gegensatz zu Brücke und Garten meist nicht sonderlich frequentiert, obwohl das obere Stockwerk mit herrlichen Blicken verwöhnt. Lassen Sie sich vom Personal des Hauses nicht dirigieren: Steigen Sie die schmale Treppe hinauf in die 1. Etage, suchen Sie sich ein lauschiges Plätzchen, setzen Sie sich und wählen in Ruhe eine der zahlreichen Teesorten aus. Und dann genießen Sie es, durch eines der vielen Holzfenster auf den Teich, den Garten und die krumme Brücke zu schauen – eine Tee-Zeremonie an einem schönen Originalschauplatz. Chinas Kult-Getränk an diesem Ort zu sich zu nehmen ist zwar etwas teuer, lohnt aber wegen der einzigartigen Atmosphäre. Außerdem sind einige kleine Beilagen wie in Tee gekochte Wachtel-Eier im Preis inbegriffen. Tägl. 8–22 Uhr. Ⓜ 2 Nanjing Rd. West, 218 Anren Rd., 中国上海市安仁路 218 号

Einkaufen

Der sogenannte **Yuyuan-Basar 1** (Yuyuan Shangcheng) ist ein Konglomerat kitschiger und überteuerter Souvenirläden. Besser ist der **Antikmarkt 457 Fangbang Road 6** (→ Kap. „Shopping und Märkte").

Tour 3

Pudong

„Von der Brücke nach Osten blickend, sah man am jenseitigen Ufer die klobigen ausländischen Speicher und Werft-Bauten von Pudong wie riesige Urwaldungeheuer in der Dämmerung kauern und tückisch aus tausend elektrischen Augen blinzeln.“ (Mao Dun, Shanghai im Zwielicht, 1933)

Inzwischen bietet Pudong die wohl faszinierendste Skyline Chinas. So hypermodern das östliche Huangpu-Ufer sich heute zeigt, so bezeichnend ist doch die Schilderung des chinesischen Literaten Mao Dun aus den 1930er Jahren. Denn noch bis in die 80er Jahre gab es auf der Ostseite des Flusses wenig außer Felder, Hafenanlagen, Werften und ärmliche Arbeiterhäuser. Nicht umsonst lautete ein Sprichwort: „Lieber ein Bett in Puxi als ein Haus in Pudong."

Die Meinung der Shanghaier über Pudong hat sich geändert – heute ziehen immer mehr Einheimische auf die Ostseite des Huangpu-Flusses. In vielen der neu errichteten Häuser lässt es sich komfortabel wohnen. Und die Hochhaus-Landschaft Pudongs ist mittlerweile zu einer Ikone der Werbung geworden, wenn es darum geht, Fortschrittlichkeit zu demonstrieren. Auch viele Wahl-Shanghaier haben sich im Stadtteil östlich des Huangpu niedergelassen. Dies zeigt sich auch darin, dass die Deutsche Schule Shanghai neben ihrem Standort in Puxi einen zweiten in Pudong hat. Ausländer in Pudong leben meist in sogenannten *compounds* – das sind abgeschlossene, häufig bewachte Hochhaussiedlungen, die teilweise über eigene Einkaufsmöglichkeiten und Gemeinschaftseinrichtungen wie Sportplätze und Swimmingpools verfügen.

Kulturelle Institutionen wie das *Oriental Arts Center*, das *Science & Techno-*

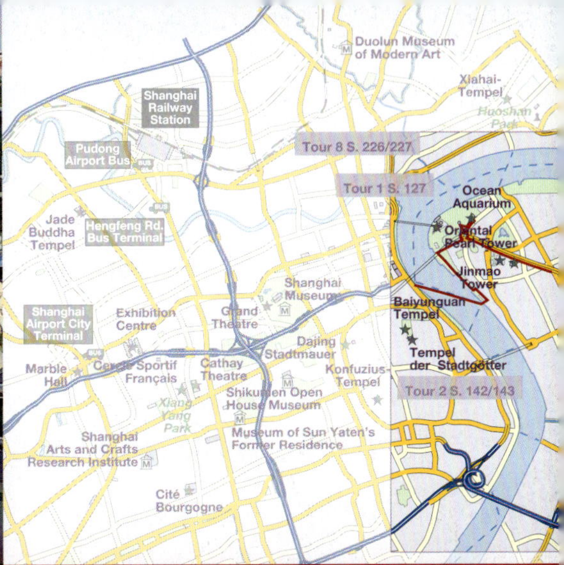

logy Museum sowie das *Zendai Museum of Modern Art* beleben den jungen Stadtteil, der in jüngster Zeit noch etwas steril wirkte.

Das Schmuddel-Image des Huangpu-Ostufers begann sich zu ändern, als die Pekinger Regierung 1990 Pudong als Sonderwirtschaftszone auswies und mit dem Bau des 1994 fertig gestellten Oriental Pearl Tower auf der schäbigen Seite der Stadt ein Zeichen setzte. Ob der Fernsehturm ästhetisch gelungen ist oder nicht, daran scheiden sich die Geister. Dennoch hat er sich mittlerweile zu einem Wahrzeichen der Stadt über dem Meer gemausert.

Um nach Pudong zu gelangen, hat man die Qual der Wahl: Man kann ein Taxi oder die Metro 2, 4, 7, 8 und 9 nehmen. Man kann sich auf eine Fahrt durch den illuminierten und beschallten Bund-Sightseeing-Tunnel begeben oder mit der Fähre für zwei Yuan übersetzen. Sportliche Zeitgenossen können diese Tour auch auf dem Sattel eines Fahrrads absolvieren. Und noch ein Tipp: Auf dem großen Platz vor dem Science & Technology Museum treffen sich die Blader und Skateboarder der Stadt. Hier ist genug Platz, um den „Spaß auf Rollen“ auszukosten.

Tour 3: Das Gesicht der Zukunft

Die älteste Art, den Huangpu zu queren, ist zugleich die schönste: Auf Höhe des alten Signalturms am südlichen Bund (→ Tour 1) legen die Fähren von Puxi nach Pudong ab. Für Spaziergänger gilt: Man verlässt die Bund-Fußgängerpromenade und steigt die Treppen hinab zur Straße, wo der Zugang zur Fähre liegt. Die Überfahrt dauert knapp 10 Minuten. Wer sich mit dem Fahrrad aufmacht, muss die Fährlinie nehmen, die etwas weiter südlich an der Dongmen Road (Dongmen Lu) (→ Tour 2) verkehrt.

Übernachten
3 Grand Hyatt Pudong (S. 76)
6 Pudong Shangri-La (S. 76)
9 Parkview Hotel (S. 76)

Essen & Trinken (S. 165)
2 South Beauty
5 On 56
7 The Binjiang One
8 Shanghai Uncle

Nachtleben (S. 165)
4 Cloud 9

Cafés & Teehäuser (S. 165)
1 Blue Frog

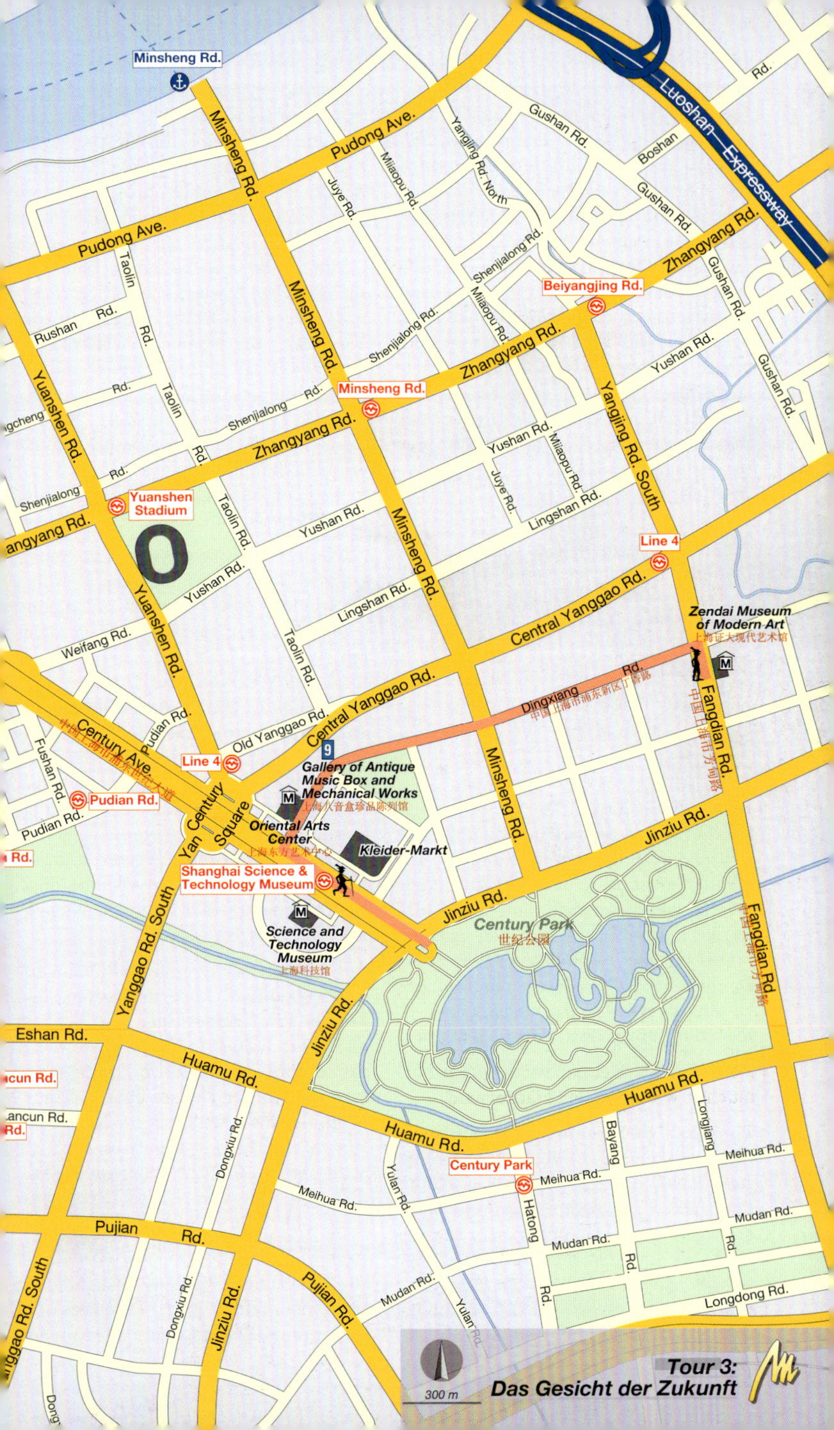

Minsheng Rd.
Minsheng Rd.
Pudong Ave.
Pudong Ave.
Juye Rd.
Miaopu Rd.
Yangjing Rd. North
Gushan Rd.
Boshan
Gushan Rd.
Luoshan Expressway
Rd.
Zhangyang Rd.
Taolin
Rd.
Rushan
Rd.
Shenjialong Rd.
Miaopu Rd.
Beiyangjing Rd.
Gushan Rd.
Minsheng Rd.
Shenjialong Rd.
Zhangyang Rd.
Yushan Rd.
Gushan Rd.
Yuanshen Rd.
Rd.
Taolin
Shenjialong
Rd.
Minsheng Rd.
Zhangyang Rd.
Rd.
Yangjing Rd. South
Yushan Rd.
Miaopu Rd.
Juye Rd.
Lingshan Rd.
Shenjialong
Rd.
Yuanshen Stadium
Zhangyang Rd.
Taolin Rd.
Yushan Rd.
Minsheng Rd.
Line 4
Yushan Rd.
Lingshan Rd.
Central Yanggao Rd.
Yuanshen Rd.
Weifang Rd.
Taolin Rd.
Zendai Museum of Modern Art
Rd.
Dingxiang
Fangdian Rd.
Central Yanggao Rd.
Old Yanggao Rd.
Pudian Rd.
Century Ave.
Fushan Rd.
Line 4
9
Gallery of Antique Music Box and Mechanical Works
Minsheng Rd.
Pudian Rd.
Pudian Rd.
Century Square
Yan
Oriental Arts Center
Kleider-Markt
Jinziu Rd.
Rd.
Shanghai Science & Technology Museum
Jinziu Rd.
Century Park
世纪公园
Science and Technology Museum
Fangdian Rd.
Yanggao Rd. South
Jinziu Rd.
Eshan Rd.
Huamu Rd.
cun Rd.
ancun Rd.
Rd.
Dongxiu Rd.
Huamu Rd.
Huamu Rd.
Bayang
Longjiang
Meihua Rd.
Century Park
Meihua Rd.
Yulan Rd.
Meihua Rd.
Pujian
Rd.
Hatong
Mudan Rd.
Mudan Rd.
Rd.
Rd.
Rd.
Dongxiu Rd.
Jinziu Rd.
Pujian Rd.
Mudan Rd.
Yulan Rd.
Longdong Rd.
ggao Rd. South
Dong
300 m
Tour 3:
Das Gesicht der Zukunft

An Deck können die Passagiere reizvolle Blicke genießen, der rege Schiffsverkehr auf dem Fluss begegnet einem hier auf Augenhöhe: Frachter und Schubkähne füttern Chinas Wirtschaft mit Kohle, Zement, Bauholz und anderen Materialien, große Containerschiffe zeugen davon, dass der Hafen von Shanghai, was die Tonnage anbelangt, der größte der Welt ist, Ausflugsschiffe fahren Touristenhorden umher. Bisweilen drängen sich so viele Schiffe auf dem Huangpu, dass das Heulen der Bordsirenen das Motoren-Raunen der Fähre übertönt.

Start: Fähranlegestelle auf Höhe der Wettersignalstation (Waitan Bowuguan) am südlichen Bund. Der kleine Turm ist unschwer zu erkennen.

Ende: Ⓜ 2 Dongchang Road (Dongchang Lu)

Dauer: 1½ bis 2 Std.

Doch diese Eindrücke werden noch überboten von der Faszination des futuristischen Hochhaus-Dschungels am Ostufer, der immer näher rückt. In den 90er Jahren sollen in Pudong zwei Drittel aller weltweit verfügbaren Spezialkräne für den Wolkenkratzer-Bau gestanden haben, und noch vor wenigen Jahren gab es in der Stadt täglich die Fertigstellung eines Hochhauses zu feiern.

Nachdem der Steuermann angelegt hat, tauchen wir ein in den Häuserwald.

Zunächst geht es links die **Fucheng Road** entlang. Der Weg führt parallel zum Fluss, die Fassaden der Gebäude unterhalten mit Lichtspielen und Spiegelungen, und wer aufmerksam schaut, wird den ein oder anderen Fensterputzer ausmachen, der in den Fassaden-Wänden seine Arbeit auf fast schon artistische Weise verrichtet.

Auf Höhe der – wie sollte es anders sein – goldenen Fassade des **Aurora-Hochhauses** (Fucheng Lu). Das Gebäude, dessen Fassade golden glänzt und den passenden Schriftzug trägt, gehört zu den markantesten der futuristischen Skyline. Dort angekommen, hält man sich links und gelangt zur Uferpromenade. Cafés und Restaurants laden zum Verweilen. Bei schönem Wetter kann man gemütlich draußen sitzen und die koloniale Prachtmeile des Bund auf der anderen Flussseite bewundern. Ein kolossaler Anker an der Uferpromenade erinnert daran, dass an dieser Stelle bis in die 80er Jahre hinein die Arbeiter der Lixin-Werft Schiffe gebaut haben.

Nach der Uferpromenade rechts in die **Lujiazui Road** biegen und nun Richtung → **Oriental Pearl Tower** (Dongfang Mingzhu Guangbo Dianshi Ta) spazieren. Wem die Fahrt zur Aussichtsplattform (85 Y/Person) zu teuer ist, der kann dem → **Ocean Aquarium** (Haiyang Shuizuguan) einen Besuch abstatten, das zu den modernsten der Welt gehört. Oder man macht sich gleich zum schönsten Wolkenkratzer Shanghais auf – dem einer Pagode nachempfundenen → **Jinmao Tower** (Jinmao Dasha). Wer der Century Avenue folgt, kann den knapp 421 m hohen Wolkenstürmer nicht verpassen.

Auf der Century Avenue sollte man zumindest einmal kurz innehalten, den Kopf in den Nacken legen und sich um die eigene Achse drehen. Es wird einen das Gefühl beschleichen, als befinde man sich in der Kulisse eines Science-Fiction-Films – fehlt nur noch, dass ein Ufo vorbeifliegt. Platz hätte es, denn die Stadtlandschaft hier ist von einer Weite, die man aus den engen Hochhausschluchten New Yorks oder Tokios nicht gewohnt ist.

Die zwölfspurige Century Avenue wirkt recht öde, fehlen doch Geschäfte und Restaurants. Etwas weiter östlich an der

Bis mitternachts strahlen Pudongs Wolkenkratzer um die Wette

Tour 3: Pudong
→ Karte S. 154/155

Zhangyang Road (Zhangyang Lu) lässt sich erfahren, wie Geschäfte Leben in eine scheinbar unwirkliche Stadtlandschaft bringen. Dafür bietet die Century Avenue als Magistrale mit dem → **World Financial Center** (Huanqiu Jinrong Zhongxin) einen weiteren architektonischen Meilenstein – Anfang 2012 war es mit 492 m Chinas höchstes Gebäude. Und der nächste Rekordjäger befindet sich im Bau: In unmittelbarer Nachbarschaft wächst der Shanghai Tower, der sich nach Vollendung 632 Meter in die Höhe schrauben soll.

Der Century Avenue ostwärts folgend, gelangt der Hochhausschluchten-Wanderer zur Metrostation Dongchang Road. Von dort tragen einen die Züge binnen 15 Minuten wieder zurück in die geschäftige Nanjing Road. Wer möchte, kann aber per Metro auch noch zwei Stationen weiter Richtung Osten rauschen und einen lohnenden Abstecher zum schön angelegten → **Century-Park** (Shiji Gongyuan) machen. Dort lässt es sich im Grünen entspannen, Kinder finden diverse Vergnügen.

An den Park grenzen im Westen das → **Science & Technology Museum** (Kejiguan) mit einer mächtigen Kugel in der Glasfassade sowie ein großer Platz, auf dem Roller-Blader ihre Runden drehen und Skateboarder kleine Kunststücke üben.

Das → **Oriental Arts Centre** (Dongfang Yishu Zhongxin) mit seiner geschwungenen Glasfassade liegt ebenfalls westlich des Parks. Es ist eine der wichtigsten Konzertbühnen der Stadt und beheimatet zudem das kleine Museum für historische Musikapparate: → **Gallery of Antique Music Box**.

Wer das ultramoderne → **Zendai Museum of Modern Art** (Zhengda) erkunden möchte, folgt der Dingxian Rd. (Dingxian Lu) bis zur Fangdian Rd. (Fangdian Lu) und biegt dort rechts ab. Dieser Abstecher ist mit dem Fahrrad leicht zu bewältigen. Wer zu Fuß unterwegs ist, sollte ein Taxi nehmen. Anschließend kann man an der Metrostation Science & Technology Museum mit der Linie 2 unter dem Huangpu hindurch zurück nach Puxi rauschen.

Wer Lust verspürt, steigt bereits an der Station Lujiazui, der letzten auf Pudong-Seite, aus und genießt nochmal den Blick auf den Fluss und die neoklassizistischen Bauten am Bund. Als Alternative für den Rückweg nach Puxi bietet sich neben der Metro der laute und schrille → **Bund-Sightseeing-Tunnel** an, der allerdings hauptsächlich Kindern Spaß macht.

Sehenswertes

Oriental Pearl Tower (Dongfang Mingzhu Guangbo Dianshi Ta) 上海东方明珠广播电视塔

Nachts blitzt und strahlt er in Grün, Blau und Lila: Mit 468 Metern ist der Oriental Pearl Tower der weltweit dritthöchste Fernsehturm. Bei der Gestaltung des Bauwerks ließen sich die Architekten des Shanghaier Büros Ecadi angeblich von einem Gedicht Bai Juyis (772–842) inspirieren. Der Poet beschreibt den Klang der traditionellen chinesischen Laute, Pipa, wie folgt: „Laut angeschlagen und leise gezupft, tropfen große und kleine Perlen auf den Jadeteller." Wer genau hinsieht, wird elf Perlen oder besser Kugeln zählen, die von einem Band aus Beton gehalten werden.

Es gibt drei Aussichtsplattformen. Die erste der beiden großen Kugeln hat auf 90 m Höhe eine offene Terrasse mit schönem Blick auf den Bund. Die zweite verfügt über ein Observatorium auf 263 m, und die etwas kleinere Kugel unter der Spitze bietet Blicke aus 350 m Höhe. Seit seiner Eröffnung 1995 ist der Turm Markenzeichen Nummer eins des neuen Shanghai.

Unten im Pearl Tower informiert eine Ausstellung anschaulich über die wechselhaften Zeiten der Stadt über dem Meer. Zum Beispiel kann man einen nachgebauten Straßenzug aus der Zeit um 1900 ablaufen.

Tägl. 8–21.30 Uhr. Eintritt für Turm und Museum 135 Y, Kinder unter 120 cm die Hälfte; das Museum allein kostet 35 Y. ✆ 58791888. Ⓜ 2 Lujiazui., 1 Century Avenue, 中国上海市浦东世纪大道 1 号

Chinas Expo-Pavillon soll zum Museum werden

Wolkenstürmer

Im Jahr 2007 gab es in Shanghai täglich die Fertigstellung eines Hochhauses zu vermelden. Das Chicagoer Architektenbüro Skidmore, Owings and Merrill, Erbauer des Jinmao Tower in Shanghai wie des Sears Tower in Chicago, sieht die Stadt über dem Meer in Windeseile zur Weltstadt wachsen – auf Augenhöhe mit New York und Tokio. Mit dem Jinmao Tower, jenem an eine Pagode erinnernden Giganten, der sich silbrig schimmernd bei Einheimischen wie Touristen großer Beliebtheit erfreut, ist neben dem Oriental Pearl Tower ein neues Wahrzeichen der Stadt entstanden.

Abertausende Wanderarbeiter erbauten Pudong

„Vom Kopf ausstrahlend, wird der Fortschritt den ganzen langen Rumpf des Drachen erfassen", lautete Anfang der 90er Jahre das Motto der Pekinger Regierung für die Entwicklung Shanghais. Klar: Wer so spricht, braucht prestigeträchtige Bauten – am besten spektakuläre Wolkenkratzer. Daher luden die Machthaber 1992 acht renommierte Baumeister ein, Pudongs Uferzone Lujiazui ein neues Gesicht zu geben. Die Büros von Norman Foster, Renzo Piano und Toyo Ito waren angeblich alle mit von der Partie. Den Auftrag erhielten sie nicht. Stattdessen entwarf die lokale Planungsbehörde ein eigenes Konzept – inspiriert war sie dabei freilich sehr wohl von den internationalen Eingebungen.

Für Pudongs Skyline gibt es Lob wie Tadel: „Was Sie hier sehen, ist kein städtebaulicher Entwurf, sondern chinesische Produktion. Pudong ist ein planerischer Fehler, entstanden aus Prestigedenken und Unwissenheit", schimpfte Cai Yong Jie, ortsansässiger Architekturprofessor. Und Zheng Shiling, Vorsitzender der städtischen Kommission für Umwelt und Stadtentwicklung, urteilte 2003 in einem Interview: „Im Vergleich zu anderen internationalen Metropolen ist die Wolkenkratzerlandschaft Shanghais ein ziemliches Durcheinander." Faszinierend ist sie dennoch, und der Oriental Pearl Tower ist inzwischen so etwas wie eine Ikone der Bildsprache geworden, wenn in internationalen Werbekampagnen Fortschritt vermittelt werden soll. Dass der Shanghaier Fernsehturm dafür steht, ist durchaus glaubwürdig: Noch 1991 waren in der Stadt nur sechs Gebäude höher als 100 Meter – 2007 waren es bereits mehr als 4000.

Allein im überschaubaren Pudonger Geschäftsviertel Lujiazui am Huangpu-Ufer wuchsen von 1992 bis 2002 rund 200 Giganten mit mehr als 100 m Höhe in den Himmel – das Viertel trug damals den Beinamen „größte Baustelle der Welt". Pudong wurde von den Planern förmlich in die Zukunft katapultiert. Eine Entwicklung, die manchen Einheimischen noch heute staunen macht.

Frau Xu Feng Hong lebte mehr als vierzig Jahre im beschaulichen und ärmlichen Pudong, ehe die Bagger anrückten und ihr Viertel umkrempelten. „In den Kanälen zwischen den Gemüsefeldern haben wir bis in die 80er Jahre noch Krebse gefangen", erzählt sie. Nun lebt sie mit ihrem Mann inmitten einer der weltweit dichtesten Hochhauslandschaften in einer Wohnung mit Toilette und Klima-Anlage – und vermisst im Schatten des in der Sonne funkelnden Jinmao Tower doch die alten Zeiten.

Ocean Aquarium (Haiyang Shuizuguan) 上海海洋水族馆

Arapaima ist der Name des weltgrößten Süßwasserfisches. Heimisch ist diese Spezies im Amazonas, doch einige Exemplare schwimmen auch im Shanghai Ocean Aquarium, das vor allem für Besucher mit Kindern ein Muss ist. Doch auch Erwachsene finden es spektakulär, durch einen rund 150 Meter langen Tunnel mit durchsichtigen Wänden zu schreiten – umgeben von Haien, Mantas und anderen Meeresbewohnern: Der Tunnel führt durch ein großes Becken, und der Besucher kann sich fast so fühlen wie ein Taucher. Hinter den Glasscheiben des Aquariums leben insgesamt etwa 10.000 Fische, die rund 300 Arten repräsentieren.

Tägl. 9–17.30 Uhr, Ferien/Feiertage 9–20.30 Uhr. Eintritt 120 Y, Kinder unter 140 cm 80 Y. ✆ 58779988, www.sh-aquarium.com. Ⓜ 2 Lujiazui, 1388 Lujiazui Rind Rd., 中国上海市浦东新区陆家嘴环路 1388 号

Der Jinmao Tower misst knapp 421 Meter

Jinmao Tower (Jinmao Dasha) 金茂大厦

Der Drang von Bauherren und Architekten gen Himmel hat sich mit diesem Hochhaus auf besonders schöne Weise manifestiert. Das Gebäude ist einer Pagode nachempfunden. Es verjüngt sich nach oben, jedes Segment ist um ein Achtel schmaler als das darunter liegende. Das Architektenbüro Skidmore, Owing & Merrill, das auch den Sears Tower in Chicago baute, entwarf das Gebäude im Auftrag des chinesischen Außenhandelsministeriums. Der knapp 421 m hohe Wolkenkratzer ruht auf Stahlfundamenten, die etwa 80 Meter tief in den sumpfigen Boden von Pudong getrieben wurden. In den oberen Etagen des Jinmao, was so viel bedeutet wie „Goldener Wohlstand", ist das **Grand Hyatt Hotel** untergebracht; es verfügt über ein 152 m hohes Atrium, das von der Bar in der 56. Etage gratis bewundert werden kann.

Gebäude und Hotel zeugen übrigens auch vom Aberglauben vieler Chinesen, denn die Glückszahlen acht und fünf wurden bei diesem Bau viel strapaziert: So wurde das 88 Stockwerke hohe Haus mit der Haus-Nr. 88 im August 1998 eingeweiht. Das Hyatt, das sich von der 55. bis zu 88. Etage erstreckt, dürfte sich angesichts seiner 555 Zimmer keine Sorgen um gute Geschäfte machen müssen. Das Aussichtsdeck befindet sich im 88. Stockwerk. Bei schlechtem Wetter bleibt einem hier immer noch der tröstliche, weil herrliche Blick von oben herab ins Atrium des Hotels.

Tägl. 8.30–21 Uhr, Eintritt 70 Y. ✆ 50475101.

Ⓜ 2 Dongchang Rd., Jinmao Observator, 88 Century Avenue, 中国上海市浦东新区世纪大道 88 号

World Financial Center (Huanqiu Jinrong Zhongxin) 上海环球金融中心

Vom Observatorium blicken Besucher aus 474 Metern Höhe aufs Häusermeer und den Huangpu-Fluss. Das Gebäude ist ein Neuzugang in der Liste herausragender Himmelsstürmer. 2008 eröffnet, blickt dieses 1997 in Angriff genommene Hochhaus bereits auf eine lange Geschichte zurück: Bedingt durch die Wirtschaftskrise in Asien Mitte der 90er wurden die Bauarbeiten wenige Monate nach Beginn für fünf Jahre unterbrochen. Der japanische Investor des 101 Stockwerke fassenden Bürogiganten fürchtete hohe Leerstandskosten. Erst 2003 ließ er Bagger und Kräne wieder anrollen. Um im Wettrennen um Höhenrekorde mithalten zu können, wurde das ursprünglich auf 460 m und 94 Etagen ausgelegte Gebäude um 32 m und sieben Stockwerke vergrößert. Besonders markant ist die Himmelsbrücke an der Spitze des Gebäudes, die auch mit einer Aussichtsplattform versehen ist. Die rechteckige Öffnung darunter lässt das Hochhaus nun aussehen wie einen überdimensionalen Flaschenöffner.

Mit 492 m hält das Financial Center derzeit den Rekord in China. Rekordverdächtig waren auch die mit viel Eifer geführten Diskussionen um die Gestalt des Bauwerks. Ursprünglich war geplant, der Öffnung unterhalb der Spitze die Form eines Kreises zu geben. Davon fühlten sich allerdings nicht wenige einflussreiche Shanghaier provoziert, erinnerte sie der Kreis doch an das Sonnensymbol der japanischen Flagge. Noch immer hegen viele Chinesen eine Abneigung gegen die einstige japanische Besatzungsmacht. Jedenfalls führte die Debatte dazu, dass die Spitze des rund 850 Mio. US-Dollar teuren Baus nun eine rechteckige Öffnung hat. Nippons Sonne können darin selbst Übelmeinende nicht mehr erkennen.

Tägl. 8–22 Uhr, Eintritt 150 Y, Kinder 75 Y. ✆ 68777878, www.swfc-observatory.com/en. Ⓜ 2 Dongchang Rd., Exit 4, 100 Century Avenue, 中国上海市浦东世纪大道 100 号

Century-Park (Shiji Gongyuan) 世纪公园

Der größte unter den innerstädtischen Parks Shanghais zählt rund 1,4 Millionen Quadratmeter und beheimatet mehrere künstliche Seen und Flüsse (→ Kasten „Verbannte Brautpaare“). Ein rund 5,5 km langer Rundweg lädt zum Spazieren, Joggen, Inline-Skaten oder Skaeboarden ein. Auch Picknicken ist erlaubt.

Fahrräder können im Park gemietet werden. Am Eingang preisen Straßenhändler Drachen an, im Park allerdings ist es verboten, sie steigen zu lassen. Kindern bietet die Grünanlage u. a. eine Hüpfburg, eine kleine Achterbahn sowie einen etwas bizarren Luftkissen-Scooter, bei dem Piloten und Passagiere mit Spielzeugpistolen aufeinander schießen können. Am großen See kann man Tretboote mieten.

Tägl. 7–18 Uhr, Mitte Nov. bis Mitte März 7–17 Uhr. Eintritt 10 Y. ✆ 38760588. Ⓜ 2 Century Park, 1001 Jinxiu Rd., 中国上海市浦东新区锦绣路 1001 号

Science & Technology Museum (Kejiguan) 上海科技馆

Hinter der mächtigen Fassade der mehr als 150 Mio. Euro teuren Glas-Stahl-Konstruktion verbirgt sich ein interessantes Museum. Es vermittelt Naturwissenschaften und Technologie auf anschauliche Weise. Gegliedert in zwölf Themenbereiche, präsentiert es den Besuchern Technik zum Anfassen.

Tour 3: Pudong → Karte S. 154/155

Vor allem Kinder werden ihre Freude haben: Sie können an Simulatoren einen Tanker durch die wichtigsten Häfen der Welt steuern oder auf einem Versuchsstand mit dem Fahrrad auf einem Hochseil fahren. In einer Art Burgsaal entfaltet sich die Perfektion moderner Klangtechnik – Regen trommelt gegen nicht-vorhandene Fenster, unsichtbare Bedienstete schlagen Türen. Im Design-Bereich können Besucher ein Souvenir gestalten und fertigen sowie eine eigene CD aufnehmen. Ein „4D-Kino" verbindet gewöhnliche 3D-Technologie mit zusätzlichen Effekten wie wackelnden Stühlen, Nieselregen oder Windböen. Dieses Vergnügen kostet jedoch extra, und bisher gibt es kaum Filme mit englischen Untertiteln – deshalb vorher fragen.

Tägl. 9–17.15 Uhr, Montag Ruhetag außer in den chinesischen Ferien. Eintritt 60 Y. ✆ 68542000, www.sstm.org.cn. Ⓜ 2 Science & Technology Museum, 2000 Century Avenue,
中国上海市浦东新区世纪大道 2000 号

Oriental Arts Center (Dongfang Yishu Zhongxin) 上海东方艺术中心

Das 2005 eröffnete Konzerthaus lohnt allein wegen seines schönen Äußeren einen Besuch: Seine Form ist einer blühenden Orchidee nachempfunden, die Glasfassade bekommt durch die großen Holzwände der Innenräume einen warmen Charakter. In dem spektakulären Bau finden sich eine rund 2000 Gäste fassende Konzerthalle, ein Theater mit 1000 sowie ein Raum für Kammermusik mit 300 Plätzen. Das Programm reicht von internationalen Klassik-Ensembles über alte chinesische Musik bis zu Ballett. Zusammen mit dem *Grand Theatre* und der *Concert Hall* ist das Oriental Arts Center der wichtigste Aufführungsort für Klassische Musik.

Sehenswert ist die Ausstellung historischer Musikapparate aus dem 19. und 20. Jh., wie Drehleiern und Musikboxen (→ Gallery of Antique Music Box and Mechanical Works).

Oriental Arts Center

Das Café und Restaurant Étoile in der 2. Etage serviert auch an aufführungsfreien Tagen ab 11.30 Uhr Getränke und Essen.

Ticketbüro tägl. 10–20 Uhr, Ausstellung tägl. 11–18 Uhr. Eintritt 50 Y, Kinder 30 Y. Kartenbestellung ✆ 68547796 und 68541234, http://en.shoac.com.cn. Ⓜ 2 Science & Technology Museum, 425 Dingxiang Rd., 中国上海市浦东新区丁香路 425 号

Gallery of Antique Music Box and Mechanical Works 上海八音盒珍品陈列馆

Die Japanerin Yamada Harumi sammelt alte Musikapparate und hat im Laufe der Jahre mehr als 2000 Objekte in aller Welt aufgestöbert. In Shanghai und in Kyoto zeigt sie der Öffentlichkeit die schönsten Stücke ihrer Kollektion. Die rund 200 Exponate in Shanghai haben einen Platz im Oriental Arts Center gefunden. Die Kollektion umfasst auch den angeblich ältesten Musikapparat der Welt, eine Spieluhr des Schweizer Uhrenmachers Antoine Favre. Sie sieht aus und hat die Größe eines Siegelrings.

Zylinder und Metallstäbchen sitzen im kleinen Gehäuse. Diese Details und kleine Anekdoten zu anderen Ausstellungsstücken wie Musikschränken und Musikpuppen erläutert kurzweilig und spannend ein Englisch sprechender Angestellter des kleinen Museums.

Tägl. 10.30–18 Uhr. Eintritt 50 Y. ✆ 68547629. Ⓜ 2 Science & Technology Museum, 425 Dingxiang Rd.,
中国上海市浦东新区丁香路 425 号

Zendai Museum of Modern Art (Zhengda) 上海证大现代艺术馆

Dieses kleine, aber feine Museum zeigt Wechselausstellungen zeitgenössischer Künstler. Allein die gekrümmte Form des Gebäudes ist ein Hingucker. 2008 widmete das Zendai beispielsweise *Julian Schnabel* eine Ausstellung sowie *Wang Jianwei*, der auch auf der documenta 2007 in Kassel vertreten war.

Tägl. 10–20 Uhr, Montag geschlossen. ✆ 50339803, www.zendaiart.com. No. 28 Fangdian Rd., Lane 199,
中国上海市芳甸路 199 弄 28 号

China Expo Pavillon Shibohui Zhongguoguan 世博会中国馆

Die Architektur des rund 63 Meter hohen roten Klotzes ist Geschmackssache. Das Gebäude, als chinesischer Weltausstellungs-Pavillon für die Expo 2010 errichtet, greift die Formensprache klassischer chinesischer Holzkonstruktionen auf. In dem Prestigebau, der die anderen Länderpavillons weit überragte, fanden nach Ende der Expo erste Kunstausstellungen statt – so eine Picasso-Schau, die erste ihrer Art in Shanghai. Es gibt Pläne, in dem Pavillon ein dauerhaftes Museum für chinesische Geschichte und Kultur einzurichten.

Wechselnde Öffnungszeiten siehe Tagespresse; 10–20 Uhr. Ⓜ 8, 7 Yaohua Rd., Zone A, Expo Pavillion, Guozhan Rd.,
中国上海市世博园 A 区国展路, 耀华路站

Tour 3: Pudong
→ Karte S. 154/155

Ungeliebte Gäste - Hochzeitspaare und Fotografen-Entourage sind in Parks nicht gern gesehen

Verbannte Brautpaare

Der Century Park in Pudong erfreut sich nicht nur bei Joggern steigender Beliebtheit. Auch chinesische Brautpaare schätzen die große Grünfläche im Herzen Pudongs, schließlich muss die Hochzeit auf großartigen Fotografien und Videos dokumentiert werden. Eine ganze Reihe professioneller Studios hat sich auf Hochzeitspaare spezialisiert. Man sieht Brautpaar-Shootings vor vielen Sehenswürdigkeiten der Stadt, besonders beliebt sind jedoch die wenigen Grünflächen, die eine besonders idyllische Kulisse abgeben. Und so kann man Frischvermählte beobachten, wie sie umschwärmt von Kamerateams vor dem künstlichen See des Century Park posieren oder inmitten blühender Sträucher strahlen.

Für das ultimative Motiv wird schon mal ein Baum erklommen oder die Mitte eines Blumenbeets aufgesucht. Das ärgert die Stadtverwaltung, die teilweise erhebliche Schäden beklagt. Und so hat das „Shanghai Greenery and Public Sanitation Bureau“ im Herbst 2011 allen Ernstes überlegt, für die städtischen Grünanlagen einen Bann für Brautpaare zu verhängen. Für den weit außerhalb des Stadtzentrums gelegenen Botanischen Garten wurde ein solches Betretungsverbot bereits erlassen. „Es ist nicht richtig, dass professionelle Studios öffentliche Grünflächen für Shootings kostenlos benutzen“, sagte ein Behördenvertreter der regierungsnahen Tageszeitung „Shanghai Daily“. Hochzeitspaaren, die sich von Freunden ablichten lassen, wolle man den Zutritt freilich nicht verwehren, fügte er hinzu. Bereits 2003 hatte die Stadtregierung Werbeaufnahmen und Dreharbeiten in öffentlichen Parks untersagt. Und so kann es passieren, dass es auch im Century Park bald keine Brautpaare mehr geben wird.

Bund-Sightseeing-Tunnel 上海外滩观光隧道

Der knapp 650 m lange Tunnel führt auf Höhe des Peace Hotels von der Bund-Promenade unter dem Huangpu hindurch und hinüber nach Pudong. Die Fahrt auf der schienengeführten Kabinenbahn begeistert vor allem Kinder: Laserblitze durchzucken das Dunkel, sphärische Klänge beschallen die unterirdische Röhre. Die Passage dauert gut fünf Minuten.

Tägl. 8–22.30 Uhr, einfache Fahrt 50, hin/zurück 60 Y. Abfahrt Bund gegenüber Nanjing Rd., 中国上海市浦东滨江大道 2789 号 / 浦西中山东一路外滩 300 号

Praktische Infos

(siehe Karte S. 154/155)

Tour 3: Pudong → Karte S. 154/155

Essen & Trinken

South Beauty 2 俏江南, Sichuan-Küche mit Traumblick. Das Restaurant in der 10. Etage des Einkaufszentrums Super Brand Mall hat einen wunderschönen Dachgarten. Bei gutem Wetter kann man draußen sitzen, den Bund bestaunen und die meist etwas scharfen Gerichte genießen. Besonders empfehlenswert sind die Meeresfrüchte. Wenn es zu kalt ist: Die Aussicht ist auch von innen gut, die große Glasfassade macht's möglich. Hauptgericht ab 60 Y, die Qualität stimmt. Tägl. 11–22 Uhr. ✆ 54071817 und 54071917. → 2 Lujiazui, 168 Lujiazui Rd., 中国上海市浦东新区陆家嘴西路 168 号正大广场 10 层

Shanghai Uncle 8 海上阿叔, typische Shanghaier Küche mit Spezialitäten wie in Soyasauce mariniertem Räucherkarpfen. Das Huhn mit Chili und Hawaii-Nüssen mundete süßlich-scharf. Das Shanghai Uncle ist eine von drei Filialen einer Restaurantkette, die allesamt in dunklem Rot geschmackvoll eingerichtet sind. Hauptgerichte ab 40 Y. ✆ 58367977. 8. Etage des Times Square Building. Ⓜ 2 Dongchang Rd., 500 Zhangyang Rd., 中国上海市张杨路 500 号时代广场 8 楼

The Binjiang One 7 滨江一号楼, liebevoll zubereitete und dekorierte Fusion-Küche. Das alte Gebäude erinnert etwas an ein Fachwerkhaus. Wer einen der vielen Fensterplätze wählt, kann die Schiffe auf dem Huangpu vorbeiziehen sehen. Sehr schmackhaft: Meeresfrüchtesalat mit Koriander und Knoblauch. Gehobenes Preisniveau, günstiges Mittagsmenü. Tägl. 11.30–24 Uhr, ✆ 58777500. Leider ohne Hausnummer, aber ganz in der Nähe der Fähranlegestelle. Dongchang Rd., Ⓜ 2 Lujiazui, Fucheng Rd., 中国上海市富城路拾步街, 靠近香格里拉大酒店

On 56 5, Das 56. Stockwerk des Jinmao Tower lockt mit einer Reihe von Restaurants. Serviert werden hauptsächlich westliche Küche und asiatische Snacks. Hauptgerichte ab 100 Y. Tägl. 11.30–14.30 und 17.30–22.30 Uhr. Ⓜ 2 Dongchang Rd., 中国上海市浦东新区世纪大道 88.

Cafés, Bars & Clubs

Cloud 9 4, knapp 421 m gemütlich über den Dingen sitzend, schmeckt der Sundowner besonders gut. Wer in der 87. Etage thront, dem liegt Puxi buchstäblich zu Füßen. Die einst höchste Bar der Welt hat stolze Preise, aber dieser Blick kostet eben. Tägl. ab 17 Uhr. ✆ 50941234. Ⓜ 2 Dongchang Rd., Grand Hyatt Hotel Jinmao Tower, 中国上海市世纪大道 88 号

Blue Frog 1 蓝蛙俱乐部, gemütliche Bar und Kneipe westlichen Standards. Hier kann man sich's bei Bier und Burger gemütlich machen. Von 17 bis 20 Uhr zahlt man ein Getränk und bekommt zwei. Snacks ab 40 Y. Tägl. 11–24 Uhr. ✆ 50473488. Im Parterre des Super Brand Mall-Gebäudes. Ⓜ 2 Lujiazui, 168 Lujiazui Rd., 陆家嘴西路 168 号正大广场 1 楼

Einkaufen

Pudong bietet mit der achtstöckigen **Super Brand Mall** direkt an der Metrostation Lujiazui der Ⓜ 2 einen westlich orientierten Konsumtempel mit Modegeschäften von Adidas bis Zara.

Wer einkaufen möchte wie die Einheimischen, fährt bis zur Station Dongchang Rd. und sieht sich in den Geschäften der **South Pudong Road** und **Zhangyang Road** um.

Im Untergeschoss der Metrostation Science & Technology Museum befindet sich ein **Markt für Kleidung und Reisegepäck**. Allerdings kann Pudong mit dem Charme der Boutiquen der früheren Französischen Konzession kaum mithalten (→ Kap. „Shopping und Märkte").

Tour 4

Platz des Volkes, Nanjing Road

„Die Nanjing Road, Zeitschiene zur Zukunft, ist nichts als lärmende, blitzende Möglichkeit, die wie immer die Jugend zum Verfechter gewann." (Herbert Kremp, deutscher China-Korrespondent, 1978)

Am Platz des Volkes pulsiert das Herz des modernen Shanghai. Der Renmin Guangchang protzt mit spektakulären Bauten wie dem Tomorrow Square Building, es locken Kultur-Institutionen wie das Shanghai Museum mit der weltbesten Sammlung alter chinesischer Kunst. Der Volkspark, wo Einheimische Mahjongg spielen und tanzen, lädt zum Verweilen. Und die Flaniermeile Nanjing Road, einst die geschäftigste Straße Asiens, zieht noch immer Massen an.

Herr Liu hat gut lachen. Er ist einer der Fotografen, die an der Unterführung von der Nanjing Road zum Platz des Volkes Passanten für ein paar Yuan vor der Kulisse der Einkaufsstraße ablichten. Ein Stativ, zwei Digitalkameras, zwei Fotopapierdrucker – das ist Herrn Lius Kapital. Heute gehen die Geschäfte gut: Es ist der 1. Mai, nationaler Feiertag in China, und die Nanjing Road mit ihren üppig dekorierten Schaufenstern birst vor Einheimischen und Touristen.

Noch immer ist diese Straße, die sich in den 1920er Jahren zur feinsten Einkaufsmeile Asiens herausputzte, ein Anziehungspunkt. Hier flaniert Shanghai – an Wochenenden gar bis zu zwei Millionen Menschen täglich. Seit dem Jahr 2000 ist ein großer Teil der östlichen Nanjing Road Fußgängerzone. Nachts leuchtet sie wie ein Meer bunter Neonreklame und ist perfekter Ausdruck Shanghaier Lebenslust.

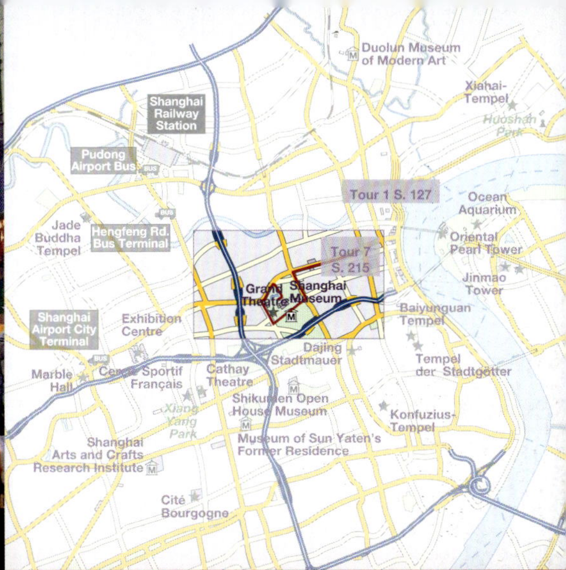

Platz des Volkes, Nanjing Road

Die Fußgängerzone endet am Platz des Volkes. Das riesige Oval wurde einst von den britischen Kolonialherren als Pferderennbahn angelegt und bildete mit dem *Turf Club* den Mittelpunkt ihres gesellschaftlichen Lebens. Jahrzehnte später hat sich die Gegend zum neuen, hypermodernen Zentrum der Stadt entwickelt. Grünanlagen, moderne Museen und spektakuläre Wolkenkratzer, die den Platz sozusagen umzäunen, bilden eine einzigartige Kulisse.

Tour 4: Alter Glamour und neuer Glanz

Start: Ⓜ 2 East Nanjing Road (Nanjing Dong Lu)
Ende: Ⓜ 1, 2, 8 People's Square (Renmin Guangchang)
Dauer: 2½ bis 3 Std.

Man spürt es gleich, wenn man die Treppen der U-Bahn Station **East Nanjing Road** hochsteigt und am Ausgang nach links blickt: Die quirlige Geschäftsstraße versprüht noch immer besonderen Charme. Wer gut und günstig einkaufen möchte, ist heute zwar andernorts besser bedient (→ Shopping-Kapitel), doch früher galt dieser Straßenzug nicht umsonst als Chinas beste Einkaufsadresse: Händler aus aller Welt strömten seit Ende des 19. Jh. hierher, um Seide, Porzellan und Tee in Läden zu erstehen, die damals noch in ziegelgedeckten traditionelle Häusern untergebracht waren. Später, während des Ersten Weltkriegs, richteten Auslandschinesen erste Kaufhäuser westlichen Stils ein, in denen sie reichen Einheimischen westliche Waren feilboten: deutsche Fotoapparate, französische Trüffeln, japanische Spielsachen, amerikanische Kosmetika ...

Dass diese Zeiten vorbei sind, daran gemahnt auch der Shinmao Tower, der Richtung Westen über der Fußgängerzone thront: Mit seinen zwei langen Mobilfunk-Antennen sieht er aus wie eine überdimensionale Kuchengabel. Als Kontrastpunkt zur Modernität empfiehlt sich ein Blick in den alten → **Shaowansheng Delicacies Store** in Nr. 414. Unbeeindruckt von den Regeln modernen Marketings werden hier chinesische Lebensmittel ohne Werbeschnickschnack in einfachen Regalen angeboten – mit großem Erfolg, denn Einheimische schätzen dieses Geschäft sehr.

Der Beschluss, aus der Nanjing Road eine Fußgängerzone zu machen, soll übrigens aus der Not heraus geboren sein: Nachdem die U-Bahn-Röhre unter der Straße fertig gestellt war, habe sich herausgestellt, dass die Statik der Straßendecke dem Autoverkehr nicht mehr gewachsen war, berichteten an dem Projekt Beteiligte. Jedenfalls durfte der französische Architekt Jean Marie Charpentier im Auftrag der Stadtväter eine Fußgängerzone gestalten. Er hat gute Arbeit geleistet.

Auf Höhe des *Sofitel Hotels* erreicht man einen großen Platz, der linkerhand von einem alten Hochhaus mit einem Riesen-Thermometer an der Fassade dominiert wird. Dabei handelt es sich um den Erweiterungsbau des dahinter liegenden, einst legendären → **Wing-On-Kaufhauses**, das zwei Auslandschinesen 1918 gegründet hatten. Sie lieferten sich mit dem gegenüberliegenden, von einem Uhrenturm gekrönten ehemaligen → **Sincere's Department Store** (1917) lange Jahre ein Wettrennen um das höchste und schillerndste Kaufhaus der Stadt.

Die nächste Straßenkreuzung hat chinesische Geschichte geschrieben: In dem Karree, das von Guizhou Rd., Nanjing Rd., Jiujiang Rd. und Guangxi Rd. markiert wird, stand einst die **Louza-Polizeistation** (→ Stadtgeschichte). Es

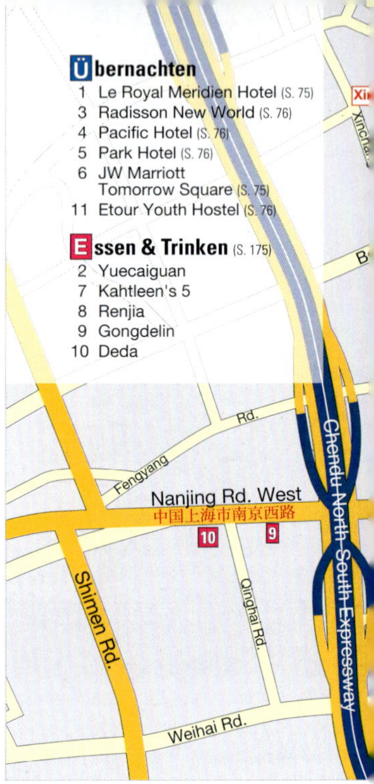

war jener Ort, an dem 1925 die revolutionäre **30.-Mai-Bewegung** ihren Anfang nahm: Die blutige Demonstration für die Freilassung von sechs Shanghaier Studenten mündete in eine landesweite Welle von Streiks und Massenprotesten, die die Zeit bis 1927 zu stürmischen Jahren machten. Mehr noch: Der gewaltsam niedergeschlagene Shanghaier Protest vom 30. Mai 1925 ebnete der Kommunistischen Partei den Weg zur alles dominierenden Kraft im Reich der Mitte.

Am Ende der Fußgängerzone ziehen bereits die bizarren Formen der Gebäude neueren Datums die Blicke auf sich, die den Platz des Volkes prägen. Zunächst geht es jedoch links die Xizang Road entlang, vorbei an der → **Moore Memorial Church** (Mu'en Tang) bis zur Fuzhou Road. Nach dem Kreuzen der Xizang Road steht man vor dem → **Urban Planning Exhibition Center**

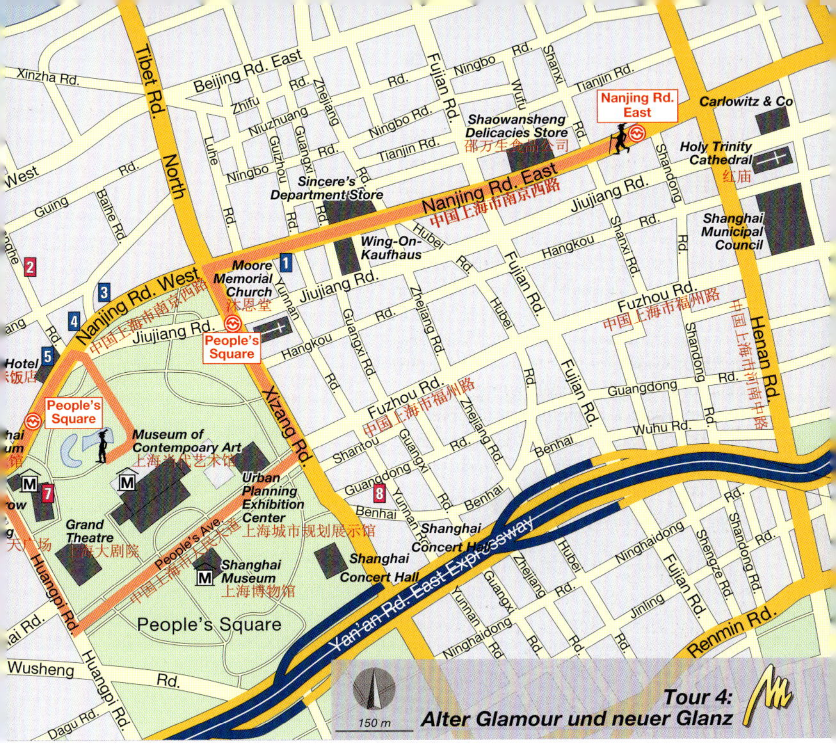

(Chengshi Guihua Zhanshiguan), einem Kubus mit ungewöhnlicher Dachkonstruktion. An der Fassade läuft der Countdown bis zur Weltausstellung 2010. Das folgende, weniger spektakuläre Gebäude ist das **Rathaus**. Spannender wird es gegenüber auf der anderen Straßenseite, wo das → **Shanghai Museum** (Shanghai Bowuguan) steht. Das runde Gebäude mit drei Bögen auf dem Dach ist einem antiken Ritualgefäß nachempfunden und beheimatet nach Überzeugung von Experten ein Weltklasse-Museum.

Nicht weit entfernt liegt das → **Grand Theatre** (Daguangming Dianyingyuan), dessen geschwungenes Dach den Himmel symbolisiert. Dahinter erhebt sich an der Kreuzung von Huangpi Rd. und Nanjing West Rd. das → **Tomorrow Square Building** (Mingtian Guangchang), das mit seiner verbreiterten Spitze aussieht wie eine Rakete. Gegenüber dem spektakulären Wolkenkratzer zeugt als letztes Überbleibsel ein altes Gebäude mit Uhrenturm von der einstigen Pferderennbahn (→ Kasten „Schnelle Pferde, hohe Wetten"). Früher war darin der Turf Club untergebracht, heute ist es das → **Shanghai Art Museum** (Shanghai Meishuguan).

Das Shanghai Museum besitzt eine der besten Kollektionen alter chinesischer Kunst

Am Rande des Volksparks Richtung Osten flanierend sieht man das markante, dunkel anmutende → **Park Hotel** (Guoji Fandian), das wie die Moore Memorial Church von Architekt *Ladislav Hudec* gestaltet wurde, in den 1920er und 30er Jahren einer der bedeutendsten Baumeister Shanghais (→ Kastentext Tour 7). Das 84 m hohe Park Hotel soll bei seiner Fertigstellung 1934 das höchste Gebäude in Asien gewesen sein, zudem lag es damals in der geografischen Mitte der Stadt. Das Nachbargebäude links davon, der 1933 eröffnete **Shanghai Sports Club**, verwöhnt das Auge mit einer prächtigen, reich geschmückten Beaux-Arts-Fassade. Architekt Elliott Hazzard, ein gebürtiger US-Amerikaner, hat dieses Schmuckstück gebaut. Nach der Machtübernahme der Kommunisten 1949 soll Mao Zedong bei seinen Shanghai-Besuchen gern im Park Hotel abgestiegen sein und im Schwimmbad des Sports Club häufig einige Runden gedreht haben. Elliott Hazzard ist auch Architekt des direkt anschließenden **Pacific Hotels** (108 Nanjing Rd. West) aus dem Jahre 1926. Es wird von einem eleganten Uhrenturm samt goldverzierter Kuppel gekrönt. Ursprünglich diente es einer Versicherung als Verwaltungszentrale, 1940 wurde es zum Hotel.

Zum Abschluss dieser Tour kann man im **Volkspark** (Renmin Gongyuan) Kraft schöpfen. Gegenüber dem Park Hotel führt ein Weg in die Grünanlage, in der sich auch Spielplätze und Fahrgeschäfte für Kinder befinden. Vor allem ältere Einheimische üben sich hier im Schattenboxen, Rückwärtsgehen, Tanzen und amüsieren sich bei Mahjongg- und Kartenspiel.

Wer noch Entdeckerlust verspürt, kann das spannende → **Museum of Contemporary Art/Moca** (Shanghai Dangdai Yishuguan) besuchen, das interessante Wechselausstellungen zeitgenössischer Kunst zeigt.

Im Volkspark fliegen Kinder um die Wette

Sehenswertes

Shaowansheng Delicacies Store 邵万生食品公司

Der Besuch dieses Ladens ist ein Kontrastprogramm. Gegründet von einem Kaufmann aus Ningbo, genießt dieses alteingesessene Geschäft unter Einheimischen einen hervorragenden Ruf, obwohl es im Vergleich mit den Lebensmittelabteilungen der umliegenden Kaufhäuser wie ein Anachronismus anmutet. Einst zierten Schriftzeichen mit dem Motto des Firmengründers die Fassade: „Qian shou Yi", hieß es da. „Gewinn durch Bescheidenheit."

414 Nanjing Rd. West,
中国上海市南京西路 414 号

Wing-On-Kaufhaus

Dieser Einkaufstempel aus dem Jahre 1918 gehörte ursprünglich dem australisch-chinesischen Familienbetrieb Guo. Genauso wie die Familie Ma, Eigentümer des Sincere´s (unten), richteten die Guos ihr Shanghaier Kaufhaus nach dem Muster westlicher Häuser ein, was damals ein Novum am Huangpu war. Bei Wing On konnte eine anspruchsvolle chinesische und ausländische Kundschaft Schweizer Uhren, französische Kosmetik, britische Strickwaren und andere westliche Produkte erstehen. Am 23. August 1937, als sich über der Stadt japanische und chinesische Flieger einen Luftkampf lieferten, explodierte in der Nanjing Road vor dem Wing-On-Kaufhaus eine Fliegerbombe, die rund 600 Menschen tötete. Die japanische Besatzung und der danach einsetzende Exodus der ausländischen Bewohner Shanghais beendeten auch die erste Blüte der großen Kaufhäuser in der Stadt am Huangpu-Fluss.

635 Nanjing Rd. West,
中国上海市南京西路 635 号

Ein Tänzchen auf der Nanjing Road

Sincere's Department Store

Mit seinem dreistöckigen weißen Uhrenturm ist dieser alte Konsumpalast einer der Marksteine der Fußgängerzone. In der Geschichte Shanghais steht er für den Beginn einer Phase des Wohlstands, denn 1917 war er das erste Kaufhaus westlichen Stils in der Stadt über dem Meer. Die australisch-chinesische Unternehmer-Familie Ma ließ ihn errichten und machte mit einem regelmäßig erscheinenden Bulletin für Damen-Mode von sich reden.

640–700 Nanjing Rd. West,
中国上海市南京西路 640–700 号

Moore Memorial Church (Mu'en Tang) 沐恩堂

In dieser von Ladislav Hudec 1930 erbauten Kirche befand sich auch die *McTyerie-Schule*, an der unter anderem

Tour 4: Platz des Volkes, Nanjing Road
→ Karte S. 168/169

die Töchter des Shanghaier Tycoons Charlie Song, Oberhaupt einer der mächtigsten Shanghaier Familien, unterrichtet wurden. Hudec, gebürtiger Slowake und in Budapest zum Architekten ausgebildet, kam im Ersten Weltkrieg als Flüchtling nach Shanghai. Er plante u. a. auch das Park Hotel sowie das Christliche Verlagshaus an der Yuanmingyuan Road (→ Tour 7).

316 Xizang Rd., 中国上海市西藏中路 316 号

Urban Planning Exhibition Center (Chengshi Guihua Zhanshiguan) 上海城市规划展示馆

Ein Stadtmodell so groß wie ein Tennisplatz vermittelt ein Bild davon, wie Shanghai in jeweils zehn bis zwanzig Jahren aussehen soll. Das kleine Kunstwerk steht in der 3. Etage. Die Dauerausstellung gibt einen Überblick der städtebaulichen Entwicklung in den nächsten Jahren. Auch eine virtuelle Fahrt vom alten Flughafen Hongqiao im Westen bis zum ultramodernen Flughafen Pudong im Osten der Mega-City ist im Angebot. Ebenso neugierig macht die ungewöhnliche Architektur des Exhibition Center, die der Struktur eines Blattes nachempfunden ist. Gestaltet wurde das Gebäude vom Shanghaier East China Architectural Design Institute.

Tägl. 9–17 Uhr, Eintritt 40 Y. ✆ 63184477. Ⓜ 1, 2, 8 People's Square, 100 People's Avenue, 中国上海市人民大道 100 号

Shanghai Museum (Shanghai Bowuguan) 上海博物馆

Das Museum gilt Fachleuten als weltweit beste Sammlung alter chinesischer Kunst. Zu sehen sind: Bronzen, Keramiken, Jade, Skulpturen, Möbel, Kalligraphien, Münzen und Bücher. Das 1996 eröffnete Haus wurde vom chinesischen Architekten Xing Tonghe entworfen, der alte Symbolik mit moderner westlicher Architektur kombiniert hat. Die Form erinnert an eines der ältesten Ritualgefäße Chinas, ein sogenanntes „ding". Den Regeln des Fengshui folgend, besteht der Grundriss des Bauwerks aus einem Quadrat, das die Erde symbolisiert. Der kreisförmige Aufbau steht für den Himmel. Die Architektur des Museums wurde mehrfach preisgekrönt. Details zum Shanghai Museum s. u. S. 176–181.

Tägl. 9–17 Uhr, Eintritt frei, Sonderausstellungen 20 Y. ✆ 63725300-132, www.shanghaimuseum.net. Ⓜ 1, 2, 8 People's Square, 201 People's Avenue, 中国上海市人民大道 201 号

Grand Theatre (Daguangming Dianyingyuan) 上海大剧院

Das Haus mit 1800 Plätzen wurde 1998 eingeweiht. Architekt Jean Marie Charpentier hat in dem Bau klassische chinesische Formen zitiert – das Rund des Daches für den Himmel, das Rechteckige der Basis für die Erde. Das moderne Bauwerk aus Stahl und viel Glas gewährt von außen tiefe Einblicke. Charpentier war auch an der Umgestaltung der Nanjing Road East zur Fußgängerzone sowie am Bau der Circus World im Stadtteil Zhabei maßgeblich beteiligt.

Aktuelle Programm-Infos unter www.shgtheatre.com. ✆ 63868686. Ⓜ 1, 2, 8 People's Square, 300 People's Avenue, 中国上海市人民大道 300 号

Tomorrow Square Building (Mingtian Guangchang) 上海明天广场

Hinter dem historischen Turf Club wächst das Tomorrow Square Building in den Himmel. Der Entwurf zu einem der markantesten Wolkenkratzer Shanghais stammt vom US-amerikanischen Architekturbüro *John Portman & Associates.* In den oberen Etagen breitet sich das Marriott-Hotel aus. Das Café in der im 38. Stockwerk liegenden Lobby ist öffentlich zugänglich und gewährt einen zauberhaften Überblick über das Häusermeer von Puxi und Pudong.

399 Nanjing Rd. West,
中国上海市南京西路 399 号

Schnelle Pferde, hohe Wetten

An Renntagen strömten Tausende durch „Big Bertie". So hieß der Haupteingang der Pferderennbahn, die sich bis 1949 am heutigen Platz des Volkes ausdehnte. Der Race Course war das gesellschaftliche Zentrum des britischen Shanghai. Und mehr: Seit den 1860er Jahren zählten die Frühlings- und Herbstrennen zu den wichtigsten Festivitäten der Stadt überhaupt – für Ausländer wie Chinesen. Einzige Voraussetzung war das nötige Kleingeld. Zum Frühlingsrennen 1861 erschien gar der Repräsentant des Kaisers, der Daodai. Während der Rennwochen schlossen viele Unternehmen, ging es doch auch auf der Rennbahn um viel Geld: Das Wettgeschäft machte den Race Club Anfang des 20. Jahrhunderts zu einem der profitabelsten Unternehmen Chinas.

Und es ging um Prestige, denn die erfolgreichsten Kaufleute der Stadt setzten ihren Wettbewerb auch hier im weiten Rund fort: Die Briten Jardine und Matheson sowie die deutschen Arnhold-Brüder, die in Shanghai florierende Handelsunternehmen betrieben, hatten talentierte Jockeys auf ihrer Lohnliste stehen. Der Reeder Eric Moller mischte im Spiel mit schnellen Pferden ebenso mit wie die Söhne von Mohawk Morriss, des Gründers der North China Daily News. Vertreten waren auch die Ezra-Brüder, Enkel von Isaac Ezra, eines Irakers jüdischen Glaubens, der mit Opium und Immobilien ein Vermögen machte. Und häufig gesehene Gäste waren die Söhne reicher chinesischer Kaufmannsfamilien.

Aufnahme in den elitären Turf Club, der auf dem Oval des Race Course auch einen Kricketplatz und ein Schwimmbad unterhielt, fand freilich nur, wer den britischen Herren gefiel. Zwei chinesische Millionäre, die dies nicht schafften, waren der Diskriminierung überdrüssig und gründeten 1911 unweit der Stadt ihre eigene Rennbahn. Sie warben Mitglieder aus allen Nationen und koordinierten ihre Rennen mit jenen der Briten. Zeitzeugen berichteten, Pferde-Enthusiasten hätten beide Rennplätze besucht. Nach der Machtübernahme bauten die Kommunisten die alte Rennbahn zum Park um; das Prachtgebäude wurde zur Bibliothek umfunktioniert und ist seit 2000 Heimat des Shanghai Art Museum.

Shanghai Art Museum (Shanghai Meishuguan) 上海美术馆

Moderne und zeitgenössische chinesische Kunst, teils auch internationale Ausstellungen sind hier zu sehen. Wer die Treppen hinaufschreitet, beachte die gusseisernen Geländer mit kunstvoll gearbeiteten Pferdeköpfen – ein Hinweis auf die Vergangenheit des Gebäudes, in dem einst der Turf Club der pferdesportbegeisterten Briten untergebracht war.

Tägl. 9–17 Uhr, letzter Einlass 16 Uhr. Eintritt 20 Y, Kinder unter 16 J. frei.

Tour 4: Platz des Volkes, Nanjing Road
→ Karte S. 168/169

✆ 63272829, www.sh-artmuseum.org.cn. Ⓜ 1, 2, 8 People's Square, 325 Nanjing Rd. West, 中国上海市南京西路 325 号

Park Hotel (Guoji Fandian) 国际饭店

Das 1934 eröffnete Park Hotel war der erste richtige Wolkenkratzer Shanghais. Mit knapp 84 m Höhe blieb es bis in die 80er Jahre das höchste Bauwerk der Stadt. Architekt Ladislav Hudec ließ sich von den Hochhäusern New Yorks und Chicagos inspirieren – Städte, die er während einer USA-Reise 1927 bis 1928 besucht hatte. Schwarzer Granit aus der Provinz Shandong bestimmt die Fassade in den unteren Etagen, in den oberen verwendete Hudec dunkelbraunen Ziegel und Keramik-Fliesen. Als das Park Hotel seine Drehtüren öffnete, warteten die modernsten Fahrstühle der Stadt auf Gäste, in der Großküche verrichteten große Geschirrspülmaschinen ihren Dienst. Eine kleine Ausstellung im Mezzanin erzählt die Geschichte des Gebäudes.

170 Nanjing Rd. West, 中国上海市南京西路 170 号

Früher Reiter-Club, heute Kunst-Palast: Shanghai Art Museum

Museum of Contemporary Art – Moca (Shanghai Dangdai Yishuguan) 上海当代艺术馆

Shanghais beste Adresse für zeitgenössische Kunst bietet Wechselausstellungen zu aktuellen Themen. Das private Museum stellt auch Design aus. Der Bau gleicht einem eleganten Glaskasten – besonders passend, weil er sozusagen ein Treibhaus für Gegenwartskunst ist. Seit der Eröffnung hat Shanghai seinen Rückstand zu anderen internationalen Metropolen in Sachen Gegenwartskunst verringert.

Das Moca liegt inmitten des Volksparks etwa auf einer Höhe mit dem Shanghaier Rathaus, einem unansehnlichen Betonklotz. Vom Shanghai Art Museum sind es nur wenige Gehminuten auf einem schmalen Weg, der sich durchs Grün schlängelt.

Tägl. 10–18 Uhr, Mi 10–22 Uhr. Eintritt 20 Y. ✆ 63279900, www.mocashanghai.org. Ⓜ 1, 2, 8 People's Square, 231 Nanjing Rd. West, 中国上海市南京西路 231 号

Praktische Infos

(siehe Karte S. 168/169)

Essen & Trinken

Kahtleen's 5 **7** 上海赛玛餐饮有限公司, westliche Küche auf dem Dach des ehemaligen Turf Club. Wenn es warm ist, kann man im Dachgarten sitzen. Schönes Ambiente mit Ausblick auf den Volkspark. Hauptgericht ab 60 Y. Tägl. 11.30–15 und 17.30–22.30 Uhr. ✆ 63272221, www.kathleens5.com.cn. Ⓜ 1, 2, 8 People's Square, 325 Nanjing Rd. West, 中国上海市南京西路 325 号

Gongdelin **9** 上海功德林素食有限公司, eines der besten und beliebtesten vegetarischen Restaurants der Stadt. Von den Fensterplätzen im 1. Stock kann man das Treiben auf der Straße gut beobachten. Das „Krabbenfleisch"-Püree schmeckt köstlich – und besteht doch nur aus Karotten und Kartoffeln, die mit Ingwer und Essig gekonnt zubereitet werden. Geschmacksverstärker kommen hier nicht zum Einsatz. Hauptgerichte ab 20 Y. Tägl. 11–15 und 17–22.30 Uhr. ✆ 63270218, www.shgodly.com. Ⓜ 2 Nanjing Rd. West, 445 Nanjing Rd. West, 中国上海市南京西路 445 号

Renjia Restaurant **8** 上海人家饭店, gemütliches, sauberes und bei Einheimischen sehr beliebtes Lokal mit leckerer Shanghai- und Sichuan-Küche. Es gibt eine englischsprachige, bebilderte Speisekarte. Günstig. Tägl. 11–22 Uhr. ✆ 62729605. Ⓜ 1, 2, 8 People's Square, 41 Yunnan Rd., 中国上海市云南中路 41 号

Yuecaiguan **2** 粤菜馆, leckeres, gut frequentiertes, bis spät nachts geöffnetes Restaurant in der Huanghe-Essmeile, allerdings ohne englische Speisekarte. Ein Besuch lohnt trotzdem, das freundliche Personal hilft bei der Wahl – zur Not mit unserem „Kleinen Sprach-Assistent" bestellen. Das Huhn in Chili ist sehr zu empfehlen. Sehr günstig. Tägl. 11–14 Uhr und 16–4 Uhr. ✆ 63274504. Ⓜ 1, 2, 8 People's Square, 147 Huanghe Rd., 中国上海市黄河路 147 号

Deda Restaurant **10** 德大西菜社, europäisch angehauchte Küche und Café an neuem Standort. Unten Café-Betrieb, oben Restaurant. Hier gibt es Shanghaier Kartoffelsalat mit Apfelstücken, Schinken und Erbsen. Mittleres Preisniveau. Das Hauptstaus in der Nanjing East Road wird saniert. Tägl. 10–22 Uhr. ✆ 63213810. Ⓜ 2 Nanjing Rd. West, 473 Nanjing Rd. West, 中国上海市南京西路 473 号

Nachts ist die Nanjing Road Treffpunkt von Flaneuren

Einkaufen

Die **Nanjing Road** bietet eine Vielfalt an Modegeschäften und Kaufhäusern. Allerdings haben ihr andere Einkaufsviertel den einst unumstrittenen Rang als Shopping-Meile Nummer eins längst abgelaufen (→ Kap. „Shopping und Märkte").

Shanghai Museum (Shanghai Bowuguan)
上海博物馆

Das Shanghai Museum gilt als eines der besten Museen in Asien. 5000 Jahre chinesische Geschichte werden an 120.000 Objekten sichtbar, die gekonnt präsentiert werden – und das bei freiem Eintritt. Die Abteilungen sind museumspädagogisch modern und ansprechend gestaltet. Eine kurze Einführung auf Tafeln oder Faltblättern lässt den Besucher sogar das System der chinesischen Kalligraphie schnell verstehen. Dank Videos, Computeranimationen und nachgebauten, begehbaren Handwerkshütten wird Geschichte erlebbar. Für einen Besuch sollte man mindestens einen halben Tag einplanen – und auch für den Museumsshop ein paar Minuten übrig haben, denn dort gibt es die schönsten Objekte in ansprechender Qualität als Kopie.

Die Sammlung beginnt im Erdgeschoss (1. Floor) mit der Ancient Chinese Bronze Gallery und der Ancient Chinese Sculpture Gallery. Die Halle Nr. 1 ist nur für temporäre Ausstellungen geöffnet.

Ancient Chinese Bronze Gallery

Bronzeobjekte, beispielsweise große Töpfe und Weingefäße in Form stilisierter Tierköpfe, waren Zeichen des Wohlstands und gesellschaftlichen Rangs ihrer Besitzer. An ihrer Größe und Verarbeitung konnte man den sozialen Stand und die Macht seines Besitzers ablesen. Zum einen, weil das Material sehr kostbar war, und zum anderen, weil Bronze immer aufwändig verarbeitet werden musste. Auch bei heiligen Zeremonien verwendete man ausschließlich Ritualgefäße aus dem kostbaren Metall: Könige und Adlige opferten darin Wein, die Speisen wurden in einem sogenannten *ding* dargebracht, eine Art runder Topf mit drei oder vier Beinen und meist mit Reliefs und Tiermotiven geschmückt. In den einfachen Gefäßen lagerte man später auch Lebensmittel.

Bodhisattva

Dringt man tiefer in die 1200 qm² große Bronze-Abteilung ein, wird man von dem hellen, sanften Klang eines Glockenspiels angelockt. Der Besucher sieht sich bald einer Reihe von unterschiedlich großen, schweren Bronzeglocken gegenüber – eine Ausgrabung aus dem 9. Jh. v. Chr.

Ancient Chinese Sculpture Gallery

Die unten gezeigte Statue eines *Bodhisattva*, ein Wesen, das sich der Erleuchtung zum Wohl aller Wesen verschrieben hat, stammt aus der Tang-Dynastie (618–907). Diese Ära gilt als die brillanteste Epoche der frühen chinesischen Bildhauerkunst. In dieser Zeit gewinnen die Skulpturen an Lebendigkeit und Körperlichkeit, die Proportionen sind ausgewogen, der Gesichtsausdruck lebendig. Diese Stein-Statue eines Bodhisattva trägt Krone, Juwelen und reich verzierte Gewänder.

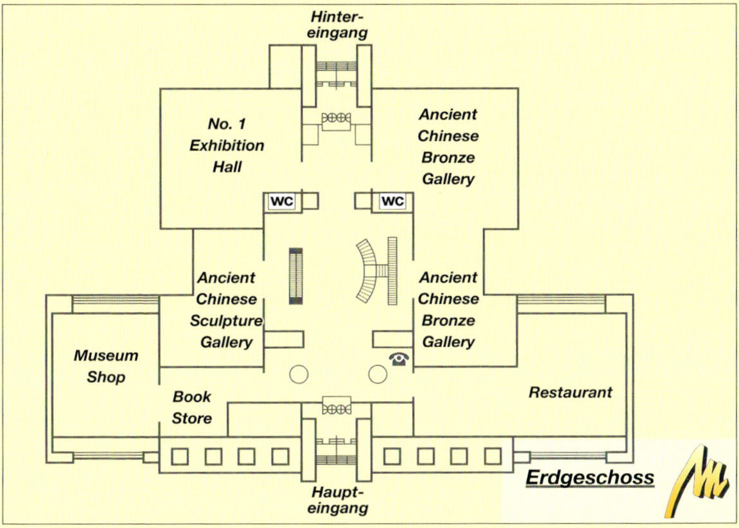

An den Buddha- und Bodhisattva-Figuren kann man sehr deutlich die Entwicklung der chinesischen Bildhauerei ablesen: vom einfachen Stil der Westlichen Han-Dynastie (1. Jh. n. Chr.) über die ausdrucksstärkeren Figuren der Qi- und der Tang-Dynastie bis hin zu den realistischen Holz-Skulpturen der Song-Zeit (960–1279). Während der Ming-Dynastie (1368–1644) verloren die buddhistischen Plastiken wieder an Lebendigkeit.

Sehr schön ist die Präsentation der Skulpturen: Die Farben Gold, Rot und Schwarz dominieren den Raum – wie in einem Tempel.

Das erste Obergeschoss (2. Floor) gehört ganz dem Porzellan: In der umfangreichen Ancient Chinese Ceramics Gallery und in der Zande Lou Ceramics Gallery erfährt der Besucher alles über Herstellung, Verarbeitung und Bedeutung von Porzellan, dessen Erfindung China für sich in Anspruch nimmt. In einer Ecke kann man per Mausklick sogar sein eigenes, virtuelles Porzellan bemalen.

Ancient Chinese Ceramics Gallery

Der Teller mit dem Motiv zweier Löwen, die mit einem Ball spielen, stammt aus der Stadt Jingdezhen in der Provinz Jiangxi, die ab dem 15. Jh. in der Porzellanherstellung führend wurde. Diese blau-weiße Keramik, die sogenannte Qing-bai-Ware, wurde in der Yuan-Zeit (1279–1368) populär. Verwendet hat man eine Mischung aus Kobaltoxid und Wasser, das – ähnlich einer Tuschezeichnung – mit dem Pinsel aufgemalt

Kunstobjekt Porzellan

wird. Erst dann wird das Stück mit transparenter Glasur überzogen und bei höchstens 1300 Grad gebrannt. Diese Unterglasur-Technik in Blau-Weiß war besonders bei der chinesischen Oberschicht beliebt. Zudem wurden große Mengen für den Export gefertigt.

Bereits während der Song-Zeit (960–1279), in der allein fünf Manufakturen nur für den Kaiserhof arbeiteten, begann man, Porzellan als Massenware herzustellen. Der Ideenreichtum bei der Porzellanverarbeitung kannte scheinbar keine Grenzen. In der Qing-Zeit (1644–1912) überboten sich die Töpfer, indem sie die unterschiedlichsten Materialien wie Jade, Lack, Bambus, Elfenbein oder Holz aus Porzellan nachbildeten.

Am Ende der Abteilung sind die verschiedenen Formen der Brennöfen nachgebaut, die früher immer von mehreren Familien benutzt wurden.

Zande Lou Ceramics Gallery

Die kleinere Galerie besitzt außergewöhnlich schöne Stücke, die der Finanzmogul und Porzellan-Sammler *J. M. Hu* dem Museum vermacht hat. Eine Vase, die im hinteren Teil der kleinen Dauerausstellung gezeigt wird, steht exemplarisch für die Kunstfertigkeit der Töpfer, die unter Aufsicht des Kaisers Qianlong (1736–1795) arbeiteten. Das Fencai-Design (im Westen auch unter dem Begriff *famille rose* bekannt) ist ein Überglasur-Dekor, das starke Farben betont.

Das zweite Obergeschoss (3. Floor) zeigt einen Querschnitt der traditionellen chinesischen Malerei von der Tang- bis zur Qing-Dynastie mit einer eigenen Kalligraphie-Abteilung. Einzigartig in der Welt: Die Galerie mit den chinesischen Stempeln.

Chinese Painting Gallery

Typisch für die chinesische Malerei sind der Verzicht auf Farbe oder die Verwendung von nur wenig Farbe, das Spiel mit der leeren Fläche und die fehlende Zentralperspektive. Die Landschaft mit Flüssen, Seen und Felsen als Ort der Ruhe und Meditation ist ein

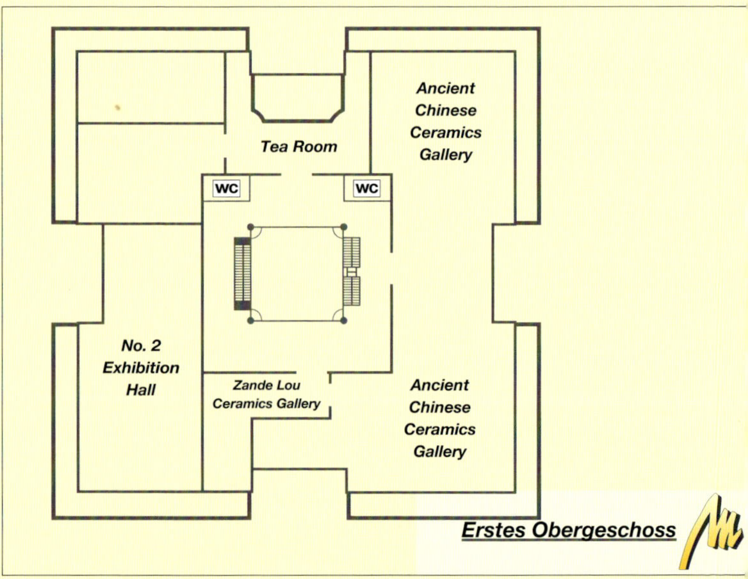

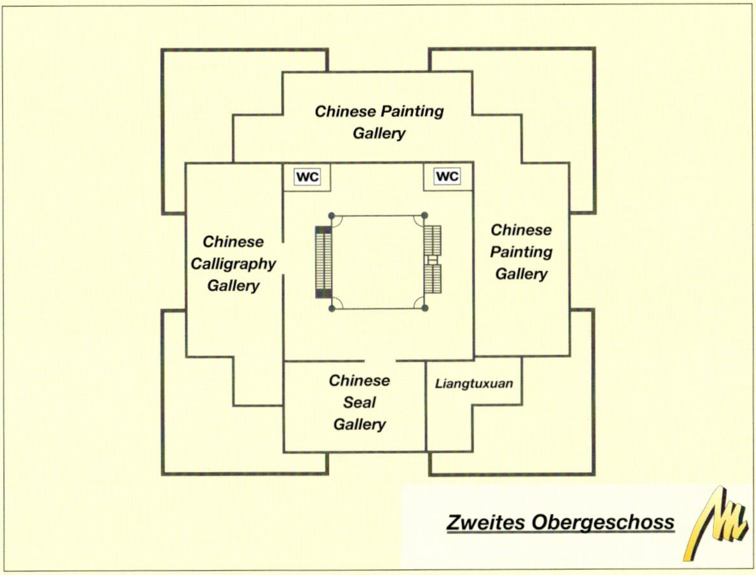

Hauptmotiv der chinesischen Malerei, ebenso Blumen und Vögel.

Der Künstler *Chen Chun* (1483–1544) aus der Ming-Zeit war berühmt für einen virtuosen Pinselstrich. Mit nur wenigen, aber unterschiedlich starken Strichen entsteht ein höchst lebendiger Eindruck. So lässt er über zarten Gräsern, Blumen und Sträuchern Schmetterlinge fliegen – die Szene ist mit schwarzer Tusche wie hingehaucht aufs Papier gebracht.

Chinese Calligraphy Gallery

Chinesische Kalligraphie, wie links im Bild ein Gedicht, aufgeschrieben von *Zhu Da* (1626–1705), wird noch heute meist auf hängenden Schriftrollen dargeboten. Die der Malerei sehr nahe stehende Kalligraphie gilt als eigene Kunstform, die bereits im 4. Jh. n. Chr. von einer gebildeten Oberschicht entwickelt wurde. Sogar chinesische Kaiser ließen sich ausbilden und hatten den Ehrgeiz, harmonisch vollendete Kunstwerke zu schaffen. Doch was so leicht und locker aussieht, ist das Ergebnis jahrelangen Übens – so lange, bis der Künstler seinen unverwechselbaren Stil gefunden hat.

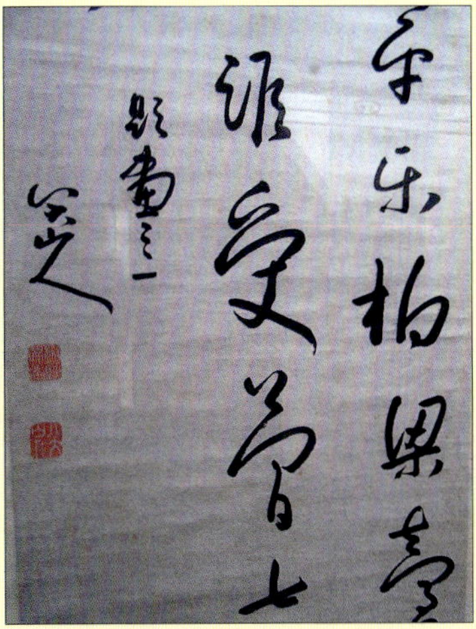

Elegant geschwungene Kalligraphie

Chinese Seal Gallery

Ursprünglich machten nur hohe Beamte wichtige Dokumente mit dem Stempel gültig. Diese offiziellen Siegel nannte man „Xi“. Erst später ließen sich auch die Mitglieder der Oberschicht Stempel mit ihrem Namen, einem Spruch oder einem Symbol aus den Tierkreiszeichen anfertigen. Zum Beispiel dienen spielende Löwenkinder als Griff und Zierde für einen Stempel. Eine Arbeit aus Pyrophyllites, einem Mineral, stammt aus der Ming-Zeit und wurde von einem vermögenden Privatmann als Siegel verwendet. Selbst in der Kunst setzte man Stempel ein. So kombinierten die Künstler ab der Ming-Zeit Malerei, Schriftkunst und individuell gestaltete Stempel zu einem Gesamtkunstwerk.

Im dritten Obergeschoss (4. Floor) sind die Chinese Coin Gallery, die Chinese Minority Nationalities´ Art Gallery, die Ancient Chinese Jade Gallery und die Chinese Ming and Qing Furniture Gallery untergebracht.

Chinese Ming and Qing Furniture Gallery

Das Bild auf der folgenden Seite zeigt eine Sitzgruppe aus rot lackiertem Holz mit geschnitztem Blumenmuster. Sie ist typisch für den opulenten, fast überladenen Stil der Qing-Zeit (1644–1912). Zu Beginn des 18. Jahrhunderts erlebte die Möbelproduktion in China ihre Blütezeit: Die Menschen wurden wohlhabender und wünschten sich mehr und größere Möbel. In den Schnitzereien der Thron-Sessel, Betten, Schränke und Paravents findet man Wolken, Lotusblüten, spielende Löwen und Drachen. Deutlich schlichter sind die Möbel der vorangehenden Ming-Zeit. Mit ihren filigranen Schnitzereien und sanft geschwungenen Formen erinnern sie teilweise sogar an Jugendstil-Möbel.

In der Abteilung sind auch zwei klassische, traditionelle Studierzimmer eingerichtet, einst der wichtigste Raum in einem chinesischen Haushalt der Oberschicht.

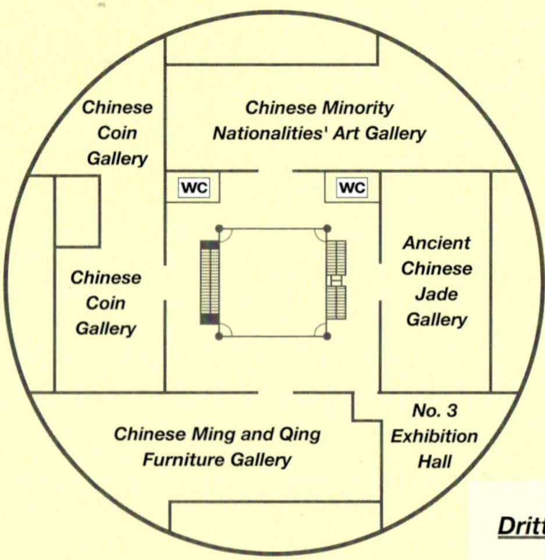

Drittes Obergeschoss

Sitzgruppe aus der Qing-Zeit

Chinese Coin Gallery

Münzen waren bereits ab der Qin-Dynastie (221 v. Chr.) in China bekannt. Es gab über Jahrhunderte hinweg nur eine einzige gültige Form für die Münzen: rund mit einem quadratischen Loch in der Mitte. Ganz anders die Geldstücke, die entlang der Seidenstraße als Währung benutzt wurden. Diese Münzen tragen meist das Konterfei des Herrschers des jeweiligen Königreichs und waren immer ganze Geldstücke.

Ab der Song-Dynastie (960–1279) kam das erste Papiergeld auf, das teilweise fast künstlerisch mit Kalligraphien verziert war.

Ein Teil der Ausstellung ist der traditionellen Münz-Herstellung gewidmet.

Ancient Chinese Jade Gallery

Jade, das milchig-grünlich schimmernde Mineral, ist in China seit 5000 Jahren bekannt. Wegen seiner Härte und Widerstandskraft fertigte man einst Werkzeuge und Waffen aus dem Stein, später auch Ritualgefäße. Jade war so beliebt, dass man in der Tang- und Song-Dynastie Alltagsgegenstände wie Teller, Becher und Krüge daraus herstellte. Frauen trugen Schmuck, Armreifen und Haarkämme aus Jade. Zum Beispiel ist in der Galerie ein Kamm zu sehen. Bei diesem Ornament-Stück schwingt sich über einer kleinen Schildkröte ein Kranich in die Luft. Die Arbeit aus der Yuan-Zeit (1279–1368) zeigt die ganze Kunstfertigkeit, mit der das wertvolle Material verarbeitet wurde.

Chinese Minority Nationalities' Art Gallery

In dieser Abteilung fällt eine Wand farbenfroher Masken auf. Mit bemalten und teilweise lackierten Holzgesichtern stellte man historische Kämpfe in der Oper oder im Drama nach. Daneben hängen mit Totenköpfen geschmückte tibetanische Masken, die man für rituelle Tänze verwendete.

Die Abteilung widmet sich den sogenannten ethnischen Minderheiten im Riesenreich China, von denen es mehr als fünfzig gibt: Schmuck, Gewänder und Waffen aus der Mongolei, bestickte Seidenroben aus der Mandschurei und Anzüge aus Lachshaut aus der Provinz Heilongjiang ganz im Nordosten Chinas zeugen von der Vielfalt der Kulturen.

Shanghai Museum, 上海博物馆, tägl. 9–17 Uhr. Eintritt frei, Sonderausstellungen 20 Y. ✆ 63725300-132, www.shanghaimuseum.net. 201 People's Avenue, 中国上海市人民大道 201 号 Ⓜ 1, 2, 8 People's Square.

Tour 5

Französische Konzession

„Verschwunden waren Glitzer und Magie; verschwunden der aufgeblasene Reichtum neben dem nackten Hunger; verschwunden war die seltsam erregende Atmosphäre einer polyglotten, vielgesichtigen Stadt. Verschwunden die Insel westlicher Kultur, die in dem riesigen Slum geblüht hatte, das Shanghai einst war." (Edgar Snow, US-amerikanischer Schriftsteller, 1960)

Die frühere Französische Konzession strahlt Charme und Lebensfreude aus. Viele Straßen laden ein, unter Schatten spendenden Platanen zu spazieren. Alte Villen und prächtige Art-déco-Wohnhäuser säumen ganze Straßenzüge. Das Viertel ist reich an Boutiquen wie Cafés und bietet eine Fülle an Geschichte und Geschichten. Kurzum: Es ist eine jener Inseln der westlichen Kultur, von denen Edgar Snow 1960 meinte, sie seien unwiederbringlich verloren. Er schrieb dies freilich, als China schwere Hungersnöte und große wirtschaftliche Probleme durchzustehen hatte. Tempi passati.

Frankreich begann seine Interessensphäre in Shanghai schon 1849 auszubauen (→ Kapitel Stadtgeschichte). In den Folgejahren dehnte sich die Französische Konzession auf einem Gebiet aus, das sich heute auf die inneren Stadtbezirke Luwan, Xuhui, Jing'an und Changning verteilt. Die französische Verwaltung hatte ihren Sitz seit 1909 in einem neoklassischen Gebäude, das die Zeit überdauert hat – der modernisierte Bau an der Huaihai Rd. 381 beheimatet heute ein Kaufhaus.

Die Französische Konzession war freilich nie ein rein französisches Siedlungsgebiet, 1885 beispielsweise lebten dort etwa 300 Ausländer und 20.000

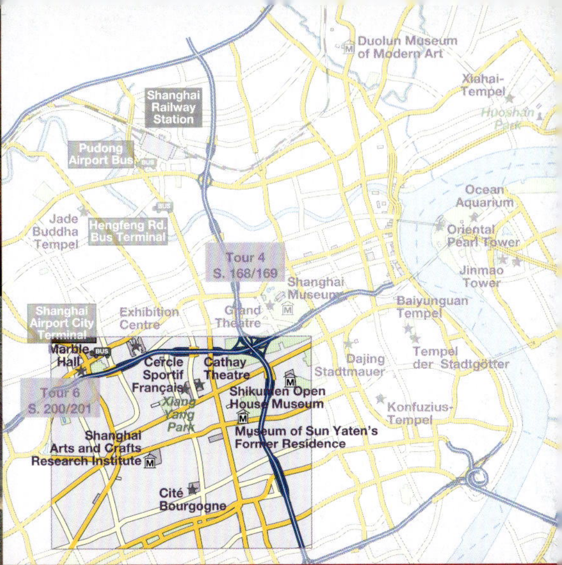

Französische Konzession

Chinesen. Allerdings bestimmten die 300 über die 20.000. Denn chinesisches Recht hatte in den Gebieten der Kolonialmächte keine Gültigkeit.

Als Staat im Staat zog die Französische Konzession zu Beginn des 20. Jh. viele Revolutionäre an, die hier frei von Verfolgung durch politische Gegner waren. Und so kam es, dass in einem Wohnhaus südlich der Avenue Joffre, heute Huaihai Road, eine politische Kraft aus der Taufe gehoben wurde, die bis in die Gegenwart die Geschicke des Landes bestimmt und seit einigen Jahren auch weltpolitisch eine Hauptrolle spielt: Unter strenger Geheimhaltung versammelten sich im Juli 1921 revolutionäre Geister in einem Haus an der Rue Wantz 106. Der junge *Mao Zedong* und 14 Mitstreiter bereiteten die Gründung der Kommunistischen Partei Chinas (KPCh) vor.

Im politischen Gefüge Chinas stieg die KPCh rasch zu einer mächtigen Bewegung auf und lieferte sich in der Folge lange Jahre blutige Kämpfe mit den Nationalisten von der Guomindang. Schließlich siegte Maos Volksbefreiungsarmee – die Kommunisten gelangten 1949 an die Macht. Noch heute dirigieren sie als Alleinherrscher eine inzwischen von der Marktwirtschaft wach geküsste Gesellschaft.

Die Konzession sah aber auch andere Personen der Zeitgeschichte durch ihre schönen Straßen wandeln: 1918 bezog der bürgerliche Reformer und Revolutionär *Sun Yatsen* hier ein Haus. Später wohnte in unmittelbarer Nachbarschaft für einige Jahre *Zhou Enlai* – neben Mao jahrzehntelang mächtigster Mann der Kommunisten. Auch große Künstler wie der Sänger und Peking-Oper-Star *Mei Lanfang* lebten und wirkten hier.

Das Viertel, in dem die heutige Regierungspartei mit Macht-Monopol einst aus der Taufe gehoben wurde, hat sich mittlerweile stark gewandelt: Neben Villen im spanischen, italienischen und englischen Stil findet man viele der für Shanghai so typischen *Lilong*-Siedlungen (→ Kap. Architektur).

E inkaufen (S. 196)
1 China Cycle Tours
18 Speedcat
23 Giant Radverleih
E ssen & Trinken (S. 195)
7 Art Salon Restaurant
12 Paulaner Bräuhaus
17 Xi's Garden
21 Abundant Green Garden
N achtleben
2 Citizen Bar and Café (S. 196)
3 TMSK (S. 86)
6 Logo-Bar (S. 85)
8 Yin Yang (S. 196)
C afés & Teehäuser (S.195/196)
10 Art déco Garden Café
13 Daketang Teehaus
15 Old China Hand Reading Room
16 Vienna Café
Ü bernachten
4 Jinjiang Tower (S. 71)
5 Old Jinjiang Hotel (S. 71)
9 Howard Johnson Huaihai Hotel (S. 70)
11 Ruijin Hotel (S. 70)
14 Ke Tang Jian Hotel (S. 71)
20 Yueyang Hotel (S. 71)
22 Hengshan Picardie Hotel (S. 71)
Shanghai Airport City Terminal
BUS
Paramount Ballroom
Jing'an-Kloster
Yuyuan Rd.
Exhibition Centre
Anyi Rd.
Tongren Rd.
Moller Villa
马勒别墅
Jing'an Temple
Jing'an Park
Yan'an Rd. Central Expressway
Shanxi Rd.
Marble Hall
Wulumqi Rd.
Huashan Rd.
Fumin Rd.
Julu Rd.
Xiangyang Rd.
Changle Rd.
Russisch-Orthodoxe Missionsk.
上海俄罗斯东正教教堂
Xinle Rd.
Xiang Yang Park
Donghu Rd.
Huating Rd.
Changshu Rd.
Anfu Rd.
Yanqing Rd.
Central Huaihai Rd.
中国上海市淮海中路
Fenyang Rd.
Changshu Rd.
Wuyuan Rd.
Shanghai Arts and Crafts Research Institute
Central Fuxing Rd.
中国上海市复兴东路
Fuxing Rd. West
Huaihai Rd.
Yongkang
Taiyuan Rd.
Taojiang Rd.
Dongping Rd.
Community Church
上海基督教国际礼拜堂
Yueyang Rd.
Yongjia
Central
中国上海市淮海中路
Minsheng Art Museum
Gao'an Rd.
Former American School
前美国学校
Hengshan Rd.
中国上海市衡山路
Wuxing Rd.
Hengshan Rd.
Yongjia Rd.
Jianguo Rd
Kangping
Anting Rd.
Wanping Rd.
Jianguo Rd.
Zhaojiabang

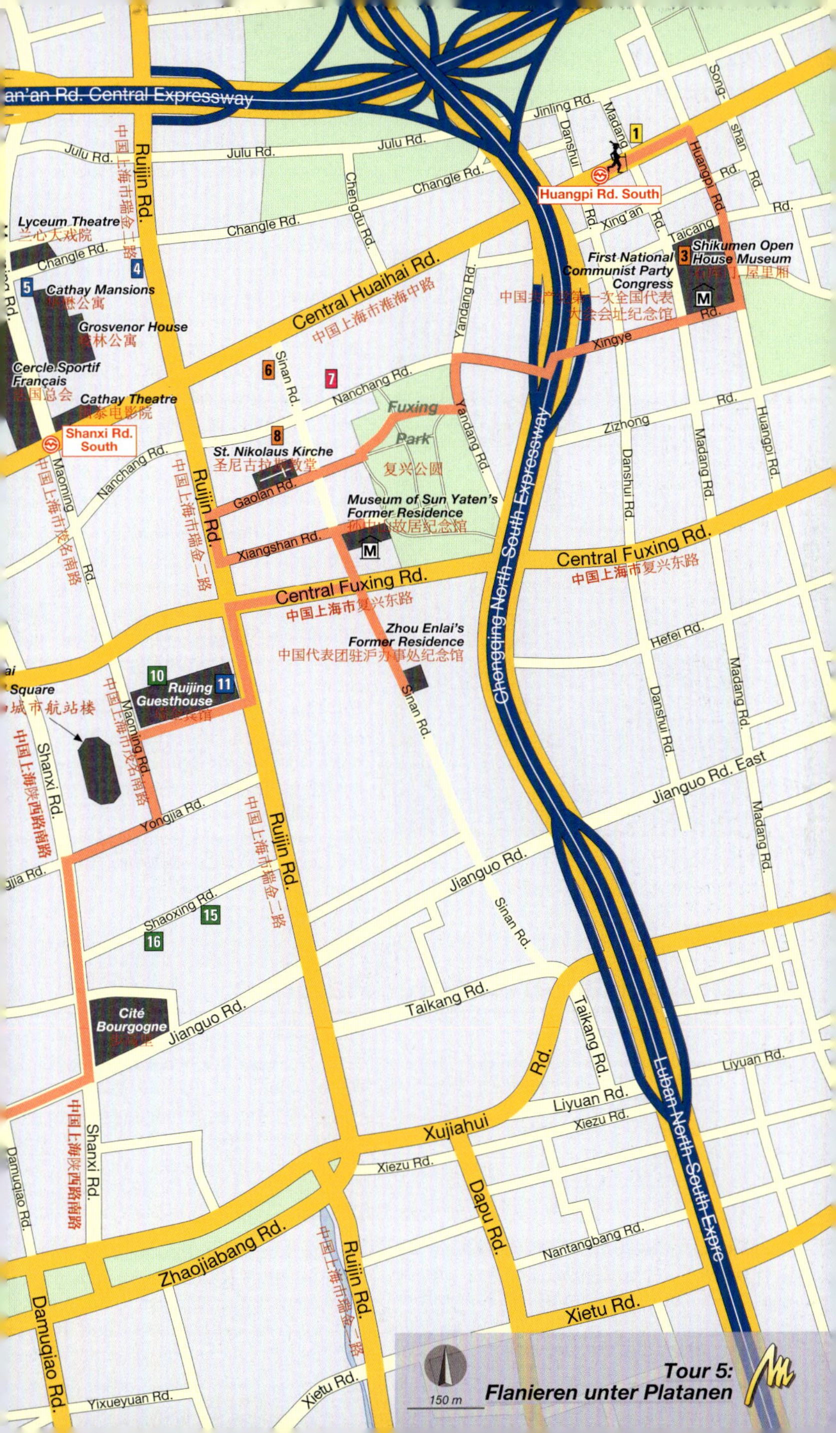

Yan'an Rd. Central Expressway
Julu Rd.
Changle Rd.
Jinling Rd.
Madang
Danshui
Huangpi Rd. South
Huangpi Rd.
Song-shan Rd.
Xing'an Rd.
Taicang Rd.
Shikumen Open House Museum
First National Communist Party Congress
Ruijin Rd.
Lyceum Theatre
兰心大戏院
Cathay Mansions
Grosvenor House
Cercle Sportif Français
Cathay Theatre
Shanxi Rd. South
Central Huaihai Rd.
中国上海市淮海中路
Chengdu Rd.
Yandang Rd.
Sinan Rd.
Nanchang Rd.
Xingye Rd.
Fuxing Park
复兴公园
St. Nikolaus Kirche
Gaolan Rd.
Museum of Sun Yaten's Former Residence
Xiangshan Rd.
Chongqing North South Expressway
Zizhong Rd.
Danshui Rd.
Madang Rd.
Central Fuxing Rd.
中国上海市复兴东路
Zhou Enlai's Former Residence
中国代表团驻沪办事处纪念馆
Hefei Rd.
Maoming Rd.
Ruijing Guesthouse
Square
城市航站楼
Shanxi Rd.
Yongjia Rd.
Jianguo Rd. East
Jianguo Rd.
Shaoxing Rd.
Cité Bourgogne
Taikang Rd.
Liyuan Rd.
Xiezu Rd.
Xujiahui Rd.
Dapu Rd.
Luban North-South Expre
Nantangbang Rd.
Zhaojiabang Rd.
Damuqiao Rd.
Xietu Rd.
Yixueyuan Rd.
150 m
Tour 5:
Flanieren unter Platanen

Daneben streben moderne Stahl- und Glasgiganten in den Himmel. So viele Baustile wie hier existieren an keinem anderen Ort der Mega-City.

Dieses Wohnhaus im Stil der Moderne steht in der Gaolan Road

In der Konzession lebten neben den Kolonialherren und ihren Dienstboten berüchtigte Ganoven-Fürsten, später chinesisches Großbürgertum, Politiker und Künstler. Die Franzosen trafen sich zum Zeitvertreib im *Cercle Sportif* oder im *Canidrome*, einem 50.000 Besucher fassenden Stadion für Hunderennen. Vom Leben der wirtschaftlichen und politischen Elite zeugen noch heute die Villen, etwa das Morriss-Anwesen an der Ruijin Road oder die wundervolle, 1905 im neoklassischen Stil erbaute Villa eines hohen französischen Beamten an der Fenyang Road, die nunmehr das Institut für Kunstgewerbe beherbergt.

Weil die frühere Französische Konzession groß ist und reich an Reizen, erkundet sie der Reisende am besten auf zwei separaten Rundgängen: Tour 5, die südlich der Huaihai Road verläuft, und Tour 6 nördlich davon. Wer es eilig hat, kann je nach persönlichen Vorlieben eine Route auswählen. Tour 5 bietet eher historisch Interessantes, Tour 6 die reizvollere Architektur und bessere Einkaufsmöglichkeiten. Weitere Alternative für Fahrradfreunde: Tour 5 lässt sich zügig und bequem im Sattel eines gemieteten Fahrrads absolvieren. (→ Kapitel „Unterwegs in Shanghai").

Tour 5: Flanieren unter Platanen

Start: Ⓜ 1 Huangpi Road (Huangpi Nan Lu)
Ende: Ⓜ 1 Hengshan Road (Hengshan Lu)
Dauer: 3½ bis 4 Std.

Der Ort des konspirativen Treffens der revolutionären Geister ist als → **Site of the 1. National Communist Party Congress** (Zhonggong Yidahuizhi Jinianguan) originalgetreu renoviert worden. Die Gedenkstätte an der Xingye Rd./ Ecke Huangpi Rd. beherbergt eine große Dauerausstellung; sie markiert das erste Ziel dieses Rundgangs. Man erreicht die Ausstellung bequem und rasch von der Metrostation an der Huangpi Road, indem man der Straße südwärts folgt.

An der Kreuzung Taicang Road findet sich in **Haus-Nr. 127** jene ehemalige Mädchenschule, in der Mao Zedong während des Gründungstreffens angeblich übernachtet haben soll. Parteihistoriker vergessen nicht zu erwähnen, dass sich dies in der Ferienzeit zutrug – bekanntlich wird dem politischen Schwergewicht Mao nachgesagt, er sei ein ebenso großer Schürzenjäger gewesen. Heute finden sich in der früheren Mädchenschule Mode- und Schmuckgeschäfte sowie ein Laden des Shanghai Museums.

Nach diesem kurzen Abstecher führt der Weg zurück in die Huangpi Road, der wir bis zur Kreuzung Xingye Road folgen, wo die eingangs erwähnte Gedenkstätte liegt.

Wir schlendern weiter auf der Xingye Rd., die das neue Vergnügungs- und Shoppingviertel **Xintiandi** in zwei Hälften teilt. Hongkonger Geschäftsleute haben in dem Karree zwischen Taicang, Huangpi, Zizhong und Madang Road eine moderne Vergnügungsstätte mit historischem Anstrich geschaffen. Viele der angeblich erhaltenen und sanierten Shikumen-Häuser sind jedoch neu, was dem Ganzen einen sehr künstlichen Charakter gibt. Es wimmelt von Restaurants, Cafés, Mode- und Souvenirläden sowie Fastfoodläden

Einen spannenden Einblick ins einstige Alltagsleben der Stadt gewährt das → **Shikumen Open House Museum** (Wulixiang Shikumen Minju Chenlieguan). Auch dieses Gebäude ist kein historisches, sondern lediglich auf alt getrimmt. Dennoch zeigen die Exponate eindrucksvoll, wie es in alten Shikumen-Häusern und *Lilong-Siedlungen* zuging, die das Stadtbild zu Beginn des 20. Jh. prägten. Lilong-Siedlungen bestehen aus einem Geflecht enger Gassen und eng aneinander stehender, meist kleiner Wohnhäuser. Ist der Zugang zur Siedlung oder zu den einzelnen Häusern mit einem Torbogen gestaltet, spricht man von einem *Shikumen* (→ Kasten „Reihenhäuschen à la Shanghai", Kap. Architektur).

Wer es eilig hat, folgt der Xingye Road weiter, überquert die Chongqing Road, um auf der anderen Seite die Nanchang Road entlangzulaufen. Nach wenigen Minuten trifft man auf die Yandang Road, die, teils Fußgängerzone, mit vielen Cafés und Restaurants zu einer Pause einlädt.

Unsere Route führt nach links, wo bald der prächtige → **Fuxing-Park** (Fuxing Gongyuan) beginnt. Das kleine grüne Paradies erfreut sich regen Zulaufs. Wir nehmen den erstmöglichen Eingang und durchqueren den Park Richtung Gaolan Road. In dieser für Shanghaier Verhältnisse extrem ruhigen Straße finden sich einige schöne Art-déco-Wohnhäuser sowie denkmalgeschützte Villen in spanischem und englischem Stil. Ein schönes Beispiel für Wohnhäuser im sogenannten Internationalen Stil findet sich an der Gaolan Rd. 19–29. Dominiert wird das Straßenbild jedoch von der reizvollen → **St.-Nikolaus-Kirche** (Sheng Nigulasi Jiaotang).

Die beschauliche Straße mündet in die Ruijin Road, wo wir uns links halten, um gleich bei erster Gelegenheit wieder nach links in die Xiangshan Road abzubiegen. Am Ende der kurzen Straße steht das ehemalige Wohnhaus Sun Yatsens (Nr. 7), heute → **Museum of Sun Yatsen's Former Residence** (Sun Zhongshan Guju). Hier verfasste der Revolutionsführer, Staatsmann und Gründer der Republik (1911) einige seiner wichtigsten Werke.

Von der ehemaligen Residenz folgt man der Sinan Road in südlicher Richtung und erreicht nach wenigen Minuten das Haus, in dem Zhou Enlai eine Zeitlang wohnte (Nr. 73 → **Zhou Enlai's Former Residence**) (Zhou Enlai Guju). Der kommunistische Revolutionär sollte später zum Ministerpräsidenten der Volksrepublik China aufsteigen.

Der Spaziergang führt nun die Sinan Road wieder zurück bis zur Fuxing Road, wo es nach links geht. An der Ruijin Road wieder links abbiegen.

Tour 5: Französische Konzession
→ Karte S. 184/185

Nach wenigen Metern wartet der Eingang eines der schönsten alten Anwesen Shanghais auf den Flaneur: der ehemalige Wohnsitz der Familie des Verlegers H. E. Morriss, heute als Hotel → **Ruijin Guesthouse** (Ruijin Binguan) bekannt.

Nachdem man den großen Garten durchquert hat, hält man sich am Ausgang Maoming Road links, um an der Yongjia Road rechts abzubiegen. An dieser Straßenkreuzung gab es früher viel Gebell: Hier befand sich ein großer Hunderennplatz. Die Kommunisten ließen das *Canidrome* jedoch nach 1949 abreißen, weil sie alle Vergnügungsstätten der kapitalistischen Kolonialherren aus dem Stadtbild tilgen wollten. Später stand hier ein Blumengroßmarkt, der dem 2011 vollendeten Shanghai Culture Square samt moderner Konzerthalle weichen musste (→ Kapitel „Kultur & Co").

Wir spazieren weiter auf der Yongjia Road bis zur Shanxi Rd., in die wir links einbiegen. Wem nach einer kleinen Pause zumute ist, kann nach wenigen Metern gleich wieder links in die Shaoxing Road einbiegen. Dort laden gleich zwei außergewöhnliche Plätze zur Rast: der *Old China Handreading Room* sowie das *Vienna Café*. Wer noch fit ist, schreitet weiter bis zur → **Cité Bourgogne** (Bugaoli), die von der Jianguo wie von der Shanxi Road zugänglich ist. Es lohnt sich, durch die Gassen dieser denkmalgeschützten Lilong-Siedlung aus dem Jahr 1930 zu streifen: Hier bekommt der Flaneur einen authentischen Eindruck davon, wie eng und gleichzeitig heimelig diese Siedlungsform ist

Nach dieser Stippvisite an der Jianguo Road rechts halten und gleich darauf an der Xiangyang Road wieder rechts einbiegen. Eine für das alte Shanghai typische Straße mit alten Geschäften ist die **Yongkang Road**, der wir westwärts folgen: Garküchen brutzeln Spießchen, Obst- und Gemüsehändler haben ihr Angebot liebevoll ausgebreitet.

Einer der interessantesten Punkte dieser Tour ist erreicht, wenn wir rechts in die Taiyuan Road einbiegen, die unmittelbar darauf in die Fenyang Road mündet. Dort stehen wir vor dem Eingang des → **Arts and Crafts Research Institute** (Gongyi Meishu Bowuguan), einer in Weiß strahlenden neoklassischen Villa, die den Besuch unbedingt lohnt.

Vom Ausgang schlendern wir links die Fenyang Road entlang und biegen an der *Puschkin-Büste* rechts in die Dongping Road ein. Biergarten-Zeit: In einem prächtigen Bau inmitten eines herrlichen Gartens befindet sich hier die erste von mittlerweile drei Shanghaier *Paulaner-Gaststätten*. Früher ge-

Alte Kaufmanns-Villen wie das Kadoorie-Haus haben alle politischen Wirren überlebt

hörte das Anwesen Michael Speelman, der in den 1930er-Jahren Vorsitzender des Shanghaier Committee for Assistance of European Jewish Refugees war. In den 40er Jahren ging die Villa in den Besitz eines Guomindang-Generals über und wurde nach der Revolution 1949 schließlich Trainingsstätte und Unterkunft für Studenten des Yue-Opern-Instituts. In den 80er Jahren öffnete das Restaurant seine Pforten, 1997 mietete ein Investor aus Taiwan die Villa und sorgte dafür, dass man hier für einen Liter Bier mehr zahlt als auf dem Münchner Oktoberfest.

Etwas weiter, im Gebäude an der **Dongping Road 9**, lebten nacheinander Chiang Kaishek sowie Maos dritte Ehefrau Jiang Qing. Sie wurde später als Mitglied der „Viererbande“ des politischen Verrats bezichtigt und verurteilt. Heute ist das ehemalige Wohnhaus der Polit-Größen ebenfalls ein Restaurant.

Wir biegen nun links in die Hengshan Road ein und werfen noch einen Blick auf die 1924 erbaute → **Community Church** (Guoji Libai Tang). Danach den Hinweisschildern folgen und die Hengshan Rd. nordwärts zur nahen Metrostation der Linie 1 spazieren. Rechterhand sticht ein alter, roter Bachsteinbau mit Vorgarten ins Auge. Es handelt sich um die einstige → **Shanghai American School**.

Wer sich für Kirchen interessiert, sollte mit der Metro 1 noch eine Station Richtung Süden fahren: Wenige Meter von der Station Xujiahui Street entfernt liegt die → **Xujiahui Cathedral** (Xujiahui Tianzhu Jiaotang), die größte katholische Kirche der Stadt. Wer mit dem Fahrrad unterwegs ist, kann die Strecke gut auf der Straße zurücklegen. Man folgt der Hengshan Rd. Richtung Süden, die nach der großen Kreuzung mit der Hongqiao Rd. zur Caoxi Road wird. Kurz nach der Kreuzung zweigt der Weg von der Caoxi Rd. rechts in die Puxi Road ab, wo der Eingang zur ehemaligen St.-Ignatius-Kathedrale liegt.

Tour 5: Französische Konzession
→ Karte S. 184/185

Sehenswertes

Site of the 1. National Communist Party Congress (Zhonggong Yidahuizhi Jinianguan) 中国共产党第一次全国代表大会会址纪念馆

Die Gründungsstätte der KP Chinas wurde zu einem Museum ausgebaut. Wie bei fast allen Ausstellungen in China versteht es sich von selbst, dass historische Fakten mit einer gehörigen Prise Propaganda gewürzt sind. Die Szene, wie Mao und seine Mitstreiter an einem großen Tisch die Details der Gründung der Kommunistischen Partei Chinas vorbereiten, ist mit lebensgroßen Figuren nachgestellt. So wie die Szenerie gestaltet ist, erinnert sie an Darstellungen des letzten Abendmahls Christi. Glaubt man den Ausstellungsmachern, dann hatte der spätere Große Vorsitzende bereits in der Geburtsstunde der Partei eine führende Rolle inne – zumindest macht dies das Wachsfigurenkabinett glauben.

Übrigens konnten die Teilnehmer das offizielle Gründungsdokument erst in Jiaxing, Provinz Zhejiang, auf einem Boot unterzeichnen – die Versammlung in Shanghai war am 30. Juli von Polizisten der Französischen Konzession entdeckt und beendet worden. Dennoch formulierten die Gründerväter des chinesischen Kommunismus hier das Parteiprogramm, das zum Umsturz und zur alleinigen „Herrschaft der Arbeiterklasse“ aufruft und dem Privatbesitz an

Produktionsmitteln abschwört. Diese Herrschaft solle so lange anhalten, bis alle Klassenunterschiede in der chinesischen Gesellschaft beseitigt sind, hatten es Mao Zedong und seine 14 Genossen festgelegt. Zieht man den Propaganda-Faktor ab, so bietet die Ausstellung dennoch einen interessanten Abriss der Geschichte Shanghais und Chinas. Exponate wie Grenzsteine der Konzessionen, Geldscheine der in Shanghai ansässigen ausländischen Banken sowie die zerschlissene Baumwollhose eines chinesischen Arbeiters lassen die spannende Vergangenheit lebendig werden.

Tägl. 9–17 Uhr, letzter Einlass 16 Uhr. Eintritt 3 Y, Studenten, Kinder und Besucher über 70 Jahre 1 Y, am So freier Eintritt. Ⓜ 1 Huangpi Rd., 374 Huangpi Rd. South, 中国上海市黄陂南路 374 号

Shikumen Open House Museum (Wulixiang Shikumen Minju Chenlieguan) 石库门.屋里厢

Das kleine Museum vermittelt einen Eindruck der für Shanghai einst so typischen *Lilong-Siedlungen*. Sie bestehen aus kleinen Wohnhäusern, die sich um enge Gassen gruppieren. Ziert ein kunstvoll gestalteter Torbogen den Eingang eines Lilongs, spricht man auch von einer *Shikumen-Siedlung*. Der Bau von Shikumen und Lilongs begann mit dem Aufstand der „Kleinen Schwerter" 1853: Taiping-Rebellen besetzten damals die von einer Stadtmauer umgebene Altstadt und trieben Zehntausende Chinesen in die ausländischen Gebiete. In der Folge suchten immer mehr Landbewohner in Zeiten politischer Wirren den Schutz der internationalen Konzessionen Shanghais – und fanden in den zügig errichteten Lilongs eine neue Bleibe. Diese in langen Reihen angeordneten, von vielen Gassen durchzogenen Wohnanlagen sind eine Mischung aus europäischem Städtebau und traditioneller chinesischer Architektur. Zwischen 1850 und 1940 wurden rund 60 % aller neuen Häuser in Shanghai in diesem Stil errichtet. Viele interessante Einrichtungsgegenstände und andere Exponate sowie Schautafeln in englischer Sprache erläutern diesen Teil der Stadtgeschichte.

Fr/Sa 11–23, sonst 10.30–22.30 Uhr. Eintritt 20 Y, Kinder unter 13 J. und Besucher über 60 J. 10 Y. Ⓜ 1 Huangpi Rd., 25 Taicang Rd., 中国上海市太仓路 118 号 25 弄

Fuxing-Park (Fuxing Gongyuan) 复兴公圆

Karl Marx und Friedrich Engels, die beiden Vordenker des Kommunismus, blicken hier von ihren Denkmal-Sockeln wohlwollend auf die Parkbesucher herab. Unten spielen Chinesen Federball, Karten und Mahjongg, üben sich in Tai Chi und Tanz. Der knapp 80.000 Quadratmeter große Park, einer der ältesten Grünanlagen der Stadt, ist bei Einheimischen sehr beliebt. Die französischen Kolonialherren nutzten das Gelände zunächst als Militärcamp, ehe es ab 1909 vom französischen Stadtrat zur Parklandschaft umgestaltet wurde. Die Platanen, die sie einst pflanzen ließen, spenden nun an heißen Tagen willkommenen Schatten. Auch der *Rosengarten* im Nordwestteil des Parks sowie einige Springbrunnen machen den Besuch zum Vergnügen.

Tägl. 6–18 Uhr. Ⓜ 1 Huangpi Rd., 2 Gaolan Rd. nahe Sinan Road, 中国上海市皋兰路 2 号复兴公园, 近思南路

St.-Nikolaus-Kirche (Sheng Nigulasi Jiaotang) 圣尼古拉斯教堂

Einst als russisch-orthodoxe Kirche gegründet, mutierte das 1934 errichtete Gotteshaus mit dem markanten Zwiebelturm und den vielen reizvollen Bogenfenstern zwischenzeitlich zu einem französischen Restaurant. Inzwischen wird es von einem Großunternehmen als Veranstaltungsort für Firmenzwecke genutzt und ist nur noch von außen zu besichtigen. Es lohnt dennoch zu fragen, ob man kurz eingelassen wird. Der Kuppelsaal, dessen Wände großflächig ausgemalt sind, ist ebenso sehenswert wie einige erhaltene bunte Originalfenster.

16 Gaolan Rd., 中国上海市皋兰路 16 号

Sun Yatsen's Former Residence (Sun Zhongshan Guju) 孙中山故居纪念馆

Der Arzt und Politiker Sun Yatsen wirkte eine Zeitlang in der Französischen Konzession. Der Revolutionär gründete den Volksbund, aus dem die Guomindang hervorging, die sich später mit den Kommunisten bittere und blutige Kämpfe lieferte. Heute wird Sun sowohl in der Volksrepublik als auch in der von der Guomindang gegründeten demokratischen Republik China, sprich auf Taiwan, von den Machthabern verehrt. Davon zeugt die mit vielen persönlichen Gegenständen des Politikers bestückte Ausstellung. Bei einem Besuch lässt sich auch gut nachempfinden, wie herrschaftlich das chinesische Großbürgertum in den 1920er und 30er Jahren wohnte.

Tägl. 9–16 Uhr, Eintritt 20 Y. Ⓜ 1 Shanxi Rd., 7 Xiangshan Rd., 中国上海市香山路 7 号

Zhou Enlai's Former Residence (Zhou Enlai Guju) 中国代表团驻沪办事处纪念馆 (周公馆)

Der spätere erste Premierminister in der Geschichte der Volksrepublik China, Zhou Enlai, lebte hier 1946/47 für einige Monate. Das Haus wurde nun als Hommage an diesen für die Kommu-

Die russisch-orthodoxe St.-Nikolaus-Kirche zeugt vom Exil Zarentreuer

nistische Partei so wichtigen Mann eingerichtet, im Garten steht eine große Statue. Zhou Enlai (1898–1976) war Mitte der 40er Jahre Chef der Shanghaier Parteigliederung gewesen. In der Zeit der zweiten Einheitsfront zwischen Kommunisten und Guomindang war auch die Shanghaier Delegation der Kommunistischen Partei in der Sinan Road ansässig. Doch von wegen Einheitsfront: Angeblich saßen in einem Ausguck im Nachbarhaus die Spione der Guomindang und spähten die Aktivitäten der Delegation aus.

Tägl. 9–16 Uhr, Eintritt 2 Y. Ⓜ 1 Huangpi Rd., 73 Sinan Rd., 中国上海市思南路 73 号

Ruijin Guesthouse (Ruijin Binguan) 瑞金宾馆

Das ehemalige Morriss-Anwesen ist heute ein Ensemble von eleganten Villen

Tour 5: Französische Konzession
→ Karte S. 184/185

in einem reizvollen, großen Garten. Es empfiehlt sich als Glanzlicht eines jeden Shanghai-Besuchs. Die gegenwärtig als Hotel genutzte einstige Familienresidenz wurde vom Verlagserben Maurice Benjamin Morriss errichtet, dessen Großvater H. E. Morriss die North China Daily News (→ Tour 1) gegründet hatte. Das Gelände ist für die Öffentlichkeit zugänglich. Bei einem Tee auf der Terrasse des Gebäudes Nr. 3 lässt sich die Pracht des Anwesens besonders stilvoll genießen: In dem Schmuckstück des Shanghaier Art déco ist ein schönes Café untergebracht. Mister Morriss, selbst Züchter von Windhunden, war übrigens ein großer Freund von Hunderennen und ließ gleich gegenüber seines Anwesens an der Maoming Road ein *Canidrome* errichten, eine Hunderennbahn mit Platz für bis zu 50.000 Zuschauer und Wettlustige. Der mächtige Shanghaier Kaufmann und Ganove Du Yuesheng (→ Kasten im Kapitel Stadtgeschichte) sowie Vertreter französischer Banken halfen Morriss bei diesem Unternehmen. Den Bau ließen die Kommunisten später niederreißen. Während des Zweiten Weltkriegs zog das italienische Konsulat in eine der Villen des Morriss-Anwesens, das 1949 verstaatlicht und zum Gästehaus umfunktioniert wurde – zunächst für hochrangige Kommunisten, später auch für Staatsgäste wie Indira Gandhi.

Ⓜ 2 Shanxi Rd., 118 Ruijin Rd., 中国上海市瑞金二路 118 号瑞金宾馆内 4 号楼

Bambusschnitzerei

Cité Bourgogne (Bugaoli) 步高里

Wie der Eingang zu einem Tempel mutet das Tor an, das an der Shanxi Road in die Lilong-Anlage Cité Bourgogne führt. Dass das 2002 sanierte Ensemble aus dem Jahre 1930 stammt, verrät ein Schild am Eingang. Wer einen kleinen Streifzug durch die Gassen der Cité Bourgogne unternimmt, kann die Welt der *Shikumen* und *Lilongs* erfahren, die bis in die 80er Jahre Zuhause der meisten Shanghaier war. Shikumen und Lilongs entstanden, um den Massen ein Dach über dem Kopf zu geben, die während der Taiping-Revolution im 19. Jh. und den späteren Revolutionswirren des 20. Jh. in die Sicherheit der ausländischen Konzessionen flohen. Die Cité Bourgogne umfasst insgesamt 78 Wohneinheiten.

Ⓜ 1 Shanxi Rd., 287 Shanxi Rd. South, 中国上海陕西路南路 287 号

Arts and Crafts Research Institute (Gongyi Meishu Bowuguan) 上海工艺美术研究所

Ein Geheimtipp: In der zauberhaften Villa lassen sich Kostümschneider, Puppenmacher und andere traditionelle

Kunsthandwerker bei der Arbeit über die Schulter schauen. Sehr eindrucksvoll sind die im Parterre ausgestellten Bambus-, Jade- und Elfenbeingravuren. Auch in diesem kunsthandwerklich ausgerichteten Museum fehlt es nicht an Propaganda. Man betrachte die Holzschnitzerei „Sturm des 30. Mai" im Parterre, die dem Großen Vorsitzenden Mao gefallen hätte: Sie erinnert an jenen Tag des Jahres 1925, an dem britische Polizisten vor der Louza-Polizeistation nahe der Nanjing Road (→ Tour 4) auf Demonstranten schossen, die sich für die Freilassung inhaftierter Studenten einsetzten. Dieser Akt der Gewalt wurde mit einem monatelangen Generalstreik beantwortet.

Tägl. 9–16 Uhr, Eintritt 8 Y. Ⓜ 1 Changshu Rd., 79 Fenyang Rd., 中国上海市汾阳路 79 号

Community Church (Guoji Libai Tang) 上海基督教国际礼拜堂

Anfang des 20. Jh. als größte protestantische Kirche Shanghais erbaut, liegt dieses Gotteshaus romantisch an der Kreuzung Hengshan/Wulumqi Road inmitten eines schönen Kirchgartens. Die roten Backsteinmauern und das satte Grün der Bäume bilden im Frühling und Sommer einen schönen Kontrast. Einfach den Pförtner fragen, ob man den von alten Bäumen bestandenen malerischen Garten besichtigen darf, in dem auch Bänke zum Verweilen einladen.

Ⓜ 1 Hengshan Rd., 53 Hengshan Rd., 中国上海市衡山路 53 号

Shanghai American School 前美国学校

Mit ihrem Türmchen in der Mitte ist die ehemalige American School aus dem Jahr 1923 ein Blickfang an der belebten Hengshan Road, an der viele Kneipen und Diskotheken für Touristen

Das Arts and Crafts Institut ist ein Geheimtipp

liegen. Anfang der 30er Jahre wurden hier rund 600 Schüler von 50 US-amerikanischen Lehrern unterrichtet. 1937 besetzten japanische Truppen Shanghai, nach dem Angriff der Japaner auf Pearl Harbour 1941 erreichte die Schülerzahl einen Tiefpunkt. 1943 wurden alle in Shanghai verbliebenen US-Bürger festgenommen – dies bedeutete das Aus für den Schulbetrieb. Nach Ende des Zweiten Weltkriegs wurde er wieder aufgenommen, ein Jahr nach der Machtübernahme der Kommunisten 1949 schloss das Schultor für immer. Gegenwärtig wird das Gebäude vom chinesischen Militär genutzt.

Ⓜ 1 Hengshan Rd., 10 Hengshan Rd., 中国上海市衡山路 10 号

Diente während der Kulturrevolution als Getreidelager: Xuhui Kathedrale

Xujiahui Cathedral (Xujiahui Tianzhu Jiaotang) 徐家汇天主教堂

Die größte katholische Kirche Shanghais hieß ursprünglich St.-Ignatius-Kathedrale und steht auf historisch interessantem Grund: Das Gotteshaus wurde 1844 neben dem Grab von *Paul Xu Guangqi* (1562–1633) erbaut, dem zum Christentum konvertierten Assistenten des ersten in Shanghai tätigen katholischen Missionars *Matteo Ricci* (1552–1610). In ihrer heutigen Form wurde die Kirche 1910 im Stil der französischen Gotik fertig gestellt. Während der Kulturrevolution diente sie als Getreidespeicher, erst seit 1979 finden hier wieder Gottesdienste statt. Beachtenswert sind die neuen Fenster, die seit 2004 wieder Farbe in die Kirche bringen. Die Künstlerin Wo Ye fertigte sie nach Studien religiöser Kunst in Mailand und Minnesota. Die Fenster verbinden traditionelle europäische Stilelemente mit chinesischen wie dem Scherenschnitt.

Südlich schließt sich der **Guangqi-Park** an die ehemalige St.-Ignatius-Kathedrale an, in dem Xu Guangqis Grab liegt. Östlich befindet sich die Jesuiten-Bibliothek mit rund 200.000 Bänden aus der Zeit vor der kommunistischen Machtübernahme 1949. Es ist dem Einsatz mutiger Shanghaier Akademiker zu verdanken, dass viele wertvolle Quellen das Wüten der Roten Garden während der Kulturrevolution überlebt haben. Nach einer Renovierung steht die Bibliothek der Öffentlichkeit seit 2003 wieder offen. Im Eingangsbereich sind Fotografien der Umgebung aus den frühen 1920er Jahren ausgestellt.

Besichtigung Sa/So 13–16.30 Uhr, Gottesdienste am So um 6.00, 7.30, 10 und 18, werktags um 7 Uhr sowie Sa um 18 Uhr. Ⓜ 1 Xujiahui Street, 158 Puxi Rd., 蒲西路 158 号

Praktische Infos

(siehe Karte S. 184/185)

Essen & Trinken

Xi's Garden **17**, 席家花园, Shanghaier Küche in einer Kolonial-Villa; freundlicher Service, Speisekarte auch in Englisch. Saisonale Gerichte wie die behaarten Krebse (pángxiè) im Herbst werden gekonnt zubereitet. Hauptgericht ab 30 Y. Tägl. 11–14 und 17–22 Uhr. ✆ 64747052. Ⓜ 1 Changshu Rd., 1 Dongping Rd., 中国上海市徐家汇东平路 1 号

Art Salon Restaurant **7**, 屋里香食府, fantasievoll eingerichtetes Restaurant mit modern interpretierter Shanghaier Küche. Empfehlenswert sind die diversen Tofu-Variationen sowie der Fisch. Die jungen Besitzer verstehen ihr Lokal zugleich als Kunst-Salon: Gemälde und Skulpturen zieren den kleinen Gastraum. Teils sitzt man auf bizarren, großen Stühlen, die einem Bild des Surrealisten Salvador Dali entsprungen sein könnten. Reservierung empfohlen. Tägl. 11–22 Uhr. ✆ 53065462. Ⓜ 1 Shanxi Rd., 164 Nanchang Rd., 中国上海市南昌路 164 号

Paulaner Bräuhaus **12**, 上海宝莱纳餐厅, bayerisch angehauchtes Restaurant mit eigener Mini-Brauerei. Eine Oase im turbulenten Shanghai. Der große Garten bietet reichlich schattige Plätze, auch innen können die Gäste gemütlich sitzen. Die Bedienungen tragen Dirndl und Trachtenhemd. Bayerisch und österreichisch geprägte Küche und Burger. Horrende Bierpreise, Hauptgericht ab 90 Y. Abends Livemusik. Tägl. 11–2 Uhr. ✆ 64745700. Ⓜ 1 Changshu Rd., 150 Fenyang Rd., 中国上海市汾阳路 150 号

Abundant Green Garden **21**, 绿丰花园, Restaurant in einem 1932 erbauten Wohnhaus, wie es zu dieser Zeit für das noble Shanghaier Westend typisch war. Gegenwärtig ist das Gebäude ein hochklassiges, typisch chinesisches Restaurant sowie Treffpunkt der „Sports and Science Research Organization". Man speist in gepflegter Atmosphäre mit Blick auf den Garten. Laue Sommerabende lassen sich auf der Terrasse genießen. Die Köche zelebrieren die Kanton-Küche. Besonders empfehlenswert: die Riesengarnelen mit Nüssen in Senf-Honig-Sauce sowie das scharf gewürzte Schweinefleisch. Hauptgericht ab 70 Y. Tägl. 11–22 Uhr. ✆ 64719699. Ⓜ 1 Hengshan Rd., 87 Wuxing Rd., 中国上海市武宁路 87 号

Bars, Cafés & Teehäuser

Vienna Café **16**, 维也纳咖啡馆, angenehmes, ruhiges Café mit lauschigen Sitzecken, das sich nicht nur bei Touristen großer Beliebtheit erfreut. Hier gibt es Kaiserschmarrn und Guglhupf in erster Qualität, serviert von Bedienungen mit „Wiener Mädl"-T-Shirts. Wechselnde Mittagskarte, Hauptgericht um 65 Y. Tägl. 8–20 Uhr. ✆ 64452131. Ⓜ 1 Shanxi Rd., 25 Shaoxing Rd., 中国上海市绍兴路 25 弄 2 号

››› **Mein Tipp: Old China Hand Reading Room** **15**, 汉源书店, urgemütliches Café, in dem sich in teils englischsprachiger Literatur und Fotobänden Stunden über Shanghai schmökern lässt. Ein idealer Ort, um sich auf Shanghai einzustimmen oder sich eine Verschnaufpause zu gönnen, wenn einem die Hektik der Stadt mal zu viel wird. Tägl. 10–22 Uhr. ✆ 64732526. Ⓜ 1 Shanxi Rd., 27 Shaoxing Rd., 中国上海市绍兴路 27 号 ‹‹‹

Daketang Teehaus **13**, 大可堂普洱茶会所, stilvolles, ruhig gelegenes Teehaus mit verschiedenen Gasträumen in einer Villa aus der Kolonialzeit. Man kann sich in Zimmern seiner Wahl aufhalten, die alle mit echten Antikmöbeln eingerichtet sind. Zum Tee wird mittags und abends auch eine kleine Auswahl an Gerichten serviert. Erstklassiger Service und tolles Ambiente. Mindestverzehr 100 Y. Tägl. 11–22 Uhr. ✆ 64676577. Ⓜ 1 Shanxi Rd., 388 Xiangjang Rd., 中国上海市襄阳南路 388 弄 25 号

Art déco Garden Café **10**, wohl einer der schönsten und beschaulichsten Orte im Trubel der Stadt. Hier blickt der Gast bei einem Tee oder Cappuccino durch große Glasfenster nach draußen in einen liebevoll angelegten Garten, der die Hochhäuser in weite Ferne rücken lässt. Oder er erfreut sich an der Buntheit der Hinterglasmalereien im Innern. Gordon Morriss, einer der Söhne des North China Daily News-Verlegers H. E. Morriss, ließ sich dieses Wohnhaus zu Beginn der 40er Jahre auf dem großen Anwesen der Familie erbauen.

Tour 5: Französische Konzession → Karte S. 184/185

Inspiriert wurde der Bau vom Art déco. Gebäude und Café gehören zum Ruijin Guesthouse, stehen aber jedermann offen. Eine

Pagode des Longhua-Klosters

Kanne Tee ist ab 50 Y zu haben, allerdings kann man sich immer wieder Wasser nachschenken lassen. Tägl. 8.30–1 Uhr. ✆ 64725222-3006 (Reservierungen). Ⓜ 1 Shanxi Rd., 118 Ruijin Rd., Gebäude 3, 中国上海市瑞金二路 118 号瑞金宾馆内 3 号楼

Yin Yang 8, Bar für Freaks, die Wert auf Lockerheit und lange Öffnungszeiten legen. Antike Möbel und ebensolche Lampen sorgen für Atmosphäre. Rund um die Uhr geöffnet. ✆ 64664098. → 1 Shanxi Rd., 125 Nanchang Rd., 中国上海市南昌路 125 号

Citizen Bar and Café 2 siehe S. 208

Einkaufen

Die **Huaihai Road** bietet die wohl höchste Dichte an Kleidungsgeschäften in Shanghai. Von aufwändig dekorierten Geschäften der Edelmarken bis hin zu einfacheren Kaufhäusern ist alles geboten. Auch Supermärkte mit westlichem Warensortiment sowie Geschäfte für Unterhaltungselektronik finden sich hier (→ Kap. „Shopping und Märkte").

Fahrradverleih

Speedcat 18, 速度猫单车工作室, kleiner Laden mit qualitativ guter Auswahl an City- und Mountainbikes für rund 30 Y/Tag. Nettes Personal, das ein wenig Englisch spricht. Tägl. 10–20 Uhr. ✆ 64671586. Ⓜ 1 Shanxi Rd., 404 Xiangyang Rd., 中国上海市襄阳南路 404 号

Giant 23, 捷安特, gute Auswahl an Trekking-, Mountain- und City-Rädern. Tagesgebühr 50 Y, tägl. 9–19 Uhr. ✆ 64375041, nahe Ⓜ 1 Hengshan Rd., 743 Jianguo Rd. West, 建国西路 743 号

China Cycle Tours 1, 中国自行车之旅, verleiht einige City-Bikes mit Korb. ✆ 13761115050, tägl. 9–17 Uhr, nahe Ⓜ 1 South Huangpi Rd., 358 Middle Huaihai Rd. 淮海中路 358 号

Abstecher: Longhua-Kloster (Longhua Si) 龙华寺

Bis zur Errichtung der kolonialen Prachtbauten am Bund Mitte des 19. Jh. war die knapp 41 m hohe Longhua-Pagode Jahrhunderte lang das höchste Gebäude der Stadt. Einst lag sie innerhalb der Mauern des Longhua-Klosters, nach vielen Umbauten befindet sie sich jedoch nunmehr davor. Die Pagode hat sieben Etagen, die allesamt von Holzbalkonen umspannt werden. Trotz der diversen Umbauten hat sie ihren ursprünglichen Stil aus der Song-Dynastie (960–1279) behalten. Der Wind soll die Töne der Glocken und Gongs aus dem Kloster im Süden Shanghais einst bis hinüber zur weit entfernten Stadtmauer getragen haben. Der erste Tempel der Anlage datiert aus dem Jahr 242 n. Chr., aus der Periode der „Drei streitenden Königreiche".

Im Kloster mit seinen fünf Haupthallen finden sich buddhistische Statuen aus den Tang-, Ming- und Qing-Dynastien. Auch wertvolle Schriften sowie Goldsiegel sind im Besitz der Gemeinschaft.

Die von den Tempelmauern eingefassten Höfe sind entsprechend dem buddhistischen Ideal der Symmetrie perfekt als Rechtecke geformt (→ Kasten „Tempel und Klöster"). Am Neujahrsabend (1. Januar) sowie am 3. März ertönen um Mitternacht die Glocken der Pagode und des Tempels. Ein weiteres lohnendes Schauspiel findet täglich gegen 11.30 Uhr statt, wenn die Mönche vor ihrem Mittagsmahl betend von Halle zu Halle ziehen, ehe sie im rückwärtigen, abgesperrten Teil des Klosters ihre vegetarischen Speisen zu sich nehmen. Besucher können im schlichten, vegetarischen Kloster-Restaurant zwischen 11 und 13 Uhr Mittag essen.

Tägl. 7–16.30 Uhr, Eintritt 10 Y. Von der Metrostation Longcao Rd. der Linie 3 sind es gut 10 Min. zu Fuß zum Kloster, das östlich der Station liegt. Die Longhua Rd. führt direkt an der Station vorbei. Taxifahrt vom Bund zum Kloster rund 30 Y. ✆ 64566085. Ⓜ 3 Longcao Rd., 2853 Longhua Rd., 中国上海市龙华路 2853 号

Tempel und Klöster

Die chinesischen Klöster (si) und Tempel (miao) des Buddhismus, Daoismus und Konfuzianismus orientieren sich in ihrer Bauweise stark an der Palastarchitektur. Im Zentrum steht eine mächtige Haupthalle, die von mehreren Nebengebäuden umgeben bzw. flankiert wird. Im Aufbau entspricht dies dem Thronsaal, der dem Kaiser als Sohn des Himmels vorbehalten ist und der inmitten eines Kosmos umgebender Räume steht. Meist sind Tempel und Klöster in Nord-Süd-Achse angelegt, was am Beispiel des Longhua-Klosters schön zu sehen ist.

Ein mit Schnitzereien und Malereien reich verziertes Holzgebälk, das auf Säulen ruht, prägt die meisten Tempel- und Klosterhallen. Dieser Holzskelettbau zeigt die typische Bauweise – das ist im buddhistischen Longhua-Kloster ebenso zu sehen wie im Konfuzius-Tempel (→ Tour 2).

Pagoden (ta) sind mehrgeschossige Türme mit achteckigem Grundriss. Vorspringende Traufe markieren jedes Geschoss. Die ersten Pagoden Chinas entstanden gegen Ende der Han-Zeit (206 v. Chr. bis 220 n. Chr.). Das Ende der Han-Dynastie war eine Zeit großer Unruhe und Umwälzungen, was dem Buddhismus und anderen Religionen in China regen Zulauf verschaffte. Kunsthistoriker interpretieren Pagoden als Mischung aus den chinesischen Stadttürmen und der indischen Stupa – sie war ursprünglich ein Erdhügel mit eiförmiger Kuppel, zunächst Grabstätte, später Aufbewahrungsort für religiöse Reliquien. Ab der südlichen Song-Zeit (1127–1279) wurden nur noch wenige Pagoden in China gebaut. Grund war die zunehmende Verbreitung des Chan-, sprich Zen-Buddhismus. Dessen Protagonisten schätzten die indisch inspirierte Pagode nicht mehr.

Tour 5: Französische Konzession
→ Karte S. 184/185

Tour 6

Nördlich der Avenue Joffre

„Ich liebe Shanghai, weil es weiblich ist. Hier gibt es eine Mischung aus Freizügigkeit, Beliebigkeit, Egoismus, Verrücktheit, Nihilismus und Sentimentalität.“ (Mian Mian, La La La, 1997)

Das Viertel nördlich der früheren Avenue Joffre (Huaihai Lu) ist Trendsetter in Sachen Mode, Musik und Nachtleben: Im nordwestlichen Teil der ehemaligen Französischen Konzession haben jede Menge stilvolle Geschäfte eröffnet. Es gibt gute Restaurants, gemütliche Cafés und coole Clubs. Die Tour führt bis in die Gegend rund um das Jing'an-Kloster. Als Abstecher ist eine weitere buddhistische Kloster-Anlage sehenswert: das Yufo Si oder Jade-Buddha-Kloster, das einen knapp zwei Meter hohen, ganz aus Jade geschnitzten Buddha beheimatet.

Die Huaihai Road (Huaihai Lu) gleicht einem einzigen, üppig dekorierten Schaufenster. Einheimische sagen: Leute vom Land kaufen in der Nanjing, die Shanghaier in der Huaihai Road. Der mittlere Bereich der ehemaligen Avenue Joffre sowie die im Norden angrenzenden Straßenzüge haben den alten Charme bewahrt, der die Französische Konzession einst prägte. Das Gebäude, in dem das Shopping-Paradies *Shanghai Central Plaza* Kunden lockt, war in früheren Zeiten ein Verwaltungsbau der französischen Kolonialherren (375–381 Huaihai Middle Road). Abseits der Einkaufsmeile leben viele Bewohner der Gegend noch in traditionellen Lilong-Häusern. Der ehemalige Sportclub der französischen Kolonialherren, Art-déco-Pretiosen wie das Grosvenor House und das im stalinistischen Stil gehaltene Exhibition Center zeugen von der

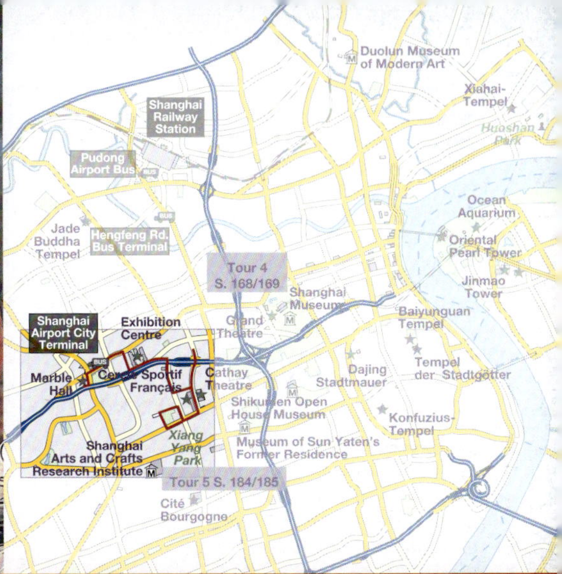

Vielfalt dieses quicklebendigen Viertels, das reich an Szenebars und Tanz-Clubs ist. Nicht zu vergessen: die trendigen Boutiquen in der Xinle Road.

Tour 6: Moderner Schick und alter Charme

Start: Ⓜ1 Shanxi Road (Shanxi Nan Lu)

Ende: Ⓜ2 Jing'an Temple (Jing'an Si)

Dauer: 2½ bis 3 Std.

Unsere Tour führt zunächst den mittleren Abschnitt der Huaihai Road (Huaihai Lu) entlang Richtung Westen. Bald erreichen wir den Xiangyang-Park, wo es rechts in die Xiangyang Road abgeht. Von den zwölf russisch-orthodoxen Kirchen Shanghais haben zwei überlebt. Eine davon ist die → **Russisch-Orthodoxe Missionskirche** (Dongzhengjiao Shengmu), die wir erreichen, sobald wir den Park passiert haben.

Gleich gegenüber dem Gotteshaus befindet sich eine **Villa** (82 Xinle Rd.) aus dem Jahr 1932. In ihr residierte Jin Ting Sun, ein Mitstreiter des Shanghaier Gangsterkönigs *Du Yuesheng* (→ Stadtgeschichte), von der Villa aus zogen die Ganoven die Strippen für ihre Geschäfte. Heute ist hier ein exklusives Hotel mit einem geschmackvoll eingerichteten Dachgarten-Restaurant untergebracht.

Rechts in die **Xinle Road** (Xinle Lu) einbiegend, spaziert man unter Platanen an gekonnt dekorierten Modegeschäften vorbei. Vor allem die Läden in den Häusern mit Vorgarten strahlen besonderen Schick aus. An der **Shanxi Road** (Shanxi Lu) hält man sich rechts und stößt nach wenigen Metern wieder auf die **Huaihai Road** (Huaihai Lu). An dieser Ecke sind viele Touristenfänger unterwegs, um zahlungskräftige Kunden in Hinterhofgeschäfte zu locken. Das hat seinen Grund: Hier in der Nähe befand sich bis 2007 der große Markt für nachgemachte Luxus-Marken, der von der Polizei geschlossen wurde. Viele Händler sind einfach in die umliegenden Hinterhöfe oder an die Nanjing Road West (→ Shopping-Kapitel) ausgewichen.

Wir folgen der Huaihai Road ostwärts und gelangen auf der Höhe Maoming Road zu einem der intaktesten und entzückendsten Art-déco-Gebäude der Stadt, dem → **Cathay-Theater.**

Nach einer kurzen Strecke auf der Maoming Rd. nordwärts erreichen wir das Gelände des ehemaligen → **Cercle Sportif Francais** (Huayuan Fandian). Das Gebäude des exklusiven Tennisclubs wurde 1924 bis 1926 auf dem Areal des früheren deutschen Gartenclubs errichtet. Gegenüber tut sich ein weiteres architektonisches Pracht-Ensemble auf: das → **Grosvenor House** (Junlin Gongyu) sowie das → **Cathay Mansions**, das bei Fertigstellung 1929 das erste Hochhaus der Stadt war. Das Ganze ist nunmehr Teil des Jinjiang Hotels.

Gegenüber dem Cathay Mansions steht an der Kreuzung Maoming Rd./Changle Rd. das → **Lyceum Theatre** (Lanxin Daxiyuan) aus dem Jahr 1931. Wer möchte, kann an dieser Stelle einen Abstecher weiter südwärts in die Maoming Rd. zur → **Mao-Gedenkstätte** unternehmen. Sie ist in einem kleinen Shikumen-Haus untergebracht, in dem Mao Zedong 1924 für einige Monate wohnte. Danach geht es zurück Richtung Norden bis zur Keuzung Maoming Rd./ Changle Rd., wo der Weg nach rechts in die Changle Road führt. Nach wenigen Metern lockt mit *Garden Books* ein reizvoller Buchladen samt Café – ein idealer Ort für eine Pause. Wenige Meter weiter biegt man nach rechts in die Shanxi Road ein, überquert die Julu Road und erreicht nach etwa 200 m die → **Moller-Villa** (Male Bieshu), die wie ein Fantasie-Schloss anmutet. Gegenüber verkauft ein Straßenimbiss eine

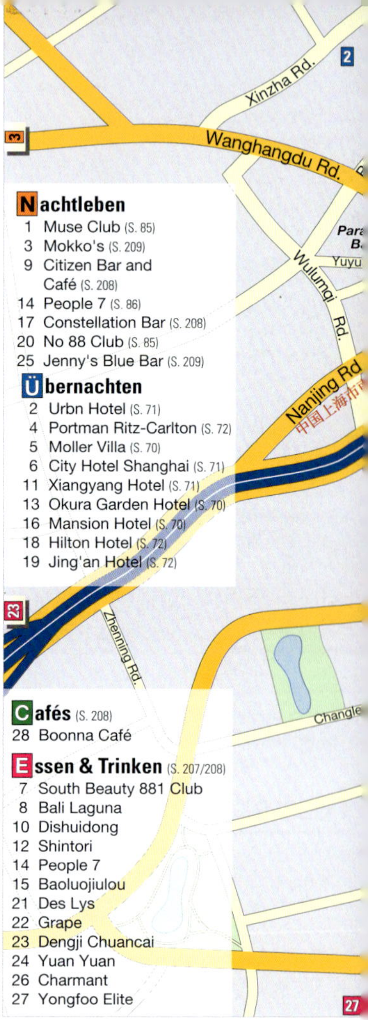

Shanghaier Spezialität: gebratene Teigtaschen mit Fleischfüllung – die sogenannten *Jiaozi* lohnen es, probiert zu werden.

Wie Größenwahn in Bauform gegossen aussieht, kann man um die Ecke an der Yan'an Road eindrucksvoll erfahren. Von der Moller-Villa kommend, steigt man die Treppen der Fußgängerbrücke hinauf, überquert die verkehrsreiche Yan'an Rd. und hält sich auf der anderen Seite links. Nach wenigen Minuten tut sich mächtig das → **Exhibition Center**

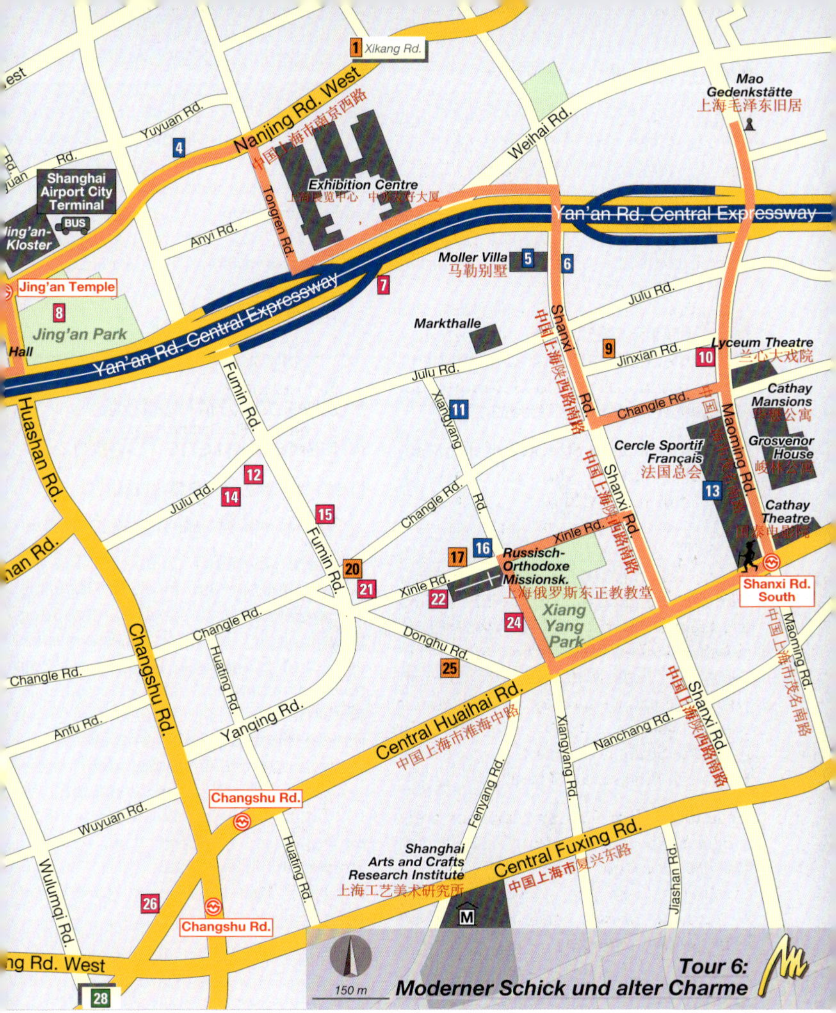

vor einem auf. Der als Ausdruck sowjetisch-chinesischer Freundschaft in den 50er Jahren errichtete Protz-Palast erinnert an stalinistische Prunkbauten und dient nunmehr als Ausstellungs-Gebäude.

Am nördlichen Ende des Exhibition Center stoßen wir auf die Nanjing Road, wo wir uns links halten und Richtung → **Jing'an-Kloster** (Jing'an Si) gehen. Innen ist die buddhistische Anlage jüngst renoviert und erweitert worden. Die Außenseiten der Tempelmauern gleichen mehr einem Shopping-Center denn einem Sakralbau.

Je nach Geschmack kann man nun gegenüber dem Jing'an-Kloster einen Blick in den 2002 wieder eröffneten → **Paramount Ballroom** (Bailemen) werfen, der nachts von bunten Neonröhren erleuchtet wird. Mit etwas Glück kann man ältere Tanzpaare beobachten. Alternativ lockt der → **Jing'an Park** (Jing'an Gongyuan): Am reizvoll angelegten Teich stehen Bänke, auf denen man sich ausruhen kann, ein Restaurant hat draußen einige Tische aufgestellt. Alternativ lässt sich auch ein Abstecher zur früheren Residenz der Kaufmannsfamilie Kadoorie an der Yan'an Road 64 machen. *Sir Elly Kadoorie*, 1915 bis 1928 Präsident der Shanghai Zionist Association, war ebenfalls ein begeisterter Tänzer und ließ sich in seiner Residenz einen prunkvollen Ballsaal einrichten – die sogenannte → **Marble Hall** (Shi Shaonian Gong), heute ein städtischer Kinderpalast.

Sehenswertes

Das Art déco-Kino Cathay zeigt auch internationale Filme

Russisch-Orthodoxe Missionskirche (Dongzhengjiao Shengmu) 上海俄罗斯东正教教堂

Shanghai war einst politisches Exil für etwa 50.000 Russen. In den 1920er Jahren stellten sie die größte Ausländergruppe, weit vor Briten, US-Amerikanern und Franzosen. Davon zeugt die russisch-orthodoxe Missionskirche, in der viele der besitz- und staatenlosen Russen Hoffnung suchten. Die Oktoberrevolution 1917 hatte den Untergang des Zarenreichs gebracht. Als 1920 mit Wladiwostok die letzte Bastion der Zaren-Anhänger fiel, strömten Tausende Aristokraten und Armee-Offiziere über Harbin in Nord-China nach Shanghai.

Das 1931 erbaute Gotteshaus, das heute als Ausstellungsort dient, ist eines von einst mindestens zwölf russisch-orthodoxen in der Stadt über dem Meer. Die Russen in Shanghai führten im Vergleich zu den meisten anderen Ausländern ein Leben in Armut. Enteignet und ohne Reisepass hatten sie einen sozialen Status, der zwischen der Kolonial-Gemeinde und den Chinesen anzusiedeln war. Gerade für Aristokraten, die nun plötzlich für ihren Lebensunterhalt schuften mussten, war es Zeitzeugenberichten zufolge ein harter Abstieg. Viele der ehemaligen russischen Offiziere verdingten sich als Leibwächter reicher Chinesen, als Reitlehrer, Rikscha- oder Busfahrer. Die russischen Frauen eröffneten Teehäuser, Schönheitssalons und Läden, um sich und ihre Familien ernähren zu können. Und viele sahen in der Prostitution den einzigen Weg, um ihr Leben bestreiten zu können. In den 30er Jahren gab es Tausende russische Huren in Shanghai. Der Völkerbund schätzte damals, dass jede vierte Shanghaier Russin ihren Körper zu Markte trug. Nach Ende des Zweiten Weltkriegs halfen die Vereinten Nationen den Exil-Russen, eine neue Heimat zu finden.

Die Missionskirche erlebte nach der Enteignung durch die Kommunisten eine wechselvolle Geschichte: Zunächst wurden mehrere Zwischendecken eingezogen, um eine Maschinenfabrik unterzubringen. Ende der 80er Jahre mietete sich dann eine Investorengesellschaft ein, später ein Restaurant samt Nachtclub. 2007 wurde der schöne Bau samt Deckenfresken saniert und soll nun wieder als Kirche genutzt werden.

Ⓜ1 Shanxi Rd. South, 55 Xinle Rd., 中国上海徐汇区新乐路 55 号

Cathay Theatre 国泰电影院

Das Cathay war sich von Anfang an seines prominenten Platzes an der Ecke Huaihai Rd./Maoming Rd. bewusst und nahm ihn mit Würde ein. Schlanke Fassadensegmente aus rotem Backstein und weiß eingefassten Fenstern wechseln sich ab. Ein Baldachin markiert den Eingang, darüber erhebt sich in goldenen Lettern der Schriftzug „Cathay". Einst fasste der 1932 von C. H. Gonda errichtete Filmpalast rund 1000 Gäste. Heute sind im Cathay drei kleinere Kinos untergebracht, die auch Filme mit englischen Untertiteln zeigen (→ Kapitel Kultur & Co.).

✆ 54042095. Ⓜ1 Shanxi Rd., 870 Huaihai Rd., 中国上海市淮海中路 870 号

Cercle Sportif Francais (Huayuan Fandian) 法国总会

Exakt 20 Tennisplätze fanden im Garten des ehemaligen Cercle Sportif Platz. Wo sich vor dem Ersten Weltkrieg der deutsche Gartenclub breit machte, richteten die Franzosen 1926 ihren exquisiten Club ein und ersetzten damit ein schlichteres Anwesen nahe des Fuxing-Parks. Das Hauptgebäude im Stil der französischen Renaissance atmet noch immer die elegante Atmosphäre von damals: Man kann sich gut vorstellen, wie auf der Dachterrasse unter den Sternen bis spät in die Nacht getanzt wurde.

Gold-Mosaiken, abstrakte Wandmalereien und Reliefs mit nackten Schönheiten zierten das Innere des Palais. Anders als der britische Shanghai Club ließ der Cercle Sportif Frauen als Mitglieder zu, allerdings maximal 40. Nach dem Zweiten Weltkrieg war er der erste Club der Stadt, der chinesische Mitglieder aufnahm. Ab 1949 wurde das herrliche Gebäude ein Volkspalast, ehe es der Große Vorsitzende als Versammlungsort exklusiv für höchste Parteikader reklamierte. Der Palast fungiert heute als Empfangsgebäude des Luxushotels Okura Garden (→ Kap. Übernachten), ist jedoch ebenso wie der Garten öffentlich zugänglich – ein ideales Plätzchen für eine Verschnaufpause.

Ⓜ1 Shanxi Rd., 58 Maoming Rd., 中国上海市茂名南路 58 号

Grosvenor House (Junlin Gongyu) 峻林公寓

Ein Musterbeispiel des Shanghaier Art déco erhebt sich von der Straße etwas zurückversetzt an der Maoming Road. Über eine Toreinfahrt geht es zu diesem bezaubernden, 18 Stockwerke hohen Gebäude. Die schmalen Pfeiler, die über dem Eingangsbereich gen Himmel

Tour 6: Nördlich der Avenue Joffre → Karte S. 200/201

streben, geben dem 1932 von Palmer & Turner errichteten Bau große Leichtigkeit und Anmut. Nach der Verstaatlichung brachte die chinesische Regierung hier über viele Jahre hochrangige Staatsgäste unter, wovon Fotos in der Lobby zeugen: Der frühere französische Staatspräsident George Pompidou ist ebenso zugegen wie die damalige britische Premierministerin Margaret Thatcher oder Altbundeskanzler Helmut Kohl.

Neben dem Grosvenor House breiten sich die niedrigeren und schlichteren Mauern des Gebäudes „Grosvenor Gardens“ aus. Die Westfront dieses Art-déco-Baus liegt direkt an der Maoming Rd., hier finden sich gehobene Modegeschäfte wie die Nobelmarke Shanghai Tang.
Ⓜ1 Shanxi Rd., 65-125 Maoming Rd., 中国上海市茂名路 65-125 号

Cathay Mansions, Old Jinjiang Hotel 华懋公寓

Mit 57 m Höhe und 14 Stockwerken war das Cathay Mansions zur Zeit seiner Fertigstellung 1925 Shanghais höchstes Bauwerk. Das Gebäude ist ein Mix aus Neugotik und Art déco. Sehenswert ist eine Halle im Tudor-Stil, die auf der 14. Etage liegt, sowie der Dachgarten. Nach 1949 verstaatlichten die Kommunisten das Hotel und übertrugen seine Leitung an Dong Zhujun, die Besitzerin des legendären Jinjiang-Teehauses. Der Name ihres einstigen Teehauses stand dann Pate für die staatliche Hotelkette. In der im Garten befindlichen Jinjiang Grand Hall unterzeichneten 1972 der damalige US-Präsident Richard Nixon und Chinas Premierminister Zhou Enlai das sogenannte Shanghai-Kommuniqué, in dem die USA Taiwan als Teil Chinas anerkannten. Dieses Abkommen läutete die außenpolitische Öffnung der Volksrepublik China ein.
Ⓜ1 Shanxi Rd., 59 Maoming Rd., 中国上海市茂名南路 59 号

Lyceum Theatre (Lanxin Daxiyuan) 兰心大戏院

In den frühen 1930er Jahren war das Theater die bedeutendste Bühne für Gastspiele europäischer und US-amerikanischer Ensembles. Zwischenzeitlich war es ein Kino, heute dient das Lyceum Theatre wieder als Theater- und Variétebühne (→ Kapitel Kultur & Co.).
Ⓜ1 Shanxi Rd., 57 Maoming Rd, 中国上海市茂名南路 57 号

Mao-Gedenkstätte 上海毛泽东旧居

Mit einer wesentlich bescheideneren Unterkunft als dem Cercle Sportif Francais musste Mao Zedong 1924 vorlieb nehmen. Von Februar bis Ende Dezember dauerte der längste seiner rund 50 Aufenthalte in Shanghai. Klar, dass die Stadt einem der „Giganten des 20. Jahrhunderts“, wie es auf einem Schild heißt, dafür eine Gedenkstätte errichtet hat. Sie befindet sich in der südlichen Maoming Road in einem bescheidenen Shikumen-Haus, wo Mao mit seiner ersten Ehefrau, den zwei kleinen Kindern und der Schwiegermutter für einige Monate wohnte. Mao arbeitete damals als Sekretär für die von Kommunisten und Guomindang gebildete Einheitsfront und nahm zugleich Aufgaben für die lokale Gliederung der Kommunisten wahr. „Völlig überarbeitet“ und von Guomindang-Widersachern genervt sei der spätere Große Vorsitzende erkrankt und habe Shanghai verlassen, heißt es in der Propaganda-Ausstellung.
Di–So 9–11.30 und 13–16 Uhr, Eintritt frei. ✆ 62723656. Ⓜ1 Shanxi Rd., 120 Maoming Rd. North, 中国上海市茂名北路 120 号

Moller-Villa (Male Bieshu) 马勒别墅

Man erzählt, der Reeder Eric Moller habe den Familiensitz nach der Vorlage einer Zeichnung seiner kleinen Tochter bauen lassen. In der Tat mutet die Moller-Villa an wie ein Märchenschloss, Türmchen inklusive. Augenfällig ist, dass einige der umgebenden Hochhäuser die Spitzdächer der Türme zitieren. Moller hatte schwedische und englische Wurzeln, übernahm die Reederei seines Vaters und konnte dessen Vermögen mehren, übrigens auch mit Wetteinsätzen auf der Pferderennbahn und im Canidrome.

Nach zehnjähriger Bauzeit wurde der Familiensitz 1936 bezugsfertig. Nur vier Jahre später verließen Moller und seine Familie die Stadt. 1949 wurde das Gebäude Hauptquartier der Kommunistischen Jugendliga. Gegenwärtig ist in dem Anwesen ein Hotel untergebracht. Chinesische Hochzeitspaare lassen sich gerne vor dem Gebäude ablichten.

Ⓜ1 Shanxi Rd., 30 Shanxi Rd. South, 中国上海市陕西南路 30 号

Die russische-orthodoxe Kirche wurde 1931 errichtet

Exhibition Centre (Shanghai Zhanlan Zhongxin) 上海展览中心, 中苏友好大厦

Die lange, rund 110 m hohe Nadelspitze des Shanghai Exhibition Centre trägt einen kommunistischen Stern, auch wenn der in der bekanntlich nicht mehr existierenden UdSSR längst erloschen ist. Ebenso rasch erlosch Anfang der 50er Jahre die Flamme der Freundschaft zwischen China und der Sowjetunion, sodass die „Hall of Sino-Soviet-Friendship" – ein Geschenk von Josef Stalin – zwar von sowjetischen Arbeitern begonnen, 1955 aber von chinesischen abgeschlossen wurden. Des ungeachtet hält die Bronze-Statue vor der Eingangshalle zwei wehende Bänder in Händen, welche die engen Bande der beiden Staaten symbolisieren sollten.

Heute finden in den sieben Hallen des Anwesens Messen und Ausstellungen statt. Bei der Weltausstellung 2010 soll es als Verwaltungszentrale fungieren. Früher stand hier der prächtige Wohnsitz von Silas Hardoon, des reichsten Shanghaier Kaufmanns, der wie viele andere wohlhabende Männer der Stadt zunächst durch Opium- und Immobiliengeschäfte zu Geld gekommen war. Sein Anwesen wurde nach seinem Tod 1931 während der japanischen Besatzung bei einem Großfeuer ein Raub der Flammen. Auch wenn vom einstigen Glanz des Geländes somit nichts mehr übrig ist, lohnt doch eine kurze Erkundung des Exhibition Centre. Die theatralischen Formen des „Sowjet Schick" kontrastieren schön mit der schlichteren Architektur der Hochhäuser in der Nachbarschaft.

Ⓜ2 Jing'an Temple, 1333 Nanjing Rd. West, 中国上海市南京西路 1333 号

Jing'an-Kloster (Jing'an Si) 静安寺

Der „Tempel der Ruhe und des Friedens" erstrahlt nach jahrelanger Renovierung seit 2007 in neuem Glanz. Seine Ursprünge gehen auf das Jahr 247 zurück, er ist damit nach dem Longhua-Kloster (→ Tour 5) Shanghais zweitälteste buddhistische Tempelanlage. Allerdings stand sie in ihrer Frühzeit am Nordufer des Suzhou Creek; dort suchten regelmäßige Hochwasser die Mönche heim, so dass sie 1216 an den heutigen Standort umzogen. Große Umbauarbeiten fanden 1851, 1953, 1984 und von 1998 bis 2007 statt.

Während der Kulturrevolution beraubten die Kommunisten auch diesen Tempel der meisten seiner Kunstgegenstände und funktionierten ihn zur Plastikfabrik um. Zwei Jahrzehnte später besannen sie sich eines Besseren, so dass das Jing'an-Kloster 1985 wieder eröffnet werden konnte.

Nach der jüngsten Renovierung hat die Anlage nunmehr sechs Hallen. In der Haupthalle finden sich unter anderem die Statue eines lachenden Buddha sowie die rund 600 Kilogramm schwere Hongwu-Bronzeglocke, die 1369 unter dem ersten Kaiser der Ming-Dynastie (1368–1644) gegossen wurde. Die Dächer der Hallen kontrastieren schön mit den Glasfassaden der umliegenden Wolkenkratzer. Obwohl die Chinesen die Anlage „Tempel der Ruhe" nennen, geht es meist recht hektisch zu, wenn auch etwas ruhiger als draußen, wo die Klostermauern an den Außenseiten des Baus zu Ladenzeilen degradiert wurden.

Tägl. 7.30–17 Uhr, Eintritt 10 Y. Ⓜ 2 Jing'an Temple, 1686 Nanjing Rd. West, 中国上海市南京西路 1686 号

Inspiriert von der Moderne

Paramount Ballroom (Bailemen) 上海百乐门文化娱乐有限公司

In längst vergangenen Tagen verkehrte im Paramount ein illustres Publikum, so soll u. a. Charlie Chaplin das Etablissement besucht haben. Das von Architekt Yang Ximiao geplante Gebäude war nach seiner Eröffnung 1933 Sinnbild für Shanghais Modernität und Lebenslust. Nach der Machtübernahme durch die Kommunisten 1949 wurde das Paramount zwischenzeitlich zum Kino umfunktioniert. Heute gibt es wieder Tanzveranstaltungen im opulenten, restaurierten Ballsaal. Bei klassischen Tanzabenden schließen dort sogenannte Taxi-Dancer die Lücken fehlender Partner – Frau oder Mann kann sich einen dieser Tänzer für den Abend mieten. Selbstverständlich wirft sich die Tanzgemeinde an solchen Abenden in etwas feinere Garderobe.

Tägl. ab 20 Uhr. Ⓜ 2 Jing'an Temple, 218 Yuyuan Rd, 中国上海市愚园路 218 号

Jing'an Park (Jing'an Gongyuan) 静安公圆

Die Grünanlage direkt gegenüber dem Jing'an-Kloster eignet sich sehr gut für eine Pause. Es gibt einen großen Teich, Bänke und ein Restaurant, das auch Tische im Freien hat. Nichts deutet mehr darauf hin, dass sich hier vor mehr als hundert Jahren ein Friedhof befand – damals hieß die westliche Nanjing Rd. noch Bubbling Well Road, nach einem früheren Brunnen des Jing'an-Klosters.

Ⓜ 2 Jing'an Temple, 1686 Nanjing Rd. West, 中国上海市南京西路 1686 号

Marble Hall, Kinderpalast (Shi Shaonian Gong) 上海少年宫

Wo heute eine städtische Einrichtung für Kinder untergebracht ist, residierte einst Sir Elly Kadoorie (1867–1944). Er war nicht nur ein grandioser Kaufmann, sondern auch ein begeisterter Tänzer. Folglich ließ sich der damalige Präsident der „Shanghai Zionist Association" in der von 1918–1924 erbauten Familienresidenz an der heutigen Yan'an Road den größten Ballsaal der Stadt einrichten: 50 Meter lang, 25 Meter breit und 20 Meter hoch, große Spiegel und kristallene Lüster – so muss man sich den Hobbyraum dieses Mannes vorstellen. Die Böden aus schwarz-weißem italienischem Marmor, die Deckenornamente und manche Lampen sind noch im Original erhalten.

Die Kadoories flohen nach der Machtergreifung durch die Kommunisten nach Hongkong und konnten dort an ihre geschäftlichen Erfolg aus Shanghaier Zeiten anknüpfen. Seit 1953 ist die Familienresidenz offiziell ein Kinderpalast. Haus und Garten stehen Besuchern offen.

Ⓜ 2 Jing'an Temple, 64 Yan'an Rd. West, 中国上海市延安西路 64 号

Praktische Infos

(siehe Karte S. 200/201)

Essen & Trinken

People 7 **14**, 萤七人间, hier haben sich die Designer ausgetobt: Die raumschiffartige Schleuse am Eingang öffnet sich erst nach einem kleinen Ratespiel. Im minimalistisch gestalteten Innern sind die Tische von Spots erleuchtet wie kleine Bühnen, die coole Bar nicht zu vergessen. Die kreative Küche schöpft aus der japanischen und chinesischen Kochkunst. Delikat, edel und nicht zu teuer. Zu zweit mit einer Flasche Wein speist und trinkt man für rund 550 Y. Tägl. 11.30–14 und 18–24 Uhr. ✆ 54040707. Ⓜ 2 Jing'an Temple, 805 Julu Rd., 中国上海市巨鹿路 805 号

Shintori **12**, 新都里, japanische Küche in coolem Ambiente aus Sichtbeton und Holz, inklusive kleinem Bambusgarten. Bebilderte Speisekarte. Für ein üppiges Mal mit vielen kleinen Speisen für zwei Personen zahlt man inkl. Getränke rund 400 Y. Tägl. 11.30–14 und 17.30–22.30 Uhr. ✆ 54045252. Ⓜ 2 Jing'an Temple, 803 Julu Rd., 中国上海市巨鹿路 803 号

Dengji Chuancai **23**, 鄧记川菜, angeblich bereiten die Köche hier das beste Rindfleisch der Stadt zu. Tatsächlich schmeckte das mit Gemüse geschmorte Rind lecker. Weitere Spezialität des auf Sichuan-Küche spezialisierten Restaurants ist auch der Fischtopf: In einer scharf-sauren Suppe, die mit Chili, Koriander und Frühlingszwiebeln gewürzt ist, wird eine prächtige Portion weißfleischiger Fischstückchen kredenzt. Hauptgerichte ab 30 Y. Tägl. 11–14.30 und 18–22.30 Uhr. ✆ 62810449. Ⓜ 3, 4 Yan'an Rd. West, 737 Dingxi Rd., 中国上海市定西路 737 号

Dishuidong **10**, 滴水洞, das bodenständige, bei Einheimischen beliebte Restaurant serviert leckere Gerichte aus Sichuan und Hunan, die Freundlichkeit der Bedienungen hält sich aber in Grenzen. Dagegen verdienen die Köche Lob, vor allem für die scharfen Garnelen-Spieße, das Schweinefleisch nach Mao-Art, das Huhn mit rotem Chili sowie die Spareribs mit Kümmel und Anis. Hauptgerichte ab 20 Y. Tägl. 11–22

Uhr. ✆ 62532689. Ⓜ1 Shanxi Rd., 56 Maoming Rd. North, 中国上海市茂名南路 56 号

South Beauty 881 Club **7**, 俏江南, die rund 80 Jahre alte Villa gegenüber dem Exhibition Centre beherbergt keinen Schönheitstempel, sondern ein sehr gutes Restaurant. Die Köche lassen sich von den Traditionen Sichuans und Kantons inspirieren. Das Haus ist Flaggschiff der South-Beauty-Kette mit Restaurants in Shanghai, Peking und Chengdu. Man kann in der Villa speisen, die auch eine trendige Bar hat. Bei schönem Wetter sind Tische inmitten des Gartens gedeckt. Die Karte listet die Gerichte auch in Englisch auf und bebildert sie. Besonders lecker: Rindfleisch mit Chili, Petersilie und Zwiebeln in siedendem Öl zubereitet. Hauptgerichte ab 50 Y. Tägl. 11–24 Uhr. ✆ 62471581. Ⓜ2 Jing'an Temple, 881 Central Yan'an Rd., 中国上海市延安中路 881 号

Bali Laguna **8**, 巴厘岛, indonesisches Restaurant im Jing'an Park, in dem die Gäste draußen direkt am Wasser sitzen können; auch die Plätze drinnen bieten dank großer Fenster und vieler Glasflächen tolle Blicke. Der Koch bereitet u. a. schmackhafte Currys zu. Hauptgerichte ab 45 Y. Tägl. 11.30–1 Uhr. ✆ 62486970. Ⓜ2 Jing'an Temple, 1649 Nanjing Rd. West, 中国上海市南京西路 1649 号

Yuan Yuan **24**, 圆苑, eine von vier Filialen einer Restaurant-Kette, in der an großen runden Tischen aufmerksame Bedienungen typische Shanghaier Kost servieren. Hauptgerichte ab 30 Y. Tägl. 11–22 Uhr. ✆ 51083377. Ⓜ1 Shanxi Rd., 108 Xiangyang Rd. North, 中国上海市襄阳北路 108 号

Grape Restaurant **22**, 葡萄园酒家, einfach eingerichtet und sauber, das Essen sehr gut und günstig; sehr beliebt bei Einheimischen. Vor allem das in Chili-Öl marinierte und angebratene Huhn sowie Broccoli, Wasserspinat und andere Gemüse mundeten hervorragend. Das freundliche Personal spricht ausreichend Englisch, die Karte ist bebildert und zweisprachig. Tägl. 10.30–24 Uhr. ✆ 54040486. Ⓜ1 Shanxi Rd., 55 Xinle Rd., 中国上海市新乐路 55 号

Des Lys **21**, 德丽滋, kleines französisches Lokal mit chinesisch-französischer Speisekarte. Sehr gemütlich, Hauptgericht ab 90 Y. Tägl. 10–24 Uhr. ✆ 54045077. Ⓜ1 Shanxi Rd., 178 Xinle Rd., 中国上海市新乐路 178 号

Charmant **26**, 小城故事, solide Küche mit traditionellen chinesischen Gerichten. Gutes Preis-Leistungsverhältnis und lange Öffnungszeiten. Hauptgericht ab 25 Y. Tägl. 11–4 Uhr. ✆ 64318107. Ⓜ1 Changshu Rd., 1414 Huaihai Middle Rd., 中国上海市淮海中路 1414 号

Baoluojiulou **15**, 保罗酒店, hier munden die Jiaozi besonders gut – die Spitze der Teigtaschen ist mit schwarzem Sesam bestreut, der Boden goldgelb angebraten. Sehr lecker, sehr chinesisch, sehr günstig. Von außen sieht das Restaurant eher aus wie ein kleiner Massagesalon, aber das Portal trügt. Wer eintritt, erkundet ein auf drei Etagen ausgebreitetes Reich einheimischer Gaumenfreuden. Hier kann man zu zweit für 180 Y ausgiebig speisen. Tägl. 10.30–4.30 Uhr. ✆ 62792827. Ⓜ1 Changshu Rd. oder Ⓜ2 Jing'an Temple, 114 Fumin Rd., 中国上海市富民路 114 号

Yongfoo Elite **27**, 雍福会, exquisites Restaurant in Kolonialvilla-Ambiente. Besonders schön sitzt man draußen auf der Veranda, wo der Blick in den bezaubernden Garten schweift. Shanghaier Küche, auch Peking-Ente gehört zu den Spezialitäten. Das Essen ist ein Genuss, das Preisniveau europäisch. Reservierung erforderlich, das Personal spricht sehr gut Englisch. Tägl. 11.30–23 Uhr. ✆ 54662727, www.yongfooelite.com. 200 Yongfu Rd, 中国上海市永福路 200 号

Bars & Cafés

Boonna Café **28**, kleines, in warmen Farben ausgemaltes Café. Frühstück, Sandwiches, Suppen, Milchshakes, Kaffee und Cappuccino. Vor allem bei Ausländern und Englisch sprechenden Shanghaiern beliebt. Suppe 20 Y, Frühstück ab 25 Y. Tägl. 7–1 Uhr. ✆ 54046676. Ⓜ1 Shanxi Rd., 1690 Huaihai Zhong Lu, 淮海中路 1690 号

Constellation Bar **17**, 星座酒吧, der richtige Ort, um abends nach einer Shoppingtour durch die trendigen Boutiquen des Viertels eine Erfrischung zu genießen. Gute Auswahl an Cocktails und Bier, sympathisches Personal und Publikum. Cocktails ab 40 Y. Tägl. 18–2 Uhr. ✆ 54040970. Ⓜ1 Shanxi Rd., 86 Xinle Rd, 中国上海市新乐路 86 号

Citizen Bar and Café **9**, europäisch eingerichtetes Café, in der 1. Etage ein hübscher kleiner Balkon zum Draußensitzen. Es gibt Pasta, Sandwiches und Kuchen. Der Brunch am Wochenende ist empfehlenswert. Hauptgericht ab 40 Y. Tägl. 11–1.30

Uhr. ✆ 62581620. Ⓜ 1 Shanxi Rd., 222 Jinxian Rd., 中国上海市进贤路 222 号

Jenny's Blue Bar 25, 金洋咖啡吧, gemütliche Bierkneipe mit Guinness und Erdinger Weißbier, auf dem großen Bildschirm läuft Sport. Westliche und asiatische Snacks. Bis aufs Personal hinterm Tresen sieht man hier kaum Chinesen – eher was für Leute mit Heimweh. Bier ab 30 Y, kleine Snacks ab 40 Y. Tägl. 13–2 Uhr. ✆ 64157019. Ⓜ 1 Changshu Rd., 7 Donghu Rd, 中国上海市徐汇区东湖路 7 号

Mokko's 3, japanische Bar, die u. a. allerlei Reisschnaps-Sorten und frisch zubereitete Limonaden kredenzt. Man sitzt an einem aus einem Baumstamm gezimmerten und etwas im Boden versenkten Tresen. Ein Schauspiel ist es, wenn der Barkeeper mit stoischer Miene seinen Löffel in einem Glas Reiswein mit schneeballgroßem Eiswürfel kreisen lässt, bis das Getränk die korrekte Mischung hat. Getränke ab 15 Y. Tägl. 19–2 Uhr, Di Ruhetag. ✆ 62121114. 1245 Wuding Rd. West, etwas zurückversetzt von der Straße, 中国上海市武定路 1245 号

Abstecher: Jade-Buddha-Kloster (Yufo Si) 玉佛寺

Etwa 100 Mönche leben im Jade-Buddha-Kloster. Die Stadt hat das Kloster der Wanderschaft eines Abtes zu verdanken, der 1882 von einer Pilgerreise nach Myanmar (heute Burma) fünf aus Jade geschnitzte Buddha-Statuen nach China brachte. Für zwei der Prachtstücke errichtete man in Shanghai einen Tempel.

Die Klosteranlage hat drei große Hallen: Dem Eingang am nächsten liegt die *Halle der Könige des Himmels*, in der drei große, vergoldete Statuen sitzender Buddhas wachen. Es folgt die *große Haupthalle* in der Mitte sowie das Glanzstück des Klosters, die *Halle des weisen Abtes* im hinteren Teil der Anlage. Hier befinden sich die beiden Jade-Buddhas, beides sind Darstellungen des historischen Buddha Shakyamuni. Die kleinere der beiden Figuren misst 96 Zentimeter und zeigt den Erleuchteten liegend, angeblich beim Einzug ins Nirvana. Sie steht im Parterre der hinteren Halle. Die mit 195 Zentimetern Höhe weit (ge-)wichtigere Figur zeigt Shakyamuni sitzend im Augenblick seiner Erleuchtung. Dieser Jade-Buddha ist im oberen Raum untergebracht, wo er hinter einem Glasfenster zufrieden und versunken in sich ruht.

Bereits 1882 errichtete man den beiden Figuren in Shanghai einen Tempel, der 1918 an seinen aktuellen Standort verlegt wurde. Dass die Jade-Buddhas das Wüten der Kulturrevolutionäre (1966–1969) schadlos überstanden haben, ist angeblich Zhou Enlai zu verdanken. Der mächtige Kommunist und chinesische Ministerpräsident soll das Kloster

1963 besucht und dem Shanghaier Parteisekretär die Bewahrung des Tempels aufgetragen haben.

Tägl. 8–16.30 Uhr, Eintritt 20 Y. Die Halle mit dem sitzenden Buddha kostet 10 Y extra.

Taxifahrt zum Jade-Buddha-Kloster von der Shanghai Railway Station rund 20 Y, von der Metrostation Jing'an Temple muss man knapp 40 Y rechnen. Wer Zeit hat, kann das Kloster auch mit der Metro und anschließend per pedes ansteuern. Nächstgelegene Metrostation ist Zhenping Rd.; für den Fußweg sind von dort knapp 20 Min. zu veranschlagen.

Von der Station aus läuft man südwärts Richtung Suzhou Creek, den man überquert. Danach der Yichang Rd. Ostwärts folgen, bis die Shanxi Rd. rechterhand abzweigt. Der folgt man bis zur Anyuan Rd., wo man sich links hält und zum Eingang des Jade-Buddha-Klosters gelangt. Ⓜ 3, 4 Zhenping Rd., 174 Anyuan Rd., 中国上海市安远路 174 号

Tour 6: Nördlich der Avenue Joffre
→ Karte S. 200/201

Buddhismus in China

Es heißt, der Han-Kaiser Mingdi (57–75 n. Chr.) habe im Traum eine fliegende goldene Figur erblickt und damit die Ankunft des Buddhismus in China vorhergesehen. Sicher ist, dass die Lehren Siddhartha Gautamas (566–486 v. Chr.), des historischen Buddha, etwa zu Mingdis Lebzeiten ins Kaiserreich gelangten. Die Ideen des Erleuchteten kamen mit Händlern, die das Reich der Mitte damals über die Routen Nordwestindiens und Zentralasiens mit dem Ausland verbanden.

Mächtige chinesische Familien unterstützten die buddhistischen Ideen, die großen Einfluss auf das religiöse Gedankengut Chinas gewinnen konnten. Im Reich der Mitte entwickelten sich im Lauf der Jahrhunderte rein chinesische Formen und Ausdrucksweisen des Buddhismus.

Als 220 n. Chr. die Han-Dynastie zusammenbrach und drei Jahrhunderte politischer Wirren folgten, konnte sich der Buddhismus als Erlösungsreligion etablieren. Trotz zeitweiliger Verfolgung, die von Daoisten und Konfuzianern gut geheißen wurde, fand der Buddhismus Eingang in alle Klassen der chinesischen Gesellschaft. Die Gründung des Longhua-Klosters in Shanghai (242 n. Chr.) und des Lingyin-Klosters in Hangzhou (326 n. Chr.) fällt in diese Gründerzeit des Buddhismus in China.

Das goldene Zeitalter des Buddhismus in China begann, als die Sui-Dynastie (581–618) sich daran machte, das Reich wieder zu einen. Die Sui erhoben den Buddhismus als Zeichen der Einheit des Reichs zur Staatsreligion. Die Herrscher der folgenden Tang-Dynastie (618–907) vollendeten die politische Einigung, und obwohl sie sich selbst als Abkömmlinge Laotses, des großen daoistischen Weisen betrachteten, unterstützten sie doch den Buddhismus. Unter Kontrolle der Tang wurden die buddhistischen Klöster mit Land beschenkt und von der Grundsteuer befreit.

An buddhistischen Feiertagen sammeln sich Massen in den Tempeln

Viele Landbesitzer überschrieben ihren Boden buddhistischen Klöstern, um die Steuern zu sparen, behielten aber tatsächlich das Sagen über das Land. Dieser Missstand verärgerte die kaiserlichen Steuereintreiber und gipfelte 845 n. Chr. in dem kaiserlichen Befehl, rund 40.000 Tempel zu zerstören und mehr als 200.000 Nonnen und Mönche umzuerziehen. Ein Drama, das sich – freilich unter völlig anderen Vorzeichen – während des Kommunismus wiederholen sollte. Heute jedoch ist der Buddhismus in China als Religion wieder fest verankert – unter staatlicher Kontrolle wie alle anderen Betätigungen von gesellschaftlicher und machtpolitischer Relevanz, versteht sich.

Buddha im Lingyin-Kloster von Hangzhou

Der chinesische Buddhismus glaubt, wie übrigens alle Mahayana-Richtungen des Buddhismus, an mehrere Buddhas und Bodhisattvas – erleuchtete Wesen, die aus freiem Entschluss nochmals als Mensch erscheinen, um anderen zu helfen. Die beiden beständigsten Richtungen des chinesischen Buddhismus waren jene des „Reinen Landes" *(Qingtu)* und des *Chan*, der dem indischen Dhyana- und dem japanischen Zen-Buddhismus entspricht. Daran änderte auch die Tatsache nichts, dass der erste Kaiser der mongolischen Yuan-Dynastie, Kublai Khan (1279–1294), zum tibetischen Buddhismus (Lamaismus) konvertierte – eine Strömung, die später auch unter der Ming-Dynastie und unter den Qing-Herrschern eine gewichtige Rolle spielte.

Die Qingtu-Richtung hatte und hat die meisten Anhänger in China. Die Gläubigen rufen den Buddha Amitabha und seine Gehilfin Guanyin an, die göttliche Verkörperung der Barmherzigkeit – die übrigens im Reich der Mitte weiblich ist, während sie in anderen Teilen Asiens und in Indien als Bodhisattva Avalokiteshvara verehrt und meist männlich dargestellt wird. Guanyin vergibt und hilft Amitabha, die Seelen ins Reine Land zu führen. Einer der heiligen vier Berge Chinas, die wichtige Pilgerstätte Putuo, ist Guanyin geweiht.

Was die buddhistischen Lehren anbelangt, hatte in China die Vimalakirti-Sutra den größten Einfluss: Sie bezeichnet den demütigen Laien als den idealen Kandidaten für die Erleuchtung. Dies lässt sich gut mit dem chinesischen Familien-Ideal vereinbaren, dem das buddhistische Mönchtum als Weg zur Erleuchtung widersprach. Kindliche Ergebenheit verbat es, das Haus der Eltern gegen ihren Willen zu verlassen, um sich im Kloster weihen zu lassen und sein Leben dem Mönchsein zu verschreiben.

Tour 7

Central District

„Solchermaßen besitzen dreitausend Ausländer das Recht, die neun Herren zu wählen, welche unumschränkt über eine Weltstadt herrschen, über ein stehendes Heer und eine schwimmende Flotte verfügen, sich über internationale Verträge hinwegsetzen, einer Million Chinesen Gesetze und Steuern vorschreiben und erbarmungslos mit Maschinengewehren hineinschießen lassen, wenn eine Arbeiter- und Studentendemonstration sich bis zur Nanking Road vorwagt." (Egon Erwin Kisch, Journalist und Schriftsteller, 1932)

Der frühere Central District ist sozusagen das Hinterzimmer des glamourösen Bund. Vorne wurde repräsentiert, hier wurde die Arbeit erledigt. Das ist in gewisser Weise auch heute noch so. Inmitten des Geschäftslebens finden sich auf diesem Streifzug einige Pretiosen des Shanghaier Art déco, Zeugnisse deutscher Handelsmacht am Huangpu sowie das ehemalige Machtzentrum der Imperialisten: der Shanghai Municipal Council (SMC). Hier wurde das Herrschaftssystem verwaltet, das Egon Erwin Kisch mit scharfen Worten anprangerte.

Art déco, Kneipen und Kommerz findet der Spaziergänger geballt in diesem Viertel. Und mit der Straßenkreuzung Ecke Jiangxi Rd./Fuzhou Rd., an der das frühere SMC-Gebäude steht, einen der raren Orte im älteren Teil Shanghais, der den Namen eines Platzes verdient. Mit dem Hamilton House und dem Metropole Hotel finden sich dort zudem zwei Glanzstücke Shanghaier Architektur aus den 1930er Jahren.

Seit 1922 residierte der von den Kolonialherren dirigierte Stadtrat an der Ecke Jiangxi Rd./Fuzhou Rd. Die Geschichte

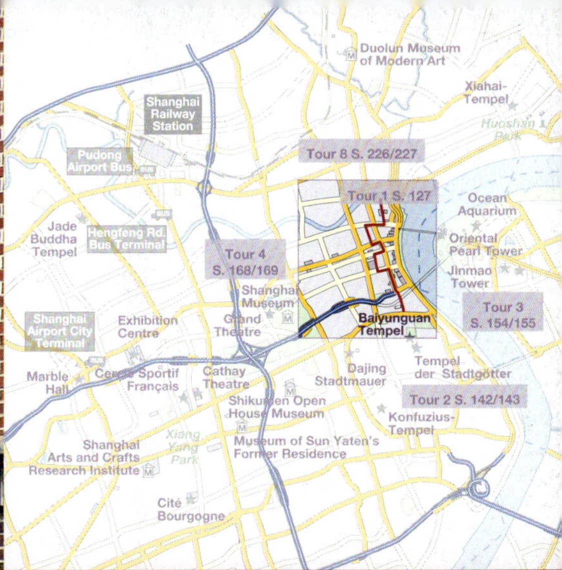

des Gebäudes spiegelt klar die wechselvollen Herrschaftsverhältnisse in der Stadt über dem Meer: 1937 zogen die von den ausländischen Mächten gesteuerten Ratsherren aus und die japanischen Besatzer ein, 1945 folgten die Vertreter der Guomindang, der herrschenden Kraft in der kurzen Zeit der Republik. Und 1949 hisste Mao Zedongs Befreiungsarmee die rote Fahne auf dem SMC-Gebäude.

Die Tour folgt auch den Spuren von Gangsterboss *Du Yuesheng*, der vom Opiumhändler zu einem der wirtschaftlich mächtigsten Männer im Shanghai Anfang des 20. Jh. avancierte. „Großohr-Du“ besaß auch eine feine Adresse im Geschäftszentrum Shanghais: An der Ecke Yan'an Rd./ Sichuan Rd., wo seit Jahren die Natural History Gallery beheimatet ist, stand seine Chungwai-Bank. Wo früher Bankkunden vor den Schaltern standen, erhebt sich heute das imposante Skelett eines Dinosauriers aus Sichuan.

Tour 7: Kommerz und Art déco

Start: St. Joseph's Church (Ruose Tang), 36 Sichuan Road South (36 Sichuan Nan Lu)

Ende: Yuanmingyuan Road (Yuanmingyuan Lu)

Dauer: rund 1 bis 1½ Std.

An-/Abfahrt: Ⓜ 2 Nanjing East Rd. (Nanjing Dong Lu)

Wenn am Sonntagmorgen einige hundert Gläubige zum Gottesdienst in die katholische → **St. Joseph's Church** (Ruose Tang) an der Sichuan Road strömen, sieht man dem Gotteshaus seine bewegte Vergangenheit nicht an. Doch von 1966 bis 1980 diente die Kirche als Kofferfabrik und teilte damit das Schicksal vieler religiöser und kultureller Bauten, die den Propagandisten der Kulturrevolution suspekt waren.

Der Sichuan Road nördlich folgend, treffen wir auf die Kreuzung zur Jinling Road. Wo heute eine Bäckerei Baguette und Croissants verkauft, stand einst das *Hotel des Colonies*, in dem 1865 der deutsche Archäologe und Abenteurer Heinrich Schliemann während seiner Reise nach China und Japan genächtigt haben soll. Linkerhand biegt in einiger Distanz die Xikou Road ab, die vor der Machtübernahme der Kommunisten 1949 als *Blood Alley* bekannt war: Die Besucher der von Spelunken und Bordellen bestandenen Straße gerieten sich häufig in die Haare, und flugs flogen die Fäuste – daher der etwas martialische Spitzname. Heute erinnert nichts mehr daran, weshalb wir uns einen Abstecher sparen und gleich geradeaus unter der Yan'an Road hindurchgehen.

Linkerhand hinter dem mit einem Blütendach bestandenen Westin-Hotel liegt die → **Natural History Gallery** (Shanghai Ziran Bowuguan), das Naturkundemuseum. Die Yan'an Hochstraße scheint direkt in die erste Etage des etwas schäbigen Hauses zu führen. So sehr die Fassade von den Abgasen getrübt ist, so schillernd ist die Vergangenheit des Gebäudes. Auch wenn das Schild des denkmalgeschützten Hauses es lediglich als ehemaliges Baumwoll-Handelszentrum ausweist, so hat es doch noch einen andere Geschichte: Es war einst eine Bank im Besitz des Gangsterkönigs Du Yuesheng.

Wir schwimmen weiter im Verkehrsstrom der Sichuan Rd. nordwärts, Fahrrad-Klingeln und Moped-Hupen dringt an die Ohren, denn diese Straße ist unter Zweiradfahrern eine beliebte Süd-Nord-Achse. An der Kreuzung Guangdong Road lohnt ein Halt, denn linkerhand liegt das ehemalige Gebäude der → **Sanbei-Reederei** mit einer zauberhaften Eingangshalle.

Schräg gegenüber war die → **Kaiserlich-Deutsche Post** zuhause. In dem Gebäude befinden sich ein Restaurant und eine Bar.

An der Fuzhou Road hält man sich links und trifft an der nächsten Straßenecke auf einen schönen, von vier Gebäuden bestandenen Platz, den → **Municipal Square:** *Metropole Hotel* und *Hamilton House*, beide im Art-déco-Stil errichtet, harmonieren hier in herrlicher Eintracht. Flankiert werden sie vom modernistischen Bau der *Commercial Bank of China*. Im flachen Gebäude gegenüber dem Hotel residierte von 1922 bis Ende 1941 der → **Shanghai Municipal Council**. Das Gebäude ist breit wie eine Flunder, eine kleine Ausstellung mit Fotos ist für die Öffentlichkeit zugänglich. Zum Eingang gelangt man, der Jiangxi Road folgend, an der nächsten Straßenkreuzung. Gegenüber lugt mit rötlichen Ziegeln die → **Holy Trinity Cathedral** (Hong Miao) durch eine dichte Baumreihe; ihre Renovierung soll bis 2010 abgeschlossen sein.

An der Ecke Jiangxi/Jiujiang Road steht das frühere deutsche Handelshaus → **Carlowitz & Co**. (255 Jiangxi Rd.). Und an der Jiujiang Rd. einen Block weiter Richtung Huangpu, an der Ecke Jiujiang/Sichuan Rd., folgt jenes der Arnhold-Brüder (320 Jiujiang Rd.). Beide Häuser zeugen von der frühen Präsenz und dem Erfolg deutscher Kaufleute in der Stadt über dem Meer.

Schräg gegenüber der Arnhold-Repräsentanz, ebenfalls an der Ecke Jiujiang Rd./Sichuan Rd. (299 Jiujiang Rd.), findet sich ein Art-déco-Juwel des ungarischen Architekten *C. H. Gonda*. Am Gebäude der ehemaligen *East Asia Bank* fasziniert vor allem die Schalterhalle, die einen Kurzbesuch lohnt: Mit seinen weißen, stuckverzierten Wänden und den eleganten Deckenlampen verströmt dieser Raum die leichte Eleganz dieses Baustils.

Der einflussreiche Kaufmann Silas Aaron Hardoon widmete seiner Frau das Hochhaus an der Ecke Sichuan Rd./Nanjing Rd. Das *Liza Hardoon Building* (346 Sichuan Rd.), dessen Eingang von

zwei Löwen bewacht wird, ist nunmehr eine Bankfiliale.

Wir folgen der Nanjing Road westwärts bis zur Jiangxi Road. Bereits dieser kurze Abschnitt der früheren Einkaufsstraße Nummer eins gibt einen Vorgeschmack darauf, wie es einem ergehen kann, wenn man die gesamte Straße vom Bund bis zum Volksplatz erkundet: Händler, vermeintliche Kunststudenten und andere Schlepper sprechen einen an, was das Entdecker-Vergnügen auf dieser spektakulären Meile trüben kann. Am besten: Einen Wettbewerb ausrufen, wer am häufigsten angesprochen wird – Gelassenheit und eine gute Portion Humor schaden auf manchen hektischen Straßen Shanghais nie.

Nun biegen wir rechts in die Jiangxi Road ein, wo uns direkt an der Kreuzung die schön renovierte Art-déco-Fassade des **Shanghai-Power-Company-Gebäudes** von Elliott Hazzard erwartet. Gegenwärtig ist hier ein Kundenzentrum untergebracht.

Die Ningbo Road erinnert an die erfolgreichen Geschäftsmänner, die aus der gleichnamigen Stadt nach Shanghai kamen, um ihr Geschick auch hier zu entfalten und so den Ruf Shanghais als Stadt der talentierten Kaufleute mit zu begründen. Sie mündet in die Beijing Road, die uns auf der letzten Etappe dieser Tour bis zur Yuanmingyuan Road führt. An der Beijing Rd. breitet sich über einen ganzen Straßenblock das ehemalige Handelsimperium der einflussreichen *Abrahams-Familie* aus. Wer sich für Gegenwartskunst interessiert, dem sei an der Huqiu Road ein kurzer Abstecher nach links empfohlen: Dort wartet das 2011 neu eröffnete → **Rockbund Art Museum** mit interessanten Wechselausstellungen.

Wir folgen weiter der Beijing Road und biegen nach links in die Yuanmingyuan Road ein, wo auf der rechten Straßenseite ein Luxushotel steht. Auf der anderen reiht sich ein denkmalgeschütztes Haus ans andere, alle mit Bedacht renoviert. Auch das von *Ladislav Hudec* geplante → **Christliche Verlagshaus** am Ende der Straße ist nach der Sanierung hübsch anzusehen. Das → **Capitol-Theater** von Architekt *C. H. Gonda*, das wir zum Abschluss der Tour an der Zhapu-Brücke erblicken, ist dagegen noch nicht so weit. Die Sanierungsarbeiten an dem im Jahr 1928 gebauten einstigen Vergnügungspalast dauerten 2012 noch an.

Wer sich nun stärken möchte, kann dies in einem der vielen Restaurants der **Zhapu Road** tun, einer Essmeile, die für ihre Fischlokale geschätzt wird. In den Aquarien diverser Restaurants schwimmt so ziemlich alles, was der Ozean an Essbarem hergibt. Man wählt aus, verständigt sich mit der Bedienung über die Art der Zubereitung und steigt hinauf in den eigentlichen Gastraum, wo wenig später die Gerichte aufgetragen werden.

Sehenswertes

St. Joseph's Church (Ruose Tang) 圣约翰大教堂

Jesuiten haben die Kirche 1861 gegründet und 1912 um eine Schule ergänzt. Zum Teil sind die schönen Original-Fenster noch erhalten. Während der Kulturrevolution traf auch dieses Gotteshaus ein recht häufiges Schicksal: Sakralbauten überlebten nur dann, wenn sie in die Produktionsabläufe der sozialistischen Wirtschaft einbezogen werden konnten. Im Falle von St. Joseph bedeutete dies: Kofferfabrik statt Gottesdienst. Es wurde eine Zwischendecke eingezogen, um Platz für Maschinen und Arbeiter zu schaffen. Einige Gemeindemitglieder können sich noch gut an diese Zeit erinnern, ebenso an den 25. Dezember 1981, als in St. Joseph der erste Gottesdienst nach der Kulturrevolution gefeiert werden konnte.

Ⓜ 2 Nanjing Rd. East, 36 Sichuan Rd., 中国上海市 四川路36号

Natural History Gallery (Shanghai Ziran Bowuguan) 自然博物馆

Ein etwas heruntergekommenes Haus, dabei aber so altbacken, dass es schon wieder originell ist. Hier befinden sich auch die Bestände der einstigen *British Royal Asiatic Society*. Im Halbdunkel des Parterre lauert bedrohlich das verstaubte Skelett eines Sauriers: 22 m lang und 3,50 m hoch ist das Gerippe

Handwerker bieten ihre Dienste auf den Straßen an

des Dinos aus dem Spät-Jura, das Archäologen in Sichuan ausgegraben haben. Das Zeugnis aus Urzeiten ist nur unwesentlich kleiner als das mit 23 m weltweit größte Dino-Skelett im Berliner Naturkundemuseum. Neben dem Sichuan-Saurier steht als anschaulicher Vergleich das Skelett eines Mammuts, das vor etwa zwei Millionen Jahren über unseren Planeten stampfte. Das Modell ist vier Meter hoch und acht Meter lang, wovon alleine die Stoßzähne knapp zwei Meter beanspruchen.

Früher hatte in dem Gebäude der gewissermaßen ähnlich mächtige Du Yuesheng seine Fäden gezogen. Großohr-Du hatte mit Opiumhandel und anderen krummen Geschäften ein Vermögen angehäuft und strebte u. a. mit der Gründung Chungwai Bank, die hier untergebracht war, nach gesellschaftlicher Anerkennung. Die Bank verkaufte Direktorenposten an reiche Geschäftsleute, die sich in Dus Obhut begeben wollten. Innerhalb von fünf Jahren hatte Shanghais Oberganove mehr Direktoren- und Aufsichtsratsposten unter seiner Kontrolle als irgendein anderer Geschäftsmann.

Tägl. 9–17 Uhr, letzter Einlass 15.30 Uhr, Mo Ruhetag. ✆ 63213548. Ⓜ 2 Nanjing Rd. East, 260 Yan'an Rd. East ,
中国上海市延安东路260号

Sanbei-Reederei

Das einstige Prachtgebäude einer Versicherungsgesellschaft wurde um 1910 an die Sanbei-Reederei verkauft. Die Decke des Eingangsraumes ist ausgemalt und mit Mosaiken verziert. Die farbenfrohen Glasfenster – Allegorien für Wahrheit, Wissen und Keuschheit – wurden in einem katholischen Shanghaier Waisenhaus gefertigt. Fenster aus dieser Werkstatt schmücken auch die Xujiahui-Kathedrale, Shanghais wohl bekanntesten christlichen Sakralbau (→ Tour 5). Gegenwärtig ist in dem einstigen Sanbei-Gebäude eine Filiale der Minsheng-Bank untergebracht.

Ⓜ M 2 Nanjing Rd. East, 93 Guangdong Rd., 中国上海市广东路93号

Tour 7: Central District
→ Karte S. 215

Kaiserlich-Deutsche Post

Das markante Gebäude mit dem Erkerturm, der sich vom Parterre bis ins Dachgeschoss erstreckt, zeigt sich nach einer Renovierung mit frischer Fassade. Anfang des 20. Jh. bot die Schalterhalle rund 100 Kunden Platz, es gab ein für damalige Verhältnisse hochmodernes Telegrafenzimmer. 1902 bis 1905 von Heinrich Becker erbaut, bot das Haus obendrein geräumige Wohnungen für Postrat und Direktor sowie kleinere Unterkünfte für die Postbeamten und Diener – allesamt mit Bädern ausgestattet. Die erste deutsche Post in Shanghai hatte bereits 1886 ihren Betrieb aufgenommen, war aber anfangs noch in den Räumen des Generalkonsulats beheimatet. In Shanghai war zudem die deutsche Postdirektion angesiedelt, die alle deutschen Poststellen im Reich der Mitte verwaltete.

Ⓜ 2 Nanjing Rd. East, Sichuan Rd./Guangdong Rd., 中国上海市四川路与广东路口

Der Löwe symbolisiert wirtschaftliche Macht

Municipal Square

Dieses städtebauliche Ensemble ist einzigartig in Shanghai, weil alle Bauwerke aufeinander Bezug nehmen und einen reizvollen, achteckigen Platz schaffen. Gut lässt sich hier beobachten, wie sich die Baustile in Shanghai binnen 14 Jahren verändert haben. Die Art-déco-Bauwerke **Metropole Hotel** und **Hamilton House** gelten als Zwillinge, und zwar nicht nur, weil beide von 1934 datieren und 14 Stockwerke haben. Die Architekten von Palmer & Turner hatten die Häuser im Auftrag von *Sir Victor Sassoon* errichtet. Dabei nahmen sie Rücksicht auf das bereits bestehende klassizistische Gebäude des **Shanghai Municipal Council** aus dem Jahr 1922. Im Jahr 1936 komplettierte das Architektenteam Davies, Brooke & Gran den Platz mit dem Gebäude für die **Commercial Bank of China**. Dieses Bauwerk, das die Zwillinge um vier Stockwerke überragt, verzichtet auf dekorativen Überfluss und steht für den Modernismus – in wirtschaftlich wie politisch instabilen Zeiten sollte es Stärke und Solidität symbolisieren.

Ⓜ 2 Nanjing Rd. East, 170 Jiangxi Rd., 中国上海市江西路170号

Shanghai Municipal Council

Als Verwaltungszentrum ließen die ausländischen Mächte Großbritannien und USA im Jahr 1922 diesen Bau errichten. Die Franzosen waren zwar anfangs im Shanghai Municipal Council (SMC) mit von der Partie, entschlossen sich jedoch bald, sich selbst zu verwalten. Das Rathaus der Franzosen stand an der damaligen Avenue Joffre, die nunmehr Huaihai Road heißt (→ Tour 6).

Das ehemalige Gebäude des SMC dehnt sich über das gesamte Karree, begrenzt durch Fuzhou Rd., Hankou Rd., Jangxi Rd. sowie Henan Rd., aus. Im Dezember

1941 zogen die japanischen Besatzer als neue Machthaber ein, die 1945 von der Stadtregierung der nationalistischen Partei Guomindang abgelöst wurden. Einige Fotografien im Foyer am Haupteingang Hankou Road erinnern an die wechselhafte Geschichte des etwa 400 Zimmer fassenden Hauses. Eines der historischen Lichtbilder zeigt eine Szene aus dem Jahr 1949, als Maos Truppen die Stadt einnahmen: Inmitten jubelnder Soldaten prangt ein überdimensionales Porträt des späteren Großen Vorsitzenden vor dem Eingang. Gegenwärtig sind hier städtische Behörden untergebracht, u. a. das Büro für die Betreuung ehemaliger Kader der Kommunistischen Partei Chinas, das über elektrische Rollstühle für die Ex-Weggefährten Maos verfügt – der große Bruder lässt einen eben nie im Stich.
Ⓜ 2 Nanjing Rd. East, Hankou Rd./Jiangxi Rd., 中国上海市汉口路与江西路路口

Holy Trinity Cathedral (Hong Miao) 红庙

Die Pläne zu dieser Kirche stammen von Sir *George Gilbert Scott* (1811–1878), Großbritanniens wichtigstem Vertreter der Neugotik. Scott plante allerdings zu groß, so dass der Shanghaier Architekt William Kidner die Pläne anpasste. Das in rotem Backstein gehaltene Gotteshaus öffnete seine Pforten 1869. Im Jahr 1929 wurde die Kathedrale um eine Schule für Jungen ergänzt. Von den 50er Jahren bis Juni 2004 residierten hier Bezirksbehörden und Volksbefreiungsarmee. Nach der Renovierung soll die Kirche wieder ihrem ursprünglichen Zweck dienen.
Ⓜ 2 Nanjing Rd. East, 219 Jiujiang Rd., 中国上海市九江路219号

Carlowitz & Co

In dem gut erhaltenen Bau aus dem Jahr 1899 war einst die Zentrale der ersten und lange Zeit größten deut-

Eine Spur britischen Imperialismus': Holy Trinity

schen Firma in Shanghai untergebracht. Zum Zeitpunkt seiner Fertigstellung war es das größte Bürohaus der Stadt. Der 1817 in Dresden geborene *Richard v. Carlowitz* (1820–1866) zählt zu den Pionieren des Asienhandels. 1843 unternahm er eine erste ausgedehnte Geschäftsreise durch den Kontinent und gründete 1846 in Kanton die Firma Carlowitz & Co, die sich auf die Einfuhr deutscher Industriewaren spezialisierte. Es folgten u. a. Filialen in Shanghai und Hongkong. Carlowitz war ein Mann mit Weitsicht. So schrieb er in einem Brief aus dem Jahr 1844 über die gesellschaftlichen Folgen der zwei Jahre zuvor unterzeichneten Verträge von Nanjing, dass „der Einfall der Europäer in China in wenigen Jahren den tausendjährigen Constitutionen den Todesstoß geben wird."
Ⓜ 2 Nanjing Rd. East, 255 Jiangxi Rd./Ecke Jiujiang Rd., 江西路与九江路口

Tour 7: Central District → Karte S. 215

Architekt und Abenteurer: Ladislav Hudec

Seine Biographie liest sich so spannend wie die Geschichte Shanghais: Ladislav Hudec verschlug es im Ersten Weltkrieg von Budapest nach Sibirien, wo er aus der Kriegsgefangenschaft flüchtete, um schließlich einer der schaffensfreudigsten Baumeister in der Stadt über dem Meer zu werden – auch wenn er an der Prachtmeile Bund nicht vertreten ist.

Geboren wurde Hudec 1893 in Banská Bystrica, heute Slowakei, damals Vereintes Königreich Österreich-Ungarn. Sein Architekturstudium absolvierte er in Budapest und wurde 1916 in die Königliche Vereinigung Ungarischer Architekten gewählt. Im selben Jahr zog er mit der österreichisch-ungarischen Armee in den Ersten Weltkrieg, geriet in russische Kriegsgefangenschaft und wird schließlich in ein Lager nach Sibirien deportiert. Als er in ein Gefangenenlager nahe der chinesischen Grenze verlegt werden sollte, nutzte er die Gelegenheit und sprang aus dem fahrenden Zug. Er entkommt seinen Verfolgern und schlägt sich bis Shanghai durch.

Dort begann er noch 1918 für das US-Architekturbüro R. A. Curry Häuser zu bauen. 1925 eröffnet er sein eigenes Büro. Zu seinen bekanntesten Gebäuden zählen das Park Hotel am People's Square (Tour 4), die United Brewery (82–130 Yichang Road) sowie das Gebäude der China Baptist Publication Society in der Yuanmignyuan Road. In der 8. Etage des außerordentlich gelungenen Christlichen Verlagshauses unterhielt Hudec von 1932 bis 1947 sein Büro, von dem aus er der Stadt seinen Stempel aufdrückte. Als die Kämpfe zwischen Guomindang und Kommunisten das ganze Land und auch Shanghai zusehends ins Chaos stürzten, verließ Hudec mit seiner deutschen Frau und den drei Kindern die Stadt in Richtung USA, wo er bis zu seinem Tod 1958 als Architekt wirkte. Als weitere Prachtstücke Hudecs gelten die Normandie Apartments (1836–1858 Huaihai Middle Rd.).

Capitol-Theater
陆大戏院

Mit rund 1000 Plätzen war das Capitol eines der größten Theater im Zentrum. In den oberen Stockwerken waren Büros und Wohnungen untergebracht. Das von Architekt *C. H. Gonda* gestaltete Haus wurde 1928 eröffnet. Anfang 2012 war die Sanierung des Capitols noch im Gange. Bleibt zu hoffen, dass die herrlichen Art-déco-Motive an der Fassade erhalten bleiben.

146 Huqiu Rd., 中国上海虎丘路146号

Christliches Verlagshaus

Die christlichen Missionare in China konnten auf die publizistische Kraft dieses 1930 gegründeten Verlags setzen. Es war das größte christliche Verlagshaus in China. Dabei blieb auch Platz für ein Büro, das sich Architekt *Ladislav Hudec* in der 8. Etage einrichtete. Von 1932 bis 1938 plante er von hier aus seine Shanghaier Projekte. Die Ähnlichkeit des Verlagshauses mit dem Park Hotel am People's Square (→ Tour 4) kommt nicht von ungefähr. Das Hotel zählt ebenfalls zu Hudecs Werken.

209 Yuanmingyuan Rd.,
中国上海圆明园路209号

Rockbund Art Museum (Shanghai Waitan Meishuguan) 上海外滩美术馆

Das neue Museum für zeitgenössische Kunst hat sich mit interessanten Ausstellungen bereits einen Namen gemacht. So zeigte der Installationskünstler Zhang Huan 2011 eine Arbeit, in der er eine überlebensgroße Konfuzius-Puppe in einen Käfig mit Affen platzierte – ein noch vor wenigen Jahren undenkbares Ensemble.

Di, Mi, So 10–18, Do–Sa 10–21 Uhr, Eintritt 15 Y, erm. 10 Y. Mo Ruhetag. ✆ 33109985. www.rockbundartmuseum.org, Ⓜ 2 Nanjing Rd. East, 20 Huqiu Rd. , 中国上海市虎丘路20号

Praktische Infos

(siehe Karte S. 215)

Essen & Trinken

Shanghai Grandmother 6, 上海姥姥家常饭馆, immer gut besuchtes Lokal mit typischer Shanghaier Küche. Das doppelt gebratene Schweinefleisch und die Garnelen mit Wasserkastanien, Sellerie, Karotten und Knoblauch sind ein Genuss. Hauptgericht ab 20 Y. Tägl. 10–22 Uhr. ✆ 63216613. Ⓜ 2 Nanjing Rd. East, 70 Fuzhou Rd., 中国上海市福州路70号

Luya Restaurant 4, 绿雅酒店. In dieser typisch chinesischen Einrichtung mit großen Tischen und viel Trubel speist man vorzüglich. Leider gibt es keine englische Speisekarte, doch mit Hilfe der Bilder und des freundlichen Personals kann man hier für wenig Geld kulinarische Entdeckungen machen, beispielsweise die mit Chili gewürzten Sichuan-Gerichte. Hauptgerichte ab 30 Y. Tägl. 11–22 Uhr. ✆ 63219081. Ⓜ 2 Nanjing Rd. East, 372 Jiangxi Rd., 中国上海市江西中路372号

Hamilton House Restaurant 8, 汉弥尔餐厅, im Parterre des Art-déco-Juwels lässt es sich fein speisen. Dunkles Holz, weiße Wände und hohe Fenster verleihen dem Restaurant Stil. Westliche Speisekarte, Hauptgerichte ab 90 Y. Tägl. 11–1 Uhr. ✆ 63210586, www.hamiltonhouse.com.cn. Ⓜ 2 Nanjing Rd. East, 137 Fuzhou Rd., 中国上海市福州路137号

Bars & Cafés

Hamilton House Bar 8, 汉弥尔餐厅, dunkles Holz, weiße Wände sowie hohe, schmale Fenster machen den minimalistischen Schick dieser Bar aus. Wer Lust auf ein Getränk in stilvoller Atmosphäre verspürt, ist hier richtig. Das Publikum besteht

Art déco am Municipal Square

tagsüber aus Geschäftsleuten, abends zusehends aus Nachtschwärmern jeglicher Provenienz. Westliche Speisekarte, Cocktails ab 40 Y. Tägl. 11–1 Uhr. ✆ 63210586, www.hamiltonhouse.com.cn. Ⓜ 2 Nanjing Rd. East, 137 Fuzhou Rd., 中国上海市福州路137号

Captain Bar 7, 船长酒吧, in der 6. Etage des Captain Hostel, mit großer Terrasse mit Blick auf den Bund. In gemütlichen Rattanliegen kann man die funkelnde Skyline Pudongs genießen. Auch Pizza und eine überschaubare Auswahl kleiner Gerichte werden serviert. Preise für Rucksacktouristen. Tägl. ab 11 Uhr. ✆ 63237869. Ⓜ 2 Nanjing Rd. East, 37 Fuzhou Rd., 中国上海市福州路37号

House of Blues & Jazz 5, 蓝调爵士酒吧. Mit dem Umzug von der Maoming Road in die Nähe des Bund hat der wohl stilvollste Shanghaier Jazz-Club an Atmosphäre noch gewonnen. Live-Acts aus aller Herren Länder. Sehr gemütliches Ambiente. Bier ab 50 Y, westliche und chinesische Snacks. Tägl. 11–3, Livemusik 19–1 Uhr. ✆ 63238326 (Tickets), 63232779 (Bar). Ⓜ 2 Nanjing Rd. East, 60 Fuzhou Rd., 中国上海市福州路60号

Tour 8

Hongkou

„Das wimmelt und krabbelt in der Tat, zu Fuß, mit dem Fahrrad, auf motorisierten Dreiradlastern, auf Karren – so viel Menschheit auf so kleinem Raum kann einen rasch schwindlig werden lassen." (Theo Sommer, Chefredakteur „Die Zeit", 1978)

Im Lu-Xun-Park lässt sich das ganze Jahr über beobachten, dass Shanghaier begeisterte Sänger sind: Karaoke im Park ist eines ihrer größten Hobbys. In der wohl schönsten grünen Oase der 18,3-Millionen-Metropole im Norden der Innenstadt widmen sich die Shanghaier ihrer Leidenschaft mit Hingabe. Dagegen entfaltet sich in der Zhapu Road, einer der großen Essmeilen, ein ebenso hektisches wie begeisterndes Alltagstreiben.

Hongkou ist ein reizvoller und historisch reicher Teil der Stadt, der von Touristenströmen weitgehend verschont ist. Stattdessen lässt sich auf einem Spaziergang chinesisches Alltagsleben in all seiner Fülle beobachten: Von der quirligen Zhapu Road, eine der beliebtesten Essensstraßen Shanghais und berühmt für ihre Fischrestaurants, bis zum Lu-Xun-Park, in dem sich Einheimische unter freiem Himmel im Rückwärtsgehen, Karaoke-Singen und anderen bemerkenswerten Freizeitaktivitäten üben. In der reizvollen Grünanlage liegt auch das Lu-Xun-Museum, das Chinas wohl bedeutendsten Literaten zu Beginn des 20. Jahrhunderts auf anschauliche Weise vorstellt. In der Duolun Road, einem liebevoll als Fußgängerzone restaurierten Ensemble aus Gassen und alten Häusern, kann sich der Besucher ein Bild von einer Wohnsiedlung aus den 1920er und 30er Jahren machen. Und in der Shanyin Rd. ganz nahe am Lu-Xun-Park erlebt der Reisende ein für Shanghaier Verhält-

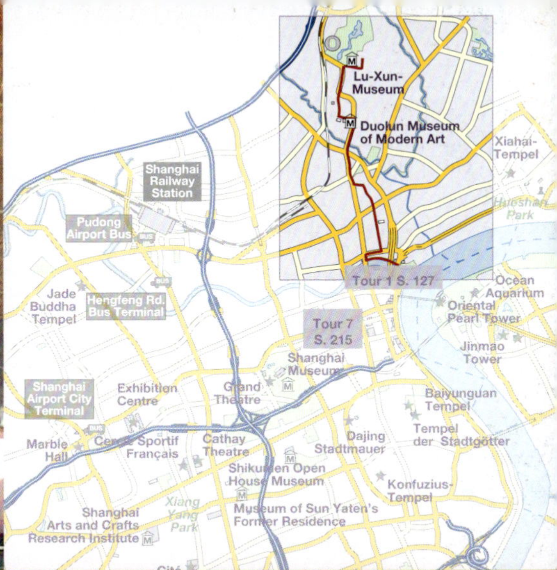

nisse beschauliches Alltagsleben – so, als wäre die Uhr in dieser Wohnstraße irgendwann in den 1970er-Jahren stehen geblieben: Es gibt ausschließlich einfache Lokale, die ihre Speisen bei entsprechendem Wetter auf der Straße servieren. Man kann in kleinen Geschäften stöbern und Anwohner beobachten, die nach Feierabend im Schlafanzug auf der Straße mit Nachbarn ein Pläuschchen halten.

Tour 8: Auf den Spuren der Literaten

Start: Ecke Garden Bridge/Suzhou Road South (Waibaidu Qiao/Suzhou Nan Lu), Ⓜ 10 Tiantong Rd.

Ende: Ⓜ 3, Ⓜ 8 Hongkou-Stadion (Hongkou Zuqiuchang)

Dauer: 3 bis 3½ Std.

Ausgangspunkt der Tour ist das markante Gebäude → **Broadway Mansions** (Shanghai Dasha) am Suzhou Creek. Die Form des Hotelbaus aus dem Jahr 1934 erinnert an das chinesische Schriftzeichen für die Glück verheißende Zahl Acht. Noch älter ist das → **Astor House Hotel** (Pujiang Fandian) gegenüber, das mit seinem prächtigen Ballsaal nach der Eröffnung 1858 zu einem gesellschaftlichen Zentrum der Stadt wurde – unter anderem feierten hier auf Debütantinnenbällen junge Damen ihren Einstand in die feinen Kreise Shanghais.

Einst stand das Astor in einem großen Garten, doch der musste dem blauen Haus (20 Huangpu Rd.) weichen, das nunmehr am Flussufer steht. Es beherbergt seit 1917 das Russische Konsulat. Der deutsche Architekt *Hans Emil Lieb* errichtete es in unmittelbarer Nachbarschaft des japanischen, US-amerikanischen und deutschen Konsulats (alle inzwischen abgerissen) – letzteres befand sich übrigens direkt neben der diplomatischen Vertretung Russlands.

Dem Suzhou Creek nach Westen folgend, gelangen wir zum alten Postamt mit seinem Uhrenturm, das heute das → **Post-Museum** (Youzheng Bowuguan) beheimatet. Vom ruhigen Dachgarten aus bieten sich schöne Blicke auf Pudong.

Daneben am Fluss macht sich das **Embankment Building** (400 Suzhou Rd. North) von Sir Victor Sassoon breit. Ab 1937 stellte Sassoon im 2. Stockwerk Räume für die Versorgung jüdischer Flüchtlinge zur Verfügung. Die dem Nazi-Terror Entkommenen stammten hauptsächlich aus Deutschland, Österreich und Polen; hier bekamen sie, nach Wochen auf See, eine erste Mahlzeit an Land, Schuhe und Decken.

Wir folgen der Sichuan Road nordwärts, biegen rechts in die Tiantong Road ein und treffen auf die **Zhapu Road**, in die wir links einbiegen. Hier wurden in den vergangenen Monaten viele alte Gebäude abgerissen, dazwischen werben bunte Reklameschilder für Geschäfte und Fischrestaurants, von denen viele das reiche Angebot in Aquarien anpreisen – vom Karpfen bis zum kleinen Hai schwimmt hier sozusagen alles frisch auf den Tisch, fast zumindest.

Weiter nördlich folgt die **Tanggu Road**, die vor 1949 den Namen Boone Road trug. Er erinnerte an Bischof *William Jones Boone*, der 1848 das US-amerikanische Settlement gründete. Die US-Enklave konzentrierte sich nördlich des Suzhou Creek in unmittelbarer Nachbarschaft zu den Briten. Schließlich sprach man dieselbe Sprache und hatte nicht selten geschäftlich miteinander zu tun – 1863 schlossen sich britische und amerikanische Niederlassung zum „International Settlement" zusammen.

Einen Häuserblock weiter nördlich lockt die **Kunshan Road** zu einem Abstecher. Rechterhand mit Haus-Nr. 135 steht die protestantische → **Jingling-Kirche** (Jingling Tang). Der rote Backsteinbau ist manchmal offen; der Kirche fehlt ein großer Gebetsraum, stattdessen ist sie in mehrere Säle unterteilt, was auf die Nutzung als Textilfabrik während der düsteren Jahre der Kulturrevolution zurückzuführen ist.

Wer die Kunshan Road nun wieder zurück- und an der Baiguan Street links und gleich wieder rechts läuft, steht vor einem innerstädtischen Idyll: Kinder, Frauen und Männer versammeln sich bei schönem Wetter unter einer Laube, um gemeinsam zu spielen und zu plauschen. Hinter ihnen reiht sich ein renoviertes Klinkerhaus mit schönen Rundbogenfenstern ans andere. Vor den Eingängen gedeihen Palmen und andere Pflanzen, was dieser kleinen Fußgängerzone namens **Kunshan Huayan Road** großen Charme verleiht.

Zurück auf der Zhapu Road nordwärts, lässt sich der Anblick von Obst- und Blumenläden sowie vieler Imbissbuden genießen. Wir überqueren die Haining Road, wo 1907 das erste Lichtspieltheater im Reich der Mitte öffnete, das leider abgerissen wurde. Erhalten ist das große Kino linkerhand an der Kreuzung Haining Rd./Zhapu Rd.; das frühere Kapitol-Filmtheater (erbaut 1932) heißt heute International Cinema. Der Architekt *C. H. Gonda* hat die Fassade der Form von Filmrollen nachempfunden.

Nördlich der Haining Road bewegt man sich im früheren **Little Tokyo**. Das Viertel bekam diesen Beinamen, weil sich hier ab 1937, nachdem die Japaner im chinesisch-japanischen Krieg gesiegt hatten, viele Söhne Nippons niederließen. Daran erinnert noch das *Haus Nr. 439 Zhapu Road* mit einem Vordach japanischen Stils. Anwohner erzählen, die japanische Gemeinde habe in dem Haus einen daoistischen Tempel errichtet.

Wenige Meter weiter bei Nr. 471 sieht man ein Gebäude aus dem Jahr 1931 mit Anleihen aus der Architektur Indiens.

Die Zhapu Road endet am → **Sichuan Road Park**. Wir folgen links der Hengshui Road und biegen rechts in die Sichuan Road ein: Schuhläden, Optiker und moderne Kaufhäuser säumen die breite, aber nicht ganz so hektische Straße, die wir Richtung Norden entlangschlendern.

Für den Autoverkehr gesperrt, lädt die beschauliche **Duolun Road** zum Verweilen. Sie wurde von den Stadtplanern als Kulturstraße konzipiert, und so bieten viele Läden Münzen, Tee, Mao-Sticker und andere Souvenirs feil. Doch ist das Ganze weniger aufdringlich als beispielsweise in der Altstadt (→ Tour 2). Das *Tibetan Tea House* mit einer schönen Veranda lädt zu einer Tasse Tee ein. Man sitzt gemütlich unter der Markise und kann im Mini-Teich Goldfische beobachten.

Auf der anderen Straßenseite lohnen die → **Hongde-Kirche** (Hongde Tang) von 1928 und das → **Duolun Museum of Modern Art** (Duolun Xiandai Meishuguan) einen Besuch. Statuen von *Lu Xun* sowie des Schriftstellers und späteren stellvertretenden Ministerpräsidenten der Volksrepublik China Guo Moruo säumen die Fußgängerzone und erinnern daran, dass in dieser Straße die *Liga linker Literaten* gegründet wurde. Es gibt auch eine kleine bebilderte Ausstellung.

Im weiteren Verlauf der Duolun Rd. lohnt ein kleiner Abstecher zum → **Memorial of the Left Wing Writers Alliance**. Der Weg dorthin führt von der Duolun Rd. nach links in eine kleine Seitengasse. Die Abzweigung ist an einer roten Steintafel zu erkennen, die neben einer Telefonsäule steht und leider nur mit chinesischen Schriftzeichen versehen ist. Nach knapp 100 m ist das Ziel erreicht.

Seitenstraßenidyll

Am nördlichen Ende der Flaniermeile steht die frühere Residenz von *H. H. Kong* und *Song Ailing*. Das ehemalige Domizil des Bankdirektors und einst reichsten Mannes in China sowie seiner Gefährtin, die dem mächtigen Shanghaier Song-Clan angehörte, harrt einer dringenden Renovierung. Abends bereiten hier Essstände leckere Spießchen mit Gemüse, Fisch, Austern und Geflügel zu.

Unweit des nördlichen Ausgangs der Fußgängerzone liegt der → **Lu-Xun-Park** (Lu Xun Gongyuan), auch bekannt als *Hongkou-Park* – eine der schönsten Grünflächen der Stadt. Sie erweist dem Literaten mit dem → **Lu-Xun-Museum** (Lu Xun Jinianguan) Reverenz, das inmitten des Grüns errichtet wurde.

Tour 8: Hongkou
→ Karte S. 226/227

Übernachten
2 Nan Xin Yuan Hotel (S. 73)
3 Ramada Hongkou (S. 72)
4 Koala Garden House Hostel (S. 73)
5 Sheraton Hongkou Hotel (S. 72)
6 Jiulong Hotel (S. 73)
Essen & Trinken (S. 233)
7 Shanghai Min
8 Dynasty
9 Jin Miluo
Cafés (S. 233)
4 Koala Garden House Café
Nachtleben (S. 233)
1 Tsingtao Beer Pub
Lu-Xun-Park
鲁迅公园
Lu-Xun-Museum
鲁迅纪念馆
Lu-Xuns früheres Wohnhaus
鲁迅故居
Hongkou Football Stadium
Memorial of the Left Wing Writers Alliance
中国左翼作家联盟
Hongde-Kirche
鸿德堂
Duolun Museum of Modern Art
上海多伦路现代美术馆
Sichuan Rd.
中国上海市 四川路
Duolun Rd.
中国上海市多伦路
Jiangwan Rd.
Huayuan Rd.
Baoshan Rd.
Tongxin Rd.
Jiangwan Rd.
Hengbang Rd.
Huachang Rd.
Baoxing Rd.
Wutongan Rd.
Zhongxing Rd.
Baotong Rd.
Hailun Rd.
Huangdu Rd.
Tian'ai Rd.
Shanyin Rd.
Liyang Rd.
Changchun Rd.
Baoxan Rd.
Ouyang Rd.
Xiangde Rd.
Miyun Rd.
Quyang Rd.
Siping Rd.
Xingang Rd.
Shahonggang Rd.
Linping Rd.
Gaoyang Rd.
Qingyang Rd.
Tianshui Rd.
Shahong Rd.
Tiande Rd.
Tianbao Rd.
Ruihong Rd.
Hongzhen Rd.
Yucai Rd.
Old Hongzhen St.
Yuezhou Rd.
Linping Rd.
Dongbaoxing Rd.

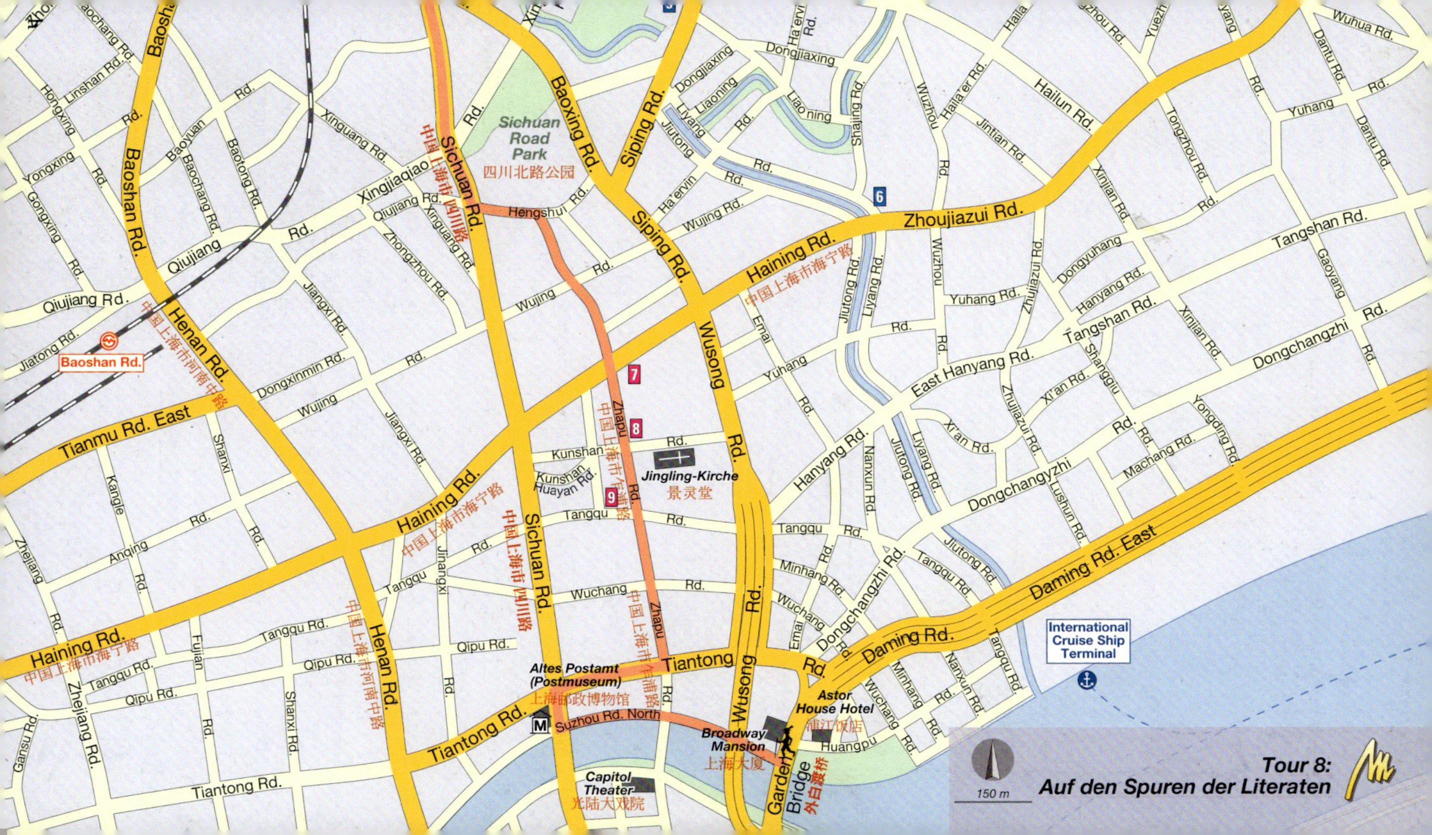

Tour 8:
Auf den Spuren der Literaten
150 m
International Cruise Ship Terminal
Sichuan Road Park
四川北路公园
Jingling-Kirche
景灵堂
Altes Postamt (Postmuseum)
上海邮政博物馆
Astor House Hotel
浦江饭店
Broadway Mansion
上海大厦
Capitol Theater
光陆大戏院
Garden Bridge
外白渡桥
Baoshan Rd.
Zhoujiazui Rd.
Haining Rd.
中国上海市海宁路
Sichuan Rd.
中国上海市四川路
Henan Rd.
中国上海市河南中路
Wusong Rd.
Siping Rd.
Baoxing Rd.
Tiantong Rd.
Zhapu Rd.
中国上海市乍浦路
Daming Rd.
Daming Rd. East
East Hanyang Rd.
Hanyang Rd.
Tangshan Rd.
Dongchangzhi Rd.
Tianmu Rd. East
Suzhou Rd. North
Hengshui Rd.
Xingjiaqiao Rd.
Qiujiang Rd.
Hailun Rd.
Huangpu

In dieser Oase liegt auch das **Hongkou-Stadion**, Austragungsort des Finales der Frauenfußball-Weltmeisterschaft 2007, in dem Deutschland gegen Brasilien gewann.

Wer nach einer Runde durch den Lu-Xun-Park noch Kraft in den Beinen hat, kehrt zum Eingang an der Sichuan Rd. zurück und läuft Richtung Osten. Über die Tian'ai Branch Road, die kurz darauf zu einer Fußgängerzone wird, erreicht man die Shanyin Road. Hier hält man sich rechts und gelangt bald zu → **Lu Xuns ehemaligem Wohnhaus** (Lu Xun Guju), das besichtigt werden kann; Lu Xuns Nachbar war der Schriftsteller *Mao Dun*, ein für die chinesische Literatur ebenfalls bedeutender Schreiber. Dieses Haus bleibt Besuchern leider verschlossen. Die Shanyin Road ist sehr ursprünglich und vermittelt einen schönen Eindruck Shanghaier Alltaglebens: Alte Häuserzeilen und kleine Geschäfte prägen dieses ruhige Viertel, Straßen-Frisöre pflegen das Haar der Kundschaft und in den einfachen Restaurants lassen sich beispielsweise mit Schweinefleisch gefüllte Teigtaschen probieren – eine lokale Spezialität.

Sehenswertes

Broadway Mansions (Shanghai Dasha) 上海大厦

Seit 2006 trägt der markante Art-déco-Bau aus dem Jahr 1934 wieder den alten Namen. Die Kommunisten hatten ihn 1951 zwischenzeitlich in Shanghai Mansions umbenannt, um einen Schlussstrich unter die kapitalistische Welt der Kolonialherren zu ziehen, die hier vor 1949 gern verkehrten. Inzwischen herrscht in China seit mehr als 20 Jahren kommunistisch verordneter Staatskapitalismus, und da darf man sich dann offenbar auch seiner historischen Wurzeln besinnen. Die Silhouette des von *Bright Fraser* sowie *Palmer & Turner* gestalteten Bauwerks ziert übrigens als Logo den Club der Auslandskorrespondenten in Shanghai. Die Journalisten hatten hier in den späten 40er Jahren ihre Vereinigung gegründet.

Das Gesicht des Bauwerks wird von der Vertikalen dominiert und mutet sehr schlicht an. Auf Zierelemente wurde fast gänzlich verzichtet. Die wenigen Art-déco-Motive der Fassade und der Baldachin an der Westseite sind noch original. Im Inneren wurde das Haus 2008 frisch renoviert. Die Original-Einrichtung findet sich jedoch nur noch auf Fotografien.

Ⓜ 10 Tiantong Rd., 20 Suzhou Rd. North, 中国上海市上海市北苏州路 20 号

Astor House Hotel (Pujiang Fandian) 浦江饭店

Zur Marktwirtschaft – auch wenn sie chinesischer Ausprägung ist, wie in der Verfassung Chinas festgehalten – gehört auch eine Börse. Die ersten Aktiengeschäfte des Shanghaier Parketts wurden hier im ehemaligen Ballsaal des Astor getätigt. Der früher mit einer Pfauen-Krone über dem Orchester ausgestattete Raum diente den ersten Aktienhändlern in der kommunistischen Volksrepublik für sieben Jahre als Handelsort. Inzwischen zocken Millionen chinesische Kleinanleger an den Börsen in Shanghai und Shenzhen. Das hätte selbst im mondänen Shanghai Ende des 19. Jh. niemand für möglich gehalten, als das Astor House Dreh- und Angelpunkt der gehobenen Gesellschaft war.

Die englische Familie *Richard* hatte das Hotel 1844 zunächst unter eigenem Namen gegründet, 1858 zog es an den heutigen Standort um. Der spektakuläre Ballsaal schmückt das Hotel seit 1917. Er wurde eingebaut, nachdem die mächtige Kaufmanns-Familie *Kadoorie* das Anwesen übernommen hatte. Die Börse befindet sich seit 1997 in Pudong, und so dient der renovierte Ballsaal seit 2006 wieder seinem ursprünglichen Zweck – allerdings ohne die Pfauenkrone.

Ⓜ 10 Tiantong Rd., 15 Huangpu Rd., 中国上海市黄浦路 15 号

Altes Postamt, Post-Museum (Youzheng Bowuguan) 上海邮政博物馆

Der 54 m hohe, im Neo-Barock gestaltete Glockenturm sticht ins Auge. Die Architekten *Stewardson & Spence* sollen sich beim Turm von Francesco Borrominis berühmter Kirche San Carlo alle Quattro Fontane in Rom inspiriert haben lassen. Nach der Eröffnung 1924 ersetzte die neue Postzentrale sieben Postfilialen in der Stadt.

Das eindrucksvolle Museum im oberen Stockwerk kann gratis besucht werden, was sich angesichts der gelungenen Präsentation und interessanter Exponate unbedingt empfiehlt. Die Reihe an Stücken reicht von beschrifteten Schildkrötenpanzern – einer frühen Form des Briefs – bis hin zum Postflieger in Originalgröße. Das Museum dokumentiert, wie sich das chinesische Postwesen entwickelt hat, das Ganze natürlich mit einer Prise politischer Propaganda garniert. Auch die schöne, ruhige Dachterrasse des Hauses sollte erklommen werden. Der Blick auf Pudong und Suzhou Creek entschädigt für die Mühen des Aufstiegs.

Mi, Do, Sa/So 9–16.30 Uhr, Eintritt frei. Ⓜ 10 Tiantong Rd., 250 Suzhou Road North, 中国上海市北苏州路 250 号

Jingling-Kirche (Jingling Tang) 景灵堂

Das backsteinrote protestantische Gotteshaus wurde 1923 erbaut. Von 1941 bis 1945 unter der japanischen

Gartenkunst im Sichuan Road Park

Besatzung und für mehr als drei Jahrzehnte nach der Kulturrevolution gab es hier keine Gottesdienste. Von 1966 bis 1980 wurden in der Jingling-Kirche Textilien hergestellt, heute ist hier wieder täglich um 7 Uhr Frühgottesdienst. Angeblich wollte sich Chiang Kaishek 1927 mit Song Meiling in dieser Kirche trauen lassen. Doch der damalige Pfarrer lehnte das ab, weil Chiang noch nicht rechtskräftig von seinen ersten beiden Frauen geschieden war. Ein Freund des Paares soll die beiden dann kurzerhand in Chiang Kaisheks Privathaus zu Mann und Frau erklärt haben.

135 Kunshan Rd., 中国上海市昆山路 135 号

Tour 8: Hongkou
→ Karte S. 226/227

Sichuan Road Park (Sichuan Lu Gongyuan) 四川北路公园

Die moderne, 2002 eröffnete Grünanlage bildet das nördliche Ende der Zhapu Road – ein schönes Plätzchen für eine Verschnaufpause. Die Hügel des Parks sind von Bambus, Azalleen und Ahorn bewachsen, von manchen Stellen aus ist der Oriental Pearl Tower zu sehen. Die Anwohner treiben hier gerne Sport. Und wer abends kommt, sieht Pärchen tanzen und in weiße Kittel gewandete Hobby-Ärzte ihre Dienste anbieten.

Ⓜ3 Dangbaoxing Rd., Sichuan Rd. North /Hengshui Rd., 中国上海市虹口区四川北路近衡水路

Duolun Museum of Modern Art (Duolun Xiandai Meishuguan) 上海多伦路现代美术馆

Das Museum in der Kulturstraße Duolun Road zeigte als erstes in Shanghai Gegenwartskunst. Die Einrichtung wird vom Stadtbezirk Hongkou getragen und bietet gute Ausstellungen zeitgenössischer Künstler. Auch wenn das Gebäude von außen aussieht wie ein grauer Klotz, kann sich das Innere als Ausstellungsfläche wahrlich sehen lassen.

Tägl. 10–18 Uhr, Mo geschlossen. Eintritt 10 Y, erm. 5 Y. www.duolunart.com. Ⓜ3 Dongbaoxing Rd., 27 Duolun Rd., 中国上海市多伦路 27 号

Hongde-Kirche (Hongde Tang) 鸿德堂

Mit ihren geschwungenen Dächern ist die 1928 erbaute Kirche ein Unikum in der Mega-City: Sie ist das einzige christliche Gotteshaus, das chinesische Elemente mit den Merkmalen herkömmlicher christlicher Sakralbauten vereint – Kirchenfenster treffen auf kunstvoll geschnitztes und verziertes Dachgebälk.

Ⓜ3 Dongbaoxing Rd., 59 Duolun Rd., 中国上海市多伦路 59 号

Das Duolun Museum zeigt wechselnde Ausstellungen

Lu Xun und Mao Dun – Shanghais literarische Klassiker

Im September 2007 brach ein Sturm in den Reihen der chinesischen Intelligenz aus. Im Internet und in Tageszeitungen argumentierten, diskutierten und stritten die Beteiligten. Was war geschehen? Die Pekinger Schulbehörde hatte den Literatur-Kanon für Oberstufenschüler geändert. Lu Xuns Novelle *Die wahre Geschichte des Ah Q* aus dem Jahr 1921 war gestrichen und durch eine Kungfu-Erzählung eines gesellschaftspolitisch unbedeutenden Schriftstellers ersetzt worden.

Lu Xun (1881–1936) ist die Vaterfigur der modernen chinesischen Literatur. Er war wichtigster Mitgründer jener literarischen Bewegung, die sich ab 1911 konsequent gegen die alte konfuzianische Ordnung wandte und für gesellschaftliche Veränderungen stark machte. Vor allem seine Kurzgeschichten machten Furore. In „Die wahre Geschichte des Ah Q" schildert Lu Xun die Geschichte eines Taugenichts, der jede erlittene Demütigung zum Sieg umdeutet und in Selbstzufriedenheit und Selbstbetrug verharrt. Das Werk hat tiefen Eindruck hinterlassen: Die chinesische Sprache kennt den „Ah-Quismus" – eine Redewendung, die sich explizit auf Lu Xuns literarische Figur bezieht und so viel bedeutet wie: die Dinge nicht wahr haben wollen.

Lu Xun

Verfasst in der Zeit des Übergangs vom Jahrtausende alten Kaiserreich zur Republik geißelte Lu Xun mit dem Stück zweierlei. Zum einen die in der chinesischen Gesellschaft tief verankerte Haltung der Unterwürfigkeit gegenüber Autoritäten. Zum anderen prangerte er die unentschlossene Haltung der chinesischen Regierung gegenüber imperialistischen Aggressionen an.

Lu Xuns Werk wurde in 50 Sprachen übersetzt, er selbst übersetzte *Gogol* und *Jules Verne* ins Chinesische und finanzierte eine chinesische Edition der Holzschnitte von *Käthe Kollwitz*, die sich für die Belange der Arbeiterschaft stark machte. An die Jugend Chinas schrieb Lu Xun: „Seht die Realitäten eurer Zeit mit offenen Augen und klarem Verstand. Und stellt euch in den Dienst einer aufgeklärten Gesellschaft. Immer aber denkt und studiert." Statt den „Ah Q" zu studieren und so mit Lu Xuns Leben und Wirken in Kontakt zu kommen, beschäftigen sich Chinas Oberstufenschüler nun mit Kungfu-Heldensagen.

Neben Lu Xun zählte *Mao Dun* (1896–1981) zu den modernen Literaten, die von Shanghai aus für einen gesellschaftlichen Wandel im Reich der Mitte die Feder spitzten. Sein Roman *Shanghai im Zwielicht* vermittelt einen tiefen Eindruck der gesellschaftlichen Realitäten und Missstände in der Zeit vor der japanischen Invasion 1937 – ein Buch, das auch viel Lokalkolorit transportiert. Zudem verfasste er Novellen, Dramen und kritische Essays. Mao Dun war überzeugter Kommunist und nach der Machtübernahme von 1949 bis 1965 Kultusminister der Volksrepublik China. Nach der Machtübernahme der Kommunisten hat er kein literarisches Werk mehr publiziert.

Die beiden Großen der Shanghaier Literaturszene lebten zu Beginn der 1930er Jahre einige Zeit als Nachbarn in einer Lilong-Siedlung im nördlichen Stadtteil Hongkou.

Die Hongde Kirche ist ein Unikum

Memorial of the Left-Wing Writers Alliance 中国左翼作家联盟

In dem ehemaligen Gebäude der China Arts University wurde am 2. März 1930 die Liga linksgerichteter Schriftsteller gegründet. Mitglieder waren unter anderem *Lu Xun* und *Mao Dun*, der mit seinem Roman „Shanghai im Zwielicht" nicht nur ein politisches Werk, sondern auch ein spannendes gesellschaftliches Porträt der Stadt gezeichnet hat, wie sie sich Anfang der 30er Jahre präsentierte. Die Ausstellung zeigt u. a. Arbeitsutensilien der Autoren und historische Fotografien. Auch die Abschrift eines Aufrufs der US-Journalistin und Schriftstellerin *Agnes Smedley* ist zu sehen. Nachdem fünf Liga-Autoren 1931 vermutlich von Anhängern der Nationalisten um Chiang Kaishek ermordet worden waren, verfasste sie einen internationalen Appell zum Schutz Lu Xuns, den u. a. Upton Sinclair und Anna Seghers unterzeichneten.

Tägl. 9–16 Uhr, Eintritt 5 Y. Ⓜ3 Dongbaoxing Rd., 201 Duolun Rd., Lane 2, 中国上海市多伦路 2 弄 201 号

Lu-Xun-Park (Lu Xun Gongyuan) 鲁迅公园

Der nach dem Vater der modernen chinesischen Literatur benannte Park zählt zu den schönsten und größten innerstädtischen Grünanlagen. Chinesen fast jeden Alters singen hier Open-Air-Karaoke, üben sich im Schattenboxen Tai Chi oder im Rückwärtslaufen. Während einer Verschnaufpause lässt sich all dies wunderbar von einer Parkbank aus beobachten. Auf einem kleinen See kann man Tretboote mieten, Kinder können in mannshohen Plastikkugeln übers Wasser laufen. Die Grünfläche wurde 1896 von einem britischen Gartenarchitekten angelegt und diente den Kolonialisten zunächst als Schießplatz und Sportanlage.

Tägl. 6–18 Uhr. Ⓜ3 und Ⓜ8 Hongkou Football Stadium, 2288 Sichuan Rd. North, 中国上海市四川北路 2288 号

Lu-Xun-Museum (Lu Xun Jinianguan) 鲁迅纪念馆

Dem wohl bedeutendsten Literaten Chinas der 1920er und 30er Jahre wird im Norden Hongkous gehuldigt. Das Museum liegt im Park, der ebenfalls den Namen des politischen Schriftstellers trägt. Dort befindet sich auch seine Grabstätte. Das Museum thematisiert auf zwei Etagen anschaulich und sehr ansprechend Leben und Werk Lu Xuns (1881–1936). Die Erklärungen zu den Exponaten sind meist auch in Englisch angebracht. Zu sehen sind u. a. Original-Manuskripte sowie Holzschnitte des Künstlers. 1936 finanzierte Lu Xun die chinesische Ausgabe der Holzschnitte von Käthe Kollwitz und gestaltete die Werbung für das Buch. Der kleine Museumsladen bietet mehrere englische und einige wenige deutsche Übersetzungen seiner Schriften an.

Tägl. 9–16 Uhr. Eintritt 8 Y, erm. 4 Y. Ⓜ3, Ⓜ8 Hongkou Football Stadium, 2288 Sichuan Rd., North, 中国上海市四川北路 2288 号

Lu Xuns früheres Wohnhaus (Lu Xun Guju) 鲁迅故居

Hier verbrachte der Schriftsteller die letzten drei Jahre seines Lebens. Original-Möbel, Schreibtisch und andere Einrichtungsgegenstände geben Einblick in das Alltagsleben des Literaten. Eine alte Uhr zeigt die exakte Stunde jenes Tages, an dem Lu Xun seinem Tuberkuloseleiden erlag. Ein englischsprachiger Guide führt durch das Haus und beantwortet Fragen von Besuchern kompetent.

Tägl. 9–16 Uhr, Eintritt 8 Y. Ⓜ 3 und Ⓜ 8 Hongkou Football Stadium, 132 Shanyin Rd., 中国上海市山阴路 132 号

Praktische Infos

(siehe Karte S. 226/227)

Essen und Trinken

Shanghai Min **7**, wie der Name vermuten lässt, servieren die Kellner hier hauptsächlich Shanghaier Küche. So schmucklos die Fassade des Hochhauses, in dem dieses Restaurant untergebracht ist, so ideenreich wird oben in der 3. Etage gekocht. Von einfachen Gerichten wie gebratenem Tofu mit Hackfleisch bis zu exotischeren wie Frosch in Chili und Knoblauch. Die Speisekarte ist bebildert und auch mit den englischen Namen der Speisen beschriftet. Hauptgericht ab 25 Y. Tägl. 11–14 und 17–22 Uhr. ✆ 4008209777. 269 Haining Rd., 中国上海市海宁路 269 号 3 楼

Jin Miluo Restaurant **9**, 金米萝大酒店, einfach im Parterre Meeres-Köstlichkeiten aussuchen, die Zubereitungsart mithilfe der meist bebilderten Speisekarte festlegen, dann in der 1. Etage Platz nehmen und genießen. Wer möchte, kann hier auch Schlange probieren. Tägl. 10–23 Uhr. ✆ 63251349. 125–131 Zhapu Rd., 中国上海市乍浦路 125–131 号

Dynasty Restaurant **8**, 王朝海鲜大酒楼, Spezialität dieses vierstöckigen Tempels ist Fisch. Man kann aus der Frischware in den Aquarien im Parterre auswählen. Hauptgerichte ab 40 Y. ✆ 63248888. 324 Zhapu Rd., 中国上海市乍浦路 324 号

Bars, Teehäuser & Cafés

Tsingtao Beer Pub **1**, 青岛啤酒吧, beliebte Kneipe westlichen Stils. Angenehme Atmosphäre. Sieben Varianten des chinesischen Kultbiers werden ausgeschenkt, dazu einfache Gerichte. Chinesisches und internationales Publikum. Bier ab 20 Y, Snacks ab 40 Y. Tägl. 10–24 Uhr. Ⓜ 3, 8 Hongkou Football Stadium, 2365 Sichuan Rd. North, 中国上海市四川北路 2365 号

Koala Garden House **4**, im Parterre des gleichnamigen Hostels findet sich ein gemütliches Café, das guten Cappuccino zubereitet und westliches Frühstück serviert. Tägl. ab 9 Uhr. Ⓜ 3, Ⓜ 8 Hongkou Football Stadium, 240 Duolun Rd., 中国上海市多伦路 240 号

Einkaufen

In den Geschäften und Kaufhäusern der **Sichuan Road North** kann man das eine oder andere Schnäppchen machen – hier kaufen die Shanghaier ein (→ Kap. „Shopping und Märkte").

Bühne des Alltags: Hongkou Park

Tour 9

Tilanqiao

„Wir waren Flüchtlinge. Shanghai war heiß, erdrückend heiß nach unserer frischen Bergluft, aber ich war an halbtropische Hitze gewöhnt, und ich sehe die dort verlebten Tage nicht als Leidenszeit, sondern erinnere mich an viele kleine unschuldige Freuden.“ (Pearl S. Buck, US-amerikanische Literaturnobelpreisträgerin)

Als Klein-Wien war das Viertel Tilanqiao im Norden der Stadt einst bekannt. Und wer auf dieser Tour an der Kreuzung Changyang Road/Haimen Road das Mauerwerk rechts neben der Apotheke betrachtet, kann erahnen, warum das so war: „Horns Imbiss-Stube“ und „Café Atlantic“ ist dort zu lesen, beides Schriftzüge, die in den 30er und 40er Jahren für deutsche Geschäfte warben. Klein sind diese stummen Zeitzeugen, und sie verbleichen langsam – umso größer ist ihre Bedeutung: Denn sie erinnern daran, dass Shanghai während der Nazi-Schreckensherrschaft für Zehntausende jüdischer Flüchtlinge ein Hafen der Hoffnung war. Besichtigungen der Ohel-Moishe-Synagoge und des buddhistischen Xiahai-Tempels machen einen Besuch Tilanqiaos spannend.

Die Stadtregierung hat Tilanqiao zu einer von zwölf erhaltenswerten historischen Zonen Shanghais erklärt. Ein Besuch lohnt auch deshalb, weil die Straßenzüge um die Ohel-Moishe-Synagoge bislang von großflächigen Abrissen verschont geblieben sind und man hier einen authentischen Eindruck jenes Stadtbildes bekommt, wie es zu Zeiten vor der wirtschaftlichen Öffnung vorherrschte.

Viele im so genannten Queen-Anne-Stil erbaute Häuser aus dem frühen 20. Jh. säumen die Straßen. Hierher strömten

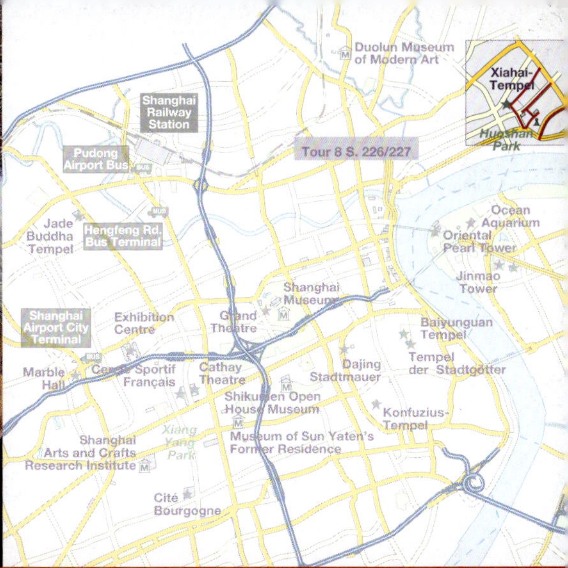

Tilanqiao

viele der bis zu 30.000 Flüchtlinge, die sich vor den Grauen des Nazi-Regimes nach Shanghai retten konnten. Hauptsächlich kamen sie aus Deutschland, Österreich, Ungarn, Polen und der Tschechoslowakei. Im Lauf der Zeit richteten sich die Flüchtlinge ihr Leben ein, gründeten Zeitungen, eröffneten Cafés und schufen ein reges kulturelles Leben.

Als Japan am 7. Dezember 1941 an der Seite Nazi-Deutschlands in den Krieg eintrat, besetzte es auch das „International Settlement" und die Französische Konzession. Arbeitslosigkeit und Inflation stiegen empfindlich und auch die Lage der jüdischen Flüchtlinge verschlechterte sich erheblich. Die Essensausgabe in den Hilfsküchen musste von zwei auf eine warme Mahlzeit am Tag reduziert werden. Im Sommer 1943 berichtete das Rote Kreuz: „Die schlimmste Not existiert zweifellos unter den deutsch-jüdischen Einwanderern, von denen mindestens 6000 am Punkt des Verhungerns angekommen sind."

Bereits am 18. Februar 1943 hatten die japanischen Besatzer die Einrichtung einer *designated area* in Tilanqiao proklamiert, in der sich binnen dreier Monate alle jüdischen Flüchtlinge einzufinden hatten, die nach 1937 eingetroffen waren. Mit der Errichtung des Ghettos kam Japan dem Druck seines Verbündeten Deutschland nach. Die Nazis hatten sogar Pläne gehegt, in Pudong ein Konzentrationslager zu bauen, um ihren Vernichtungsfeldzug gegen Menschen jüdischen Glaubens auch in Shanghai zu führen. Glücklicherweise widersetzten sich die japanischen Besatzer diesen Plänen.

Doch auch das Ghetto brachte genug Leid über die Flüchtlinge. Auf dem rund fünf Quadratkilometer großen Gebiet zwischen Gongping Road im Westen, Tongbei Road im Osten, Zhoujiazui Road im Norden und Huimin Road im Süden lebten vor der Errichtung des Ghettos bereits etwa 10.000 Flüchtlinge und rund 100.000 Chinesen. Nun kamen nochmals gut 8000

Flüchtlinge hinzu. Insgesamt lebten in Tilanqiao mehr als 7000 deutsche und knapp 4500 österreichische Flüchtlinge. Die Bevölkerungsdichte wuchs derart stark an, dass sie doppelt so hoch war wie jene im von Hochhäusern bestandenen Manhattan. Krankheiten wie Tuberkulose grassierten, und viele Flüchtlinge mussten trotz der Hilfsangebote hungern. Zwar gab es keinen Zaun, der die Menschen im Ghetto einsperrte, doch die Kontrollen waren scharf und die Strafen bei Verstößen drastisch (→ Kasten „Die Willkür des Konah Goya").

Tour 9: Das jüdische Ghetto

Start: Ⓜ 4 Dalian Road (Dalian Lu)
Ende: Ⓜ 4 Dalian Road (Dalian Lu)
Dauer: 2 Std.

Der Rundgang führt uns im Verlauf zur Ohel-Moishe-Synagoge, dem Mittelpunkt des gesellschaftlichen Lebens im Ghetto. Wer die Straßenzüge des rund fünf Quadratkilometer großen Ghettos durchschreitet, bekommt noch heute einen Eindruck davon, wie gedrängt Zehntausende von Flüchtlingen hier von 1943 bis 1945 leben mussten.

Von der Metrostation Dalian Road führt unsere Route zunächst die Changyang Road südwärts, wo sich die Hochhausspitzen Pudongs abzeichnen. Man läuft zunächst an flachen Häuserzeilen und einfachen Geschäften und Wohnhäusern entlang.

Die alte Ohel-Moishe-Synagoge heißt heute Jewish Refugees Museum

Ticket nach Shanghai – Weg in die Freiheit

Fast wie eine magische Formel kursierte der Name Shanghai ab 1938 in den jüdischen Gemeinden Deutschlands und Österreichs. Für viele war die ferne Stadt in China das letzte Tor, um der systematischen Mordmaschinerie des Nazi-Regimes zu entkommen, die Hitler und seine Helfershelfer ab 1939 in Gang setzten. Bereits 1937 hatte die Bereitschaft der Weltgemeinschaft nachgelassen, Flüchtlinge jüdischen Glaubens aufzunehmen. Die Einwanderungsbestimmungen und -quoten wurden verschärft, so dass viele Grenzen für Hilfe suchende Juden nicht mehr passierbar waren. Hinzu kam, dass die Nazis die Ausreise erschwerten, unter anderem, indem sie ausreisewillige Deutsche jüdischen Glaubens bis auf 10 Reichsmark komplett enteigneten. Viele Tore schlossen sich, doch in Shanghai fragte niemand nach Vermögen, Visa und Glauben.

Der Weg führte meist zunächst über Genua oder Triest, wo viele der Schiffe nach Shanghai in See stachen: Conte Rosse, Conte Verde und Biancamano hießen einige dieser „Lebensretter". Die Überfahrt dauerte drei bis vier Wochen, führte über Suez, Bombay, Colombo, Singapur und Hongkong. Als Italien am 10. Juni 1940 aufseiten Deutschlands in den Zweiten Weltkrieg eintrat, schloss sich auch dieses Tor zur Flucht. Einige schafften es noch über den Landweg mit der Transsibirischen Eisenbahn bis Shanghai oder mit der Bahn bis Wladiwostok und von dort aus per Schiff. Nachdem Japan 1937 die Macht in den chinesischen Teilen Shanghais übernommen hatte, verschärfte es auf Druck Deutschlands im August 1939 die Einwanderung. Flüchtlinge konnten nur noch einreisen, wenn sie Verwandte, Arbeit oder mindestens 4000 US-Dollar vorweisen konnten.

Schätzungen zufolge fanden 18.000 bis 30.000 Verfolgte Zuflucht in Shanghai. Für manche war die Stadt nur eine kurze Zwischenstation, doch etwa 90 Prozent blieben bis nach Kriegsende. Ab 1946 fanden die meisten in den USA, Australien und Israel eine neue Heimat, rund 3000 kehrten nach Deutschland und Österreich zurück. 1958 zählte die jüdische Gemeinde Shanghais noch 84 Mitglieder.

Bereits 1934 hatte die jüdische Gemeinde Shanghais, die damals rund 5700 Mitglieder zählte, einen Hilfsfonds gegründet, um Flüchtlingen die Ankunft zu erleichtern. Als die Zahl der Hilfesuchenden stieg, traten internationale Hilfsorganisationen wie das *Joint Jewish Distribution Committee* und die *Hebrew Immigrant and Sheltering Aid Society* auf den Plan: Im nördlichen Stadtteil Hongkou wurden Flüchtlingsheime und Hilfsküchen eingerichtet, die bis zu 5000 Menschen täglich versorgten.

Insgesamt lebten in Shanghai 1934 rund 3,5 Millionen Menschen, davon rund 100.000 Ausländer. Die Bewohner entstammten 46 Nationen und gehörten vielen Glaubensrichtungen an oder keiner. Die jüdische Gemeinde bestand aus knapp 1700 sephardischen Juden, die aus Indien und dem Irak stammten. Sie kamen nach Shanghai, nachdem China den Opiumkrieg verloren und Großbritannien 1842 die Öffnung der Hafenstadt für den internationalen Handel erzwungen hatte. Hinzu kamen rund 4000 ashkenasische Juden, die entweder kurz nach der Jahrhundertwende vor Pogromen in Russland geflohen oder nach dem Untergang des Zarenreichs als politische Flüchtlinge gekommen waren. In Shanghai existierten jüdische Schulen und Freizeitstätten, bereits 1862 wurde der erste jüdische Friedhof angelegt. Von einst sieben Synagogen stehen heute noch zwei.

Auf die Spuren jüdischen Lebens in führen die Touren des israelischen Journalisten und Wahl-Shanghaiers Dvir Bar-Gal. ✆ +86 1300 214 6702, shanghaijews@hotmail.com.

Dieses Gebäude war einmal ein Wiener Kaffeehaus

Auf mittlerer Höhe der Changyang Road passieren wir rechterhand ein Gefängnis, das Briten und Amerikaner zu Beginn des 20. Jh. bauen ließen. Das so genannte → **Ward Road Prison** war nach seiner Fertigstellung zeitweise die größte Haftanstalt Asiens und wird bis heute als Gefängnis genutzt. An der Ward Road befand sich zu Zeiten des Ghettos auch ein Hospital, in dem gegen Krankheiten angekämpft wurde, von denen die meisten auf die miserablen Lebensumstände zurückzuführen waren.

Ein wenig weiter die Changyang Road entlang stoßen wir auf die → **Ohel-Moishe-Synagoge** (Moxi Huitang). Ursprünglich wurde sie von russischen Juden gegründet und erst 1927 an den heutigen Standort in Hongkou verlegt.

Einen Eindruck vom Alltag im Ghetto vermitteln die roten Ziegelhäuser an der Zhoushan Road. Wir erreichen sie, indem wir die Changyang Road zurücklaufen und bei erster Gelegenheit rechts einbiegen. In dieser Straße eröffneten viele der Emigranten kleine Geschäfte, um sich über Wasser zu halten. Auch wenn die alten Klinkerhäuser nostalgisch anmuten, so war die Gegend damals doch alles andere als komfortabel. Hinzu kam, dass die Gegend vom japanischen Militär 1937 intensiv beschossen worden war und viele Häuser noch immer stark beschädigt waren. Im Juli 1945 wurde das Viertel nochmals schwer getroffen: Ein US-Bomber verfehlte einen von den Japanern genutzten Flugzeughangar und traf stattdessen das Ghetto – 230 Menschen sollen dabei getötet, rund 500 verletzt worden sein.

Ernest G. Heppner, von 1938 bis 1947 im chinesischen Exil, beschreibt in seinem Buch „Fluchtort Shanghai" anschaulich die Umstände im Ghetto: Vielköpfige Familien teilten sich ein einziges Zimmer und mehrere Familien ein Haus, das nur mit primitiven sanitären Einrichtungen ausgestattet war. Die Mehrheit der Flüchtlinge versuchte den Schein zu wahren, aber in der Enge der Behausungen waren Auseinandersetzungen und Streitigkeiten an der Tagesordnung. Auf der anderen Seite sorgten diese Umstände auch für Rücksichtnahme und Nachbarschaftshilfe. Wer krank war oder in Not geriet, konnte sich immer auf seine Nachbarn verlassen.

Der frühere US-Finanzminister und aktuelle Direktor des Jüdischen Museums Berlin, *Michael Blumenthal*, der als Kind in der Zhoushan Rd. 59 lebte, erinnerte sich bei einem Besuch 1978: „Der Unterschied ist, es sterben heute hier keine Menschen mehr in den Straßen, wie es 1939 der Fall war."

Am Ende der Zhoushan Rd. gelangen wir linkerhand zum → **Huoshan-Park** (Huoshan Gongyuan), der in der gleichnamigen Straße liegt. Etwa in der Mitte des Parks erinnert eine große Tafel an die jüdische Vergangenheit dieses Stadtteils. Gegenüber des Parkeingangs hatte an der Huoshan Rd. Nr. 119 das → **Jewish Joint Distribution Committee** seinen Sitz, eine US-amerikanische Hilfsorganisation, die Flüchtlinge mit dem Nötigsten versorgte.

Wiener Orchestermusiker spielten im *Roof Garden Restaurant*, das ein beliebter Treffpunkt der jüdischen Exilanten war. Zu dem Gebäude gelangt man, in dem der Huoshan Rd. in südlicher Richtung bis zur Haus-Nr. 57 folgt. Heute findet sich im Parterre ein Restaurant und oben ein Billard- und Computerspiele-Salon.

Wir biegen nun rechts in die Haimen Road ein. An der Fassade des Hauses Nr. 127 finden wir Hinweise auf das Klein-Wien der 40er Jahre: „Horns Imbiss-Stube" und „Café Atlantic" waren Lokale, die Flüchtlinge eröffnet hatten.

Wir folgen der Haimen Rd. und erreichen die Kreuzung an der Changyang Rd. Hier hatte die einst wichtigste jüdische Zeitung Shanghais, der „Israel Messenger", seinen Sitz. Heute steht an der Stelle eines der wenigen Hochhäuser an diesem Karree.

Zusehends mehr Läden mit Räucherstäbchen und anderen Tempelbedarf säumen nun den Weg, der uns von der Haimen in die Kunming Road führt. Dort liegt der Eingang zum buddhistischen → **Xiahai-Tempel** (Xiahai Miao). Einst war der Shanghaier Norden von mehr als 50 Wasserläufen durchzogen, auf denen die Fischer zum Meer fuhren. Hier im „Tempel des Weges zum Meer" beteten sie für einen reichen Fang.

Die Kunming Rd. nordwärts schreitend, erreichen wir nach 10 Minuten wieder die Metrostation Dalian Road. Entlang des Weges bieten Blumenhändler ihre Pflanzen feil. Auf der gegenüberliegenden Straßenseite liegt das Zuchthaus mit seinen abweisenden Mauern. An den Gitterstäben der Zellen flattert die Wäsche der Gefangenen im Wind.

Die Willkür des Konah Goya

Aus dem Pferch des Ghettos gab es ein Entrinnen. Wer nachweisen konnte, dass er eine Arbeitsstelle hatte, die außerhalb der fünf Quadratkilometer großen Zwangsjacke lag, konnte einen Passierschein beantragen. Über die Vergabe dieser Scheine herrschte ein japanischer Offizier namens Konah Goya. Goya ließ Willkür walten, und seine Macht muss er Zeitzeugenberichten zufolge in fast sadistischer Art genossen haben: Auch noch so gerechtfertigte Anträge beschied er bisweilen mit Schlägen. Ein 14-jähriger Zahntechnikerlehrling stand drei Wochen lang Tag für Tag in einer Schlange vor Goyas Schreibtisch an, der dort keinen Finger rührte.

Sehenswertes

Tilanqiao Prison, früheres Ward Road Prison 上海市监狱总医院

Seit 1901 ist die Anlage eine Art Konstante in turbulenten Zeiten: Alle politischen Mächten, die im Shanghaier International Settlement das Sagen hatten, sperrten hier ihre Gefangenen ein. Das waren zunächst Briten und Amerikaner, die das Ward Road Prison 1901 gründeten und es bis 1928 mehrmals erweiterten, bis es das ganze Karree zwischen Changyang Rd., Kunming Rd., Zhoushan Rd. und Baoding Rd. einnahm. Mit elf Blöcken und 920 Zellen war es zeitweise das größte Gefängnis Asiens. Nachdem die Japaner das International Settlement 1937 besetzt hatten, nutzten sie das Zuchthaus von 1942 bis 1945 zusätzlich als Kriegsgefangenenlager und Munitionsdepot. Nach dem Zweiten Weltkrieg war das

Tour 9: Tilanqiao → Karte S. 241

Gefängnis von Ende 1946 bis Anfang 1947 Schauplatz des von den Amerikanern angestrengten Prozesses gegen 27 deutsche Nazi-Verbrecher. Unter den Angeklagten war auch der Geheimdienstoffizier *Lothar Eisenträger*, der Kopf der so genannten Kriegsorganisation Ferner Osten. Das Gericht verurteilte ihn zu lebenslanger Haft. Auch heute sind hier noch Gefangene eingesperrt. Aufs Fotografieren sollte man verzichten.
Ⓜ 4 Dalian Rd., 147 Changyang Rd., 中国上海市长阳路 147 号

Ohel-Moishe-Synagoge, Jewish Refugees Museum (Moxi Huitang) 犹太难民在上海纪念馆

Die Synagoge wurde 2007 mit dem Ziel renoviert, den Originalzustand von 1927 wieder aufleben zu lassen. Heute ist das Gebäude auch als Jewish Refugees Museum bekannt. Zwar zeigt sich der Bau nach der Renovierung in gutem Zustand, doch der Davidstern über dem Eingang ist verschwunden. Auch der Gebetsraum erinnert kaum mehr an einen Sakralbau. Auf der Galerie und im oberen Stockwerk der Synagoge zeigen Fotografien prominente Besucher, eine kleine Ausstellung erinnert an die Lebensumstände der jüdischen Flüchtlinge in den 30er und 40er Jahren.

1907 hatten russische Flüchtlinge jüdischen Glaubens die erste Ohel-Moishe-Synagoge in der Französischen Konzession errichtet. 1927 wurde sie dann nach Hongkou verlegt. Bis die Japaner die jüdischen Flüchtlinge Shanghais im Norden der Stadt in der so genannten „designated area" zusammenpferchten, war um das Gotteshaus herum ein Zentrum jüdischen Lebens entstanden. So ließ 1938 der reiche Shanghaier Kaufmann *Horace Kadoorie* ganz in der Nähe eine Schule errichten. Später machte er sich sehr um die jüdischen Flüchtlinge aus Europa verdient, u. a. mit der Gründung der *Shanghai Jewish Youth Association School* in Hongkou. Insgesamt gab es in Shanghai sieben jüdische Synagogen. Außer der Ohel-Moishe-Synagoge steht nur noch die *Ohel-Rachel-Synagoge* (500 Shanxi Rd. North), die für die Öffentlichkeit allerdings nicht zugänglich ist.
Tägl. 9–17 Uhr. Eintritt 50 Y, erm. 10 Y. ✆ 65375877. Ⓜ 2 Dalian Rd., 62 Changyang Rd., 中国上海市长阳路 62 号

Huoshan-Park (Huoshan Gongyuan) 霍山公园

In der Mitte des nicht sehr großen Parks steht eine Gedenktafel, die an das Schicksal der Juden erinnert. Das Denkmal besteht aus 18 Steinblöcken und zwei Metalltafeln, wovon die größere Inschriften in englischer, hebräischer und chinesischer Sprache trägt. Die kleinere zeigt eine Taube mit Zweig im Schnabel. Diese kleine Stätte des Gedenkens wurde u. a. vom früheren israelischen Ministerpräsidenten *Itzhak Rabin* besucht.
Ⓜ 4 Dalian Rd., 118 Huoshan Rd., 中国上海市霍山路 118 号

Joint Jewish Distribution Committee

Das von vermögenden US-Amerikanern 1914 gegründete und finanzierte Joint Jewish Distribution Committee operierte weltweit. 1940 ließ es sich auch in Tilanqiao nieder, um die größte Not der Flüchtlinge zu lindern. In den 40er Jahren war es weltweit die größte Hilfsorganisation für Menschen jüdischen Glaubens. Heute erinnert an der Häuserzeile nur noch ein kleines Schild an die Hilfe, die in Shanghai geleistet wurde.
Ⓜ 4 Dalian Rd., 129–121 Huoshan Rd., 中国上海市霍山路 129–121 号

Xiahai-Tempel (Xiahai Miao) 下海庙

Die buddhistische Tempelanlage aus dem 18. Jh. verbreitet hinter ihren hohen, gelb getünchten Mauern eine friedvolle Atmosphäre. Gebaut wurde der Xiahai-Miao-Tempel von Fischern, sein chinesischer Name bedeutet „Tempel auf dem Weg zum Meer". Die Anlage hat zwei größere, hintereinander angeordnete Hallen. Dazwischen liegt ein Hof, um den sich vier kleinere Tempelhallen gruppieren. Hinter der zweiten großen Halle liegt ein prächtiger Garten mit Bäumen, labyrinthartig wachsenden Hecken und Büschen. Direkt angrenzend an dieses kleine, grüne Paradies erhebt sich das Wohngebäude der Mönche. Der Eingang zur Tempelanlage befindet sich an der Haimen Road.

Tägl. 7–16 Uhr. Eintritt 5 Y. Ⓜ 4 Dalian Rd., 173 Kunming Rd, 中国上海市昆明路 173 号

Praktische Infos

Essen & Trinken

Merrylin Cafeteria **1**, einfaches, aber sauberes Lokal im Parterre des Motels 168 in der Huoshan Rd. Karte leider nur chinesisch und auch nicht bebildert. Mit Hilfe des „Kleinen Sprach-Assistenten" kann man hier trotzdem Essen bestellen. Sehr günstig. Tägl. 11–22 Uhr. ✆ 51171111. Ⓜ 4 Dalian Rd., 300 Huoshan Rd., 中国山海市霍山路 300 号

Jewel Restaurant **2**, einfaches Lokal, das viele Nudelgerichte bietet; eine englische Speisekarte führt durchs Speisenangebot. Während der Saison im Frühjahr werden auch rote Flusskrebse serviert. Hauptgericht ab 20 Y. Tägl. 10–22 Uhr. Ⓜ 4 Dalian Rd., 170 Huoshan Rd., 中国山海市霍山路 170 号

Am Westsee stehen große und kleine Ausflugsschiffe bereit

Hangzhou

„Mit dem Himmel verbinden sich Lotusblätter / in unerschöpflichem Grün / in der Sonne glänzen Wasserlilien / purpurrot den See durchziehen." (Su Dongpo)

Wenn der Westsee und die Pagoden an seinen grünen Ufern das Auge zum ersten Mal gefangen nehmen, geht vielen Reisenden das Herz auf. Die idyllische Szenerie Hangzhous kommt dem Wunschbild, das sich viele Europäer von China machen, ziemlich nahe. Auch das Lingyin-Kloster aus dem 4. Jahrhundert, dessen Hallen und Pagoden sich in bewaldete Hügel betten, bildet eine einzigartige Kulisse.

Hangzhou mit seinen rund 4,1 Millionen Einwohnern und etwa 150 km von Shanghai entfernt, ist auch als Tagesausflug ein hervorragendes Ziel. Mit dem Schnellzug dauert die Fahrt rund 75 Min.

Die wohlhabende Hauptstadt der Provinz Zhejiang legt sichtlich Wert auf den Erhalt ihrer Schönheit. Die Stadtväter haben große Teile des Seeufers vor der Bebauung bewahrt und als „West Lake National Scenic Area" unter Schutz gestellt. Die geschützte Zone hat eine Fläche von insgesamt 56 km², ihre Landschaft wird vom großen Westsee, Gärten, Bäumen, Pagoden, Pavillons und Tempeln geprägt. Lediglich am Nordostufer ragen die Hochhäuser nahe an den See heran.

Die Stadt hat eine reiche Vergangenheit. Die Herrscher der südlichen Song-Dynastie (1127–1279) verlegten den Kaiserhof von Peking an den Westsee. Stolze 152 Jahre residierten die Herrscher des Reichs der Mitte in Hangzhou. Es war eine blühende Ära, in der

China beispielsweise das Porzellan, den Magnetkompass und das Schießpulver erfand. Historiker vermuten, dass Hangzhou damals rund 1,5 Millionen Einwohner zählte und noch vor Bagdad die größte Stadt der Welt war. Nachdem die Mongolen die chinesischen Heere niedergerungen und die Macht übernommen hatten, verlagerte sich das Zentrum der Macht erneut: *Kublai Khan*, Enkel Dschingis Khans, bestieg als erster Kaiser der anbrechenden Yuan-Dynastie (1279–1368) in Peking den Thron.

Hangzhou erkundet der Besucher am besten auf dem Fahrrad. Eine große Auswahl Verleiher findet sich am östlichen Seeufer, etwa an der Hubin Road. Dorthin gelangt man vom Hauptbahnhof am einfachsten und schnellsten mit dem Taxi. Auch der Bus K 7 bringt einen vom Hauptbahnhof zur Hubin Rd. sowie zu vielen anderen Sehenswürdigkeiten wie dem Lingyin-Kloster und dem Feilai Feng (einfache Fahrt 3–5 Y).

Sehenswertes

Westlake (Xi Hu) 西湖

Die Abendsonne lässt die Oberfläche des Westsees bisweilen golden glänzen. Die Szenerie aus Wasser, Tempeln und bewaldeten Hügeln im Hintergrund mutet dann besonders zauberhaft an. Doch lohnt diese gestaltete Landschaft zu jeder Tageszeit wie auch zu jeder Jahreszeit einen Besuch. Die Schönheit des Sees kann komfortabel erfahren, wer sich ein kleines Boot samt Ruderer mietet oder mit einem der vielen Ausflugschiffe hinausfährt, von denen die meisten am Ostufer an der Hubin Road oder von der Ablegestelle am Zhongshan Park (s. unten) starten.

Auf dieser Tour gelangt der Besucher zu den **„Drei den Mond spiegelnden Teichen"** („three pools mirroring the moon") – drei Stein-Pagoden, die vor der Yingzhou-Insel aus dem Wasser ragen. Bisweilen wird in Vollmondnächten in jede der Pagoden eine Kerze gestellt und entzündet – auf der Wasserfläche mischen sich dann Mond- und Kerzenschein. Das Motiv mit den drei Pagoden im Westsee ziert übrigens den Ein-Yuan-Schein.

Auch mit dem Fahrrad lässt sich der Westlake auf einer Ufer-Rundfahrt erkunden: Mit der Bai-Causeway und der Su-Causeway führen zwei lange Dämme über reizvolle Teile des Gewässers. Die Namen der Dämme erinnern an die Dichter und kaiserlichen Beamten Bai Juyi (772–846) und Su Dongpo (1036–1101), die den See anlegten und maßgeblich gestalteten.

Die Wasser des Westlake dehnen sich auf einer Fläche von 6,4 km² aus; durchschnittlich beträgt seine Tiefe 2,3 m, die tiefste Stelle misst 5 m. Ursprünglich handelte es sich bei dem Gewässer um einen seichten Seitenarm des Qiantang-Flusses.

Entlang des Ufers sowie auf den Dämmen gibt es viele schöne Aussichtspunkte und Pavillons, zum Beispiel den Pavillon **„Schneeschmelze auf der gebrochenen Brücke"** („lingering snow on broken bridge") am nördlichen Ende des 1,5 km langen Bai-Causeway oder ebendort am südlichen Ende der Pavillon **„Herbstmond über dem stillen See"** („autumn moon over the calm lake") – wie der Name verrät, sollen sich hier bei Vollmondnächten im Herbst die romantischsten Blicke über den See auftun.

Am 2,8 km langen Su Causeway lohnt ein gut 21 Hektar großer, reizvoll angelegter Park mit großem Goldfischteich einen Besuch. Der Aussichtspunkt **„Fischbetrachtung in der**

Ausflüge – Hangzhou
→ Karte S. 245

Blumenbucht“ („viewing fish at flower pond“) liegt ganz im Süden des Damms. Der Park gehörte ursprünglich zur Privat-Residenz eines kaiserlichen Beamten.

See-Rundfahrten: kleines Boot samt Ruderer ca. 100 Y (Preis vorher aushandeln). Die meisten Ausflugsschiffe starten am Ostufer an der Hubin Road oder von der Ablegestelle am Zhongshan Park (s. unten). 2-stündige Rundfahrt inkl. Abstecher zu den drei im See gelegenen Inseln 45 Y, Kinder unter 1,30 m die Hälfte.

Leifeng-Pagode (Leifeng Ta) 雷锋塔

Unweit vom südlichen Ende des Su Causeway erhebt sich die Leifeng-Pagode. Das Original stammt aus dem Jahr 977 und stürzte 1924 ein. Ein regionaler Herrscher hatte den Turm aus Anlass der Geburt seines Sohnes errichten lassen. Die neue Pagode ist knapp 72 m hoch und datiert aus dem Jahr 2000.

Tägl. 7.30–21 Uhr, Eintritt 40 Y. Anfahrt mit Bus Y 2 vom Bahnhof, 15 Nanshan Rd., 浙江杭州市 15 号

Zhongshan Park (Zhongshan Gongyuan) 山公园

Auch wenn Hangzhou den Kaiserhof mit Beginn der Yuan-Dynastie 1279 wieder an Peking abtreten musste, blieb die Stadt bei den „Söhnen des Himmels“, wie die Kaiser im Volksmund auch genannt wurden, beliebt. Davon zeugt am südlichen Ende des Bai-Dammes der Zhongshan Park, den Kaiser Qianlong (1736–1795), einer der Herrscher der Qing-Dynastie, als Garten seines Palastes anlegen ließ. Schatten spendende Bäume, Pagoden, Pavillons und im Frühjahr ein Teppich aus bunt blühenden Chrysanthemen machen den Reiz des Parks aus.

Tägl. 8.30–16.30 Uhr. Anfahrt mit Bus K 7 vom Bahnhof. Direkt neben 25 Gushan Rd., 浙江杭州市孤山路 25 号

Zhejiang Provincial Museum (Zhejiangsheng Bowuguan) 浙江省博物馆

Direkt neben dem Park lädt dieses Museum zum Besuch. Einst gehörte das Gelände zum Palast Quianlongs, heute beherbergt es rund 100.000 Exponate, darunter Relikte der mehr als 7000 Jahre alten Humudu-Kultur. Interessant sind auch die Kollektion alter Münzen sowie die angeblich ältesten erhaltenen Banknoten der Welt, die zur Zeit der Nördlichen Song-Dynastie (960–1126) herausgegeben wurden. Tatsächlich ist unumstritten, dass das Papiergeld in China erfunden wurde. Für den Besuch des Museums braucht man es dennoch nicht: Der Eintritt ist frei.

Mo 12–16 Uhr, Di–So 9–16 Uhr. ✆ 0571-87980281, www.zhejiangmuseum.com. Anfahrt mit Bus K 7 vom Bahnhof. 25 Gushan Rd., 浙江杭州市孤山路 25 号

Lingyin-Kloster (Lingyin Si) 灵隐寺

Die Tempelanlage aus dem Jahr 326 fügt sich herrlich in die Hügellandschaft westlich des Sees ein. Die insgesamt sechs Tempelhallen sind eingebettet in ein Grün aus Laubbäumen, Nadelbäumen und Bambussen. In der zweiten, der Hall of Mahavira, ruht der größte holzgeschnitzte sitzende Buddha Chinas in sich – inklusive Sitz misst der Erleuchtete knapp 25 m.

Tägl. 8–16 Uhr, Eintritt 30 Y. Anfahrt mit Bus K 7 vom Bahnhof. 1 Fayun Lane, 浙江杭州市西湖区法云弄 1 号

Feilai Feng 灵隐飞来峰

Diese große, Feilai Feng genannte Felswand („peak flying from afar“ – „herbeigeflogener Gipfel“), erhebt sich

vor dem Eingang des Lingyin-Klosters; die Wand ist ein Sammelsurium an Buddha-Figuren. Künstler unterschiedlichster Herkunft und Epochen haben die Abbilder des Religionsstifters im Lauf der Jahrhunderte aus dem Stein geschlagen, die Buddhas stammen angeblich aus fünf Dynastien. Insgesamt warten etwa 340 Figuren auf Bewunderer. Eine der schönsten ist der breit lachende, liegende Buddha Maitreya. Sein dicker Bauch aus Stein glänzt – Tausende streichelnde Hände haben ihn poliert. Es soll Glück bringen, ihn zu berühren.

Tägl. 7–17 Uhr, Eintritt 35 Y. Anfahrt mit Bus K 7 vom Bahnhof. 1 Fayun Lane, 浙江杭州市西湖区法云弄 1 号

China Silk Museum (Zhongguao Sichou Bowuguan) 国丝绸博物馆

Drei große Stätten der Seidenproduktion kannte China seit Mitte des 14. Jh. – Hangzhou war eine davon. Daran erinnert das China Silk Museum, das nach eigenen Angaben größte Seidemuseum der Welt. Die Exponate erläutern auf sehr anschauliche Weise die Historie des edlen Stoffes und geben Auskunft darüber, wie die Seidenraupe domestiziert wurde. Auch erfährt der Besucher, was es entlang der Seidenstraße zu erleben gab und welche verschiedenen Techniken des

→ Karte S. 245

Webens und Bedruckens den Seidemachern zur Verfügung standen. Texte auch in englischer Sprache, der Eintritt ist frei.

Tägl. 8.30–16.30 Uhr. ✆ 0571-87035150. Anfahrt mit Bus 809, 12 und Y 3 vom Bahnhof. 73 Yuhuangshan Rd., 浙江杭州市玉皇山路 73 号

Seide – mehr als ein Stoff

Die Kaiser der Qing-Dynastie (1644–1912) kannten sieben Garnituren Seidenkleider. Ein Regenset war darunter und eines für Tage, an denen der Herrscher dem Gericht vorsaß. Auf der Brust und am Rücken waren Drachen oder Boas aufgestickt, Symbole der allumfassenden Macht der „Söhne des Himmels", wie die Herrscher des Reichs der Mitte so schön tituliert werden – übrigens ungeachtet dessen, dass China zwei Mal in seiner Geschichte von Kaiserinnen regiert wurde.

Nicht immer war Seide den Herrschern und Mächtigen vorbehalten. Zu Beginn der Seide-Verarbeitung war der spätere Stoff der Noblen Allgemeingut. Archäologische Funde aus der Provinz Shanxi belegen, dass die Raupen des Maulbeerspinners bereits 3500 v. Chr. genutzt wurden. Wann genau damit begonnen wurde, die länglichen Kokons in kochendem Wasser zu erhitzen, um an den Kokonfaden zu gelangen, ist freilich nicht belegt. Die Fäden von vier bis acht Kokons wurden anschließend verdreht und mittels einer Haspel zu einem Seidenfaden aufgespult. Überreste einer primitiven Haspel gehen nach Angaben des Seidemuseums Hangzhou auf das Jahr 2500 v. Chr. zurück. Unumstritten ist, dass ein Kokon 3000 bis 4000 Meter Faden birgt. Davon lassen sich 700 bis 1000 Meter aus der mittleren Schicht haspeln.

China war die erste Kultur des Globus, die es zu wahrer Meisterschaft in der Seideproduktion brachte. Entlang des Gelben Flusses wurde die Herstellung seit dem 8 Jh. v. Chr. stetig ausgeweitet und verbessert. Neue Techniken, Muster und Möglichkeiten der Verwendung kamen hinzu.

Von jeher war dieser Stoff wertvoll. Während der Han-Dynastie (206 v. Chr. bis 220 n. Chr.) wogen Händler die Menge, die für die Herstellung eines Kleides nötig war, mit 200 Litern Reis auf. Die Mongolen übernahmen 1279 die Macht in China, begründeten die Yuan-Dynastie und führten die sogenannten „silk notes" ein – Papiergeld, dessen Gegenwert nicht in Edelmetallen, sondern in Form von Seidegarn-Bündeln hinterlegt war. Seide-Banknoten aus China waren 1294 auch in Persien als Zahlungsmittel anerkannt. Während der Ming-Dynastie (1368–1644) stiegen die Städte Hangzhou und Suzhou neben Peking und Nanjing zu den wichtigsten Produktionsstätten für Seide auf.

Seide glänzt edel und trägt sich angenehm auf dem Körper. Früh trugen Handels-Karawanen den Ruhm des Stoffes über die Grenzen des Reichs der Mitte hinaus – nach ihm wurde eine der wichtigsten Handelsrouten der Welt benannt: die Seidenstraße, über die seit dem 2. Jh. v. Chr. der Mittelmeerraum und China in regem Austausch standen, bis im 15. und 16. Jh. die Schifffahrt Einzug hielt und das Ende der legendären Seidenstraße einläutete. Seither gelangt chinesische Seide auf dem Seeweg in alle Welt. Bis heute hat sich daran nichts geändert.

Buddha Maitreya ist der Star auf dem "herbeigeflogenen Gipfel" Feilai Feng

China Tea Museum (Zhongguo Chaye Bowuguan) 中国茶叶博物馆

Die Gegend um Hangzhou ist ein wichtiges Tee-Anbaugebiet. Kein Wunder, dass hier das einzige staatliche Museum Chinas steht, das sich ganz und gar dem beliebtesten Getränk im Reich der Mitte widmet. Es werden die wichtigsten Sorten und Produktionsverfahren sowie die Geschichte des Tees als Kulturpflanze erläutert. Übrigens wird eine der besten Sorten Grünen Tees in der Umgebung Hangzhous angebaut: der Drachenbrunnen-Tee. Er erfreut sich nicht nur bei Kennern in China großer Beliebtheit, sondern auch bei einer internationalen Fangemeinde. Erklärungen auch in englischer Sprache, Eintritt ist frei.

Tägl. 8.30–16.30 Uhr. ✆ 0571-87964222. Anfahrt mit Buslinien 27 und Y 3. 18 Longjing Rd., 中国浙江杭州市龙井路 18 号

Huqingyutang Museum of the Traditonal Chinese Medicine (Zhongyao Bowuguan) 胡庆余堂中药博物馆

Wer nach Hangzhou kommt, kommt wegen der prächtigen Landschaft, denn die Innenstadt ist nicht besonders spektakulär – mit Ausnahme der alten Apotheke in der Dajing Lane. Das Gebäude aus dem Jahr 1878 strahlt Exotik aus. Hier mischen Angestellte in weißen Kitteln jedem Kunden eine auf Leib und Leiden zugeschnittene Mixtur für die Heilung. Es wird gratis Tee ausgeschenkt. Tolle Atmosphäre!

Der alten Apotheke ist ein Museum angeschlossen. Hier lassen sich die Einblicke in die Traditionelle Chinesische Medizin vertiefen. Man erfährt auch auf Englisch, welche heilenden Wirkungen

→ Karte S. 245

bestimmte Kräuter, Pflanzen und Tiere haben sollen. Manche Exponate wie in Formaldehyd-Gläsern eingelegte Kröten und Salamander lassen einen schlucken. Auch Führungen in englischer Sprache.

Tägl. 8.30–17 Uhr, Eintritt 10 Y. Anfahrt mit Taxi vom Bahnhof für 10 Y. ✆ 0571-87027507. 95 Dajing Lane, 浙江杭州市大井巷 95 号

Meijiawu 梅家坞茶文化村

Das beschauliche Dorf ist vom Zentrum Hangzhous etwa 20 Min. Busfahrt entfernt. Mit dem Taxi geht es schneller. Hier kann man durch grüne Hügel wandern und das ländliche China erleben. Große Felder mit Teesträuchern säumen wie Teppiche die Landschaft. Besonders reizvoll ist es, die Hügellandschaft auf einem Spaziergang zu erkunden. Ein besonders schöner Weg führt nach dem Ortsausgang rechts über eine kleine Brücke bergan in die Felder und anschließend einen kleinen Wald entlang zu noch höher gelegenen Teefeldern.

Die kleine Tour dauert knapp eine Stunde; der Weg ist zwar nicht markiert, doch die Orientierung fällt aufgrund der vorhandenen Pfade leicht.

Anfahrt mit den Bussen Y 4, K 324 und K 658.

Information

Hangzhou Tourism Committee (Hangzhoushi Luyou Weiyuanhui) 杭州市旅游委员会. Englisch sprechende Mitarbeiter geben Auskunft und halten Infomaterial bereit. Tägl. 8.30–12 und 14–17.30 Uhr. ✆ 0571-85171292. 228 Yan'an Rd.

Verbindungen

Die schnellste und häufig auch günstigste Verbindung zwischen Shanghai und Hangzhou ist der Zug. Wer einen der Schnellzüge von der **South Railway Station** (Metrolinien 1 und 3) nimmt, braucht exakt 78 Min.; einfache Fahrt 54 Y. Abfahrt des „Bullet Train" **von Shanghai nach Hangzhou**: 7.20, 7.44, 9.30, 11.45, 13.07, 13.12, 15.04, 16.40, 17.47, 19.03, 20.01 Uhr.

Ein Händler im Tee-Dorf Meijiawu gönnt sich ein Päuschen

Von Hangzhou nach Shanghai verkehren die Schnellzüge um 7.40, 9.55, 11.32, 13.23, 14.55, 18.18 und 20.40 Uhr (Stand bei Redaktionsschluss, die Zeiten können sich geändert haben).

Es gibt auch **Züge vom Shanghaier Hauptbahnhof**, die aber eine Stunde länger unterwegs sind. Busse sind zeitlich betrachtet keine Alternative, da sie häufig im Stau stecken bleiben.

Viele Hotels oder Hostels besorgen Zugtickets gegen einen kleinen Aufpreis. Man kann sie auch selbst an der South Railway Station erwerben – oder im gut organisierten Ticketservice an der Metrostation Nanjing Rd. West (Linie 2), ca. 100 m vom Metro-Aufgang in der Taixing Rd. 218. Wer über die Feiertage nach Hangzhou fahren möchte, sollte Zugtickets möglichst eine Woche vorher buchen.

Auch vom **Flughafen Shanghai Pudong** verkehren mehrmals täglich Busse nach Hangzhou (→ Kap. Anreise).

Übernachten → Karte S. 245

Westlake Youth Hostel (Guoke Qingnian Luxingshe) 杭州过客青年旅舍 **8**, die Budget-Unterkunft am Westsee, keine 50 Meter vom südöstlichen Seeufer entfernt; etwas von der Hauptstraße zurückversetzt in ruhiger Lage, gemütliche Atmosphäre mit Garten. Bett im Schlafsaal 45–50 Y, DZ ab 220 Y. ✆ 0571-87027027, 📠 0571-87027027, www.westlakehostel.com.

Vom Bahnhof fährt der Bus Y 2 fast bis vor die Tür des Hostels, aussteigen muss man an der Haltestelle Long Bridge Park Station. Gegenüber dem Zhejiang Xi'Zi Hotel führt ein schmaler Weg zum Hostel. 62–3 Nanshan Rd., 浙江杭州市南山路 62-3 号

Mingtown International Youth Hostel (Guoji Qingnian Luxingshe) 杭州国际青年旅行社 **6**, in einer kleinen Ladenzeile, saubere Zimmer. Direkt daneben befindet sich ein schönes Café. Bett im Schlafsaal ab 45, DZ ab 180 Y inkl. Frühstück. ✆ 0571-87918948. Anfahrt u. a. mit Bussen K 4, K 12, K 102. Taxi vom Bahnhof etwa 10 Y. 101–3 bis 101–11 Nanshan Rd., 浙江杭州市南山路 101–3 和 101–11.

Holiday Wuyang (Wuyang Jiari Jiudian) 五洋假日酒店 **7**, neues, sympathisches Haus in ruhiger Lage, zum See ca. fünf Min. zu Fuß. Nichtraucherzimmer in der 6. Etage.

Sonnenuntergang über dem Westsee

DZ ab 800 Y inkl. Frühstück. ✆ 0571-87655678, 📠 0571-87655888. 109 Qingbo Street, 浙江杭州市南山路清波街 109 号

Shangri-La (Xianggelila Fandian) 杭州香格里拉饭店 **3**, Haus der Luxusklasse mit geräumigen, in warmen Farben eingerichteten Zimmern. Das Haus ist nur von der Seeufer-Straße vom Westlake getrennt. DZ ab 1200 Y. ✆ 0571-87977951, 📠 0571-87073545, www.shangri-la.com. 78 Beishan Rd., 浙江杭州市市北山路 78 号

Hyatt Hangzhou (Kaiyue Jiudian) 凯悦酒店 **4**, direkte Seelage in der verkehrsberuhigten Hubin Rd. Alle Annehmlichkeiten einer Nobelherberge, aber landschaftlich nicht so

Ausflüge – Hangzhou → Karte S. 245

schön eingebettet wie das Shangri-La. DZ ab 1500 Y. ✆ 0571-87791234, 📠 0571-87791818, http://hangzhou.regency.hyatt.com. 28 Hubin Rd., 浙江杭州市湖滨路 28 号

Fuchun Resort (Fuchunsahn Dujiacun) 富春山居度假村 **9**, etwas außerhalb gelegenes Luxus-Resort inmitten einer von Teepflanzen und Bäumen bestandenen Hügellandschaft, Anfahrt im Taxi rund 30 Min. Der Innenpool gleicht einer Tempelhalle, in der es auch ein Kinderbecken gibt. Draußen kann man in Warmwasserbassins sitzen und den Blick über die Hügel schweifen lassen. Stillvoll eingerichtete Zimmer. DZ ab 2000 Y. ✆ 0571-63461111, 📠 0571-63461222, www.fuchunresort.com. Fuyang Section, Hangfu Yanjiang Rd. 浙江杭州市杭富沿江公路富阳段富春山居

Essen & Trinken

→ Karte S. 245

Banana Leaf 蕉叶杭州店 **1**, viel besuchtes Lokal mit Gerichten aus ganz Asien. Wer es wie die Chinesen laut mag, ist hier goldrichtig. Es gibt eine Frucht-Bar, die leckere Säfte frisch presst. Hauptgerichte ab 15 Y. Tägl. 10–23 Uhr. ✆ 0571-87072345. 39 Hubin Rd., ,浙江杭州市湖滨路 39 号

Shang Palace Restaurant 香宫餐厅 **3**, stilvolles Restaurant im Shangri-La Hotel am Nordwestufer des Sees. Mittags mundet ein günstiges Dim-Sun-Menü. Hauptgerichte ab 30 Y. Tägl. 11–14.30 und 17–21.30 Uhr. ✆ 0571-87977951-21. 78 Beishan Rd., 浙江杭州市北山路 78 號

Louwailou 楼外楼 **5**, wohl bekanntestes Lokal Hangzhous mit langer Tradition; es liegt direkt am Westsee und ist bekannt für seine Fischgerichte, aber auch das in einem Mantel aus Ton gegarte „Bettlerhuhn" wird gekonnt zubereitet. Angeblich haben schon Chinas Literaten-König Lu Xun sowie Polit-Star Zhou Enlai hier gespeist. Mittleres Preisniveau. Tägl. 11–22 Uhr. ✆ 0571-87969023, www.louwailou.com.cn. 30 Gushan Rd., 地址：浙江杭州市孤山路 30 号

C. Straits Café 西湖咖啡镜湖厅 **2**, hier sitzt man wunderbar direkt am Westsee unter schattigen Bäumen und kann Tee oder ein kühles Getränk sowie kleine Snacks genießen. Snacks ab 30 Y. ✆ 0571-87991024. 79 Beishan Rd., 浙江杭州市西湖区北山路 79 号

Am Nordufer des Westsees laden Lokale zum Verweilen

Suzhous Schöheit sind seine im Großstadt-Trubel versteckten Gärten

Suzhou

„Das Leben beginnt mit dem Tag, an dem man einen Garten anlegt." (chinesisches Sprichwort)

Die Vielzahl und Vielfalt der Gärten von Suzhou sind einzigartig. Bis zu 200 der grünen Wunderwerke gab es einst in der Stadt, erhalten sind heute rund siebzig. Neun dieser Meisterstücke zählen zum Weltkulturerbe und stehen unter dem Schutz der UNESCO.

Suzhous Reichtum an schönen Gärten rechtfertigt jedoch noch lange nicht, dass sich die Stadt am Kaiserkanal mit dem Vergleich „Venedig des Ostens" schmückt. Umso ärgerlicher, dass dies häufig unkritisch nachgebetet wird, denn der Vergleich hinkt heftig: Erstens ist Suzhou weit weniger romantisch als die Perle am Mittelmeer. Zweitens ist Suzhou etwa tausend Jahre vor Venedig entstanden, was einen Vergleich der beiden Städte zusätzlich fragwürdig macht. Wer sich für die klassische Gartenkunst Chinas interessiert, sollte sich die Stadt dennoch nicht entgehen lassen. Das Gros der prächtigsten Gärten erblühte erstmals in der Ming-Dynastie (1368–1644), als die Stadt reiche Kaufleute, Handwerker, Beamte und Gelehrte anzog.

Ins Blickfeld der internationalen Kunstszene rückte die Stadt jüngst mit dem Bau des neuen Heimatmuseums. Das → **Suzhou Museum** ist das jüngste Meisterwerk von Star-Architekt *Ieoh Ming Pei*. Der Exil-Chinese hat unter anderem die Louvre-Pyramide in Paris gestaltet und den Pritzker-Preis erhalten – die weltweit renommierteste Auszeichnung für Baukunst. Nun hat Pei mit dem 2006 eingeweihten Museumsbau auch der Heimatstadt seiner Familie ein Denkmal gesetzt.

Suzhou ist eine der ältesten Städte der Jangtse-Gegend, wovon im historischen Zentrum noch ein engmaschiges Netz an Kanälen, welche die vielen Gärten mit Wasser speisen, sowie kleine Steinbrücken und weiß getünchte, alte Häuser zeugen. Die 2500 Jahre alte Stadtmauer, die sich schützend um die Altstadt legte, wurde 1949 nach der Machtübernahme der Kommunisten abgerissen. Aufgrund des Wirtschaftsbooms der Region hat die Stadt jedoch in jüngster Vergangenheit einen rasanten und fundamentalen Wandel durchlaufen und wirkt auf den ersten Blick wie ein abstoßender Industriestandort. Innerhalb des rechteckigen Stadtgrabens lässt sich das historische Zentrum dennoch leicht ausmachen. Die *Renmin Road* führt vom Bahnhof aus direkt in diesen touristisch interessanten Stadtteil.

Heute ist die historische Altstadt mit den Häusern aus der Ming-Zeit großteils abgerissen, der Restbestand ist aufgrund jahrzehntelanger schlechter Pflege heruntergekommen. Auch die Kanäle, einst wichtige Handelswege, werden nur selten durchgespült und dienen vielen noch immer als Abfalleimer. Allerdings bemüht sich die Regierung, die Stadt schrittweise zu renovieren. Dort, wo es gelingt, spürt man wieder den alten Glanz.

Wie in alten Zeiten dienen die Kanäle von Suzhou als Transportwege

Berühmt ist Suzhou nicht nur für seine Gärten, sondern auch für die Kunst der Seidenweberei. Es zählte seit der Ming-Dynastie zu den drei vom Kaiser autorisierten Produktionsstätten des edlen Stoffes. Die Kunst der Seidegewinnung und -weberei wird im → **Silk Museum** anschaulich dargestellt.

Dennoch sind die → **Gärten von Suzhou** Attraktion Nummer eins. Meist haben ehemalige hohe kaiserliche Beamte diese Orte der Kontemplation und des Müßiggangs angelegt, um ihren Ruhestand in einer Art irdischem Paradies zu verbringen. Trotz aller Vielfalt: Man sollte sich bei einem Tagesausflug nach Suzhou auf drei oder vier Anlagen beschränken. Dann hat man einen guten Überblick über die chinesische Gartenbaukunst (→ Kasten „Gärten der Freude") gewonnen. Ohnehin sollte man für einen Besuch die Zeit unmittelbar nach der Öffnung am Morgen oder eine Stunde vor Schließung am Abend vorziehen, denn auf den teils engen und verschlungenen Wegen der Gärten wird es bisweilen sehr eng – vor allem am Wochenende und an Feiertagen.

Stadtgeschichte

Die Legende besagt, Suzhou sei während der Zeit der streitenden Reiche um 600 v. Chr. von He Lu, einem Herrscher des Königreichs Wu, gegründet worden. Früh begannen die Bewohner Suzhous wie im Rest des Jangtse-Deltas, im flachen Land Kanäle auszuheben. Über das Kanal-Netz bewässerten sie ihre Felder, es schützte sie vor Hochwasser und diente ihnen als Transportweg für ihre Waren. Das Netz verband Suzhou mit den meisten Dörfern und anderen Marktstädten des Deltas. Auf den Kanälen konnte man schwere Lasten 75 Kilometer pro Tag transportieren, doppelt so weit wie auf

einem Ochsenkarren. Die regionale Wirtschaft florierte, und Suzhou entwickelte sich rasch zu einem Zentrum des Seidenhandels. Mit der Erweiterung des Kaiserkanals im 5. Jh. (→ Kasten „Jahrhundertwerk Kaiserkanal") begann die große Blütezeit der Stadt. Während der Tang-Dynastie (618–907) florierten Seidenverarbeitung und -handel. Seine Glanzzeit erlebte dieser wichtige Wirtschaftszweig, als in der Song-Dynastie (960–1279) der Kaiserhof ins nahe Hangzhou zog. Der Reichtum beider Städte inspirierte das chinesische Sprichwort: „Der Himmel oben hat sein Paradies, die Erde unten hat Suzhou und Hangzhou."

Auch als Kaiser Hongwu, erster Herrscher der Ming-Dynastie (1368–1644), den Hofstaat nach Nanjing verlagerte, profitierte Suzhou und festigte seine herausragende Stellung als Zentrum für Seidenweberei und Holz-Kunsthandwerk. Die Fertigungsstätten in Suzhou waren damals weit fortschrittlicher organisiert als jene in Europa, das diese Fortschrittlichkeit erst im Zuge der industriellen Revolution des 19. Jh. erreichen sollte. Der China-Kenner *Marco Polo* beschrieb Suzhou schon im späten 13. Jh. als einen Ort mit unzähligen Brücken, klugen Geschäftsleuten und fähigen Handwerkern.

Suzhou ist mittlerweile eine Großstadt mit etwa 3,2 Millionen Einwohnern und einer florierenden Hightech-Industrie. Mit dem Industriepark entstand ein komplett neues, futuristisches Stadtviertel, einschließlich zwei künstlicher Seen, um die sich viel Gastronomie gruppiert. Ähnlich wie in Shanghais Stadtteil Pudong konzentrieren sich dort Wolkenkratzer, Konferenz-Zentren und Hotels.

Jahrhundertwerk Kaiserkanal

Der Kaiserkanal führt auf rund 1800 Kilometern Länge von Hangzhou nach Peking. Damit ist er die größte komplett ohne Einsatz moderner Maschinen geschaffene Wasserstraße der Welt. Es versteht sich, dass solch ein technisches Meisterwerk damals über Jahrhunderte reifte und wuchs: Der erste Abschnitt wurde bereits um 500 v. Chr. in Angriff genommen, ein letztes Teilstück wurde unter Kaiser Kublai Khan (1279–1294), dem ersten Herrscher der mongolischen Ming-Dynastie komplettiert – erst unter dem Sohn des Dschingis Khan erreichte die Wasserstraße Peking.

Freilich musste der Khan nicht mehr ganz so viel Aufwand betreiben wie Kaiser Yangdi (581–618), der bis zu sechs Millionen Untertanen unter Bewachung dazu zwang, den Kaiserkanal voranzutreiben. Überliefert ist, dass das Volk den Herrscher verurteilte, weil er die Arbeiter malträtierte. Doch sollte die Erweiterung und Fertigstellung des Kanals, der die fruchtbare Jangtse-Region im Süden mit den Gebieten des Gelben Flusses Huanghe im Norden verband, für Land und Leute ein großer Segen werden. So erschloss er den kargeren nördlichen Gebieten die reichen Reisanbaugebiete des Südens und half Hungersnöte zu bekämpfen.

Immer wieder verschrieben sich Herrscher verschiedener Dynastien der großen Aufgabe, Chinas große Flüsse, die allesamt von West nach Ost strömen, um einen künstlichen Wasserweg von Nord nach Süd zu bereichern. Bereits während der Tang-Dynastie (618–907) begann entlang des Kanals der Handel zu blühen – vor allem in den Städten des Südens. Nanjing und Hangzhou entwickelten sich zu den größten und mächtigsten Städten des Landes. Dies spiegelt sich auch darin, dass zunächst die Song-Dynastie den Kaiserhof nach Hangzhou verlegte und die Ming-Dynastie später Nanjing zum Sitz des Kaisers machte.

Auch auf die Stadt Suzhou fiel einiger Glanz der nahen Kaiserstädte: Gelehrte, Geschäftsleute und Handwerker belebten ihre Gassen. Dank des Kaiserkanals wurden die Städte des Jangtse-Deltas zu Schaltstellen des Handels im Reich der Mitte. Sie lagen im Zentrum des Nord-Süd- wie des West-Ost-Handels und waren Hauptumschlagplatz der Seiden- und Baumwollindustrie. Mit dem Reichtum kamen auch die bis in die Gegenwart berühmten Gärten nach Suzhou (→ Kasten „Gärten der Freude“).

Sehenswertes

Suzhou Museum (Suzhou Bowuguan) 苏州博物馆

Ieoh Ming Pei, mittlerweile 91-jährig, soll bereits als Kind in den Gärten der Stadt gespielt haben. Die Harmonie dieser Orte und ihre Architektur haben Pei auch bei der Gestaltung des 43 Millionen Dollar teuren Museums inspiriert. Der kubistische Gebäudekomplex wirkt von außen fast wie eine Festung. Erst im Inneren offenbart er seine ganze asiatische Schönheit, genauso wie ein historischer chinesischer Garten. Mit den glatten, weißen Mauern, den grauen Verblendungen und dem Dach, das sich bei Regen schwarz färbt, greift Pei auch die klassischen Farben der Gartenarchitektur auf.

Die dreiachsige Anlage orientiert sich am „Prince Zhong's Mansion", einem 200 Jahre alten Haus, das vorher als Heimatmuseum diente und jetzt in den Neubau integriert wurde. Das Museum besteht aus drei Gebäude-Komplexen: dem Mittelteil mit Eingangsbereich, der Zentralhalle und dem herrlichen Hauptgarten. Im westlichen und östlichen Flügel sind die Ausstellungsräume untergebracht. Von jedem Komplex aus hat der Besucher einen Blick auf die insgesamt neun Gärten. Dafür suchte Pei sogar selbst die Pflanzen aus.

Die Ausstellungsräume zeigen alte Fundstücke der Stadt aus Porzellan, Bronze, Jade sowie Kalligraphien und Bilder aus der Ming- und Qing-Zeit. Auch wer wenig Zeit für das Museum mitbringt, sollte sich die Architektur und die Gärten nicht entgehen lassen. Außerdem ist es ein willkommener Ort der Entspannung in der sonst recht lauten und schmutzigen Altstadt.

Tägl. außer Mo 9–17 Uhr, Eintritt frei. ✆ 0512-67575666, www.szmuseum.com. 204 Dongbei Jie, 苏州市东北街 204 号

Silk Museum (Sichou Bowuguan) 丝绸博物馆

Im Seidenmuseum erfährt man alles über die Geschichte des edlen Stoffes und seine Verarbeitung. Die Exponate vermitteln Wissenswertes zu den verschiedenen Verarbeitungsarten (→ Kasten „Seide"). Im Museums-Shop kann man auch Seide kaufen.

Tägl. 9–17 Uhr, Eintritt 15 Y. 661 Renmin Rd., 苏州市人民路 661 号

Von der Pagode am Nordtempel bietet sich ein guter Ausblick über die Altstadt

Neun der Gärten Suzhous sind Welterbe der UNESCO

Pagode beim Nordtempel (Beitasi) 北寺塔

Wer mit dem Zug anreist, sollte vor den Gärten zuerst diese 76 m hohe Pagode besteigen. Es macht nicht nur Spaß, den Bauch der Holzpagode (errichtet 1567) zu erkunden, man wird auch mit einem guten Überblick über die Altstadt belohnt, die doch größer ist, als jeder vereinfachte Stadtplan glauben macht. In der Ferne erkennt man bei guter Sicht die Wolkenkratzer und Wohnsilos der stetig wachsenden Millionenstadt. Im Garten vor der Nordpagode thront ein steinerner, lachender Buddha, vor dessen riesigem Bauch sich die Besucher gegenseitig fotografieren. Manche Mönche beobachten amüsiert die Bemühungen der Touristen, Buddha, Mensch und Pagode auf ein Bild zu bringen.

Tägl. 7.30–18 Uhr, Eintritt 25 Y. Ecke Renmin Rd./Xibei Jie Rd., 苏州市人民路/西北街

The Master-of-Nets Garden (Whangshiyuan) 网师园

Der „Garten des Meisters der Netze" ist eine kleine, aber elegante Gartenanlage. Um den Teich gruppieren sich die ehemaligen Wohn- und Teehäuser. Vom leicht erhöhten Pavillon breitet sich der Garten vor dem Besucher wie ein Gemälde aus. Von März bis Mitte November gibt es jeden Abend traditionelle Musik- und Tanzaufführungen.

Der Eingang zum Netz-Garten will gefunden werden. Am besten ist es, schräg gegenüber vom Garden-Hotel auf der Daichengqiao Road die kleine Gasse zu nehmen, die von vielen Souvenirhändlern gesäumt ist. Man gelangt zur Shiquen Jie, wo ein Schild den Weg weist. Von dort aus markieren blaue Pfeile an den Hauswänden den verwinkelten Pfad zum Garten.

Tägl. 8–16.30 Uhr. Eintritt 20 Y. Das abendliche Konzert von 19.30–22 Uhr kostet inkl. Garteneintritt 80 Y. Shiquen Jie Rd., 苏州市阔家头巷 11 号

Humble Administrator's Garden (Zhuozhengyuan) 拙政园

Ein einfacher Mann war *Wang Xianchen* ganz und gar nicht. Erst als sich der hochrangige Mandarin aus der Politik in seinen Garten zurückzog, machte er nur noch eine Art von Politik, nämlich grüne: Er verschrieb sich ganz und gar seinen Pflanzen. Wang kokettierte damit, und schon war der Name des Gartens geboren. Der „Garten des einfachen Mannes" ist eine grüne Oase und mit ca. 50.000 m² einer der größten und sehenswertesten Gärten der Stadt. Wang ließ den Garten Mitte des 16. Jh. als Idealform einer Landschaft anlegen. Die Hauptattraktion ist der große Teich, um den sich viele Pavillons gruppieren. Durch die geschnitzten Fenster und Türen dieser Zierbauten eröffnen sich immer wieder neue Perspektiven. Zickzack-Brücken, Mondtore, Bambushaine, Bonsai-Bäume und Ming-Möbel in den Häusern – im Garten des einfachen Mannes findet der Besucher chinesische Motive en masse.

Tägl. 7.30–17.30 Uhr, Eintritt 31. Okt. bis 15. April 50 Y, 16. April bis 30. Okt. 70 Y. 178 Dongbei Jie Rd., 苏州市东北街 178 号

The Changlang Pavillion (Changlang Ting) 沧浪亭

Der „Garten zur azurblauen Welle" ist verwinkelt und romantisch. Seiner Schönheit wird man erst gewahr, wenn man den Hügel kurz nach dem Eingang besteigt. Es ist der älteste Garten Suzhous, angelegt von dem Dichter *Su Sunqin* um das Jahr 1000. Sehenswert sind vor allem die verschiedenen Bambus-Arten. Unter der Woche bevölkern Studenten der benachbarten Kunstakademie das Grün, die, ausgerüstet mit Papier und Tusche, die schönsten Perspektiven malen.

Tägl. 7.30–17 Uhr, Eintritt 20 Y. 3 Canglangting Jie Rd. (biegt bei einem Teich als Seitengasse von der Renmin Lu ab), 苏州市沧浪亭街 3 号

Gärten der Freude

Betritt man als westlicher Besucher chinesische Gärten, entdeckt man keine großen Rasenflächen, exakt geschnittene Rabatten oder üppige Blumen-Arrangements. Dafür rahmen künstliche Felsformationen weite Wasserflächen, locken Brücken und verschlungene Pfade den Besucher, führen ihn zwischen Kiefern und Bambus immer tiefer hinein in ein von hohen Mauern umschlossenes Reich, das einer genauen Dramaturgie folgt. Ein chinesischer Garten gleicht einem Gemälde, dessen Schönheit sich vor dem Betrachter wie auf einer Papierrolle ausbreiten soll.

Vier wichtige Elemente ergänzen sich im Sinne von Yin und Yang: Wasser, Steine, Pflanzen und Gebäude. So spiegeln sich in den Teichen Himmel und Wolken, was den Garten optisch vergrößert. Wasser, das Element des Lebens, kontrastiert mit den schroffen, künstlichen Felsen. Brücken und Zickzackpfade führen zu Pavillons, Orte der Kreativität und Kontemplation. Die geschnitzten Fensterrahmen werfen musterartige Schatten auf die kalkweißen Wände. Sorgsam eingesetzte Pflanzen wie Bambus, Kiefer und Lotus stehen für Reinheit, Kraft und Entschlossenheit. Vielerorts eröffnen Mond-Tore bezaubernde Blicke – die kreisförmigen Durchlässe lassen sich fast wie Landschafts-Gemälde betrachten. Wer sich etwas Zeit nimmt und vor einem solchen Tor verweilt, wird ein Gefühl für die Ästhetik chinesischer Gärten bekommen.

Ausflüge – Suzhou → Karte S. 253

Praktisches

Stadtpläne sind in der Bahnhofshalle an einem kleinen Stand in der Nähe der Ticketschalter erhältlich.

Fahrradverleih: Das ideale Fortbewegungsmittel, um die Sehenswürdigkeiten zu erkunden, ist das Fahrrad. Alle Glanzlichter der Stadt liegen in einem überschaubaren Gebiet.

Yang Yang, kleiner Verleih und für Besucher, die mit dem Zug anreisen, am günstigsten gelegen. Angeboten werden robuste City-Bikes, die man stundenweise günstigst mieten kann: 2 Std. kosten 2 Y, ganzer Tag 7 Y. Geöffnet ca. 9.30–18 Uhr. Gleich zu Beginn der Renmim Rd. auf der rechten Seite, ein wenig versteckt in einer Hofeinfahrt. 2067 Renmin Rd.

Die Ruiguang-Pagode

Zwei kleine Fahrradverleihe liegen in der Shiquen Jie Rd. – kurz vor dem staatlichen Suzhou-Hotel. Hier wollen die Händler 20 Y pro Fahrrad und Tag. 371 Shiquen Jie Rd. sowie gegenüber bei Nr. 390.

Hin und weg

Die beste Art von Shanghai ins knapp 100 km entfernte Suzhou zu kommen, ist der Zug, die Zahl der Verbindungen ist groß.

Am **Hauptbahnhof Shanghai Railway Station** starten alle Züge nach Suzhou.

Der erste **Bullett Train von Shanghai** fährt um 5.35 Uhr und erreicht Suzhou um 6.17 Uhr. Danach verkehren bis in den späten Abend hinein stündlich Züge zwischen den beiden Städten. Der komfortable **Schnellzug** benötigt ebenfalls rund 40 Min. Bei diesen Zügen ist das Kürzel D den Nummern vorangestellt. Einfache Fahrt im sogenannten Bullet Train je nach Abfahrtszeit 15 bis 30 Y.

Die Züge zurück nach Shanghai starten um 6.47 Uhr, der letzte Zug verlässt Suzhou um 20.43 Uhr.

Größere Hotels und Hostels organisieren Zugtickets gegen geringen Aufschlag. Am besten am Tag vor der Abfahrt organisieren. Man kann sich die Billetts aber auch am Bahnhof kaufen. Weil man dort eventuell lange Schlangen in Kauf nehmen muss, ist es in vielen Fällen jedoch besser, sie im *Ticketservice* an der Metrostation Nanjing Rd. West (→ 2) zu erstehen – er liegt ca. 100 m vom Metro-Aufgang in der Taixing Rd. 218.

Wer möchte, kann auch direkt nach Ankunft in China vom Flughafen Shanghai Pudong einen Bus nach Suzhou nehmen. Von dort fahren täglich mehrere Busse in die Stadt der Gärten (→ Kap. Anreise).

Übernachten → Karte S. 253

Sheraton Suzhou Hotel & Towers (Suzhou Wugong Xilaideng Dajiudian) 苏州吴宫喜来登大酒店 **3**, großzügiges Luxushotel in Form einer chinesischen Tempelanlage mit über 400 Zimmern; von den meisten blickt man auf die Ruiguang-Pagode, die im Süden der Altstadt liegt. Pittoresker Hotelgarten mit Brunnen, Wasserspielen und Pagoden. Großer Außenpool. Für die Hotelgäste stehen kostenlos Leihfahrräder bereit. DZ ab 1800 Y, im Internet wesentlich günstiger. ✆ 0512-65103388. 259 Xhinshi Road, 苏州市新市路 259 号

Garden Hotel Suzhou (Nanyuan Binguan) 南园宾馆 **2**, ein Hotel mit Geschichte, zentral in der Altstadt gelegen: Aus der ehemaligen Wohnanlage von Guomindang-Chef Chiang Kaishek wurde 1952 ein Hotel, in dem die chinesische Führungsriege internationale Staatsgäste empfing. Seit 2006 ist es komplett renoviert und ein weitläufiges, elegantes Fünf-Sterne-Hotel geworden. Auf 48.000 qm² verteilen sich 240 Zimmer, die in vielen Gartenpavillons untergebracht sind. Die Gäste werden in kleinen Elektrowagen hin- und hergefahren. Fahrräder können gratis geliehen werden. DZ ab 1588 Y. ✆ 0512-67786778. 99 Daichengqiao Rd., 苏州市带城桥路 99 号

Bamboo Groove Hotel (Zhuhui Fandian) 竹辉饭店 **1**, etwas abseits der Touristenpfade an einer Ausfallstraße, doch für den Komfort sind die Preise günstig. Trotz frisch renovierter und geschmackvoll eingerichteter Zimmer verströmt das Hotel allerdings noch immer ein wenig kommunistischen Charme. Reizvolle Zimmer mit Blick auf den hauseigenen Teich. Bis zu den zwei Fahrrad-Verleihen in der Shiquen Jie Rd. ist es nicht weit. DZ ab 580 Y. ✆ 0512-65205601. 168 Zhuhui Rd., 苏州市竹辉路 168 号

Essen & Trinken

Die besten Baozi in der Altstadt gibt es im großen, neonbeleuchteten **Schnell-Imbiss** gegenüber vom Suzhou Museum. Dem Koch kann man bei der Zubereitung der heißen Knödel zusehen, so weiß man auch gleich, ob sie mit Schweinefleisch, Gemüse oder Krabbenfleisch gefüllt sind. Zudem gibt es Suppen und kleine Gerichte. Sehr günstig. Qui Men Road 1, Ecke Xi Bei Jie Rd., 苏州市靠近西北街

Suzhou Classical Restaurant, 老苏州老酒楼, in der quirligen Shiquen Jie Rd. wechseln sich Cafés, hübsche Boutiquen und Restaurants ab. Neben einem Souvenirshop, der mit zwei sprechenden Vögeln Kunden anlockt, liegt das saubere, helle Lokal. Auf der Karte: viele Fischgerichte wie Mandarin Fisch, Haifischflossen und Krabben. Hauptgerichte ab 40 Y. Tägl. 10–22 Uhr. ✆ 0512-65291988. 658 Shiquen Jie, 苏州市十全街 658 号

Fenster sind Teil der Garten-Kunst

Kleiner Sprach-Assistent

Shanghai ist wohl einer der besten Orte, um China kennen zu lernen. Das hat nicht nur mit Reiz, Schönheit und Dynamik dieser Stadt zu tun, sondern auch damit, dass vergleichsweise viele Einheimische zumindest ein paar Brocken Englisch sprechen. Wenn der Reisende sich seinerseits ein paar Grundkenntnisse Chinesisch aneignet, wird er zurecht kommen.

Viele glauben, das Chinesische sei eine der schwierigsten Sprachen der Welt. Das ist falsch. Richtig ist, dass die gesprochene Sprache rein grammatikalisch eine der einfacheren des Globus ist, wenngleich die Aussprache viel Übung bedarf. Richtig ist jedoch, dass die Schrift mit ihren mehr als 25.000 teils verschlungenen Zeichen sehr schwer zu erlernen ist: Um eine Zeitung lesen zu können, reichen die etwa 3500 gebräuchlichsten Schriftzeichen aus – aber auch das ist ein langer Weg.

Offizielle Landessprache ist Mandarin, das sich aus der Sprache der kaiserlichen Beamten entwickelt hat. Die gesprochene Sprache kommt ohne Deklinationen, Konjugationen und Zeiten aus. Daher ist ein kleines Überlebens-Vokabular schnell erlernt und einsetzbar. Trauen Sie sich, den hier vorgestellten Basis-Wortschatz einzusetzen. Ihre Gesprächspartner werden solche Bemühungen schätzen und unterstützen. Klappt es mit der Aussprache einmal nicht und versagen auch die sprichwörtlichen Hände und Füße, dann zeigen sie die chinesischen Übersetzungen in diesem kleinen Sprach-Helfer. In der Regel wird der chinesische Gesprächspartner sie freundlich verbessern – das birgt einen großen Lerneffekt. Und trösten Sie sich bei Misserfolgen mit der Tatsache, dass es vielen der Millionen Wanderarbeiter in Shanghai auch nicht besser ergeht: Das Chinesische spaltet sich in viele Dialekte, deren Sprecher sich ebenfalls nur unter Schwierigkeiten verständigen können. In Shanghai spricht man übrigens die nördlichste Ausprägung des südchinesischen Wu-Dialektes, immerhin Mundart von 80 Millionen Menschen.

Das Chinesische besteht aus rund 400 Silben, von denen das Gros in vier verschiedenen Tonarten gesprochen werden kann. Die meisten Worte bestehen aus zwei, drei oder mehr Silben. In diesem Buch verwenden wir die gängige Pinyin-Umschrift. Die Redewendungen werden zusätzlich in chinesischen Zeichen wiedergegeben, damit der Übende in Gesprächssituationen etwas vorzeigen kann, wenn das gesprochene Wort nicht hilft.

Bei der ersten der vier Tonhöhen des Chinesischen bleibt der Sprechende konstant auf einer Tonebene (diese ist im Vokabular aus Gründen der Vereinfachung nicht eigens angezeigt). Bei der zweiten zieht er die Silbe nach oben, bei der dritten von oben nach unten und wieder hoch, bei der vierten fällt der Ton ab – ähnlich wie beim Ausruf „aha“.

Ein Beispiel für die verschiedenen Bedeutungen ein- und derselben Silbe je nach Tonhöhe ist das Wort tang: konstant betont bedeutet es „Suppe“, ansteigend betont meint es „Zucker“, fallend und wieder ansteigend ausgesprochen bedeutet es „liegen“ und bei nach unten gezogener Aussprache „heiß“. Ein anderes schönes Beispiel ist ma: ma = schimpfen, má = pockennarbig, mă = Mutter, mà = Pferd.

Doch jetzt genug der Theorie, auf zum praktischen Teil. Seien Sie mutig!

Die Aussprache der Pinyin-Umschrift:

A meist *a* wie im deutschen *da*, in den Silben *jian*, *qian*, *yuan*, *xian* und *yan* wie *e* oder *ä*
Ao wie in Cowboy
B weiches, nicht aspiriertes *p*, d.h. wie im Französischen *Paris*
C *ts*
Ch *tsch* wie in *Tschüß*
D weiches, nicht aspiriertes *T*
H *ch*, nicht ganz so hart wie in *ach*
J *dsch* wie in Jeans
Ou wie im Namen Joe
Q *tsch* wie in *Tschechow*
R wie wie im Englischen, z. B. bei *river*
Sh sch wie in *Schule*
U *u*, wie *ü* hinter *J*, *Q*, *X* und *Y*
X *hs*, ähnelt einem nahe bei den Zähnen mit der Zunge gebildeten *ch*
Y *j*
Z *ds* wie in Kindskopf
Zh *dsch* wie in Dschunke

Elementarer Wortschatz

Grüße

Hallo, wie geht es Ihnen?
nǐ hǎo 你好

Guten Morgen
zaǒshang hǎo 早上好

Guten Abend
wǎnshang hǎo 晚上好

Gute Nacht
wǎn'an 晚安

Auf Wiedersehen
zàijiàn 再见

Small Talk

ja
shì/duì 是/对

Nein
búshì/cuò 不是/错

Danke
xièxie 谢谢

Gerne geschehen
bù kèqi 不客气

Verzeihung
duìbùqǐ 对不起

Macht nichts
mèi guanxi 没关系

groß/klein
dà/xiaó 大 / 小

heiß kalt
rè / léng 热 / 冷

schön
piàoliang 漂亮

Wie heißen Sie?
nǐ jiào shénme míngzi?
你叫什么名字？

Mein Name ist
wǒ jiào 我叫

Ich bin Deutscher, Österreicher, Schweizer
wǒ shì dèguórén / àodìlìrén/ ruìshìrén
我是德国人/奥地利人/瑞士人

Sprechen Sie Englisch / Deutsch?
nǐ shuo yingwén ma / nǐ shuo déwén ma
你说英文吗 / 德文吗？

Ich möchte
wǒ yào 我要

Ich möchte nicht
wǒ bú yào 我不要

Wer?
shuí 谁？

Was?
shénme 什么？

Wann?
shénme shíhou
什么时候？

Wo ist?
zài nǎli 在哪里？

Wieviel(e)?
Duoshǎo 多少？

Wie lange?
duocháng shíjian
多长时间？

Zeiten, Tage

Heute
jintian 今天

Gestern
zuótian 昨天

Morgen
míngtian 明天

Montag
xingqi yi 星期一

Dienstag
xingqi èr 星期二

Mittwoch
xingqi san 星期三

Donnerstag
xingqi si 星期四

Freitag
xingqi wŭ 星期五

Samstag
xingqi liù 星期六

Sonntag
xingqi tian 星期天

Zahlen

0	líng 零
1	yi 一
2	èr (beim Zählen)/ liăng (bei Aufzählungen, z.B. zwei Taxis) 二/俩
3	san 三
4	sì 四
5	wŭ 五
6	liù 六
7	qi 七
8	ba 八
9	jiŭ 九
10	shí 十
11	shí yi 十一
12	shí èr 十二
20	èr shí 二十
21	èr shí yi 二十一
100	yi băi 一百
200	èr băi 二百
1000	yi qian 一千
5000	wŭ qian 五千
10.000	yi wàn 一万
100.000	shí wàn 十万
1.000.000	yi băi wàn 一百万

Im Hotel

Einzelzimmer
danréngjian 单人间

Doppelzimmer
shuangrénjian 双人间

Schlafsaal
duorénjian 多人间

Internetzugang
hùlianwáng 互联网

Ich möchte das Zimmer wechseln
wŏ xiăng huàn yí jian fángjian
我想换一间房间

Krankheit & Hilfe

Ich bin krank
wŏ shengbìng le
我生病了

Ich habe hier Schmerzen
wŏ zhè lí teng 我这里疼

Arzt
yisheng 医生

Apotheke
yàodiàn 药店

Krankenhaus
yiyuàn 医院

Zahnarzt
yayi 牙医

Beim Einkaufen

Gibt es...., haben sie...?
yǒu méiyǒu ....
有没有...?

Wie viel kostet das?
zhè shì duoshao qián?
这是多少钱？

Haben Sie etwas Billigeres?
yǒu méiyǒu píanyi yidiǎn de?
有没有便宜一点儿的？

Das ist zu teuer
tài guì le
太贵了

Unterwegs

Bank
yínháng 银行

Ticket
piào 票

Flughafen
jichǎng 机场

Bahnhof
huǒchezhàn 火车站

Taxi
chuzu che 出租车

Hotel
binguǎn 宾馆

Restaurant
fàndiàn 饭店

Ich möchte nach..
wǒ xiǎng dào/qù 我想到/去

Im Restaurant

Fleisch

ròu 肉

Schweinefleisch
zhuròu 猪肉

Rindfleisch
niúròu 牛肉

Lammfleisch
yángròu 羊肉

Hühnerfleisch
jiròu 鸡肉

Ente
yazi 鸭子

Hundefleisch
gǒuròu 狗肉

Schlange
shéròu 蛇肉

Fisch

yú 鱼

Garnelen
xiarén 虾仁

Krebs
pángxiè 螃蟹

Tintenfisch
yóuyú 鱿鱼

Zubereitungsarten

gekocht
zhǔ 煮

gedämpft
qing zheng 清蒸

geröstet
zhà 炸

geschmort
dùn 炖

geschmort in Soyasauce
hóngshao 红烧

gebraten
chǎo 炒

gegrillt

shaokǎo 烧烤

frittiert
yóujian 油煎

Geschmack

süß
tián 甜

sauer
suan 酸

scharf
là 辣

Salz
Xian 咸

Pfeffer
hújiāo 胡椒

Zucker
táng 糖

Beilagen

Nudeln
miàn tiao 面条

Reis
mǐfàn 米饭

Suppe
tang 汤

Ei
jidàn 鸡蛋

Gemüse

sù 蔌

Ich bin Vegetarier
wǒ zhǐ chi sù 我只吃素

Aubergine
qiézí 茄子

Bambussprossen
zhúsǔn 竹笋

Bohnen
dòuzi 豆子

Paprika
qingjiao 青椒

Gurke
huánggua 黄瓜

Kartoffel
tǔdòu 土豆

Pilze
mógu 蘑菇

Tofu
dòufu 豆腐

Sojasprossen
dòuyá 豆芽

Spinat

bocai 菠菜

Tomate
fanqié 番茄

Wasserkastanie
mǎti 马蹄

Obst

shuǐguǒ 水果

Ananas
boluo 菠萝

Apfel
píngguǒ 苹果

Banane
xiangjiao 香蕉

Birne
lí 梨

Lychee
lìzhi 荔枝

Orange
júzi 桔子

Pfirsich
táozi 桃子

Trauben
pútáo 葡萄

Wassermelone

xigua 西瓜

Getränke

(Mineral-) Wasser
(kuàngquán) shuǐ
矿泉 (水)

Orangensaft
júzizhi 桔子汁

Limonade
qìshǔi 汽水

Bier
pijiǔ 啤酒

Weißwein
ganhóng pútáojiǔ
干红葡萄酒

Rotwein
hong pútáojiǔ 红葡萄酒

Schnaps
báijiǔ 白酒

Schwarzer Tee
hóng chá 红茶

Grüner Tee
lù chá 绿茶

Kaffee
kafei 咖啡

Sonstiges

Bedienung
fúwùyuán 服务员

Stäbchen
kuàizi 筷子

Gabel
cha 叉

Messer
dao 刀

Löffel
sháo 勺

Prost
ganbei 干杯

Die Rechnung bitte
mǎidan 买单

Abruzzen • Ägypten • Algarve • Allgäu • Allgäuer Alpen *MM-Wandern* • Altmühltal & Fränk. Seenland • Amsterdam *MM-City* • Andalusien • Andalusien *MM-Wandern* • Apulien • Athen & Attika • Australien – der Osten • Azoren • Bali & Lombok • Baltische Länder • Bamberg *MM-City* • Barcelona *MM-City* • Bayerischer Wald • Bayerischer Wald *MM-Wandern* • Berlin *MM-City* • Berlin & Umgebung • Bodensee • Bretagne • Brüssel *MM-City* • Budapest *MM-City* • Bulgarien – Schwarzmeerküste • Chalkidiki • Cilento • Cornwall & Devon • Dresden *MM-City* • Dublin *MM-City* • Comer See • Costa Brava • Costa de la Luz • Côte d'Azur • Cuba • Dolomiten – Südtirol Ost • Dominikanische Republik • Ecuador • Elba • Elsass • Elsass *MM-Wandern* • England • Fehmarn • Franken • Fränkische Schweiz • Fränkische Schweiz *MM-Wandern* • Friaul-Julisch Venetien • Gardasee • Gardasee *MM-Wandern* • Genferseeregion • Golf von Neapel • Gomera • Gomera *MM-Wandern* • Gran Canaria • Graubünden • Griechenland • Griechische Inseln • Hamburg *MM-City* • Harz • Haute-Provence • Havanna *MM-City* • Ibiza • Irland • Island • Istanbul *MM-City* • Istrien • Italien • Italienische Adriaküste • Kalabrien & Basilikata • Kanada – Atlantische Provinzen • Kanada – der Westen • Karpathos • Katalonien • Kefalonia & Ithaka • Köln *MM-City* • Kopenhagen *MM-City* • Korfu • Korsika • Korsika Fernwanderwege *MM-Wandern* • Korsika *MM-Wandern* • Kos • Krakau *MM-City* • Kreta • Kreta *MM-Wandern* • Kroatische Inseln & Küstenstädte • Kykladen • Lago Maggiore • La Palma • La Palma *MM-Wandern* • Languedoc-Roussillon • Lanzarote • Lesbos • Ligurien – Italienische Riviera, Genua, Cinque Terre • Ligurien & Cinque Terre *MM-Wandern* • Liparische Inseln • Lissabon & Umgebung • Lissabon *MM-City* • London *MM-City* • Lübeck *MM-City* • Madeira • Madeira *MM-Wandern* • Madrid *MM-City* • Mainfranken • Mallorca • Mallorca *MM-Wandern* • Malta, Gozo, Comino • Marken • Mecklenburgische Seenplatte • Mecklenburg-Vorpommern • Menorca • Mittel- und Süddalmatien • Mittelitalien • Montenegro • Moskau *MM-City* • München *MM-City* • Münchner Ausflugsberge *MM-Wandern* • Naxos • Neuseeland • New York *MM-City* • Niederlande • Niltal • Nord- u. Mittelgriechenland • Nordkroatien – Zagreb & Kvarner Bucht • Nördliche Sporaden – Skiathos, Skopelos, Alonnisos, Skyros • Nordportugal • Nordspanien • Normandie • Norwegen • Nürnberg, Fürth, Erlangen • Oberbayerische Seen • Oberitalien • Oberitalienische Seen • Odenwald • Ostfriesland & Ostfriesische Inseln • Ostseeküste – Mecklenburg-Vorpommern • Ostseeküste – von Lübeck bis Kiel • Östliche Allgäuer Alpen *MM-Wandern* • Paris *MM-City* • Peloponnes • Pfalz • Pfalz *MM-Wandern* • Piemont & Aostatal • Piemont *MM-Wandern* • Polnische Ostseeküste • Portugal • Prag *MM-City* • Provence & Côte d'Azur • Provence *MM-Wandern* • Rhodos • Rom & Latium • Rom *MM-City* • Rügen, Stralsund, Hiddensee • Rumänien • Rund um Meran *MM-Wandern* • Sächsische Schweiz *MM-Wandern* • Salzburg & Salzkammergut • Samos • Santorini • Sardinien • Sardinien *MM-Wandern* • Schleswig-Holstein – Nordseeküste • Schottland • Schwarzwald Mitte/Nord *MM-Wandern* • Schwäbische Alb • Shanghai *MM-City* • Sinai & Rotes Meer • Sizilien • Sizilien *MM-Wandern* • Slowakei • Slowenien • Spanien • Span. Jakobsweg *MM-Wandern* • St. Petersburg *MM-City* • Südböhmen • Südengland • Südfrankreich • Südmarokko • Südnorwegen • Südschwarzwald • Südschwarzwald *MM-Wandern* • Südschweden • Südtirol • Südtoscana • Südwestfrankreich • Sylt • Teneriffa • Teneriffa *MM-Wandern* • Thassos & Samothraki • Toscana • Toscana *MM-Wandern* • Tschechien • Tunesien • Türkei • Türkei – Lykische Küste • Türkei – Mittelmeerküste • Türkei – Südägäis • Türkische Riviera – Kappadokien • Umbrien • Usedom • Venedig *MM-City* • Venetien • Wachau, Wald- u. Weinviertel • Westböhmen & Bäderdreieck • Warschau *MM-City* • Westliche Allgäuer Alpen und Kleinwalsertal *MM-Wandern* • Westungarn, Budapest, Pécs, Plattensee • Wien *MM-City* • Zakynthos • Zentrale Allgäuer Alpen *MM-Wandern* • Zypern

Register

Die in diesem Reisebuch enthaltenen Informationen wurden vom Autor nach bestem Wissen erstellt und von ihm und dem Verlag mit größtmöglicher Sorgfalt überprüft. Dennoch sind, wie wir im Sinne des Produkthaftungsrechts betonen müssen, inhaltliche Fehler nicht mit letzter Gewissheit auszuschließen. Daher erfolgen die Angaben ohne jegliche Verpflichtung oder Garantie des Autors bzw. des Verlags. Autor und Verlag übernehmen keinerlei Verantwortung bzw. Haftung für mögliche Unstimmigkeiten. Wir bitten um Verständnis und sind jederzeit für Anregungen und Verbesserungsvorschläge dankbar.

ISBN 978-3-89953-721-5

 Druck: Stürtz GmbH, Würzburg.

Aktuelle Infos zu unseren Titeln, Hintergrundgeschichten zu unseren Reisezielen sowie brandneue Tipps erhalten Sie in unserem regelmäßig erscheinenden Newsletter, den Sie im Internet unter **www.michael-mueller-verlag.de** kostenlos abonnieren können.